Unmögliches machen wir sofort, Wunder dauern etwas länger

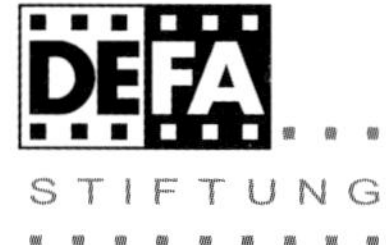
DEFA
STIFTUNG

Hans-Erich Busch

Unmögliches machen wir sofort, Wunder dauern etwas länger

Filmgeschichten eines Produktionsleiters

DEFA-Stiftung • Franz-Mehring-Platz 1 • 10243 Berlin
www.defa-stiftung.de • info@defa-stiftung.de

Die Publikation entstand mit Unterstützung des Filmmuseums Potsdam.

FILMMUSEUM POTSDAM

Schriftenreihe hg. von der DEFA-Stiftung, Berlin 2024
Redaktion: Stefanie Eckert, Linda Söffker
Inhaltliche Redaktion: Dorett Molitor
Lektorat: Gabriele Funke
Satz, Bildbearbeitung und Herstellung: Bertz + Fischer
Umschlagfoto: Hans-Erich Busch privat / © Ursula Höf
Abbildungen Innenteil: Siehe Nachweis S. 279
Druck: Standart Impressa, www.standart.lt, Vilnius, Litauen
Vertrieb: Bertz + Fischer Verlag, Berlin

ISBN 978-3-86505-426-5

Inhalt

Zum Geleit

Filmherstellung ist ein logistisches Wagnis voller Wunder. In einem kollektiven Prozess werden Geschichten erfunden und erzählt, neue Welten entworfen und erbaut. Der Aufwand dahinter ist kaum zu erahnen. Die Vor- und Abspänne der DEFA-Filme unterschlagen in der Regel die Gewerke und Beteiligten jenseits der filmkünstlerischen Belange. Erst ein Blick auf die Stabliste eines Films gibt Auskunft über den personellen Aufwand: Fahrservice, Garderobe, Beleuchtungsbrigade, Außenrequisite, Pyrotechnik, Assistenz für Ton, Schnitt, Kamera und viele andere mehr werden hier aufgelistet. Ein Blick auf Kostentabellen verrät die kalkulatorischen Ansprüche, und ein Blick in die Vertragsablage verdeutlicht die juristischen Fallstricke. Ein solch logistisches Wagnis zu koordinieren und letztlich zu verantworten, ist die Aufgabe der Produktionsleitung.

In den Erinnerungen an seine Arbeit als Produktionsleiter lässt Hans-Erich Busch uns Anteil nehmen an den Freuden, an der Leidenschaft, an den Diskussionen und an den Niederlagen, die er bei der Herstellung von Filmen erlebt hat. Vor allem aber an den persönlichen Begegnungen, die das Leben für den Film erst erinnerungswürdig machen. In Form von Filmgeschichten berichtet Hans-Erich Busch von vielen dieser Begegnungen im In- und Ausland – eine kulturelle Reise durch die Jahrzehnte. Sein Leben erscheint wie eine Aneinanderreihung besonderer Anekdoten, wenn er sich am Set mit Heiner Carow überwirft, wenn er Nachhilfeunterricht für Filmkinder in Prag organisiert oder Probleme in Jalta mit Wodka klärt.

Hans-Erich Busch bringt uns den Prozess des Filmemachens näher. Mitunter entzaubert er ihn gar, durch seinen nüchternen Pragmatismus, das Runterbrechen auf Zahlen und Plangrößen. Zwischen den Zeilen aber werden seine Passion und seine für den Beruf notwendige Durchsetzungsstärke sichtbar. Wenn sich die Filmschaffenden auf Hans-Erich Busch verlassen, wird er sie nicht enttäuschen. Wenn nötig, greift er trotz gebotener Sachlichkeit zum Zauberstab, um Wunder auf der Leinwand zu ermöglichen.

Herzlichen Dank an alle, die am Buch beteiligt waren, vor allem an Dorett Molitor vom Filmmuseum Potsdam, die, mit Hingabe und Neugier, das Werk betreut und an uns herangetragen hat.

Ich wünsche eine unterhaltsame und erkenntnisreiche Lektüre!

Stefanie Eckert, Vorstand der DEFA-Stiftung, im August 2024

Für Rike, Mina, Josie, Jens und für Carsten, Fabian und Tristan

Filme machen, ist eine Art zu leben …

Als ich Anfang Januar 1973 das Gelände des VEB DEFA-Studio für Spielfilme in Potsdam-Babelsberg betrat, war ich 27 Jahre alt, hatte an der Filmhochschule[1] studiert und ein paar Berufs- und Lebenserfahrungen gesammelt. Meine Begeisterung fürs Kino, für seine Heldinnen und Helden und deren Geschichten, reichte bis weit in meine Kindheit und Jugend zurück. Aus dem manchmal engen Alltag kommend, konnte man auf der Leinwand die bunte weite Welt erleben, auch wenn damals viele Filme noch schwarz-weiß waren. Unter den für mich prägenden Kinoerlebnissen erinnere ich auch DEFA-Klassiker wie DER UNTERTAN (1951) und DIE GESCHICHTE VOM KLEINEN MUCK (1953) von Wolfgang Staudte sowie POLE POPPENSPÄLER (1954) von Arthur Pohl. Kurt Maetzigs SCHLÖSSER UND KATEN (1956), VERWIRRUNG DER LIEBE (1959, Slatan Dudow), MINNA VON BARNHELM ODER DAS SOLDATENGLÜCK (1962, Martin Hellberg), BESCHREIBUNG EINES SOMMERS (1962, Ralf Kirsten) sowie Frank Beyers NACKT UNTER WÖLFEN (1962) und KARBID UND SAUERAMPFER (1963) gehören ebenso dazu wie die Christa-Wolf-Verfilmung DER GETEILTE HIMMEL (1964, Konrad Wolf).

Für mich, den Burschen von der mecklenburgischen Ostseeküste, begann also in diesem Januar 1973 der erste von vielen, manchmal langen Arbeitstagen in der Spielfilmproduktion. Meine Neugier auf die Welt durch die Seefahrt auszuleben, hatte sich als Irrtum erwiesen. Durch die Filmarbeit in den folgenden Jahrzehnten sah ich viel mehr und erlebte manches Abenteuer. Ein Spruch, der sinngemäß auf Jean-Luc Godard zurückgehen soll, machte damals in Babelsberg die Runde: Einen Film zu machen, sei nicht eine Art zu arbeiten, sondern eine Art zu leben, und keiner könne das allein tun. Wenn ich Angehörige eines Drehstabes fragte, an welchen Produktionen sie bisher mitgearbeitet hatten, stand vor jedem aufgezählten Titel der Hinweis: »Den habe ich gemacht.« Alle betrachteten sich als Filmemacher. Über dieses stolze Selbstverständnis habe ich mich anfangs gewundert, bald aber begriffen, dass sich darin Motivation und Freude vieler der meist fest angestellten Filmschaffenden des Spielfilmstudios ausdrückten. Das Studio war ein großer Betrieb mit vielen Werkstätten und Fachabteilungen. Die großen Kostüm-, Requisiten- und Baufundi galten schon damals als einzigartig in Europa. In über 140 verschiedenen Beru-

1 Am 1.11.1954 als »Deutsche Hochschule für Filmkunst« gegründet, 1969 umbenannt in »Hochschule für Film und Fernsehen der DDR«, 1985 kam der Name »Konrad Wolf« hinzu, seit 2014 Filmuniversität Babelsberg KONRAD WOLF.

fen wurden Leistungen für die Produktion von Spielfilmen erbracht. Ich freute mich darauf, mit den interessanten, vielseitigen, gut ausgebildeten, begabten und fähigen Filmleuten arbeiten zu dürfen. Das Leben in Babelsberg war abwechslungsreich, aufregend, widersprüchlich, manchmal hart und schwierig und oft spannend und schön.

Hans-Erich Busch,
Potsdam / Hamburg / Mecklenburg, im Sommer 2024

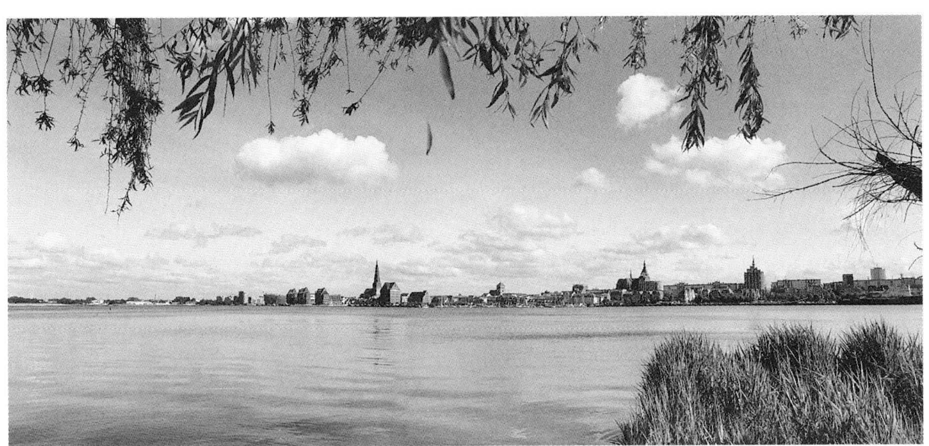

Rostock. Blick vom Ostufer der Warnow auf den Stadthafen und die Altstadt in den 1960er-Jahren

Mecklenburg I (1945 bis 1949)

Kurz nach Ende des Zweiten Weltkrieges wurde ich in Rostock geboren. Nazideutschland war, Gott sei Dank, besiegt. Meine Eltern hatten in kriegswichtigen Betrieben gearbeitet: der Vater – nach einer Verwundung zu Kriegsbeginn – als Maat in der Verwaltung eines Marineamtes, die Mutter als Sekretärin in der Versuchsabteilung der Heinkel-Flugzeugwerke[2]. Beide hatten die verheerenden Bombenangriffe Anfang 1945 weitgehend unbeschadet überlebt und mit mir Neugeborenem die Nachkriegswirren überstanden. Sie kamen aus dem Binnenland Mecklenburgs. Zwischen dem Leben dort und dem an der Ostseeküste gab es immer große Unterschiede, besonders kulturell. Auf dem Land war das Leben von der Landwirtschaft mit ihren autoritären Strukturen in den Guts- und Bauerndörfern und in den kleinen Ackerbürgerstädten mit Zucker- und Marmeladenfabriken geprägt. Es gab Brauereien, allerlei Kleinindustrie und Handwerk. Wie heute Windräder und Autobahnen, sorgten damals Windmühlen, Kirchtürme und Alleestraßen für Orientierung in der Landschaft. Auf Bismarck soll der ironische (aber nicht belegbare) Rat zurückgehen: »Bevor die Welt untergeht, komm nach Mecklenburg, hier geschieht alles fünfzig Jahre später.«[3]

Auf der Suche nach einem Leben, in dem einiges doch etwas früher geschieht, waren meine Mutter und mein Vater vor dem Krieg nach Rostock gegangen und hatten sich dort kennengelernt. Hier war das Leben vielfältiger, bunter und schneller. Fischerei, Seefahrt, Schiffbau, Handel, die Universität und zunehmender Fremdenverkehr bestimmten das Tempo. Die weltoffenen Hansestädte Rostock, Stralsund, Wismar und Greifswald mit einem selbstbewussten Bürgertum, mit Theatern, Konzerten, Kinos und vielfältigen Unterhaltungsmöglichkeiten bestimmten das Lebensgefühl an der Küste. Die Rostocker Universität zählt zu den ältesten in Deutschland und im nördlichen Europa. Medizin, Geisteswissenschaften, Ingenieurswissen und Nautik haben hier Tradition. Mit Beginn des 20. Jahrhunderts wurde der Badeurlaub an der Ostsee immer beliebter. Ehemalige Fischerdörfer entwickelten sich zu gepflegten Kur- und Badeorten mit einer eigenen und heute wieder geschätzten Architektur. Ein selbstbestimmtes Leben ohne enge soziale Kontrolle und Bevormundung war hier eher möglich als im Binnenland.

---

2 Ernst Heinkel Flugzeugwerke GmbH (ab 1943 Ernst Heinkel AG, kurz Heinkel): gegründet am 1.12.1922 in Rostock-Warnemünde; war eines der größten deutschen Flugzeugbauunternehmen in der ersten Hälfte des 20. Jahrhunderts.

3 Siehe auch in: https://www.lehmanns.de/shop/geisteswissenschaften/26845263-9783356015997-alles-50-jahre-spaeter-die-warheit-ueber-bismarck-und-mecklenburg.

Meine Eltern hatten 1944 in Gnoien, dem Geburtsort meiner Mutter, geheiratet. Wie Hochzeitsfotos belegen, hatten ihre Eltern, trotz kriegsbedingter Einschränkungen, die Hochzeitsfeier mit bescheidenen Mitteln ausgestattet. Beide Großväter stammten aus kinderreichen Landarbeiterfamilien. Beide Großmütter hatten etwas bessere Schulen besucht und waren starke, selbstbewusste Frauen. Meine Großeltern mütterlicherseits waren einfache, freundliche Leute. Sie fühlten sich in der kleinen Ackerbürgerstadt wohl und versuchten, aufrecht durchs Leben zu kommen. Das war nicht einfach in einer Generation, die zwei Weltkriege und sehr unterschiedliche politische Systeme und Zeiten durchleben musste. Mein Großvater, seit 1923 Sozialdemokrat, überstand das »Dritte Reich«; er war für den Kriegsdienst schon zu alt gewesen. 1946 wurde er zur SED »vereinigt« und trat 1954 aus der Partei aus. Die Einheitspartei hatte für ihn kaum noch etwas Sozialdemokratisches. Soweit ich mich erinnere, ging das für damalige Verhältnisse ziemlich problemlos. Er war dem Arbeiter-und-Bauern-Staat als älterer Arbeiter für den Neuaufbau wohl nicht so wichtig.

Großmutter war in Gnoien zur Welt gekommen und ihr Geburtshaus blieb ihr Zuhause. Nur *ein* Mal war sie als junge Frau die reichlich 40 Kilometer nach Rostock zu Fuß gegangen. Nach zwei Tagen hatte sie sich auf die gleiche Weise auf den Heimweg gemacht. Das war ihre weiteste »Reise« im Leben. Großvater kam aus einem kleinen Dorf der Umgebung und war stolz, durch die Heirat Bürger einer Stadt und Hausbesitzer geworden zu sein. Das war für ihn ein sozialer Aufstieg. Ihre Alltagssprache war Plattdeutsch, genauer die Gnoiener Variante des Mecklenburger Platt. Seit Mitte der 1930er-Jahre besaßen die Großeltern einen kleinen Radioapparat, einen Volksempfänger (heimlich »Goebbelsschnauze«[4] genannt). In den 1950er-Jahren verfolgte der Großvater mit einem größeren Gerät aufmerksam und regelmäßig die Nachrichtensendungen. Da er dabei nicht gestört werden wollte, galt es, zu diesen Zeiten im Haus Ruhe zu halten. Die Großmutter hörte lieber am Sonntagvormittag Übertragungen evangelischer Gottesdienste und sang dann viele Choräle laut mit.

Von ihren drei Kindern war meine Mutter das älteste. Ihr Bruder wurde 1944 als Soldat in der Ukraine nach einem sowjetischen Panzerangriff vermisst. Nach ihm erhielt ich meinen zweiten Vornamen. Da nie wieder eine Nachricht von ihm, seinen Kameraden und den angefragten Suchdiensten kam, wurde er 1958 für tot erklärt. Ihre jüngere Schwester heiratete 1950 einen freundlichen, nachdenklichen Mann aus Gnoien, der Krieg und Gefan-

4 Radioapparat, der im Auftrag von Reichspropagandaleiter Joseph Goebbels entwickelt und 1933 vorgestellt wurde; eines der wichtigsten Instrumente der NS-Propaganda.

genschaft überlebt hatte und Schalterbeamter bei der Post war. Mein Vater kam aus einem kleinen Dorf in der Nähe von Güstrow, hatte Tischler und Zimmermann gelernt, wurde zur Marine eingezogen und nach einer Verwundung zu Kriegsbeginn in Rostock stationiert. Dort wurde er für die technische Abnahme von Auftragsarbeiten der Marine auf den zivilen Werften eingesetzt. Meinen Eltern war es gelungen, eine kleine Wohnung in dem Teil der Altstadt Rostocks zu bekommen, der nicht zerbombt war.

Das Leben mit dem Kleinkind kann in den ersten Nachkriegsjahren nicht leicht gewesen sein. Ihren Arbeitsplatz hatte meine Mutter mit Kriegsende verloren. Das Flugzeugwerk wurde demontiert und im Rahmen von Reparationsleistungen in die UdSSR transportiert. Nun war sie Hausfrau und Mutter. Mein Vater hatte es zum Kriegsende, vor dem Einmarsch der Roten Armee, geschafft, sich selbst aus der Marine zu entlassen. Damit war er nicht mehr Soldat. Nazi war er nicht gewesen, und so fand er in der neuen deutschen Verwaltung sofort eine Beschäftigung mit Anspruch auf Lebensmittelkarten.

Zwischenschnitt | In der sowjetischen Besatzungszone

In vielen früheren östlichen Grenzgebieten lebten verschiedene Völker bis ins 20. Jahrhundert meist friedlich zusammen, wenn es ihre jeweiligen Herrscher zuließen. Mit Kriegsbeginn 1939 wurden viele von ihnen drangsaliert, enteignet, verjagt, getötet oder zur Zwangsarbeit nach Deutschland getrieben. Jetzt waren die *deutschen* Bewohner dieser Gebiete dran, soweit sie den Krieg überlebt hatten. Größtenteils flohen sie vor der anrückenden Roten Armee oder sie wurden vertrieben. Sie verloren Heimat, Hab und Gut, viele die Gesundheit. Nun waren *sie* die Kriegsopfer, die sich als Flüchtlinge oder Vertriebene im Nachkriegsdeutschland eine neue Existenz aufbauen mussten, und die hier nicht nur freundlich aufgenommen wurden. Die Siegermächte teilten dieses Deutschland in vier Besatzungszonen und sorgten dafür, dass jeweils die eigenen politischen Ordnungs- und Wirtschaftssysteme in ihren Zonen errichtet wurden. Viele gemeinsame Beschlüsse – auch die der Potsdamer Konferenz im Sommer 1945 – wurden in der Folge verschieden interpretiert und so auch die Entnazifizierung unterschiedlich gründlich betrieben. Von einem einheitlichen Staat Deutschland war bald immer weniger die Rede.

Die alte Hansestadt Rostock, Hafen-, Industrie- und Universitätsstadt, bis 1945 hoch industrialisiert und ein wichtiger Technologiestandort, war zum Ende des Krieges zu großen Teilen durch Bombenangriffe zerstört und gehörte nun zur sowjetischen Besatzungszone.

Schweden (1949 bis 1951)

Die Ehe meiner Eltern ging nicht gut und wurde nach drei Jahren geschieden. 1949 sind beide aber noch gemeinsam und mit mir »abgehauen«. Nicht – wie damals vielfach üblich – in den Westen, sondern in den Norden, nach Schweden. Wir sind mit der Bahn nach Travemünde gelangt und von dort auf einem Fischkutter mit mehreren Leuten nach Schweden geschleust worden. Heimlich wurden wir in der Nähe von Karlskrona in der Dunkelheit an Land gebracht. Wir waren Bootsflüchtlinge, einfach Menschen, die übers Meer nach einer anderen, lebenswerten, sicheren Zukunft suchten. Zu meinen frühen Kindheitserinnerungen gehört diese Szene: Wir mussten in dunkler Nacht vom Fischkutter durch hüfthohes Wasser an den Strand waten (ich auf dem Arm meines Vaters) und dann durch die Dünen weiterrobben. Plötzlich richteten sich starke Scheinwerfer auf uns. Bewaffnete Polizisten nahmen uns fest. Die schwedischen Behörden waren offenbar vorbereitet und erwarteten uns. In einem Haus am Strand wurden wir in verschiedene Räume mit einfachen Matratzenlagern aufgeteilt. Wir durften nachts kein Licht anmachen. Ich, ein kleiner vierjähriger Junge, musste auf die Toilette, aber im dunklen Haus war es schwer, sich zurechtzufinden. Ansonsten wurden wir höflich behandelt und wohl gut versorgt.

In Schweden trennten sich meine Eltern endgültig. Damit war der Kontakt zwischen meinem Vater und mir für viele Jahre unterbrochen. Er ging nach Uddevalla, einer mittelgroßen Stadt, 90 Kilometer nordwestlich von Göteborg. Hier gab es damals eine große Schiffswerft, auf der er Arbeit fand, sich beruflich entwickeln konnte und bis zum Rentenalter beschäftigt war. Uddevalla liegt in einer wunderschönen Fjordlandschaft im Südwesten Schwedens. Erst Jahrzehnte später habe ich das selbst entdecken können. Er heiratete wieder, eine junge deutsche Frau aus Schleswig-Holstein, die, um der Arbeitslosigkeit zu entgehen, eine Beschäftigung als Näherin in Uddevalla angenommen hatte. Sie schufen sich dort ein Zuhause und wurden nach einigen Jahren schwedische Staatsbürger. Beide sind auf dem Friedhof in Uddevalla beerdigt. Gelegentlich besuche ich sie dort. Sie bekamen keine eigenen Kinder und adoptierten 1962 einen kleinen schwedischen Jungen. Das erfuhr ich auch erst später. Aber dann waren Kent – so hieß ihr Adoptivsohn – und ich noch drei Jahrzehnte brüderlich verbunden. Leider verstarb er mit 45 Jahren. Er hinterließ Frau, Tochter und Sohn, zu denen eine herzliche Verbindung blieb.

Meine Mutter lebte mit mir einige Zeit in Kallhäll, am Rande von Stockholm, in dem sich mehrere norddeutsche Flüchtlingsfamilien niedergelassen hatten. Sie arbeitete und lernte fleißig Schwedisch, weil sie in Stockholmer

Handelsfirmen beruflich Fuß fassen wollte, die sich mit schwedisch-deutschen Projekten befassten. Sie hoffte, sich damit auch Voraussetzungen für einen Neustart in Deutschland zu schaffen. Als kleiner Junge soll ich schnell Schwedisch gelernt haben. Erzählt wurde, dass ich als Fünfjähriger als »Dolmetscher« deutschen Erwachsenen aus der Nachbarschaft, denen die fremde Sprache noch Probleme bereitete, beim Einkaufen geholfen habe. Dafür war mir als Entgelt eine Bockwurst versprochen worden. Wahrscheinlich kannte ich durch das alltägliche Zusammensein mit schwedischen Kindern schnell einige schwedische Wörter: Brot, Mehl, Zucker, Fleisch, Butter, Wurst. Mit der versprochenen Bockwurst-Belohnung rechnend, soll ich kein Wort übersetzt haben, wenn ich sie nicht erhielt. Ob das so war, weiß ich nicht.

Eines Tages machte meine Mutter mit mir einen Einkaufsbummel durch die Innenstadt Stockholms. Plötzlich bedeutete sie mir, dass auf der anderen Straßenseite der König vorübergehe. Sie zeigte verdeckt auf einen gepflegten älteren Herrn, der durch die Stadt spazierte, vielfach erkannt und gegrüßt wurde. Höflich zurückgrüßend zog er den Hut und lächelte freundlich. Er trug eine Brille, einen eleganten dunklen Nadelstreifenanzug und einen schwarzen Hut. Ich verstand zunächst gar nichts. Für mich hatte ein König eine Krone zu tragen, einen Purpurmantel an und um sich herum einen Hofstaat. Später erfuhr ich: Es war nicht ungewöhnlich, dass Gustav VI. Adolf[5] scheinbar allein und unbehelligt, natürlich elegant in Zivil gekleidet, durch die Stadt ging. Er war der Großvater des jetzigen Königs Carl XVI. Gustaf[6]. Aus dieser Zeit ist mir auch die Rolltreppe eines Kaufhauses in Erinnerung geblieben. So ein Ding war damals wohl auch in Stockholm noch selten, für mich aber ein wunderbarer Abenteuerspielplatz. Meine Mutter hatte Mühe, mich davon abzuhalten, zum zehnten Mal damit in die nächste Etage zu fahren und wieder hinunterzulaufen. Als ich vor Jahren mit meiner damals fünfjährigen Enkeltochter durch ein Potsdamer Kaufhaus ging, benutzte sie die Rolltreppe fast gelangweilt und mit großer Selbstverständlichkeit. Sie wunderte sich, dass ich schmunzelte.

Die Großeltern in Mecklenburg hatten in den Kriegs- und Nachkriegsjahren durch ihre kleine Nebenerwerbs-Landwirtschaft immer genug zu essen. Das war damals, in Zeiten von Lebensmittelmarken und Rationierungen, ein wichtiger Grund für Lebensentscheidungen. Außerdem kam ich ins Schulpflichtalter. In Schweden gab es damals keine öffentlichen Schulen, in denen Deutsch gelehrt wurde. Die Großeltern drängten meine Mutter, ihr Leben erst einmal allein zu

5 Gustav VI. Adolf (*1882–†1973) war von 1950 bis 1973 König von Schweden.
6 Carl XVI. Gustaf (*1946) ist das Oberhaupt des schwedischen Königshauses Bernadotte und seit dem 15. September 1973 König von Schweden.

ordnen und mich vorrübergehend zu ihnen nach Mecklenburg zu schicken. Hier könne ich zur Schule gehen und bliebe auch sprachlich ein Deutscher.

Mecklenburg II (1951 bis 1962)

So bin ich im Herbst 1951 von Stockholm über Kopenhagen nach Hamburg und weiter nach Berlin-Tempelhof geflogen. Meine Mutter hatte mich genau instruiert und mit den Fluggesellschaften den Ablauf vereinbart. Ich trug ein Schild mit den Flugdaten um den Hals. Von einer Stewardess zur anderen weitergereicht, sorgten diese sich fürsorglich um mich, was ich sehr genoss. Mein Großvater holte mich vom Flughafen Tempelhof ab und wir fuhren mit dem Zug weiter nach Mecklenburg. Ein Uhr nachts trafen wir in Gnoien ein. Heute steht hier noch halb verfallen das alte Bahnhofsgebäude, einen Bahnanschluss gibt es längst nicht mehr. Auf den zwanzig Minuten Fußweg vom Bahnhof zum Haus der Großeltern durch die scheinbar menschenleere nächtliche Kleinstadt begleitete uns nur gelegentliches Hundebellen. Es war mir zuerst schwergefallen, meiner Mutter nicht von meinen neuen Erlebnissen erzählen zu können. Später habe ich es in Briefen getan. Sie und meine Freunde in Stockholm zu verlassen, war nicht einfach. Offenbar war mir dieser Umzug aber einleuchtend erklärt worden. Neugierig war ich allein auf die große Reise zu Oma und Opa gegangen. Viele neue Eindrücke und Abenteuer bestimmten fortan meinen Alltag.

In Gnoien fiel die Orientierung leicht. Alle wichtigen Orte wie Schule, Rathaus, Kino, Krankenhaus und die wichtigsten Läden waren in fünf bis zehn Minuten zu Fuß zu erreichen. Trotzdem gab es viel zu entdecken. Es gibt noch heute eine Reihe von Straßennamen – Schlossstraße, Burgstraße, Jungfernstraße, Lieblingstraße, Heegerstraße, Vogelsang, Scharfrichterstraße, Marstallstraße, Mühlenstraße, Kirchstraße und Koppelweg –, die Stadtgeschichte erzählen. Die Lange Straße wurde nach Kriegsende zur Friedenstraße, die Wilhelm-Pieck-Straße der DDR-Zeit heißt heute wieder Teterower Straße. Alle Straßen der Innenstadt hatten damals ein holpriges Kopfsteinpflaster, viele auch heute noch.

Meine Großeltern wohnten in einem kleinen ererbten Reihenhaus in der Münzstraße. Im Parterre des Hauses befand sich die Küche, die auch als Badezimmer und im Winter als Waschküche diente, dann gab es die Kleine Stube (de lütt Stuv) zur Hofseite, die Gute Stube (de gaud Stuv) zur Straßenseite und einen langen Hausflur, der von der Straße durch das Haus zum Hof führte. Im Obergeschoß waren die Schlafstube der Großeltern und eine Schlafkammer, die mein Rückzugsort wurde. Daneben gab es einige Abstellkammern und kleine Abseiten. In den drei Stuben sorgten Kachelöfen im Winter für wohlige Wärme.

Das Haus hatte in der Küche einen Wasserhahn, der aus dem städtischen Netz Menschen und Tiere mit sauberem Wasser versorgte. Der alte Gnoiener Wasserturm, 1913 erbaut, war bis 1993 in Betrieb, ist heute ein hübsch anzusehendes technisches Baudenkmal. Als Toilette diente ein Plumpsklo, das im Hof neben der Dunggrube in einem Herzhäuschen untergebracht war. Diese Dunggrube wurde mehrmals im Jahr geleert. Zum Wohnhaus der Großeltern gehörte ein Hinterhof mit einigen engen Ställen, dort wurden eine Kuh, ein Schwein, Hühner und Kaninchen, manchmal auch Gänse gehalten. Natürlich gab es auch immer eine Katze, die nicht zu sehr gefüttert werden durfte, da sie als Mäusejäger angestellt war. Den Großeltern gehörten zwei Gärten, in denen sie Obst, Gemüse und Blumen anbauten, alles, was man zum Leben das Jahr über brauchte. Vieles wurde eingekocht oder auf andere Weise konserviert. Durch die Bodenreform hatten die Großeltern 1946 noch zwei kleine Felder (jeweils etwa 0,5 Hektar) bekommen. Hier bauten sie im jährlichen Wechsel Getreide und Kartoffeln für Mensch und Tier an.

Von Beruf war der Großvater Chausseewärter. Er hatte für die Wartung und Instandhaltung einiger Kilometer einer Landstraße zu sorgen. Er fuhr

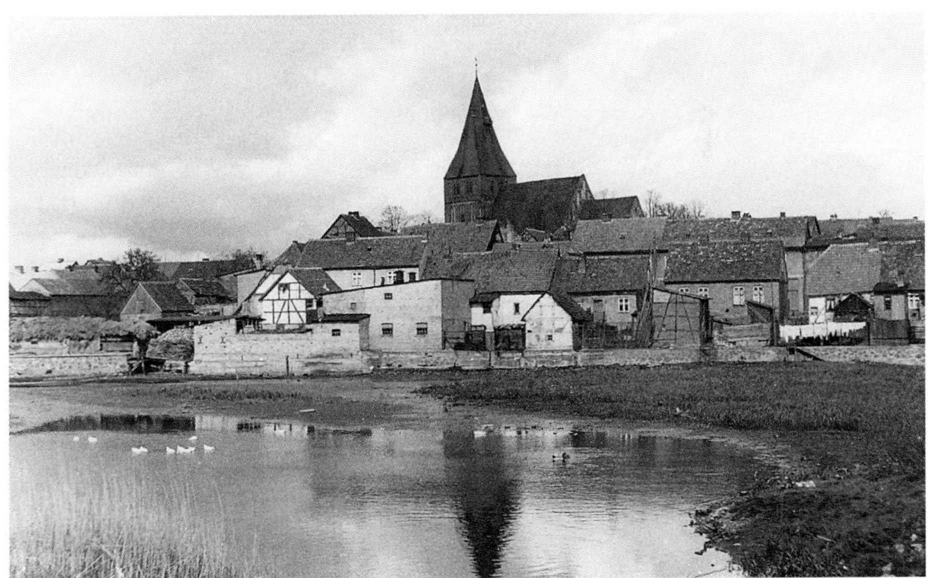

Gnoien. Der Mühlenteich mit dem überragenden Kirchturm, etwa 1955

mit dem Fahrrad zur Arbeit. Zum Mittagessen kam er nach Hause, danach folgte ein Mittagsschlaf von zwanzig Minuten und wieder ging es per Fahrrad zur Arbeit. Frühmorgens und abends kümmerte er sich um die Gärten, das Viehfutter und versorgte zusammen mit der Großmutter die Tiere. Auch ich musste mit der Zeit regelmäßig Aufgaben übernehmen. An das Plattdeutsch der Großeltern gewöhnte ich mich schnell. Inzwischen aber habe ich viel vergessen, nur ein bisschen Platt schnacken geht noch. Offiziell und mit den Zugereisten (Flüchtlinge und Vertriebene), in der Schule und unter uns Kindern wurde hochdeutsch geredet. Plattdeutsch zu sprechen, galt damals als altmodisch und überholt. Jahrzehnte später erinnerte man sich an diese regionale Kultur, im Hinstorff Verlag Rostock erschienen Bücher in Plattdeutsch, und Plattdeutsch-Kurse konnten in Abendschulen belegt werden.

Im Zweiten Weltkrieg war Gnoien zunächst äußerlich verschont geblieben. Nur im Frühjahr 1945 warf ein sowjetischer Bomber wahrscheinlich auf dem Rückflug von der Front noch eine Bombe ab. Mitten in der Stadt wurde ein Haus zerstört, die Bewohner kamen um. Die Ruine wurde allmählich zum Baumaterialspender für Gartenhäuschen und Reparaturen und war dann jahrelang für uns Kinder ein Abenteuerspielplatz. Gelegentlich hörte ich, dass gegen Kriegsende in Erwartung der »Rache der Russen« sich einige Familien, besonders Nazigrößen, umgebracht hätten und dass es mit der Besetzung auch zu Vergewaltigungen gekommen sei. Meine Großeltern erzählten mir, dass Anfang Mai 1945 ein angetrunkener Sowjetsoldat in ihr Haus gekommen war und sich eindeutig meiner Oma genähert hatte. Opa stellte sich schützend vor seine Frau. Der Soldat entsicherte seine MPi und richtete sie auf ihn. Oma hat wohl laut um Hilfe gerufen, worauf der Soldat plötzlich sehr schnell verschwand.

Erwachsene erzählten sich mit Vergnügen hinter vorgehaltener Hand, dass die »Russen« gern Uhren und Fahrräder klauen würden, mit den Rädern konnten sie aber nicht umgehen. Ihre komischen Versuche, Fahrrad zu fahren – besonders, wenn sie betrunken waren –, sorgten für Erheiterung. Da aber alle Sowjetsoldaten offiziell als heldenhafte Befreier verehrt werden sollten, durfte man sich nicht öffentlich über sie amüsieren. Auch wurden alle Radioapparate eingezogen. Nachrichten von westlichen Sendern sollten sich nicht verbreiten. Besonders die großen Geräte wurden gern als »private« Reparationsleistungen in die Sowjetunion gesandt, andere später wieder zurückgegeben, so auch der kleine Volksempfänger an meine Großeltern.

In den 1950er-Jahren tauchte in einer Gnoiener Schule ein Junge mit asiatischen Gesichtszügen auf, der aus einem Nachbardorf stammte und plattdeutsch redete. Er wurde neugierig beguckt. Getuschelt wurde, er sei ein Besatzerkind. Er war das offenbar gewohnt und reagierte darauf nicht. Nach wenigen Tagen war er als guter Sportler akzeptiert und gehörte zu uns.

Um 1955 lebten in Gnoien etwa 6.000 Menschen. Fast die Hälfte von ihnen waren Flüchtlinge und Vertriebene aus Ostpreußen, Pommern, Schlesien, Böhmen und Mähren. Wohnungsnot, Hunger und Arbeitslosigkeit gehörten nach dem Krieg zum Alltag. Die Enteignung der Großgrundbesitzer und die von der Besatzungsmacht verordnete Bodenreform trugen zur Linderung bei und halfen vielen heimatlosen und notleidenden Menschen beim Aufbau eines neuen Lebens. In den frei gewordenen Landschlössern und Herrenhäusern entwickelte sich für viele Jahre ein intensives Leben. Für die Flüchtlinge wurden darin kleine Wohnungen eingerichtet. Auch provisorische Dorfschulen, Kindergärten, Krankenstationen, Arztpraxen, die wichtigen Gemeindeschwesternstationen, Lebensmittelläden, Dorfverwaltungen, kleine Kneipen fanden hier ihren Platz. An den Wochenenden wurden ehemals herrschaftliche Räume zu vielgenutzten Tanzsälen.

Bis zur Kollektivierung der Landwirtschaft um 1960 war Gnoien eine für Mecklenburg typische kleine Ackerbürgerstadt. Die meisten Einwohner gingen einem städtischen Beruf nach, waren Arbeiter, Angestellte oder Handwerker. Viele hatten gleichzeitig kleine Felder von wenigen Hektar, hielten zur Selbstversorgung und für einen Kleinhandel Kühe, Schweine, Schafe, Hühner, Gänse und bewirtschafteten Bauerngärten. Die verheirateten Frauen waren meistens nicht berufstätig, aber hier leisteten sie, neben der täglichen Versorgung der Familie und des Haushalts, oft schwere körperliche Arbeit. Auch einige Kriegswitwen, die durch die Bodenreform ein Stück Land bekamen, schlugen sich auf diese Weise durch, um ihre Kinder zu ernähren. Erst später verstand ich die Strenge und Härte mancher dieser schwer schuftenden Frauen. Für Zärtlichkeit und liebevollen Umgang blieben kaum Kraft und Zeit übrig.

An allen Ausfahrtstraßen der Stadt standen in den1950er-Jahren noch links und rechts Scheunen, in denen landwirtschaftliche Produkte – wie leicht brennbares Heu und Stroh – und Geräte gelagert wurden. Das war sinnvoll, denn die im Mittelalter entstanden Städte waren eng bebaut. Erweiterungen waren nur außerhalb der Stadtgrenzen möglich und die Gefahr des Übergreifens von Bränden auf die Fachwerkbauten der engen Innenstädte wurde dadurch gemindert. Die Stadtchronik von Gnoien berichtet von einigen verheerenden Bränden in früheren Jahrhunderten. Als etwa zehnjähriger Junge habe ich noch erlebt, wie nachts die Bürger des Städtchens, durch lauten Sirenenalarm der freiwilligen Feuerwehr geweckt, aufgeregt aus den oberen Fenstern ihrer Wohnung oder der Dachluke nach einem Feuer Ausschau hielten, dann auf die Straße rannten, um miteinander ihre Eindrücke zu besprechen

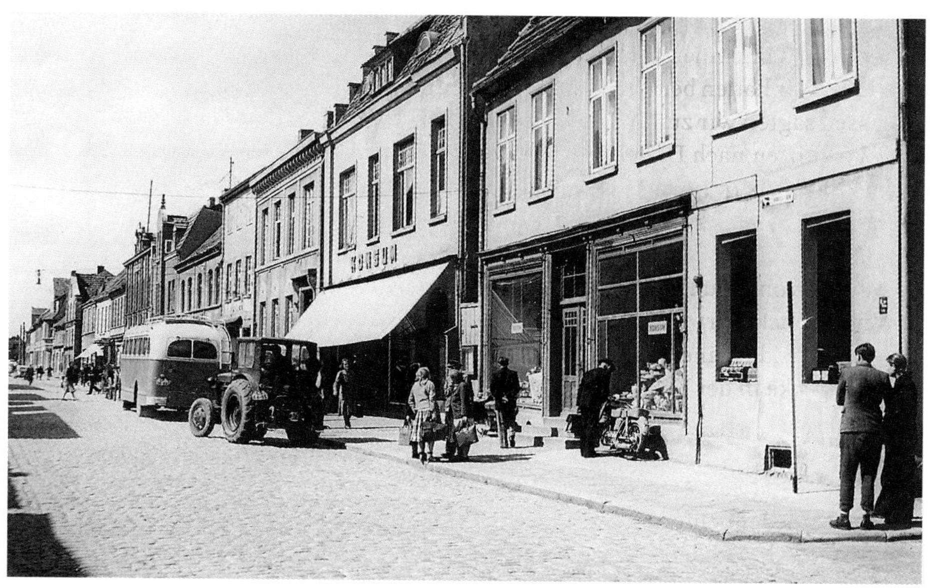

Gnoien. Die Friedenstraße in den 1950er-Jahren

und, wenn nötig, Brandwachen zusammenzustellen, gefüllte Wassereimer auf den Dächern bereitzuhalten, um bei Funkenflug sofort löschen zu können.

Im September 1952 kam ich in die Klasse 1a der »10-klassigen allgemeinbildenden polytechnischen Goethe-Oberschule I«, kurz POS I genannt. Das gefiel mir. In meine erste Lehrerin Fräulein Ö. war ich ein bisschen verliebt und wurde ein braver Schüler, hatte nur Einsen im Zeugnis. Das änderte sich, als wir in der 2. Klasse eine andere Lehrerin, Frau H., bekamen. Die mochte ich nicht, und sie mich wohl auch nicht. Fräulein Ö. war jung, groß, schlank, kleidete sich flott, sie behandelte uns sehr freundlich und nachsichtig. Frau H. war etwas älter, hatte eine rundliche, etwas bäuerliche Figur, kleidete sich schlicht, hatte eine raue laute Stimme und kommandierte uns manchmal herum. Nach wie vor bekam ich gute Zensuren, nur bei Frau H. nicht, vor allem die Kopfnoten, besonders »Betragen«, stürzten ab.

Im 4. Schuljahr durften die zehn besten Schüler der Klasse mit der Lehrerin nach Demmin fahren, eine 24 Kilometer entfernte andere Kleinstadt, zum Besuch des dort gastierenden Zirkus Busch. Frau H. versuchte, die besten Schüler demokratisch durch Befragen und Abstimmung in der Klasse zu ermitteln. Von den Mitschülern wurde auch ich vorgeschlagen. Frau H. aber schloss mich wegen mangelhaften Betragens von dem Ausflug aus. Natürlich fühlte ich mich ungerecht behandelt und war empört. Ein Mitschüler, der ebenfalls nicht an dieser Fahrt teilnehmen durfte und sich darüber auch ärgerte, brachte mich auf eine Idee: Wir hatten beide Fahrräder und ein bisschen Taschengeld. Kurz entschlossen sagten wir zu Hause Bescheid, dass wir eine Radtour machen wollten. Wir fuhren nach Demmin, kauften uns Eintrittskarten und saßen so im Zirkus eine Reihe vor unseren braven Mitschülern, die mit einem Bus dorthin gebracht worden waren. Von der Zirkusvorstellung ist mir nichts in Erinnerung geblieben, wohl aber unsere Genugtuung über die Überraschung in den Gesichtern von Frau H. und den braven Mitschülern in der Bank hinter uns.

Unsere Rückfahrt wurde noch problematisch. Es fing an zu dunkeln und wir hatten beide keine funktionierende Beleuchtung an unseren Rädern. Auf halber Strecke in der Kleinstadt Dargun wollte uns deshalb ein Polizist nicht weiterfahren lassen. Die Räder wollte er bis zum nächsten Morgen einschließen. Aber was sollte er nun mit uns elfjährigen Jungen anfangen? Nach einigem Zögern gab er unseren Bitten nach und ließ uns fahren. Allerdings sollten wir bei jedem entgegenkommenden und nachfolgenden Verkehr absteigen und mit den Rädern die Chaussee verlassen. Ob wir uns an diese Order hielten, weiß ich nicht mehr. Jedenfalls kamen wir gut, aber ziemlich spät zu Hause an. Meine Großmutter machte mir sorgenvoll und erregt Vorwürfe. Großvater, sonst eher streng, meinte nur, Jungen müssen solche Abenteuer machen, um ganze Kerle zu werden. Das beruhigte mein schlechtes Gewissen erheblich. Am nächsten Tag waren wir in der Schule die Helden. Wir hatten gezeigt, dass man nicht immer gehorchen muss und sich durchsetzen kann.

Weitere Probleme mit Frau H. blieben nicht aus. Manchmal war ich wohl auch nur vorlaut und frech. Es gefiel mir offenbar, wenn einige Mitschülerinnen dem Burschen bewundernd zulächelten, der sich traute, der Lehrerin zu widersprechen. Einmal schrieb ich mit Kreide außen an die Backsteinfassade des Schulgebäudes »Frau H... ist doof«. Dabei hatte mich niemand beobachtet. Das wusste ich. Am nächsten Tag drückte mir Frau H. während des laufenden Unterrichts einen feuchten Schwamm in die Hand und forderte mich auf, von der Schulwand diese Bemerkung zu entfernen. Ich fühlte mich ertappt, bekam einen hochroten Kopf, ging hinaus, wischte den Satz weg, überlegte wegen des zu erwartenden Donnerwetters wegzulaufen, schlich aber zurück in die Klasse, legte den Schwamm zurück zur Tafel, setzte mich auf meinen Platz und wartete auf das Gewitter. Frau H. aber setzte den Unterricht fort und verlor nie mehr ein Wort darüber. Mit der 5. Klasse wechselten einige Mitschüler und ich in die Oberstufe der Goethe-Schule II. Ich sah sie kaum noch und wenn, versuchte ich ihr aus dem Weg zu gehen. Irgendwann, es war wohl in der 9. Klasse, fragte sie im Vorbeigehen: »Na, bin ich immer noch

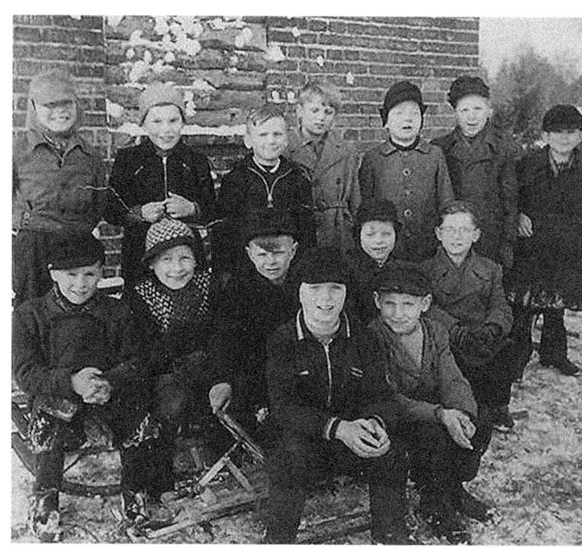

Vorn in der Mitte: Hans-Erich Busch als Elfjähriger

doof?« Den rot werdenden Kopf konnte ich nur noch schütteln und schnell weitergehen. Sie war wohl doch keine so schlechte Lehrerin.

Meine Mutter hatte die Großeltern und mich aus Stockholm und später aus Hamburg ein paar Mal in den 1950er-Jahren besucht, versorgte mich regelmäßig mit Kinderbüchern, Kleidung und Spielzeug, das wegen der Herkunft aus Schweden oder Westdeutschland auffiel, was mir nicht immer gefiel. Noch nach über fünfzig Jahren wurde ich bei einem Klassentreffen auf meinen seinerzeit luxuriösen lenkbaren Bobschlitten angesprochen. Unsere Gruppe kleiner Jungen ließ sich damals, um den Schlitten geschart, fotografieren.

In vielen Gnoiener Haushalten wurde damals eine Kuh zur Selbstversorgung gehalten. Damit gab es immer Milch und man konnte mit einer Zentrifuge Magermilch und Sahne trennen sowie Butter, Buttermilch, Käse und Molke zur eigenen Versorgung und für einen kleinen Tauschhandel produzieren. Die Kuh meiner Großeltern stand im Winter im Stall auf dem Hinterhof. Das Futter bestand hauptsächlich aus Heu, Schrot und Rüben. Im Sommer wurde sie gegen eine geringe Gebühr auf die städtische Weide getrieben. Immer frühmorgens und nachmittags ging meine Großmutter mit einem Melkeimer, dem Melkschemel und einer Kanne zu Fuß die zwei Kilometer zur Weide, um die Kuh zu melken. Viele Frauen trafen sich dort zur gleichen Beschäftigung und zum Austausch der letzten Kleinstadtneuigkeiten. Diese Informationen waren viel interessanter und direkter als die in der Regionalzeitung »Freie Erde«. Manchmal begleitete ich Oma, um ihr tragen zu helfen und Gleichaltrige zu treffen, die ebenfalls mit ihren Müttern oder Großmüttern unterwegs waren. Auch wir tauschten Neuigkeiten aus oder verabredeten uns zu gemeinsamen Unternehmungen.

Am Sonntagnachmittag gingen Oma und Opa in Sonntagskleidung gemeinsam diesen Weg. Unterwegs trafen sie viele Nachbarn und Bekannte. Das war dann der Sonntagsspaziergang. Man zeigte sich. Mein Großvater war eigentlich Nichtraucher, aber bei dieser Gelegenheit trug er seine Taschenuhr mit der vergoldeten Uhrkette sichtbar in der Westentasche und rauchte eine Zigarre. Schon meine Mutter und ihre Geschwister hatten diese sonntäglichen Spaziergänge zur städtischen Kuhweide miterlebt.

Jeweils im Spätherbst wurde das bis dahin ebenfalls im Hinterhofstall gemästete Schwein geschlachtet. Da ging es früh los und bis spätabends waren alle beschäftigt. Dabei durften die Kinder bei einigen Arbeiten – wie dem Wurstmachen – mithelfen, wurden aber zwischendurch ins Bett geschickt. Dieser jährlich ein Mal wiederkehrende Tagesablauf hatte etwas Rituelles. Der staatlich lizensierte Schlachter kam um 6 Uhr morgens. Er tötete das Schwein mit einem Bolzenschussgerät. Es wurde ausgeblutet und mit viel kochendem Wasser abgebrüht, auf eine stabile Holzleiter gebunden, an eine Stallwand gelehnt und aufgeschnitten. Jetzt kam der örtliche Tierarzt zur Trichinenschau und bestätigte mit einem Stempel auf einem Schinken des geschlachteten Tieres, dass amtlich nichts zu beanstanden war. Opa und ein Onkel, der Schlachter und der Tierarzt tranken dann einen Schnaps. Bis hierhin durften wir Kinder nicht zusehen. Erst wenn das Schwein an der Stallwand aufgeschnitten lehnte und der Auslage eines Schlachtergeschäftes glich, durften wir dabei sein. Jetzt begann das Weiterverarbeiten des Fleisches, das Wurstmachen, Einkochen, Räuchern, gelegentliche Schnapstrinken der Männer und das gemeinsame Essen der beteiligten Familienmitglieder und Freunde. Nun hatte Oma das Sagen. Sie wusste, was in welcher Reihenfolge getan werden musste, was sie den helfenden Familienmitgliedern zutrauen konnte. Nie verlor sie den Überblick, die wichtigen Dinge erledigte sie selbst.

Für uns Kinder war das immer ein spannender Tag. Die Familie sicherte ihren Jahresbedarf an Schweinefleisch und Wurst. Zum Einkauf beim Schlachter ging man nur noch, wenn zu Weihnachten zum selbstgemachten Kartoffelsalat Bockwürste gereicht oder zu einem besonderen Anlass mit einer Platte gemischten Aufschnitts aufgewartet werden sollte.

Um 1956 trat in der evangelischen Kirchgemeinde Gnoien ein neuer Pastor seinen Dienst an. Er war zuvor Landesjugendpastor der Evangelisch-Lutherischen Landeskirche Mecklenburgs in Schwerin gewesen. Seine Frau war Organistin. Dazu kam ein neuer Diakon mit seiner Familie, der bisher als Landesjugenddiakon gearbeitet hatte. Bis dahin war das Kirchgemeindeleben auf Taufen, Konfirmationen, Hochzeiten und Beerdigungen als eine Art Traditionspflege beschränkt. Pastor Wellingerhof und Diakon Kränz bauten ein Gemeindeleben auf, von dem einige Gnoiener heute noch gelegentlich schwärmen. Die Arbeitskreise und Rüstzeiten[7] der verschiedenen Alters- und Interessengruppen der Jugendorganisation der evangelischen Kirche füllten bald einen Teil unserer Freizeit. Als Mitglied der Jungen Gemeinde konnte man ein kleines Abzeichen aus Metall tragen, das einen Kreis, die Weltkugel, verbunden mit einem Kreuz darstellte.[8] Dieses kleine Zeichen war – wie das spätere »Schwerter zu Pflugscharen«[9] – staatlicherseits verpönt. Es gab auch Kampagnen dagegen und verschiedentlich Diskriminierungsversuche gegen Mitglieder der Jungen Gemeinde, die dieses Zeichen offen trugen.

Mir ist so etwas nicht passiert, obwohl ich unverhohlen für die kirchliche Konfirmation warb, mich deutlich gegen die neue staatliche Jugendweihe stellte und daran nicht teilnahm. Andererseits war ich auch Mitglied der Jungen Pioniere und später der Freien Deutschen Jugend (FDJ). Wegen solch unterschiedlicher Haltungen gab es zwischen uns Gleichaltrigen keine Gegnerschaft. Wir kannten einander im Alltag, lebten unsere Unterschiede und diskutierten diese auch manchmal heftig. Freundschaften und erste Flirts wurden durch weltanschauliche Dogmen kaum behindert. In der Jungen Gemeinde trafen wir uns – nach Altersgruppen gestaffelt – regelmäßig zu Gesprächskreisen und Rüstzeiten mit vielen Themen wie Literatur, Spiel, Sport und Musik und natürlich auch zu Bibelstunden, die sich häufig zu philosophischen Seminaren entwickelten.

Im großen Garten des Pfarrhauses lernte ich Kricket spielen. Schallplattenabende mit klassischer Musik machten neugierig auf eine mir bisher unbekannte Kultur. Im Literaturkreis wurden uns Bücher vorgestellt, die sich von meiner bisherigen Lektüre unterschieden. So bekam ich es erstmals mit expressionistischer Literatur zu tun, etwa mit Franz Kafkas Romanfragment »Der Prozess«. Wir unternahmen Bootstouren auf dem Schweriner See mit Übernachtungen im Zelt auf einer der Inseln, Fahrradtouren durch Meck-

---

7 Rüstzeit: christliche Freizeit, also ein mehrtägiges oder mehrwöchiges Veranstaltungsangebot. Der Begriff ist besonders in den evangelischen Kirchen und Freikirchen in Ostdeutschland verbreitet.

8 Das sogenannte »Kugelkreuz« wurde im Mai 1946 von den evangelischen Jugendverbänden als gemeinsames Symbol für die Evangelische Jugend Deutschlands festgelegt. In den Jahren 1952/53 und 1958 gab es besonders häufig Auseinandersetzungen mit Lehrern und FDJ-Sekretären, die oft mit Schulverweisen von den Oberschulen endeten.

9 »Schwerter zu Pflugscharen«: Bewegung, die aus kirchlicher Initiative hervorging; damit setzten junge Christen ein Signal gegen die zunehmende Militarisierung der DDR.

lenburg und bis in den Harz. In kirchlichen Heimen wurde übernachtet, wir besuchten und arbeiteten stundenweise in diakonischen Pflegeheimen. Das half zu begreifen, was geistige und körperliche Behinderungen für ein Leben bedeuten können. Wir bewunderten die Arbeit und Lebenshaltung der jungen fröhlichen Diakonieschwestern und Pfleger.

Im fast 40-köpfigen Gnoiener Posaunenchor lernte ich, Trompete zu spielen. Das Instrument besitze ich noch. Wir probten gemeinsam regelmäßig und spielten öfter auch in kleineren Besetzungen. In dieser Zeit begann ich zu erahnen, wie eine Fuge von Bach klingen kann. An kirchlichen Feiertagen gaben wir in der Stadt kleine Konzerte, und während der Gottesdienste begleiteten wir gelegentlich im Wechsel mit der Orgel den Choralgesang. Für mich öffnete sich langsam ein Zugang zu klassischer Musik. Mein Freund Peter blies im Posaunenchor eine Tenorposaune. Er war unter uns Bläsern damals zweifellos einer der Besten. Von der Evangelisch-Lutherischen Landeskirche Mecklenburgs wurde er im Frühsommer 1961 zum Kirchentag nach Westberlin geschickt. Aus allen Teilen Ost- und Westdeutschlands kamen dort auch 2.000 Posaunenbläser zusammen. Er wurde ausgewählt, vor dem versammelten Kirchentag ein Solo vorzutragen. Noch heute leuchten seine Augen, wenn er davon erzählt. Leider hat er, wie auch ich, das aktive Musizieren später aufgegeben.

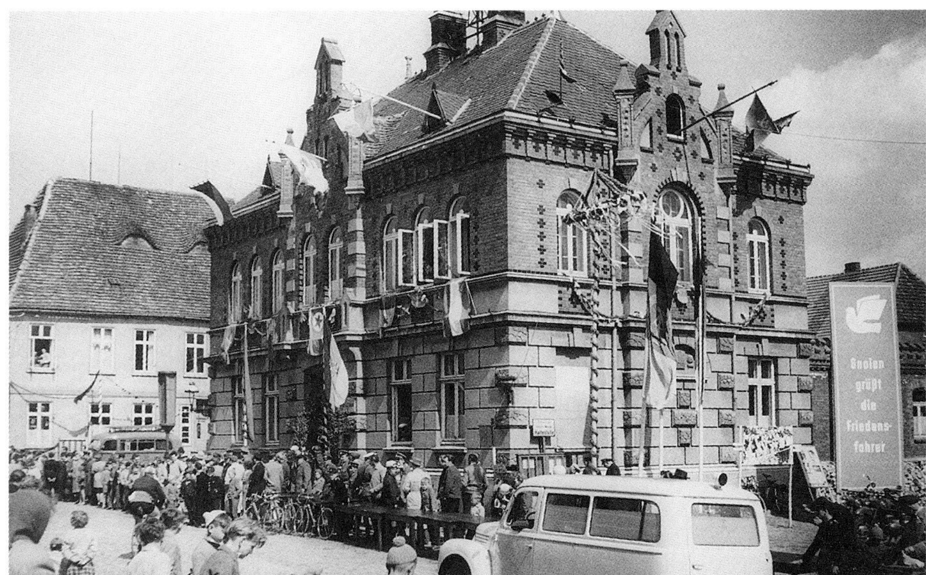

Die Friedensfahrt Warschau–Berlin–Prag ging auch mal am geschmückten Rathaus in Gnoien vorbei.

In der Schule sollte ein Spielmannszug gegründet werden. Vielleicht bestand die Absicht, zum erfolgreichen kirchlichen Posaunenchor ein Gegengewicht aufzubauen. Es wurde jemand gesucht, der Fanfare spielen kann. Dass ich Trompete spielte, war bekannt. So fragte man mich, ob ich beim Umzug am 1. Mai die Fanfare spielen wolle. Die Melodie könne ich mir aussuchen, es dürfe nur kein Kirchenlied sein. Nach Rücksprache im Posaunenchor habe ich mir eine markige Tonfolge für die Fanfare ausgedacht und diese während des Umzuges zum Besten gegeben. Trommler dazu waren Schulfreunde. Der allgemeine Trubel überdeckte unser simples Spiel. Aus dem Fanfarenzug wurde aber weiter nichts.

Und natürlich versuchten wir uns auch im städtischen Fußballverein »Traktor Gnoien«.

Zwischenschnitt | Besitzverhältnisse, Arbeits- und Sozialstrukturen im Zeitenwechsel

Die Bevölkerungsverluste während des Krieges, die anschließend massenhafte Zuwanderung von Flüchtlingen und Vertriebenen (1949 waren das knapp 49 Prozent der Bevölkerung Mecklenburgs) und die Bodenreform von 1946 hatten die Sozialstruktur radikal verändert. Diese sich allmählich um 1950 festigende neue Struktur wurde durch die kampagnenartig und vielfach zwangsweise betriebene Kollektivierung der Landwirtschaft um 1960 wieder völlig umgekrempelt. In dieser Zeit blökten manchmal in verlassenen Bauernhöfen die Tiere vor Schmerzen und Hunger. Sie mussten gemolken und gefüttert werden. Die Besitzer waren heimlich gen Westen abgehauen. Sie hatten alles stehen und liegen lassen und niemandem von ihrem Vorhaben erzählt, um nicht bei der Vorbereitung der Flucht erwischt zu werden. Auf Republikflucht stand für die Beteiligten und auch eventuelle Mitwisser einige Jahre Haft. Schon der Versuch war strafbar. Die verlassenen Höfe, Tiere und Felder wurden beschlagnahmt und den neu entstehenden Landwirtschaftlichen Produktionsgenossenschaften (LPGs) zugeschlagen. Erst langsam, mit vielen Problemen und neuen sozialen Verwerfungen, entstanden wieder, angepasst an die politischen Vorgaben, neue ländliche Strukturen, Besitzverhältnisse und Lebensformen.

Ab 1990 änderten sich bekanntermaßen die Bedingungen wieder und fast Vergessenes wurde neu belebt. Inzwischen Geleistetes galt nicht mehr viel. Die anhaltende Land- und Westflucht besonders der nach Perspektiven suchenden Jugend ist zu großen Teilen dadurch zu erklären. Arbeitslosigkeit und Verfall bestimmten zunächst wieder vielfach den Alltag. Die Ankündigung Helmut Kohls von baldigen blühenden Landschaften wurde schnell als zynischer Witz verstanden, wie früher die Parole Walter Ulbrichts vom »Überholen ohne einzuholen«. Die Vorgehensweise der Treuhand führte zu neuen Verwerfungen, wiederum zu Enteignungen und fremdbestimmten Neuordnungen, auch zu einer kulturgeschichtlichen Vergessenheit. Unsinnige und fragwürdige Ideen fanden plötzlich Interesse und Anhänger. Trotz neuer Wohngebiete und Einfamilienhaussiedlungen sowie einiger eingemeindeter Dörfer hat Gnoien heute nur noch knapp 3.000 Einwohner.

Und wieder entwickelten sich langsam neue Sozialstrukturen. Industrie und Landwirtschaft verloren an Bedeutung. Größere landwirtschaftlich genutzte Teile Mecklenburgs gingen per Treuhand in westdeutschen Besitz über, werden jetzt europäisch gefördert und großflächig für den Anbau von Monokulturen genutzt. Arbeitsplätze in der Landwirtschaft gibt es nun deutlich weniger. Zwar werden einzelne Gebiete renaturiert, aus in Jahrhunderten gewachsenem Kulturland entsteht wieder ein wenig norddeutscher Urwald. Die sich weltweit etablierende Bewegung zu ökologisch vernünftigem Leben, Wirtschaften, Schonen der Ressourcen und Vermeiden einer weiteren Klimaschädigung sind Ausdruck des Bemühens, die Lebensbedingungen für nachfolgende Generationen zu erhalten. Doch die damit einhergehende Veränderung der Sozialstrukturen sollte von und mit *allen* Beteiligten entwickelt werden. Wirklich demokratisch gerechte Besitzverhältnisse wären dafür eine Voraussetzung. Die nicht neue Erkenntnis, dass vererbbarer Großgrundbesitz weder sozial noch ökologisch sinnvoll ist und auch ökonomisch bedenklich, lässt sich in der Wirtschaftsgeschichte Mecklenburgs leicht nachvollziehen.

Im Herbst 1958, unmittelbar nach der Kartoffelernte, verstarb der Opa. Oma und ich lebten nun in dem kleinen Reihenhaus allein. Bis auf ein paar Hühner und die Katze wurde die Tierhaltung aufgegeben. Die beiden Felder wurden an die LPG verpachtet, der Obst- und Gemüseanbau im Garten stark reduziert. Im Juni 1962 erlangte ich mit den üblichen schriftlichen und mündlichen Prüfungen die Mittlere Reife. Ich bekam ein vorzeigbares Zeugnis und wollte nun weiter.

Zweimal konnte ich bis 1961 während der Sommerferien meine Mutter in Hamburg besuchen. Ich wollte die Schule aber in Gnoien beenden und genoss meine frühe Selbstständigkeit. Bis 1965 konnte meine Mutter auch mich noch ab und zu in Warnemünde besuchen. Wir waren uns langsam fremd geworden und eine enge Mutter-Sohn-Beziehung entstand nicht mehr. Ich denke, wir beide litten darunter, vermochten es aber nicht zu ändern. Äußere Umstände wie die dauernde Trennung durch den Mauerbau 1961 verstärkten die Distanz. Wir gingen verschiedene Wege, blieben aber in regelmäßigem Briefkontakt. Ich versuchte ohnehin, mir ein Leben in Rostock und Babelsberg aufzubauen. In den 1980er-Jahren durfte ich sie zweimal kurz besuchen. Aber erst später, nach 1989, konnte ich mich um sie kümmern und ihr gelegentlich helfen. Seit mehreren Jahren kann ich nur mit ein paar Blumen auf einem kleinen Friedhof in Hamburg ihrer gedenken.

Im Gnoiener Ballhaus »Waterstraat« gab es ein gut besuchtes Kino. An mehreren Wochentagen fanden Abendvorstellungen für Zuschauer mit einem Mindestalter ab 14, 16 und 18 Jahren statt. Sonnabends, am Nachmittag, konnten wir eine Jugendvorstellung für 50 Pfennige Eintritt besuchen. Kindervorstellungen gab es sonntags um 10 Uhr für 25 Pfennige. Ich erinnere mich, besonders von den sowjetischen Bürgerkriegsdramen DER STILLE DON und TSCHAPAJEW schwer beeindruckt gewesen zu sein, ebenso von FANFAN, DER HUSAR mit Gérard Philipe.[10] All die Freuden und Leiden der Filmhelden beförderten meine Erlebnisfähigkeit.

In Gnoien befindet sich die Marienkirche. Für die kleine Stadt ist sie eine große, helle, protestantisch bescheiden eingerichtete norddeutsche Backsteinkirche mit einer großen Orgel und einem sehr schönen mittelalterlichen Altar. Der älteste Teil der Kirche, der Altarraum, entstand 1230. Der Kirchturm ist 54 Meter hoch. Einige von uns Jugendlichen hatten Zugang zur Kirche, um dort das Posaunenspiel zu üben oder beim sonntäglichen Glockenläuten zu helfen. Damals wurden die drei Glocken noch per Muskelkraft hauptsächlich von Konfirmanden geläutet. Aber natürlich durchstöberten wir heimlich alle zugänglichen Räume der Kirche und kletterten auch bis zum höchsten erreichbaren Punkt innerhalb des Turmes. Dort oben in der Turmspitze wurde es eng, aber durch ein kleines Dachfenster hatten wir einen wunderbaren Panoramablick über die Stadt und die umliegenden Dörfer.

Wie fast überall in der DDR war in der kleinen Stadt die allgemeine Wohnungsnot ein lebensbestimmendes Problem. Junge Paare mussten, auch wenn sie schon Kinder hatten, in kleinen Kammern viele Jahre und manchmal vergeblich auf eine Wohnung warten. Auch deshalb verschwanden etliche von ihnen heimlich über die noch offene Berliner Grenze in den Westen. Einige kamen dort mit den Lebensumständen nicht zurecht, hatten Heimweh und

---

10 TICHI DON (DER STILLE DON, 1957/58, Sergej A. Gerassimow); TSCHAPAJEW (1934, Georgi Wassiljew / Sergej Wassiljew); FANFAN LA TULIPE (FANFAN, DER HUSAR, 1952, Christian-Jaque).

kehrten um. Wenn sie Unfreundliches über den kapitalistischen Westen erzählten, wurden sie willkommen geheißen und sie bekamen vorrangig eine Wohnung und sogar ihre unbesetzten alten Arbeitsplätze zurück. Hinter vorgehaltener Hand wurde kolportiert: »Wenn du keine Wohnung hast, hau kurz in den Westen ab ..., nach der Rückkehr bekommst du eine.« Mit dieser Art der »Wohnungsbeschaffung« war es am 13. August 1961 vorbei.

Den »Mauerbau« bekamen wir mitten in Mecklenburg zunächst nur in den Radionachrichten mit. Natürlich war die Errichtung des »Antifaschistischen Schutzwalls« (offizielle Bezeichnung) *das* Gesprächsthema. Die Verantwortlichen in Ost und West hielten markige Reden, die wir am Radio verfolgten. Ansonsten geschah – rund 230 Kilometer von Berlin entfernt – nichts. Die Massenflucht über Berlin vor allem von jungen und gut ausgebildeten Leuten war gestoppt. Die Tatsache, dass große Teile der Welt für uns damit unerreichbar wurden und uns Nachrichten nur noch nach Ost- oder Westsicht gefiltert erreichten, dass westliche Besucher mit ihrer Währung bald in speziellen Intershops einkaufen konnten, wir aber *nicht*, prägte zwar unsere Weltsicht, aber kaum unseren praktischen Alltag in der mecklenburgischen Kleinstadt fernab der Grenze mitten durch Deutschland und Berlin. Die grausame Ernsthaftigkeit der Grenzanlagen bekam ich erst später in Babelsberg zu spüren.

Die Sommer in der Gnoiener Badeanstalt, einem Freibad aus den 1930er-Jahren, wurden für uns Halbwüchsige wichtig, weil die Mitschülerinnen und andere junge Damen der Stadt in knappen Badeanzügen oder gar Bikinis zu bestaunen waren und man sich vor ihnen durch gewagte Turmsprünge ins Wasser hervortun konnte.

Dass mir in der Schule naturwissenschaftliche Fächer besonders gefielen, führe ich auf die jungen Lehrerinnen und Lehrer zurück, die uns für physikalische, mathematische und biologische Zusammenhänge begeistern konnten. Unser Sportlehrer bildete einige von uns zu Rettungsschwimmern aus. Das erleichterte mir später, in Warnemünde Sporttaucher zu werden. Im polytechnischen Lehrplan der Schule gab es interessante Angebote. In verschiedenen außerschulischen Arbeitsgruppen erlernten wir handwerkliche Grundkenntnisse und konnten versuchen, dabei eigene Interessen zu entwickeln. Wir bauten flugtaugliche Segelflugmodelle und löteten kleine hübsche Modelle von landwirtschaftlichen Geräten. Selbst die Unterrichtstage in der Produktion (UTP) oder später die Praktische Arbeit (PA) in Betrieben der Umgebung waren interessant. Wir gewannen Eindrücke von der Arbeitswelt der Erwachsenen und konnten dabei, neben anderen nützlichen Kenntnissen, ab der 9. Klasse kostenlos die Fahrerlaubnis für ein Moped erlangen. In der 9. und 10. Klasse erhielten wir je nach Leistungsstand monatlich eine finanzielle Zuwendung zwischen 40 und 60 DDR-Mark. Unser Klassenlehrer in den letzten Jahren war ein junger und verständnisvoller Pädagoge, den wir mochten. Er war wie alle Lehrenden verpflichtet, auf uns einzuwirken, in der Agrarregion zu bleiben. Er unterstützte uns aber bei der Suche nach eigenen Wegen. Das war damals keine Selbstverständlichkeit. Auch durch ihn fühlte ich mich in der Idee bestärkt, einen Beruf zu suchen, in dem ich viel erleben und von der weiten Welt erfahren konnte.

Die meisten meiner Mitschüler blieben in der Region. Sie erlernten Handwerks- oder technische Berufe, viele Mädchen wurden Krankenschwester, Kindergärtnerin oder arbeiteten später im Büro bzw. in der Verwaltung. Eine Schulfreundin war langjährig die Standesbeamtin von Gnoien. Manche nutzten anschließend Bildungsmöglichkeiten für ihre Weiterentwicklung oder machten sich selbstständig und zogen im Laufe der Zeit in größere Städte. Die jungen Männer hatten zunächst nach der Lehrausbildung ihre Wehrpflicht abzuleisten. Einige verlängerten freiwillig diesen Dienst. Einerseits bekam man als Zeitsoldat einen höheren Sold, andererseits konnte man so die Chancen bei der Karriereplanung wie auch bei der Wohnungsvergabe erhöhen.

1961 hatte ich zum ersten Mal mit der Staatssicherheit zu tun. Meine Oma war an diesem Tag irgendwo unterwegs. Die Türglocke bimmelte, wie immer, wenn die Haustür geöffnet wurde. In der Tür stand ein etwa 30-jähriger Mann, der mir seinen Dienstausweis – eine Klappkarte, die mit einem Lederband an seinem Gürtel befestigt war – zeigte und mich fragte, ob er sich mit mir unterhalten könne, während er warten würde, bis meine Großmutter käme. Er erzählte mir, er wäre aus der Kreisstadt Teterow und habe in meiner Schule viel Gutes über mich gehört. Ich sei doch ein kluger junger Mann, deshalb wolle er mir ein paar Fragen stellen. Ihn interessierte, was der neue Pastor in den Rüstzeiten der Jungen Gemeinde über die Politik der DDR sagen und wie er das neu verkündete Verteidigungsgesetz (Vorläufer des Wehrpflichtgesetzes von 1962) bewerten würde. Ich erzählte, dass ich den Pastor nicht über so etwas habe reden hören. Was stimmte. Daraufhin erklärte mir der Dienstausweisträger, er könne nun nicht weiter auf die Oma warten, verabschiedete sich und verschwand mit der Aufforderung, ich solle über diese Begegnung mit niemandem reden. Ich habe aber Pastor Wellingerhof und mehreren Nachbaren und Freunden von der seltsamen Begegnung erzählt. Es hatte sich herumgesprochen, es wäre gut, möglichst viele Leute zu Mitwissern solcher Begegnungen zu machen. So bin ich auch später verfahren.

Die Bindungen zur Jungen Gemeinde und zur evangelischen Kirche und leider auch zur Posaunenmusik verloren sich in den folgenden Jahrzehnten. Einerseits bewegte ich mich zunehmend in Zusammenhängen, in denen ich mit einem anderen Blick auf das Leben geschaut habe, andererseits verstören mich bis heute Vertreter der evangelischen Kirche, die mit dem Christentum der Nächstenliebe, wie ich es verstanden hatte, wenig zu tun hatten und haben. Trotzdem erinnere ich mich gern an die Zeit, an die Erlebnisse und Eindrücke in der Jungen Gemeinde in Gnoien.

Zwischenschnitt | Ein Jahr und vier Monate Haft

In den letzten Jahren in Gnoien war ich mit zwei jungen Männern befreundet, beide waren aus der Erweiterten Oberschule (EOS) hinausgeworfen worden. Sie hatten kritische Alltagslyrik verfasst und waren nicht bereit, sich reumütig für ihre Texte zu entschuldigen. Es wurde ein Exempel statuiert. Sie flogen von der Schule und erlernten handwerkliche Berufe: Fernsehmechaniker und Autoschlosser. Die beiden waren kluge, nachdenkliche Burschen und für mich damals wichtige Gesprächspartner für alle Themen, die junge Männer so interessieren. Natürlich ging es auch um Frauen, wie man ihr Interesse weckt, wie man mit ihnen umgeht, wie man verhütet und andere spannende Sachen. So etwas wie Sexualkunde gab es in unseren Jahrgängen noch nicht und zu Hause wurde darüber nicht geredet. Ausführlich haben wir über die Geschichte unserer Familien (beide gehörten zu den Flüchtlingen/Vertriebenen) und unsere eigenen Erfahrungen gesprochen und die Differenzen zu den offiziellen Politik- und Geschichtsdarstellungen diskutiert. Auch auf diese Weise lernte ich, propagierte Neuigkeiten zu hinterfragen, nach den Motiven der Verbreiter zu forschen und zwischen den Zeilen zu lesen.

Auf die Relegation aus der EOS reagierten beide verschieden. Einer wurde sehr zurückhaltend, unsicher, fast depressiv. Als er zur Ableistung der Wehrpflicht zur Transportpolizei eingezogen wurde, ließ er sich – für uns sehr überraschend – für eine Offizierslaufbahn werben. Unsere Lebenswege trennten sich. Der andere kam aus einer starken Familie, die es geschafft hatte, nach Flucht und Vertreibung in der Nähe von Gnoien wieder zusammenzufinden und eine stabile Existenz aufzubauen. Der Rauswurf aus der EOS, so mein Eindruck, stärkte seinen Trotz und Durchsetzungswillen. Den Wunsch, Arzt zu werden, gab er nie auf. Während ich Anfang September 1962 nach Warnemünde zog, blieb er in Gnoien. Er durfte den Agrarkreis Teterow nicht verlassen, um irgendwo anders in der DDR einen Neustart zu suchen.

Gemeinsam mit einem weiteren Freund, der aus ähnlichem Grund frustriert war, schlich er an einem Abend Mitte September 1962 in das Schulgebäude der Goethe-Schule I. Nachdem die letzten Besucher eines

Elternabends das Haus verlassen hatten, ließen sich beide dort einschließen. Als am nächsten Morgen die Schule geöffnet wurde, stand in der Mitte des Kreuzganges ein lebensgroßes Skelett, das gewöhnlich im Kartenraum aufbewahrt wurde. Angelehnt war ein großes offizielles Bild von Walter Ulbricht, durch einen Zeichenstab aufgespießt – gemeint als ein Streich frustrierter Jugendlicher und Protest gegen die politische und administrative Enge. Später wurde erzählt, dass er und sein Freund sehr schnell von der Staatssicherheit gefasst wurden und die Eltern deren Kleidung mit dem Hinweis zugestellt bekommen hatten, dass diese nicht mehr benötigt werde. Beide wurden zu je einem Jahr und vier Monaten Zuchthaus verurteilt. Diese Zeit mussten sie auch absitzen.

In Warnemünde bekam ich davon nichts mit. Jahre später bin ich ihm zufällig in einer angesagten Rostocker Kneipe wiederbegegnet. Er feierte mit Kommilitonen irgendeinen Studienabschluss als angehender Arzt. Beethovens »Ode an die Freude« hatte er in ein vergnügliches Trinklied umgedichtet. Wir sangen es alle mit Begeisterung. Ich hatte ihn als freundlichen, offenen und nachdenklich sensiblen Teenager in Erinnerung. Nun war er ein energischer Mann geworden, der gelernt hatte, Schwierigkeiten zu ertragen, sich aber durchzusetzen verstand. Nach der Haftzeit verfolgte er hartnäckig seinen Berufswunsch und war gegen heftige Widerstände von Gnoien nach Rostock gezogen. Dort arbeitete er als Hilfspfleger in Universitätskliniken, ließ sich zum Krankenpfleger ausbilden, machte auf einer Abendschule das Abitur und bewarb sich mehrfach um ein Medizinstudium. Immer wieder wurde er trotz bester Voraussetzungen abgelehnt. Mit Unterstützung eines Anwaltes, der ihm von evangelischen Freunden empfohlen wurde, klagte er gegen die Rostocker Universität den Studienplatz ein. Er studierte erfolgreich und wurde ein angesehener Arzt und in den 1990er-Jahren Chef der kassenärztlichen Vereinigung Mecklenburg-Vorpommerns. Dass es ihm noch in der DDR gelungen war, sich einen privaten Tennisplatz einzurichten, erzählte er gern. Solch eine Biografie war so auch in dieser Zeit möglich.

Warnemünde – meine Werftgeschichte (1962 bis 1965)

Mein Traum war, die große weite Welt kennenzulernen. Die Seefahrt schien mir dazu geeignet zu sein. Als Techniker, nicht als Nautiker, wollte ich diesen Weg gehen, denn als Ingenieur könnte ich im Bedarfsfall auch an Land eine Beschäftigung finden. Seeleute wollten oft nach einigen Jahren Fahrenszeit nicht mehr nur Urlaubsgast bei ihren Familien sein. Aber Nautiker, selbst Kapitäne konnten mit ihrer langjährigen seemännischen Ausbildung kaum eine gleichwertige Arbeit an Land bekommen. Hochqualifizierte Kapitäne

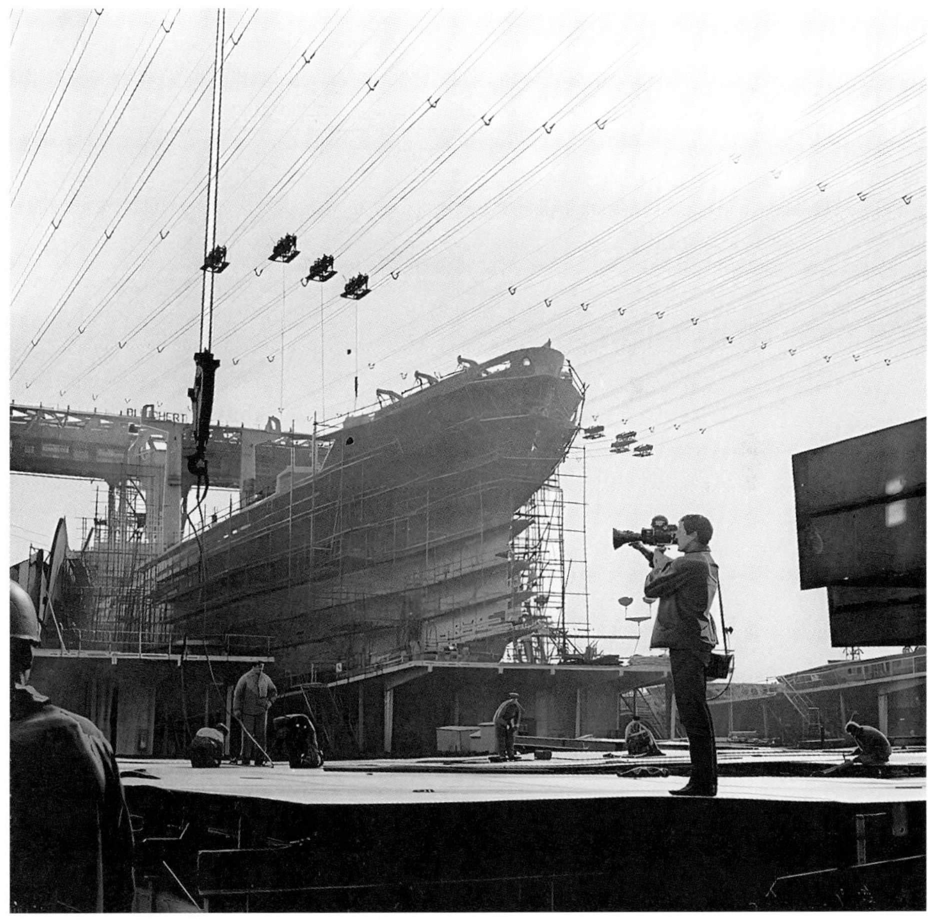

Die Warnowwerft in Warnemünde in den 1960er-Jahren

mit besten Patenten und großen Erfahrungen standen Schlange, um als Lotsen für Hafenzufahrten oder Kanalfahrten eine Beschäftigung zu finden. Ich glaubte, mir das gut ausgedacht zu haben. Als erster Schritt schien mir eine Lehre auf einer Werft sinnvoll.

Also habe ich mich als 16-Jähriger aufgemacht, bin nach Warnemünde gefahren und habe mich zur Betriebsberufsschule der Warnowwerft durchgefragt, um dort zu ergründen, ob ich hier einen technischen Beruf erlernen könne. Ich befürchtete, man würde mich zurück in die Landwirtschaft komplimentieren. Schnell und deutlich hieß es aber: »Ja, ab diesem Jahr werden erstmals Stahlschiffbauer mit Abitur ausgebildet.« Wenn meine bisherigen Schulzeugnisse gut wären, könnte ich also Stahlschiffbauer werden und das Abitur machen. Meine Zeugnisse waren überwiegend gut bis sehr gut. Alles ging ganz leicht. Die neue große Werft galt als industrieller Schwerpunkt in der DDR und war offenbar wichtiger als Agrotechnik im Binnenland. Mit dem Lehrvertrag wurde die Unterbringung und Vollverpflegung in einem neugebauten Lehrlingswohnheim mitten in Warnemünde angeboten, nur 100 Meter vom Ostseestrand entfernt.

Meine neuen Mitschüler und ich waren begeistert. Nur einige wenige kamen aus Rostock oder Warnemünde, wir anderen reisten aus verschiedenen Gegenden der DDR an. Je zu viert teilten wir uns ein Zimmer. Von den beiden Doppelstockbetten konnte ich mir das Bett rechts oben sichern. Jeder verfügte über einen zweitürigen Schrank und einen Stuhl am gemeinsamen Tisch. Die beiden Nutzer der unteren Betten hatten noch je einen kleinen Nachttisch. Darauf verzichtete ich gern, um mir oben meine Ecke einzurichten. Das klingt heute sehr beengt, war es auch, aber wir waren froh, in Warnemünde zu sein. Unser monatlicher Lehrlingslohn stieg von 90 auf 120 DDR-Mark vom ersten bis zum dritten Lehrjahr. Davon gingen 10 Mark für Unterkunft und Vollverpflegung ab.

Anfangs hatten wir im Wechsel eine Woche Unterricht im neuen Schulgebäude gleich nebenan und eine Woche Ausbildung auf der Werft. Im letzten Jahr folgte auf zwei Wochen Schule eine Woche Praxis auf der Werft. Gleich zu Beginn der Lehrzeit bekamen wir Anmeldebögen für die IG Metall in die Hand gedrückt. So bin ich noch heute ohne Unterbrechung seit September 1962 Gewerkschaftsmitglied. Auch während der Studienzeit ruhte die Mitgliedschaft nicht. Von der IG Metall wurde ich an die Gewerkschaft Kunst und nach 1990 an die IG Medien und dann zu Verdi[11] weitergereicht. 2017 erhielt ich in Hamburg eine Plakette für meine 55-jährige Mitgliedschaft in der Gewerkschaft.

11 Ver.di: Die Vereinte Dienstleistungsgewerkschaft (kurz: Verdi); Sitz in Berlin; 2001 Zusammenschluss von fünf Einzelgewerkschaften; Mitglied im Deutschen Gewerkschaftsbund (DGB).

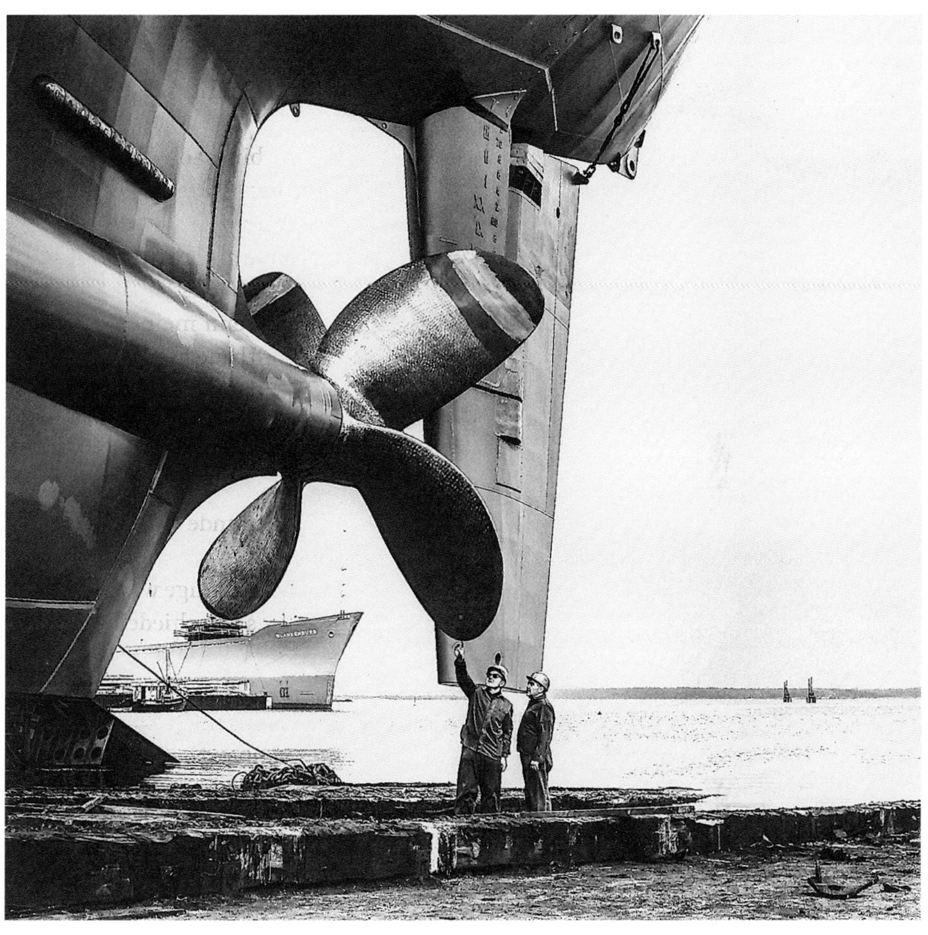

Auf der Warnowwerft Warnemünde: Vor einem Stapellauf

Die Warnowwerft war nach Kriegsende auf Befehl der sowjetischen Besatzungsmacht entstanden, um Schiffsreparaturen und Umbauten für die weitgehend zerstörte Fischerei- und Handelsflotte der Sowjetunion zu erbringen. Mit Gründung der DDR wurde sie zum VEB Warnowwerft Warnemünde und entwickelte sich bis in die 1960er-Jahre zu einem beeindruckenden Großbetrieb mit 6.000 Beschäftigten, in dem hauptsächlich Stück- und Schüttgutfrachter von 10.000 bis 15.000 BRT (Bruttoregistertonnen) für die Deutsche Seereederei Rostock der DDR, die Sowjetunion (auch noch als Reparationsleistungen), osteuropäische wie westdeutsche Auftraggeber sowie

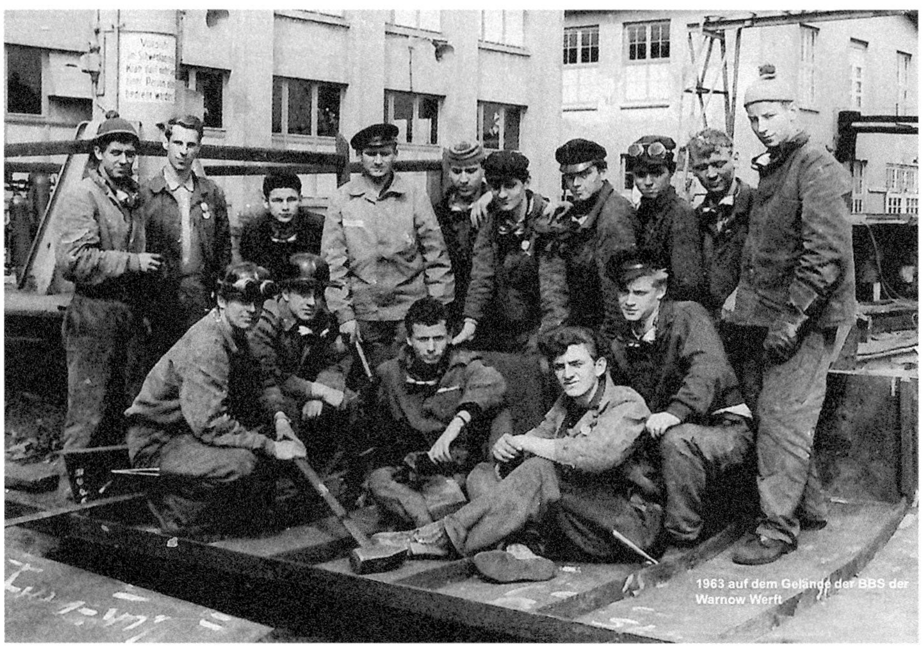

Die Abitur-Schiffbauerlehrlinge mit Lehrmeister auf der Werft (Hans-Erich Busch in der Mitte sitzend), 1963

für Norwegen und Kuba gebaut wurden. In einigen Veröffentlichungen wird sie als die damals größte Schiffswerft Europas bezeichnet.

Während Abiturienten normalerweise die üblichen Schulferien hatten, bekamen wir nur zwei Wochen Jahresurlaub. In den Schulferien mussten wir arbeiten, anfangs auch noch sonnabends halbtags. Wir lernten, mit großen autogenen Brennern und Vorschlaghämmern Stahlplatten so zu bearbeiten, dass sie in die beabsichtigte Schiffsform eingefügt werden konnten. Dazu gehörten auch autogenes Brennschneiden und Elektroschweißen sowie die Arbeit nach schiffbautypischen Bauzeichnungen. In der riesigen Schiffbauhalle wurden Teile eines Schiffes, sogenannte Sektionen, vorgefertigt und anschließend auf einem großen Vormontageplatz zu noch größeren Sektionen montiert. Diese wurden mittels der 60 Meter hohen Kabelkrananlage millimetergenau an die richtige Position auf eine der vier Hellingen[12] bewegt und dann verschweißt.

12 Helling: Im Schiffbau mit speziellen Gerüsten und Kränen ausgestatteter Platz für den Bau von Schiffen (und anderen Wasserfahrzeugen) in einer Werft.

Diese Kabelkrananlage, so hieß es, war die größte ihrer Art in Europa. Nach dem Stapellauf bugsierten werfteigene Schlepper den nun schwimmenden Schiffskörper an den Ausrüstungskai[13]. Hier gelangte die riesige Hauptmaschine mithilfe eines mächtigen Schwimmkrans in den Schiffskörper. Mehrere spezielle Facharbeitergruppen arbeiteten monatelang am Innenausbau der Schiffsneubauten. Verschiedenste Geräte zum Schiffsbetrieb, zum Be- und Entladen mussten je nach Schiffstyp eingebaut und ihr Zusammenwirken ermöglicht werden. Die Kommandobrücke, die Kabinen und die Messen[14] der Mannschaft und der Offiziere wurden nach den Wünschen des zukünftigen Eigners unterschiedlich anspruchsvoll ausgestattet. Daran konnten wir erkennen, wer die Auftraggeber waren.

Mannschaftsräume der sowjetischen Schiffe boten dem einzelnen Seemann wenig Platz und waren ziemlich schlicht ausgestattet. In dem Stückgutfrachter für einen norwegischen Eigner gab es bequem eingerichtete Einzelkabinen in freundlichen Verarbeitungen. Die meisten Schiffsneubauten erfolgten immer noch als Reparationsleistungen für die Sowjetunion. Allerdings verarbeiteten wir Stahlplatten mit kyrillischer (russischer) Beschriftung. Für Reparaturarbeiten und zum Erneuern des Unterwasseranstrichs kamen die Schiffe in eines der drei Schwimmdocks. Das alles war für uns Jugendliche aus dem Binnenland spannend, und voller Erwartung starteten wir in diesen Lebensabschnitt, der unser Alltag wurde.

Während der Arbeitswochen fuhren wir mit unseren Fahrrädern zur Werft, um jeweils zu Schichtbeginn um 6 Uhr (Frühschicht) oder 7 Uhr (Normalschicht) am Arbeitsplatz zu sein. Vorher mussten wir uns noch umziehen. Die übliche Arbeitskleidung bestand aus einem Arbeitsanzug aus Persenningstoff[15], hohen schweren Schnürschuhen, Handschuhen mit langen Stulpen und einem Schutzhelm. Diese Schutzkleidung blieb in der Werft im Spind und wurde regelmäßig gegen gereinigte oder neue ausgetauscht. Nach der Arbeit wurde neben den Umkleideräumen in einem großen Waschraum gründlich geduscht. In der großen Kantine auf dem Werftgelände und im Wohnheim konnten wir ganz gut essen. Wir Lehrlinge mussten nur für zusätzliche Wünsche etwas zuzahlen. Mit 18 Jahren konnten wir auch in Spätschichten (ab 14 Uhr) eingesetzt werden. Zu Nachtschichten (22 bis 6 Uhr) kam es nur in Ausnahmefällen.

---

13 Ausrüstungskai: Kai einer Werft, an dem die letzten Arbeiten an einem neuen Schiff stattfinden wie der Einbau der Maschinen und der Inneneinrichtung.

14 Messe (in der Schifffahrt): in der deutschen Handelsschifffahrt wie in der Marine ein Raum an Bord eines Schiffes, in dem das Essen eingenommen wird und die Freizeit verbracht werden kann.

15 Persenning: Begriff aus der holländischen Seemannssprache; bezeichnet alle beschichteten (wasserfesten, wetterbeständigen) Stoffe; heute nicht nur in der Seefahrt verwendet, sondern vor allem im Outdoor-Bereich.

Die kollegiale Zusammenarbeit mit älteren erfahrenen Kollegen hat mir imponiert. Es galt der Grundsatz, dass ein Schiffbauer nie allein arbeitet. Wir arbeiteten zu zweit in der Vorbauhalle, auf einer Helling oder am Ausrüstungskai auf einem Schiff. Einer führte die geplanten Arbeiten durch, der andere assistierte dabei, machte Handreichungen oder bereitete die nächsten Arbeitsschritte vor, dabei hatte er aus Arbeitsschutzgründen den Ersten immer im Blick. Nach einiger Zeit wechselten wir die Positionen. Beide waren aufeinander angewiesen und mussten einander vertrauen. Oft bildeten ein Erfahrener und ein anzulernender oder auszubildender Neuling ein Paar. Auf diese Weise sind Arbeitspartnerschaften entstanden, die manchmal auch zu lebenslangen Freundschaften wurden.

Wir Abiturienten-Lehrlinge wurden zunächst kritisch beguckt, weil wir anschließend studieren konnten und später vielleicht zu Akademikern und den zukünftigen Chefs gehören würden. Viele fanden es gut, dass solche Leute zunächst auch körperlich und handwerklich arbeiteten, sich als Stahlschiffbauer beweisen mussten und dabei von ihnen, den gestandenen Facharbeitern, vieles lernen konnten. Auch wir fanden diesen Bildungsweg richtig und lernten die dabei wachsende körperliche und handwerkliche Geschicklichkeit zu schätzen.

Besonders beeindruckt hat mich die Arbeit auf dem Schnürboden. Das war etwas Besonderes und typisch für den Groß-Schiffbau in der Vor-Computer-Zeit. Es hieß, hier würde die Intelligenz der Schiffbauer arbeiten. Der Schnürboden befand sich hoch unter dem Dach der großen Schiffbauhalle. Etwa 120 Meter lang und 50 Meter breit war er nur über viele Treppen oder einen großen Lastenfahrstuhl zu erreichen. Er war klimatisiert, hatte einen glatten, graulackierten Holzfußboden und große Fenster. Er war durch viele Lampen hell erleuchtet, sodass sich keine Schatten bildeten. Die Arbeitskleidung bestand hier aus normalem Stoff, aus blauen Arbeitsanzügen. Den Schürboden durfte man nur mit Filzpantoffeln (wie vielfach in Museen üblich) betreten. An allen Seiten waren Maßmarkierungen aufgemalt. Mit Kreide wurden Aufrisse von Teilen eines Schiffes im Maßstab von 1:1 auf den Boden gezeichnet. Zum Teil wurden dazu gerade Linien (bis zu 40 Meter) benötigt. Man spannte speziell angefertigte lange Schnüre zwischen vorher bestimmten Endpunkten, rieb sie mit Kreide ein und ließ sie dann auf den Boden schnipsen. So wurden schnurgerade Linien in vielen Längen erzeugt. Daher der Name Schnürboden.

Die Zeichnungen wurden dann mit verschiedenen Mitteln, wenn möglich wieder mit Schnur und Kreide, komplettiert. Schiffskörpertypische Rundungen wurden mit biegbaren Latten (sogenannten Straken) erzeugt. Nach diesen Zeichnungen konnten Schablonen und Modelle aus Holz im Maßstab 1:1 angefertigt werden. Diese wiederum bildeten die Vorlagen für stählerne

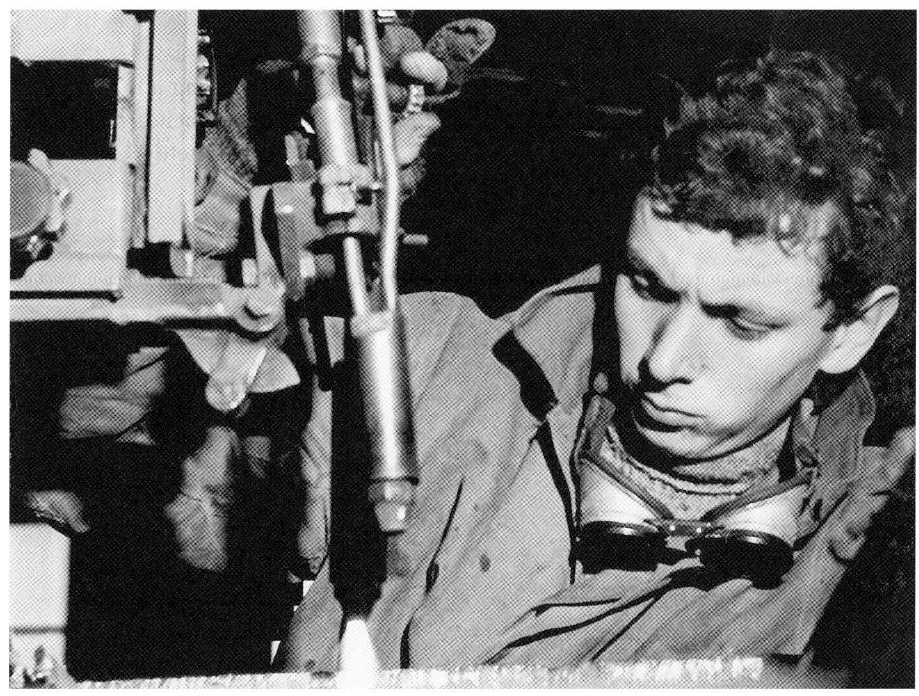

Als Stahlschiffbauer-Lehrling, 1963

Bauten von typischen Schiffssektionen in der Schiffbauhalle und auf dem Vormontageplatz. Diese Schnürbodenarbeit erforderte große Sorgfalt und fachliches Können. Kleinste Fehler konnten dazu führen, dass die Schiffssektionen nicht zueinander passten. Dann würde in tagelanger Arbeit nur großer Schrott produziert werden. In meiner Werftzeit ist ein solcher Fall nicht bekannt geworden. Einige Male erlebte ich, wie erfahrene Schiffbauer mit Konstrukteuren auf dem Schnürboden hochkomplexe technische und technologische Lösungen diskutierten.

Der Schnürboden war meistens voll mit Kreidezeichnungen. Man durfte also nicht den Boden – die Zeichengrundlage – zerkratzen und nichts verwischen. Schnürbodenarbeiter hatten sich deshalb eine besonders sorgfältige Art zu gehen angewöhnt. Wir Lehrlinge durften für drei Wochen jeweils zu zweit auf den Schnürboden, um diesen Bereich kennenzulernen und mit Hilfsarbeiten zu unterstützen. Wichtig war, aufmerksam zuzuschauen, zu verstehen und wenig zu stören. Heute wird diese Arbeit per Computer erledigt. Einen Schnürboden braucht man dafür nicht mehr.

Die Zeit in Warnemünde haben wir zu allen Jahreszeiten genossen. Es gab auf der Werft und in der Betriebsberufsschule vielfältige Freizeitangebote. Ich wurde ein brauchbarer Geräteturner und Sporttaucher und lernte ein bisschen Gitarre spielen. Im Sommer verbrachten wir unsere Freizeit oft am Strand. Da entstanden manchmal im und über Wasser und bei Ballspielen vielfältige Kontakte zu den wöchentlich wechselnden Urlauberinnen.

Im Winter 1962/63 war die Ostsee mehrere Kilometer weit zugefroren. Wir konnten lange Wanderungen auf dem Eis bis fast zu den auf der Reede vor Warnemünde festliegenden Schiffen unternehmen. Das war nicht ungefährlich, da die Schiffe, um ein völliges Einfrieren zu verhindern, häufig hin und her manövrierten und dadurch lange Risse und Spalten im Eis erzeugten, in die man leicht geraten konnte. Wir haben aufeinander aufgepasst und hatten Glück.

Ich glaubte, mich auf der Werft gut auf ein Seemannsleben vorbereiten zu können. Aber ich genoss es auch, diesen körperlich und technisch anspruchsvollen Beruf zu erlernen und den Zusammenhalt mit den erfahrenen Kollegen bei der Arbeit zu erleben.

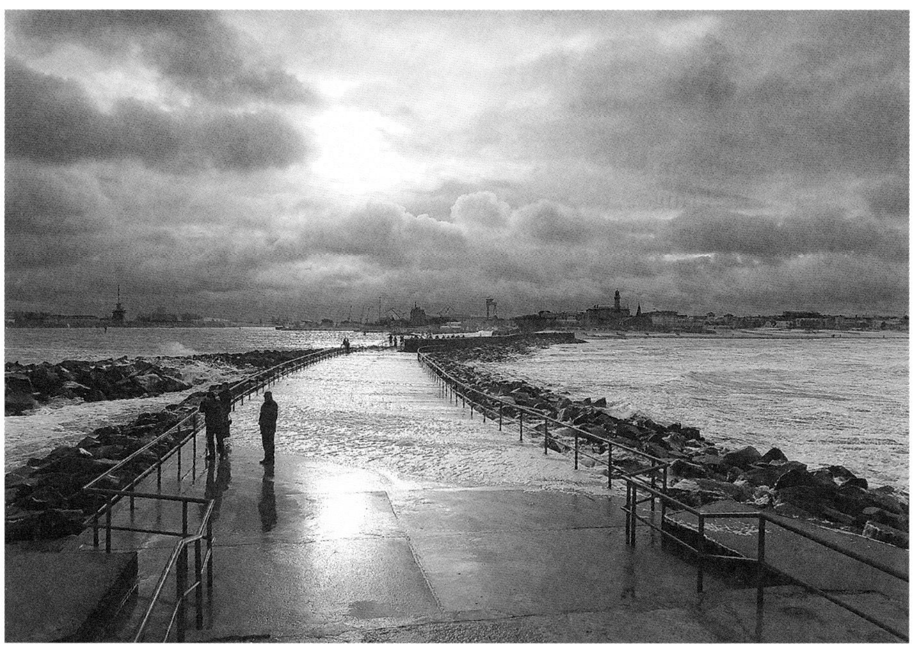

Warnemünde an einem stürmischen Tag, vom Kopf der Westmole aus gesehen, Ende der 1960er-Jahre

In den drei Jahren in Warnemünde konnte ich aber auch erfahren, dass ein Seemann kaum noch die Gelegenheit hatte, die große weite Welt und die exotischen Häfen kennenzulernen. Ein Seemann arbeitete und lebte bis auf die Heimaturlaube sozial ziemlich isoliert auf einem Schiff. In einer streng hierarchisch geordneten und durch Rationalisierungen immer kleiner werdenden Mannschaft wurde er mehr und mehr von der Welt und einem Zuhause ausgeschlossen. Die Hafenliegezeiten verursachen hohe Kosten, sie müssen knappgehalten, Be- und Entladung müssen streng organisiert werden. Ein Seemann erzählte mir in einer Warnemünder Kneipe, zur See zu fahren sei eigentlich ein freiwilliges Eingesperrt-Sein oder Klosterleben. Es sind unter allen Witterungsbedingungen regelmäßig Routinearbeiten penibel zu erledigen. Außer Lesen und Musikhören, ab und zu einer Filmvorführung an Bord (wobei man sich die Filme nicht aussuchen konnte, Videos gab es noch nicht) und reichlichem Alkoholkonsum (davon war immer genug da) gab es wenig Möglichkeiten, die Freizeit zu verbringen. Einmal war er in Rio de Janeiro, hatte dort sechs Stunden Landurlaub. Ein ortsansässiger Handelsvertreter charterte einen Minibus. Zu viert wurden sie zum Zuckerhut gefahren. Dort hatten sie zwar den tollen Ausblick und konnten ein paar Belegfotos machen, dann ging es aber wieder zurück an Bord. Das war dann das »Erlebnis Rio«. Damit war klar: So ein Leben wollte ich nicht.

Mit dem Abitur rückte die Chance auf ein Ingenieurstudium für Schiffsmaschinenbau an der Rostocker Universität näher. Was nun? Maschinenbau studieren, um dann an Land ein Arbeitsleben in einem Konstruktionsbüro einer Werft zu verbringen, wollte ich auch nicht. Ohne anschließenden Studienplatz hätte ich mich darauf einstellen müssen, zum Wehrdienst bei der Nationalen Volksarmee (NVA) eingezogen zu werden. Davor graute mir. Inzwischen tauchte mal ein Werbe-Offizier der Volksmarine auf und versuchte, mich von den vielen großartigen Möglichkeiten einer Offizierslaufbahn zu überzeugen. Irgendwie gelang es mir, ihn abzuschütteln. Vielleicht hatte er erfahren, dass mein Vater in Schweden, meine Mutter in Hamburg lebten und ich außerdem bis vor kurzem noch aktives Mitglied der Jungen Gemeinde war. Journalismus oder Jura hätten mich als Studienrichtung auch interessiert, aber ich wusste, dass meine Bereitschaft zum Konformismus dafür nicht ausreichen würde.

Zwischenschnitt | Parteiloser Bolschewik – ein »Mehrheitler«[16]

Für eine Mitgliedschaft in der SED wurde ich nie ernsthaft geworben. Meine noch kurze Biografie weckte wohl kein Interesse. Meine Neigung, kritische Fragen zu stellen und nicht zu verhehlen, auch Bücher zu lesen, die in der DDR nur schwierig zu bekommen waren, trug sicher auch dazu bei. In den 1980er-Jahren vertrauten sich mir manchmal Leute an, die die Absicht hatten, einen Ausreiseantrag zu stellen. Sie waren unzufrieden und überzeugt, es in der DDR nicht mehr aushalten zu können und in Westdeutschland ein besseres Leben zu haben. Darunter waren kluge und nachdenkliche Leute und ich bedauerte, wenn wieder einer von den »Guten« wegging. Ich glaubte an den »Wandel durch Annäherung«[17], daran, dass durch die sich abzeichnende weltweite Verflechtung die Unterschiede zwischen den politischen Blöcken geringer und die Grenzen durchlässiger würden. Einfach weggehen oder wegbleiben war für mich keine Lösung. Ich hatte eine Familie und einen abwechslungsreichen Beruf, bekam es mit immer interessanteren Filmprojekten zu tun, war neugierig darauf, mit verschiedenen und vielfach großartigen Filmleuten an der Herstellung aufrichtiger Filme mitzuarbeiten.

Oft wurde mir die Produktionsleitung besonderer – wenn auch manchmal schwieriger – Vorhaben angeboten, oder ich konnte mich darum bewerben. Mit der Liste der Spielfilme, für deren Herstellung ich Verantwortung getragen habe, bin ich noch immer zufrieden. Zudem gelang es mehrfach, an Filmen mitzuarbeiten, die ganz oder zum Teil im nahen oder fernen Ausland realisiert wurden. Das Einlassen auf fremde Arbeitsbedingungen und fremde Kulturen erfordert von allen Beteiligten wechselseitig ein hohes Maß an Verständnis, Kooperations- und Kompromissbereitschaft. Das gefiel mir. Ausländische Filmleute bei ihren Dreharbeiten in der DDR zu unterstützen, konnte auch herausfordernd und spannend sein. Mein Bedürfnis nach Abenteuern in fremden Ländern und Kulturen wurde durch Filmarbeiten vielfach befriedigt. Solche Arbeitsaufenthalte verliefen gewöhnlich intensiver als touristische Reisen.

Opfer oder Widerständler war ich nicht. Dazu erklärten sich ab Spätherbst 1989 zu meiner Verwunderung Leute, auch SED-Genossen, die ich vorher ganz anders erlebt hatte.

---

16 Bolschwik: Wortherkunft: Bolschinstwo – die Mehrheit, dt. wörtlich übersetzt: »Mehrheitler«. Siehe auch in: https://de.langenscheidt.com/russisch-deutsch.

17 »Wandel durch Annäherung«: Die Formel bezeichnet ein prägendes Konzept der Ostpolitik der Bundesrepublik Deutschland, insbesondere in der Ära des Bundeskanzlers Willy Brandt ab 1969.

Deutsche Hochschule für Filmkunst in Potsdam-Babelsberg (1965 bis 1969)

Während ich noch überlegte, wie ich meine Zukunft weiterbauen könnte und mich außerdem eine erste große Liebe beschäftigte, kam es im letzten Lehrjahr in Warnemünde zu einem entscheidenden Zufall. Im Lehrlingswohnheim tauchten eines Tages junge Leute von der Deutschen Hochschule für Filmkunst auf. Sie studierten Dramaturgie und Kamera und wollten einige Zeit mit uns verbringen, um im Auftrag des illustrierten Jugendmagazins »Neues Leben« Material für eine Serie von bebilderten Kurzgeschichten über junge Werftarbeiter zu sammeln. Diese »Werftgeschichten« waren für sie einerseits Übungen, um sich in Wort und Bild an Kurzformen des Erzählens zu versuchen, andererseits wollten sie damit auch ihr Stipendium aufbessern. Der junge Werftarbeiter der ersten Episode – das bin ich.

Einer der Studenten hatte einen ähnlichen sozialen Hintergrund wie ich und war in Demmin aufgewachsen. Sein Vater war im Krieg gefallen. Mutter und Großmutter hatten zu Kriegsende mit dem Vierjährigen aus Pommern fliehen müssen und waren in Demmin gelandet. Nach Abitur und Wehrdienst hatte er sich erfolgreich an der Filmhochschule beworben. Fiete, wie er bei uns hieß, erzählte mir davon. Bis dahin wusste ich nicht, dass es eine solche Hochschule gibt. Er studierte Dramaturgie und schwärmte, an der Produktion von Spielfilmen beteiligt zu sein, sei spannend, immer ein aufregendes und abwechslungsreiches Abenteuer. Man hätte Jahr für Jahr an neuen Geschichten, mit unterschiedlichen Filmleuten an verschiedenen Orten im In- und Ausland zusammenzuarbeiten. Wenn er noch mal anfangen könnte, würde er die Fachrichtung Filmproduktion wählen. Fiete arbeitete später in der Hauptverwaltung Film (HV Film)[18] des Kulturministeriums. Wir verloren uns aus den Augen, lebten und arbeiteten in unterschiedlichen Zusammenhängen.

Ich war auf der Suche nach einer besonderen Zukunft. Fiete gab mir die Adresse der Filmhochschule und den Namen des damaligen interimistischen Fachrichtungsleiters. Mit einem handschriftlichen Brief fragte ich nach Studienmöglichkeiten und bekam – so mein Eindruck – eine ziemlich arrogante Antwort. Darin hieß es, dass die Bewerbung für dieses Fach an erhebliche Bedingungen geknüpft sei: Ein höheres Mindestalter wurde vorausgesetzt, möglichst einschlägige Berufs-, Lebens- und andere Erfahrungen. Mir schien,

18 HV Film: Alle Unternehmen der Filmproduktion und Filmdistribution unterstanden in der DDR dem Ministerium für Kultur (MfK), Hauptverwaltung Film (HV Film). Die HV Film nahm maßgeblich Einfluss auf die Produktion von Filmen und nahm die Funktion einer Zensurbehörde wahr.

man wollte mich – 19-jährig, Lehrling und noch Abiturient – abwimmeln. Ich könne aber, wie alle Bewerberinnen und Bewerber, einen – nach meiner Ansicht – künstlerisch wertvollen Film analysieren, drei Schreibmaschinenseiten würden reichen. Dann würde man entscheiden, mich zu einer mündlichen Eignungsprüfung einzuladen.

So einfach wollte ich mich nicht abwimmeln lassen. Nicht so richtig wissend, was eine Filmanalyse ist, und noch nie eine Schreibmaschine angefasst habend, fühlte ich mich herausgefordert. Zu jener Zeit, 1964, kam Konrad Wolfs DER GETEILTE HIMMEL in die Kinos, wurde überall besprochen und erhielt als erster Film das staatliche Prädikat »künstlerisch besonders wertvoll«. Ich hoffte, mit diesem Film eine gute Wahl zu treffen, außerdem gefiel er mir. Aus verschiedenen Zeitschriften und Zeitungen, die über diesen Film berichteten, schrieb ich einigermaßen sinnvoll ab. Ein Warnemünder Freund hatte eine uralte Schreibmaschine. Mit vielen korrigierten Tippfehlern entstanden drei Seiten »Filmanalyse« und eine förmliche Bewerbung mit Zeugnissen und weiteren Referenzen. Jahre später, als ich auf dem Dachboden des »Stalinhauses«[19] der Hochschule in alten Akten kramte, fand ich heraus, dass es 1965 etwa 160 Bewerber auf zehn Studienplätze der Fachrichtung gegeben hatte, von denen sechzig zu mündlichen Eignungsgesprächen eingeladen wurden. So auch ich. Diese Gespräche fanden im Februar 1965 in Babelsberg statt.

Nachts war ich von Warnemünde mit der Bahn angereist, es schneite, es war kalt, ich hatte kaum geschlafen und wurde als Erster getestet. An einem großen runden Tisch saßen Prof. Günter Althaus und, wie ich später nachlesen konnte, auch Gert Golde, Gerhard Knopfe, Horst Hartwig und weitere wichtige Leute aus der Babelsberger Film- und Hochschulwelt. Eine reichliche Stunde wurde ich mit Fragen durch verschiedene Wissensgebiete geschickt. Offenbar wollte man herausfinden, ob der Bursche von der Ostsee ein hinlängliches Allgemeinwissen hat, wie er auf schwierige Fragen reagiert und ob er sich durchsetzen kann.

Heute weiß ich, mit fast zwanzig Jahren kann man die Welt noch gut erklären, Selbstzweifel kommen meistens später. Ich war einer der jüngsten Bewerber und hatte mir, um mich aufzubauen, eine Haltung zurechtgelegt: »Diese Filmfritzen ..., was kann dir schon passieren ..., das ist mal ganz nett ..., du bist mal in Babelsberg und du redest mit diesen Leuten ..., da kommt nichts bei raus ..., aber das macht nichts ..., du sammelst ein paar Erfahrungen.«

---

19 »Stalinhaus«: Villa am Griebnitzsee, die Stalin im Sommer 1945 während der Potsdamer Konferenz als Unterkunft nutzte und die dann Jahrzehnte Sitz der Fachrichtung Produktion und der Hochschulbibliothek war. Siehe dazu auch S. 158.

Prof. Althaus verabschiedete mich mit dem Hinweis: »Junger Mann, bevor wir uns entscheiden, werden wir noch mit den anderen Bewerbern Gespräche führen, vielleicht sollten Sie erst mal Soldat werden und zunächst ein, zwei Jahre in einem der Studios arbeiten ... Sie bekommen Bescheid.« Mit dem Gefühl »das war's« bin ich nach Hause gefahren. Zwei Monate später kam ein Brief aus Babelsberg: »Gratulation«, hieß es da in etwa, »Sie sind vorimmatrikuliert, das Studium beginnt am 31. August 1965.« Zu dem Eindruck beim Eignungsgespräch kam sicher, dass ich als junger Werftarbeiter mit Abitur dem Bild eines förderungswürdigen Vertreters der Arbeiterklasse entsprach.

1965 wurde ich zwanzig Jahre alt, bestand das Abitur ganz gut, wurde Stahlschiffbauer mit Facharbeiterbrief, heiratete das erste Mal, begann das Studium an der Deutschen Hochschule für Filmkunst in der Fachrichtung Filmproduktion und wurde Vater eines Sohnes, den ich in den nächsten Jahren viel zu selten sah.

Zwischenschnitt | Alltag an der Grenze Babelsberg / Berlin (West)
Ein Dutzend ehemaliger Villen von Nazi- und Wirtschaftsgrößen sowie einiger Ufa-Stars waren nach Kriegsende in Babelsberg beschlagnahmt worden, um für die 1954 gegründete erste deutsche Filmhochschule ein Zuhause zu finden. Sie lag zum großen Teil im Babelsberger Grenzsperrgebiet zu Westberlin am Ufer des Griebnitzsees. In dessen Mitte verlief die Grenze. Wichtige Gebäude der Hochschule durften wir nur mit einem Sonderausweis betreten. Abends hörten wir die Wachhunde, die an Laufdrähten unseren Fußweg von der Bus-Haltestelle zu unserer Studentenwohn-Villa ein Stück begleiteten.

1988 arbeitete ich für eine Dienstleistung der DEFA für eine internationale Koproduktion der Westberliner Durniok-Produktion und der japanischen Herald Ace Company mit dem bekannten Westberliner Kameramann Jürgen Jürges zusammen. Er wohnte nur ein paar Kilometer entfernt in dem mir lange unbekannten Teil Berlins – und ich in Babelsberg. Beim Abschiedsfest nach Ende der Dreharbeiten 1988 erklärte er mir freundschaftlich zuprostend, zu Beginn der Arbeiten sei der Exot für ihn nicht der bekannte Regisseur aus dem fernen Japan gewesen, sondern ich, der Nachbar von nebenan. Wir umarmten uns beide nachdenklich.

Unsere Seminargruppe in Babelsberg bestand zu Beginn aus drei Kommilitoninnen und acht Kommilitonen im Alter von zwanzig bis 35 Jahren. Alle hatten irgendwelche Vorkenntnisse oder Eltern in der Branche, waren gewohnt, mit Filmbegriffen umzugehen, hatten bestimmte Bücher gelesen und Filme gesehen oder beim Deutschen Fernsehfunk, beim PROGRESS Film-Verleih oder in einem DEFA-Studio gearbeitet, hatten also irgendwann Atelier-Luft geschnuppert. Einer war Kapitänleutnant in einer Verwaltung der Volksmarine gewesen und wollte nun sein Hobby, die Amateurfilmerei, zum Beruf machen. Nur ich war in allem völlig neu. Damals waren wir noch freie Bewerber. Keiner wurde von einem Betrieb oder einer Institution delegiert. Das änderte sich erst in den folgenden Jahren.

Das Studium begann, wie damals üblich, für uns mit einem dreiwöchigen Ernteeinsatz in einer LPG auf einem Dorf nördlich von Nauen. Untergebracht waren wir in provisorischen Privatquartieren – auch auf Strohsäcken in Scheunen – und verpflegt wurden wir in der Dorfgaststätte, zu der auch ein kleines, viel besuchtes Kino gehörte.

Das 1. Semester war, um den Wissensvorsprung meiner Mitstreiter aufzuholen, ziemlich anstrengend. Mehrere männliche Mitglieder unserer Seminargruppe konnten einige Räume in der ehemaligen Villa des Ufa-Stars Harry Piel, in der Spitzweggasse 5 in Babelsberg, als Studentenwohnheim nutzen, so auch ich. Im Hochparterre war eine kleine Studentenkneipe, die jeweils mittwochs und freitags am Abend geöffnet war. Daneben befand sich ein kleiner Fernsehraum mit einigen Stühlen und einem Schwarz-Weiß-Gerät, mit dem man das 1. Programm des DFF[20] sehen konnte. Im 1. und 2. Stock wohnten wir in Zwei- und Dreibettzimmern. Nur unser Senior, der Kapitänleutnant a. D., hatte ein Einzelzimmer.

Einen Monat vor Studienbeginn hatte ich als Facharbeiter noch den Lohn von 665 DDR-Mark netto erhalten. Nun betrug das Stipendium ab September 190 Mark, davon wurden 10 Mark Miete für ein Bett im Studentenwohnheim abgezogen. Das Geld war knapp. Meine junge Frau lebte mit unserem Sohn bei ihrer Mutter in Warnemünde. Sie hatte nach dem Abitur einen Beruf erlernt und arbeitete in einer Druckerei in Rostock. Damit konnte sie für sich und den Sohn sorgen. Ich musste mit dem Stipendium hinkommen. Mit der Arbeiterrückfahrkarte konnte ich für 8,70 Mark zwischen Warnemünde und Babelsberg hin- und zurückfahren, wenn ich zum Wochenende ein-, zweimal im Monat meine kleine Familie besuchte.

Während der Semesterferien 1966 arbeitete ich als Stauer[21] im Rostocker Überseehafen, das war Schwerstarbeit. Wenn man es durchhielt, zehn Tage

20 Deutscher Fernsehfunk (DFF; zwischen 1972 und 1990 »Fernsehen der DDR«) war das staatliche Fernsehen der DDR.

21 Stauer: Berufsbezeichnung; jemand, der Frachtschiffe be- und entlädt.

lang in Acht-Stunden-Schichten Doppelzentner-Säcke mit Zucker oder stinkendem Fischmehl oder Bananenstauden aus einem Laderaum an Land zu schleppen, bekam man zwar zwölf Tage bezahlt – dabei fielen auch ab und zu ein paar reife Bananen für die Familie ab –, aber man war körperlich völlig erschöpft und stank trotz mehrfachem Duschen und Baden noch tagelang nach Fischmehl.

Später konnte ich im damaligen Ostseestudio Rostock des DFF und auch im DEFA-Studio für populärwissenschaftliche Filme in Babelsberg als Aufnahmeleiter das Stipendium aufbessern. Mit dem Geld konnte ich dazu beitragen, einen dringend notwendigen neuen Mantel oder etwas anderes für unseren Sohn zu kaufen. Oder wir konnten uns mal einen preiswerten gemeinsamen Urlaub leisten. Gelitten haben wir nicht, alle hatten damals nicht viel, zumal, wenn man studierte. Als Raucher konnte ich pro Tag eine DDR-Mark für zehn filterlose Zigaretten der Marke »Turf« ausgeben. Am Sonntag wurden Spaghetti gekocht. Dazu gab es »Carnito«, eine Fleischsoße. Das kostete zusammen 2 Mark, und man wurde davon an zwei Tagen satt.

Von den Auswirkungen des 11. Plenums des Zentralkomitees der SED[22] im Dezember 1965 bekamen wir unmittelbar in unserem 1. Semester wenig mit. Niemand erzählte uns damals, wie viele und welche Filme in der Folge verboten, abgebrochen und nicht fertiggestellt wurden und welche Konsequenzen manche Filmleute zu tragen hatten. Erst nach und nach erfuhren wir vom Umfang und von Einzelheiten. Im Sommer 1966 konnten wir noch Spur der Steine (1966, Frank Beyer) im Kino »Thalia« in Babelsberg im Rahmen der Arbeiterfestspiele sehen. Kurt Maetzig, bis dahin ein gefeierter Regisseur, DEFA-Gründungsmitglied, Gründungsrektor der Filmhochschule und Nationalpreisträger, wurde für den Film Das Kaninchen bin ich (1965) auf dem Plenum heftig kritisiert und politisch in die Ecke gestellt. Darauf knickte er als erster der angegriffenen Filmleute ein, bekannte Fehler, entschuldigte sich und gelobte im »Neuen Deutschland« Besserung.

Zum damals legendären Studentenfasching der Filmhochschule hatten Spaßvögel im Februar 1966 aus dieser ND-Zeitungsseite die Form eines Kaninchens ausgerissen und das in einem großen Rahmen an einer Wand befestigt. Kurt Maetzig erschien zur Faschingsfeier in der August-Bier-Straße in Babelsberg und ließ sich, von uns feiernden Studenten dazu gedrängt, vor diesem Ausriss-Bild fotografieren. Das Foto habe ich nie gesehen, aber die Szene des Fotografierens miterlebt.

22 Das 11. Plenum des ZK der SED (15.12.–18.12.1965) war ursprünglich als Wirtschaftsplenum angesetzt; es entwickelte sich zu einer »Kahlschlag-Diskussion« in der Jugend- und Kulturpolitik.

Jahre später bekam ich das Angebot, mit Kurt Maetzig den Film MANN GEGEN MANN (1975) vorzubereiten. Ich kannte die literarische Vorlage, den Roman »Duell« von Kurt Biesalski, den ich als Redakteur im Ostseestudio Rostock für die Reihe IM LOGBUCH DER SEEFAHRT GEBLÄTTERT kennengelernt hatte. Prof. Maetzig erzählte mir ausführlich, wie er dieses Kriegsheimkehrer-Drama gestalten wollte. Vor allem war ich von seiner Idee begeistert, für die Besetzung der Hauptrollen Regimantas Adomaitis und die französische Schauspielerin Marina Vlady zu gewinnen. Sie war damals mit dem berühmten russischen Sänger und Schauspieler Wladimir Wyssozki verheiratet und lebte zeitweilig in Moskau. Dort hatte Maetzig sie kennengelernt, von seinem neuen Filmprojekt erzählt und ihr darin die weibliche Hauptrolle der »Anna« angeboten. Sie hatte unter der Bedingung zugesagt, wenn nicht in Valuta, dann mit Verrechnungsrubel (Wnesch-Possyl-Torg-Schecks) bezahlt zu werden. Damit hätte sie in Moskau in den Berioska-Shops[23] für sich und ihren Mann westliche und besondere Konsumgüter einkaufen können.

Einige von Kurt Maetzigs Filmen, darunter EHE IM SCHATTEN (1947), DER RAT DER GÖTTER (1950), die beiden Thälmann-Filme,[24] SCHLÖSSER UND KATEN (1956), DAS LIED DER MATROSEN (1958), DER SCHWEIGENDE STERN (1959), zählten schon damals zu den Nachkriegsklassikern. Ich war überzeugt, dass es ihm gelingen würde, Marina Vladys Bedingung durchzusetzen. Nun lernte ich einen infolge des 11. Plenums verunsicherten Mann kennen, der sich nicht traute, für seine Ideen zu kämpfen. Der Film wurde verschoben und später mit geänderter Besetzung realisiert. Auch ich war inzwischen mit anderen Projekten beschäftigt.

An der Filmhochschule hatten wir eine Reihe fachlich sehr guter und kluger Dozenten. Prof. Günter Althaus, unser Fachrichtungsleiter, war für uns Heranwachsende ein besonderer Mensch. Er war ein lebenserfahrener Mann, offenbar war er durch einige Höhen und Tiefen gegangen. Wenn wir Heißsporne heftig diskutierten, für radikale Neuerungen zu begeistern waren, hörte er ruhig zu. Er wusste um die Realitäten des Lebens und der Kulturpolitik DDR, besonders nach dem 11. Plenum der SED im Herbst 1965. Er hat manchen von uns in dieser Zeit vor voreiligem Handeln bewahrt und vor ungerechten Urteilen geschützt. Leider ist er relativ jung verstorben.

---

23 Vergleichbar mit den Intershops in der DDR, die ab 1962 in Betrieb genommen wurden.

24 ERNST THÄLMANN – SOHN SEINER KLASSE (1954) und ERNST THÄLMANN – FÜHRER SEINER KLASSE (1955); 2 Teile über das Leben und den Kampf Ernst Thälmanns (*1886–†1944 im KZ Buchenwald; deutscher Politiker der Weimarer Republik, Vorsitzender der KPD).

Zwischenschnitt | Rettung vor der Exmatrikulation

Eine vom Parteisekretär der Warnowwerft im 2. Studienjahr gegen mich angestrengte Exmatrikulation hat Prof. Althaus geschickt verhindert. In Warnemünde, in dem Haus, in dem meine Frau mit unserem Sohn, ihrer Mutter und gelegentlich auch ich in einer kleinen Zweizimmerwohnung lebten, wohnte auch der Parteisekretär der Warnowwerft. Die Mutter meiner Frau kam aus Hessen und war während der 1930er-Jahre zu ihrem Mann nach Warnemünde gezogen, der – für den Militärdienst unabkömmlich – hier bei einem Wasserflugzeughersteller Arbeit gefunden hatte. Nach dem Krieg hatte er fünf Jahre zunächst in dem sowjetischen NKWD-Lager »Fünfeichen«[25] in der Nähe von Neubrandenburg und dann in Sibirien verbringen müssen. Er war krank zurückgekommen und 1963 verstorben.

Die Schwiegermutter brachte 1967 von einem Besuch ihrer Verwandten in Hessen einen Fernseh-Konverter mit. Mit diesem Gerät und einer selbst gebauten UHF-Antenne[26] konnte man damals Westfernsehen (ARD und ZDF) empfangen. Leute, die diese UHF-Antennen für sich und Freunde bauten, gab es überall. So ein Ding habe ich besorgt und an einem Wochenende weithin sichtbar auf das Dach des Hauses montiert. Später wollte ich alles anschließen, es fehlten noch Kabel. Ausgerechnet auf das Dach des Hauses, in dem der Parteisekretär der Werft, Mitglied der Bezirksleitung der SED des Bezirkes Rostock, wohnte, hatte ich naiv eine weithin sichtbare »Westantenne« gesetzt.

Während ich wieder zum Studium nach Babelsberg fuhr, rissen am nächsten Tag einige Polizisten des betriebseigenen Reviers, vom Parteisekretär beauftragt, die »Westantenne« runter. Sie setzten die Schwiegermutter in einem Verhör unter Druck. Sie musste den Konverter herausgeben, der wurde eingezogen. Meine Frau berichtete mir aufgeregt und verängstigt in einem Brief davon. Ein privates Telefon hatte damals kaum jemand, wir auch nicht. Am nächsten Wochenende war ich deshalb sofort wieder in Warnemünde und stellte den Parteisekretär an der Wohnungstür empört zur Rede.

Die Warnowwerft hatte mich nach Abschluss der »Berufsausbildung mit Abitur« zum Studium nach Babelsberg ziehen lassen, obwohl Ingenieure und Maschinenbauer hier dringend gebraucht wurden. Das war

25 NKWD: Abkürzung für das Volkskommissariat für Innere Angelegenheiten (Narodny Kommissariat Wnutrennich Del) der Sowjetunion; »Fünfeichen«: eines von zehn sowjetischen Speziallagern in der Sowjetischen Besatzungszone.
26 UHF-Antenne: Ultrahochfrequenz-Antenne.

damals keine Selbstverständlichkeit, wie auch der Genosse wusste. Nun, da ich mich mit ihm anlegte, schrieb er einen fünf Seiten langen wütenden Brief an die Filmhochschule mit heftigen politischen Vorwürfen und dem Fazit, dass jemand, von dem doch zu erwarten sei, dass er dankbar an seiner Seite im Kampf gegen die Klassenfeind-Hetze stehe und nicht mit einer solchen Antenne öffentlich sichtbar die Westpropaganda unterstütze. So ein Subjekt dürfe an der Deutschen Hochschule für Filmkunst der DDR nicht studieren.

Ich hörte davon, bekam den Brief zu lesen und wurde um eine Stellungnahme gebeten. Meine Reaktion war pure Empörung: »Was fällt diesem Parteifürsten ein?!« Prof. Althaus reagierte ruhig, fast gelassen. Er riet mir eindringlich, meinen Zorn zu zügeln und nichts zu unternehmen. Dann rief er die Seminargruppe zusammen und einigte sich mit der Mehrheit auf eine einfache Verfahrensweise: Mir wurde mündlich eine Verwarnung ausgesprochen und in einem Brief an den Parteisekretär geschrieben, dass im Kollektiv der Seminargruppe ein ernsthaftes Gespräch mit mir geführt wurde und man gemeinsam erzieherisch auf mich einwirken werde. Damit war die Attacke des Parteisekretärs abgewehrt.

Ich konnte in Ruhe weiter studieren, es wurde nicht mehr darüber gesprochen. In meinen Personalpapieren fand ich später keinen Hinweis darauf. Ohne Prof. Günter Althaus wäre ich vermutlich exmatrikuliert worden. Einige Zeit später war in der DDR zum Empfang des neuen 2. Programms des DFF genau diese UHF-Empfangstechnik im Handel zu bekommen. Ich kaufte eine Antenne und einen Konverter und baute alles schön sichtbar wieder auf. Wir konnten nun die seinerzeit deutschsprachigen Programme störungsfrei empfangen.[27]

Während Prof. Althaus uns in produktionsspezifische Themen einführte, sorgte der Oberassistent Gerhard Knopfe für die detaillierte Ausarbeitung. Er kümmerte sich um Gastvorträge interessanter Praktiker und unternahm mit uns kurze Exkursionen in verschiedene Studiobereiche. Auch er hatte Produktion studiert, sich auf die Herstellung populärwissenschaftlicher Filme spezialisiert und ist diesem Metier auch mit einigen interessanten Veröffentlichungen treu geblieben. Jeweils vier Semester beschäftigten uns Kunst-

27 Fernsehprogramme: ARD; ZDF; DFF-1; DFF-2 (ab 3.10.1969). Ab 1965 startet der NDR gemeinsam mit Radio Bremen und dem damaligen Sender Freies Berlin mit dem Dritten Programm ein neues TV-Angebot.

und Literaturgeschichte, vor allem erzählende Literatur im Hinblick auf ihre filmische Umsetzung.

Filmgeschichtliche Seminare prägten besonders unsere filmische Allgemeinbildung. In Blöcken beschäftigten wir uns mit technischen, ästhetischen und politischen Filmtraditionen Deutschlands, der Sowjetunion, der Tschechoslowakei, Polens, Frankreichs, Italiens, weiterer westeuropäischer Länder und der USA. Dazu sahen wir wöchentlich mindestens zwei historische Filme. Auch die spannende Entwicklung des Dokumentarfilms wurde ausführlich behandelt, dazu Filmaufnahmetechnik und spezielle Bildästhetik. Grundlagen des Film- und Arbeitsrechts lehrte Dr. Friedrich Staat, der langjährige Justiziar des DEFA-Studios für Spielfilme. Mit seiner Unterstützung habe ich mich später gern mit der Erarbeitung von Koproduktionsverträgen, zivilrechtlichen Vereinbarungen und Arbeitsverträgen beschäftigt.

Die Inhalte der Fächer Politische Ökonomie, Geschichte der deutschen Arbeiterbewegung und Philosophie waren, ganz der Staatsdoktrin entsprechend, ziemlich dogmatisch aufgebaut. Es gab einige Dozenten, denen es trotzdem gelang, unser Kritikbewusstsein anzuregen und uns zu eigenen Erkenntnissen zu befähigen. Außerdem hatten wir uns in jeweils vier Semestern mit zwei Fremdsprachen, Russisch und Englisch, zu beschäftigen. Das war etwas mühevoll, da wir außer mit den Dozenten und einigen ausländischen Studenten kaum diese Sprachen anwenden konnten. Bei späteren Arbeiten in östlichen und westlichen Ländern konnte ich aber das Gelernte aktivieren und gelegentlich auf interpretierende Dolmetscher verzichten.

Das Hauptfach »Filmproduktion« begann mit dem Erarbeiten produktionstechnischer Analysen von Drehbüchern. Dazu gehörten Rollenauszüge, Dekorationsauszüge, Metrage-Listen,[28] die Anfertigung von Auszügen nach Aufwandskriterien, speziellen Bild- und Ton-Aufnahmetechniken, möglicher Kinderbeschäftigung, Einsatz von Tieren, Tricktechnik oder Stunts, die man damals als »Kaskaden« bezeichnete. Die unterschiedlichen Stufen literarischer Vorlagen oder Vorarbeiten wurden besprochen. Die Begriffe Filmszenarium, Regiedrehbuch, optisches Drehbuch (Storyboard) wurden an Beispielen ausführlich erklärt und diskutiert, wann und wozu diese unterschiedlichen Fassungen benötigt werden und wer an der Erarbeitung beteiligt sein sollte.

Klar war, dass ein Drehbuch sowohl literarische Vorlage als auch das wichtigste Arbeitsmittel mit möglichst vielen praktischen Informationen für alle Beteiligten an der Produktion eines Spielfilms zu sein hatte. In Diskussionen

---

28 Metrage-Listen: Vorstopp-Listen, die bei Verwendung von 35mm-Material mit 24 (Kino) respektive 25 (Fernsehen) Bildern pro Sekunde damals in laufenden Filmmetern ermittelt wurden.

mit stoffführenden Dramaturgen und Regisseuren habe ich oft darauf gedrungen, im Regiedrehbuch die Arbeitsinformationen so einzurichten, dass ein Mitdenken und Mitarbeiten aller möglich und angeregt wird. Bei aufwendigen und internationalen Ausstattungsfilmen wird das Drehbuch aus diesem Grund besonders detailliert und sorgfältig ausgearbeitet. Oft wird parallel zum Drehbuch ein separater Hauptauszug unter Leitung der Regieassistenten erstellt, in dem sämtlich die wesentlichen Arbeitsinformationen für alle Sparten aufgelistet und beschrieben sind. Bei historisch aufwendigen Filmen oder technisch komplizierten Szenen können in einem optischen Drehbuch weitere Details festgelegt werden.

Später war ich von Szenenbildentwürfen begeistert, die der Szenenbildner Alfred Hirschmeier wie auch andere seiner Kollegen in Form von Collagen erarbeiteten, bei denen ein Motivfoto mit bemalten Folien kombiniert wurde. Zu meinem 50. Geburtstag schenkte mir Hirschmeier zwei Entwürfe (Zeichnungen für Szenenbild und Dekoration) für den Film GRITTA VON RATTENZUHAUSBEIUNS (1984, Jürgen Brauer), kleine Kunstwerke, die mich noch heute an unsere Zusammenarbeit erinnern.

Wir Studierende sollten und konnten auf diese Art wichtige Arbeitsschritte der Vorbereitung einer Filmproduktion durch eigene Arbeit kennenlernen und eine grundlegende Regel verstehen: Die beste Voraussetzung für qualitativ hochwertige und wirtschaftlich effektive Dreharbeiten ist immer deren gründliche Vorbereitung. Wenn die Dreharbeiten nicht sorgfältig durchdacht und geplant werden oder die Filmarbeit aus Improvisationen am Drehort besteht, wird der Schneideraum mit mehr oder weniger Erfolg zur Reparaturwerkstatt, und manchmal sieht man das dem Film auch an. Heute entstehen solche Entwürfe vielfach am Computer und können noch kurzfristig verändert und weitergenutzt werden. Ich erinnere mich aber auch gern an die Gesprächsrunden mit dem Szenenbildner, in denen bei viel Kaffee gemeinsam an dem Vorhaben gebastelt wurde.

Im Studium haben wir viele weitere Details durch Drehbuchanalysen – je nach Genre strukturiert und gewichtet – er- und bearbeitet. Es folgten fiktive Arbeitsaufträge für die Sparten eines Drehstabes. Alle Ergebnisse bildeten die Grundlage für die Synthese, die Erarbeitung von Drehplänen und Kalkulationen, für weitere Vorarbeiten, Detailplanungen aller Arbeitsbereiche, das Engagement von Schauspielenden und besonderen Spezialistinnen und Spezialisten, die Sicherung und Vorbereitung von Originaldrehorten, die Anfertigung und Ausstattung von Dekorationsbauten, von Kostümen, Requisiten ... Außenaufnahmen an entfernten Orten oder im Ausland wurden theoretisch vorbereitet. Alle Reisen und Übernachtungen, verschiedenste

Material- und Techniktransporte mussten vorher bedacht werden und in die Gesamtplanung Eingang finden. Ebenso hatten wir wöchentlich einen fertigen Film hinsichtlich seiner Produktionsaufwendungen deduktiv zu untersuchen, die Korrelationen zwischen Dramaturgie und Ökonomie zu erwägen und zu diskutieren.

Für uns Filmstudenten bestand die Möglichkeit, nahezu täglich in mindestens eine Filmvorführung zu gehen. Später hatte ich nur bei Festivals die Gelegenheit, viele Filme in kurzer Zeit zu sehen und manchmal genießen zu können. Eine besondere Vorführung gab es damals montags um 18 Uhr. Der DEFA-Außenhandel erhielt zu dieser Zeit regelmäßig von westlichen Filmhändlern Kinokopien neuer Filme für einige Tage (teilweise schon synchronisiert) zur Information ausgeliehen. Innerhalb dieser Zeit fanden mehrere nicht-öffentliche Vorführungen in verschiedenen Filminstitutionen statt. An der Filmhochschule gelang es auch uns Studenten, daran teilzunehmen. So sahen wir Filme wie Luis Buñuels Belle de Jour, Alfred Hitchcocks Die Vögel und viele andere, noch bevor sie in die DDR-Kinos kamen, falls sie überhaupt gekauft wurden.[29]

Zum Grundstudium zählten vier Semester im Fach »Grundlagen der Filmdramaturgie«. Dozent war Peter Rabenalt, der ein paar Jahre vorher auch Filmproduktion studiert hatte und später Professor für Dramaturgie und Musikdramaturgie wurde. Er hat mehrere sehr lesenswerte Bücher und Abhandlungen zu diesen Themen veröffentlicht und als Komponist die Musik für einige Filme geschrieben. So auch zum DEFA-Filmmusical Zille und ick,[30] bei dem ich Produktionsleiter war. Wir lernten Begriffe wie künstlerische Idee, Exposition, Konfliktfeld, Figurenzeichnung und viele weitere dramaturgische Beschreibungen kennen und damit umzugehen. Ausführlich beschäftigten wir uns nach einer Vorführung des neorealistischen Films Rocco und seine Brüder[31] von Luchino Visconti mit der dramaturgischen Verwendung und Bedeutung der Ausstattungsrequisiten. Den Einführungsvortrag von Peter Rabenalt und unsere anschließende Diskussion erinnere ich noch heute. Bei Vorträgen und Arbeitsgesprächen habe ich dieses Beispiel später mehrfach benutzt.

Wir waren, wie die Mehrheit des Publikums, bald trainiert, propagandistische Filme mit konstruierten, wirklichkeitsfremden Inhalten weitgehend zu ignorieren. Ich hatte als Student Probleme, zu verstehen, wie propagandisti-

---

29 Belle de Jour (Schöne des Tages, 1966/67, Luis Buñuel), The Birds (Die Vögel, 1963, Alfred Hitchcock).

30 Zille und ick (1983, Werner Wolfgang Wallroth).

31 Rocco e i suoi fratelli / Rocco et ses freres (Rocco und seine Brüder, Italien / Frankreich, 1960, Luchino Visconti).

sche Nazi-Filme erheblichen und wirksamen Erfolg auf die Generation meiner Eltern haben konnten. In meinem Umfeld war ich auf derartige Gedanken nie gestoßen. Bevor man Juden gewaltsam aus ihren Wohnungen verwies und durch die Städte zum Transport in die KZ-Vernichtungslager trieb, fanden regelmäßig an den Vorabenden in den Kinos Vorführungen von antijüdischen Hetzfilmen statt. Besonders oft wurde zum Beispiel JUD SÜSS (1940), Regie: Veit Harlan, gespielt. Solche Filme existierten in den 1960ern, so hieß es, wenn überhaupt, nur noch im Giftschrank, sie waren öffentlich nicht zugänglich.

Ich wählte für eine Prüfungsarbeit in Filmgeschichte das Thema »Antisemitische Nazi-Filme« und bat deshalb, mir den Film JUD SÜSS ansehen zu dürfen, um zu verstehen, wie es 1940 zu dem mir unverständlichen Rezeptionsverhalten kommen konnte. Die Genehmigung wurde erteilt. Ich saß allein in der Vorführung. Und ich kam *noch* verwirrter wieder heraus. Ich hatte ein plattes Propaganda-Machwerk gesehen. Fast parodistisch übertrieben grimassierende und agierende Schauspieler. Unglaublich falsches Pathos und ebensolche Dialoge. Die Wirkung dieses Films blieb mir völlig schleierhaft. Das habe ich in der Prüfungsarbeit deutlich gemacht. Ich erhielt eine halbwegs wohlwollende Bewertung. Um zu begreifen, dass Rezeptionsgeschichte wie Kulturgeschichte auch Zeitgeschichte ist und sich häufig erst im Zusammenhang mit dem gesellschaftlichen Klima der jeweiligen Zeit deduktiv erschließt und bewertet werden kann, brauchte es noch einige Erfahrungen.

Die Vorlesungen und Seminare in Kunstgeschichte, Literaturgeschichte, Filmgeschichte, Filmtechnik und die eigene Weiterbeschäftigung damit machten Spaß. Wir Produktionsleute erlangten dadurch das theoretische Rüstzeug, uns an Diskussionen ästhetischer oder dramaturgischer Probleme zu beteiligen. Wenn mit einem begrenzten Budget besonders aufwendige Gestaltungsideen nicht zu realisieren waren, mussten Lösungswege erarbeitet werden, ohne die Geschichte zu beschädigen. Für den angestrebten Schauwert mussten szenische oder gestalterische Änderungen erdacht oder neue Drehorte gesucht werden, die mit geringerem zeitlichen, personellen und/oder dekorativen Aufwand möglich wurden. Bei solchen gemeinsamen Überlegungen entstanden filmische Lösungen, die erkennbar zum Erfolg vieler Filme beitrugen. Auch für die Suche nach geeigneten und verfügbaren Darstellern mussten Arbeitswege entwickelt und in Drehplanentwicklungen einbezogen werden.

Eine spannende Aufgabe, die uns langfristig im 2. und 3. Studienjahr beschäftigte, lautete etwa so: »Suchen Sie sich eine Ihrer Meinung nach verfilmenswerte Kurzgeschichte und begründen Sie Ihre Wahl. Fertigen Sie nach eigener Vorstellung aus der literarischen Vorlage ein Filmszenarium an. Machen Sie daraus ein Regiedrehbuch mit Einstellungen. Erarbeiten Sie ein optisches Drehbuch mit Grundrissen, Kamerastandpunkten und -winkeln (Objektiven) sowie Skizzen von diesen Einstellungen. Erarbeiten Sie anhand dieser Ergebnisse eine produktionstechnische Analyse und alle notwendigen Auszüge wie Rollenauszug, Kleindarstellerauszug, Dekorationsauszug, Auszüge für Kostüme, Requisiten, Pyrotechnik und nach Bedarf für Weiteres mehr. Entwickeln Sie einen Drehplan. Fertigen Sie eine Kalkulation an.«

Ich wählte eine Geschichte aus den »49 stories«[32] von Ernest Hemingway. Jeder konnte in allen Etappen nach eigener Vorstellung und fachlichem Vermögen machen, was er für die Realisierung des Projektes für notwendig, wichtig und angemessen hielt. Alle Etappenergebnisse wurden nach Fertigstellung eingesammelt und nach drei Semestern gemeinsam auf besondere Art ausgewertet, aber nicht *be*wertet. Unsere Arbeiten konnte man nicht direkt vergleichen. Jeder hatte sich auf eigene Weise mit seiner Geschichte beschäftigt, hatte seine Schwerpunkte gesetzt, seine Vorstellungen entwickelt, verarbeitet und geplant. Es wurde für mich eine der prägenden Arbeiten während des Produktionsstudiums. Alle wichtigen Arbeiten selbst entwickelt und realisiert zu haben, hat zu meinem Verständnis für alle beteiligten Fachsparten und die eigene Rolle in der Filmproduktion beigetragen.

Vor allem wurde dabei klar: Filmarbeit erfordert die Zusammenarbeit vieler unterschiedlicher Fachleute. Es sollte Teamarbeit im besten Sinne sein. Ich begann, die Korrelation zwischen Dramaturgie und Ökonomie *praktisch* zu verstehen. Bei der Zusammenarbeit mit Regisseuren und anderen Filmleuten im In- und Ausland wurde mir das als wichtiger Teil meiner Arbeit immer wieder deutlich. Manchmal sind dabei schöne filmische Lösungen entstanden und viele Beteiligte haben diese Art der Zusammenarbeit genossen. In den letzten Jahrzehnten habe ich vereinzelt von rein ökonomisch orientierten Produktionsleitern erfahren, die alle filmischen Lösungen den sogenannten »Kreativen« überließen, sie schlossen sich von der Möglichkeit, die Filmarbeit auch wirtschaftlich zu optimieren, aus. Mir war wichtig, bei der Drehplanung und Erarbeitung des Budgets die dramaturgische Struktur und darin die Gewichtung der Szenen und Rollen eines Films berücksichtigen zu können. Wenn Regisseure mich baten, an der Erarbeitung oder Einrichtung des Regiedrehbuches beratend teilzunehmen, habe ich das, wenn möglich, immer gern getan und dabei viel gelernt. Ein so entstandenes Drehbuch konnten wir auch gemeinsam verteidigen. Diese Erfahrungen und Überlegungen habe ich gern mit jüngeren Mitarbeitern diskutiert und bei gelegentlichen Vorträgen vertreten.

32 Ernest Hemingway: 49 stories. Berlin: Aufbau-Verlag 1963, 575 S.

Der Schwerpunkt der Arbeit eines Produktionsleiters liegt in der Vorbereitung der Dreharbeiten und der Postproduktion. Alle grundsätzlichen und kostenwirksamen Entscheidungen werden in der Vorbereitung getroffen. Dazu gehören zuerst eine ausführliche Analyse des Buches, Abstimmungen mit dem Regisseur, der Regisseurin, dem Kameramann, dem Szenenbildner, der Kostümbildnerin und den weiteren Spartenleitern sowie Recherchen über die Besetzung und die Drehorte. Parallel entstehen daraus der Drehplan, die Kalkulation des Budgets, eventuelle Koproduktionsverträge, die Verpflichtung der Mitarbeiter und Schauspieler, die vertragliche Sicherung und Vorbereitung der Drehorte und der Filmbauten, die Anfertigung und Bereitstellung der Kostüme und Requisiten sowie spezieller Aufnahmetechnik. Quartiere bei Außenaufnahmen, unterschiedlichste Transporte für Personal, Technik und Material und vieles mehr müssen bei einem Spielfilm sorgfältig vorbereitet werden. Manchmal konnte ich für diese Arbeit einen besonders durchsetzungsfähigen Aufnahmeleiter einsetzen.

Vorbereitungsarbeiten zu standardisieren, gelingt nur sehr begrenzt. Spielfilme unterscheiden sich gewöhnlich nach Thema, Handlung, Besetzung, Handlungsorten, Handlungszeiten, Milieus und Aufwand zu sehr. Während der Dreharbeiten ergeben sich verschiedene Anpassungen, Änderungen und Zusätze, das hat Korrekturen der Arbeitsplanung zur Folge, die geprüft und gegebenenfalls eingearbeitet werden müssen. Häufig gilt es dann, schnell, entschlossen und koordiniert zu handeln. Ich denke, jeder Filmproduktionsleiter kann von Abenteuern in solchen Situationen erzählen.

Ein Produktionsleiter sollte den Verlauf der Dreharbeiten vorausschauend beobachten und begleiten, um jederzeit unterstützend eingreifen zu können. Allerdings habe ich es vermieden, unnütz am Drehort herumzustehen. Regelmäßig waren nächste Drehorte, manchmal im Ausland, vorzubereiten oder zu kontrollieren. Die täglichen Arbeitsabläufe am Drehort zu koordinieren, ist Aufgabe der Aufnahmeleitung. Natürlich wollte ich stets auf dem Laufenden gehalten werden. Mit den gegenwärtigen Kommunikationsmöglichkeiten können Produktionsentscheidungen unmittelbarer erwogen, geprüft und getroffen werden.

Zwischenschnitt | Filmarbeit

Der Berliner Schauspieler Arno Wyzniewski soll seine Eindrücke von der Filmarbeit, in einem Satz und vergnüglich zusammengefasst, auf den Punkt gebracht haben: »Filmarbeit ist nur Verabredung.« Ein komplexes Vorhaben wie die Produktion eines Spielfilms kann nur mit sorgfältigen Verabredungen der vielen daran Beteiligten gelingen. Wenn es Produktion und Regie mit einem guten Konzept gelingt, Schauspielensemble und Mitarbeitende aller anderen Gewerke zu gemeinsamen Höchstleistungen zu motivieren, ist das am Ergebnis zu erkennen. Ich war bestrebt, möglichst mit solchen Motivatoren zusammenzuarbeiten, sie zu unterstützen und auch die Zusammensetzung der Drehstäbe in diesem Sinne zu lenken.

Nach der DEFA-Zeit, im ersten Jahrzehnt des neuen Jahrtausends, musste ich in Wien einmal mit einem Regisseur auskommen, der gleich zu Anfang meine ausgestreckte Hand für eine gute Zusammenarbeit irritiert zurückwies und erklärte, Produktionsleute seien die natürlichen Gegner der Regie. Mein Lachen verstand er nicht. Die Arbeit verlief auch schwierig. Das Buch war zu lang und einige aufwendige Inszenierungsvorstellungen waren dramaturgisch kaum begründet, vor allem auch nicht mit dem begrenzten Budget zu realisieren. Das sahen die Produzentin und der verantwortliche Fernsehredakteur auch so. Da beide zu Beginn der Arbeiten in Urlaub gingen, baten sie mich, mit dem Regisseur und dem Drehbuchautor konkrete Kürzungen und szenische Vereinfachungen zu erarbeiten. Autor und Regisseur waren aber offenbar nicht gewohnt, mit einem Produktionsleiter filmische Lösungen zu diskutieren. Während der Autor versuchte, mit meiner Herangehensweise und meinen Vorschlägen umzugehen, lehnte es der Regisseur ab, mit dem Produktionsleiter Verabredungen zu treffen. Ein langes »Hin und Her« brachte keine Ergebnisse. Er setzte sich durch. Zu abgestimmten Planungen oder Problemlösungen kam es nicht.

Der Film wurde mit vielen Mühen, Überstunden und einigen Überziehungen fertiggestellt. Die am Buch schon absehbaren Kürzungen und Reduktionen wurden dann am gedrehten Material im Schneideraum vorgenommen. Wir hatten um die fünf Drehtage und erhebliche Ausstattungsaufwendungen umsonst veranstaltet und das Budget auch um 5 Prozent überzogen. Letztlich wurde das Vorhaben aber ein ansehbarer Fernsehfilm. Auch das gibt es. Beim Abschlussfest habe ich mich vom Regisseur mit dem Versprechen verabschiedet: »Wir beide haben gleich zwei Filme miteinander gemacht, den ersten und den letzten.«

In meinen Berufsjahren musste ich nur zweimal so reagieren. Als Produktions- und Herstellungsleiter hatte ich die Voraussetzungen, für eine bestmögliche Nutzung der Drehzeit und des Budgets zu sorgen. Trotzdem gehört es auch zu unseren Filmberufen, auf nichtkalkulierbare Umstände schadensbegrenzend reagieren zu können. Beides, sorgfältige Vorplanung und Improvisationsvermögen, kann zu großen

Teilen erlernt sowie trainiert werden und gehört zum Berufsbild eines Filmproduktionsleiters. Die Arbeit mit Kindern, das Drehen von Nacht-, Kampf-, Tier- oder Massenszenen erfordert gesondert sorgfältige Vorbereitungen und gegebenenfalls den zusätzlichen Einsatz Mitarbeitender bei der Kinderbetreuung, Beleuchtung und im Maskenbild, dazu weitere Garderobieren, Garderobiers, Stuntleute, Pyrotechniker, Spezialisten und Beratung in unterschiedlichsten Fachgebieten.

Verstanden habe ich durch das Studium auch, dass die Filmarbeit einerseits hierarchisch strukturiert ist, andererseits aber die kreative Zusammenarbeit und das Ineinanderwirken hochqualifizierter Spezialisten und Spezialistinnen ein Prozess von wechselseitigen Anpassungen und Änderungen darstellt. Regieführen bedeutet, diesen Prozess zu koordinieren. Eine vereinfachte Beschreibung der Produktion von Spielfilmen lautet: Ein Film entsteht dreimal. Das erste Mal als Drehbuch, das zweite Mal beim Drehen und zum dritten Mal beim Schnitt. Tongestaltung und Musik ergänzen das Gesamtwerk. Methodische Anpassungen und kluge editorische Gewichtungen entstehen häufig erst in dieser Phase der Filmproduktion und benötigen manchmal Reifezeit.

Parallel zu unserem Jahrgang studierten in den Fachrichtungen Regie und Kamera Gaststudenten aus Bulgarien, Kuba, Großbritannien, Venezuela, Kolumbien sowie verschiedenen arabischen und afrikanischen Ländern. Die Gespräche, Diskussionen, Arbeiten und das studentische Miteinander erweiterten unsere Sicht auf andere Kulturen und Lebensverhältnisse. Dabei entstanden Verbindungen, die bis heute wirken. Am Ende des 1. Studienjahres konnte ich zusammen mit der bulgarischen Regiestudentin Maria Wassilewa, dem irakischen Kamerastudenten Kaiss Al-Zubaidi (der, wie ich hörte, später Vertreter der PLO-Filmabteilung war) und dessen englischem Fachkommilitonen John Green zwei Episoden eines Kurz-Spielfilms drehen.

Maria hatte unter dem Titel BLUMEN FÜR SCHNEEWITTCHEN[33] eine kleine Geschichte erfunden. Ein kleines Mädchen entdeckt träumerisch in seiner alltäglichen Umgebung Menschen, die es an Figuren aus ihren Märchenbüchern erinnern, und geht ihnen heimlich nach. Dabei kommt es zu kuriosen Situationen. Hauptdarsteller waren Kinder, die wir in Babelsberg gesucht hatten. Zwei Schauspielstudentinnen, ein Schauspieldozent und wir selbst

33 BLUMEN FÜR SCHNEEWITTCHEN (1967): Kurz-Spielfilm, Deutsche Hochschule für Filmkunst (Potsdam-Babelsberg). Drehbuch und Regie: Maria Wassilewa; Kamera und Schnitt: Kaiss Al-Zubaidi; Produktionsleitung: Hans-Erich Busch.

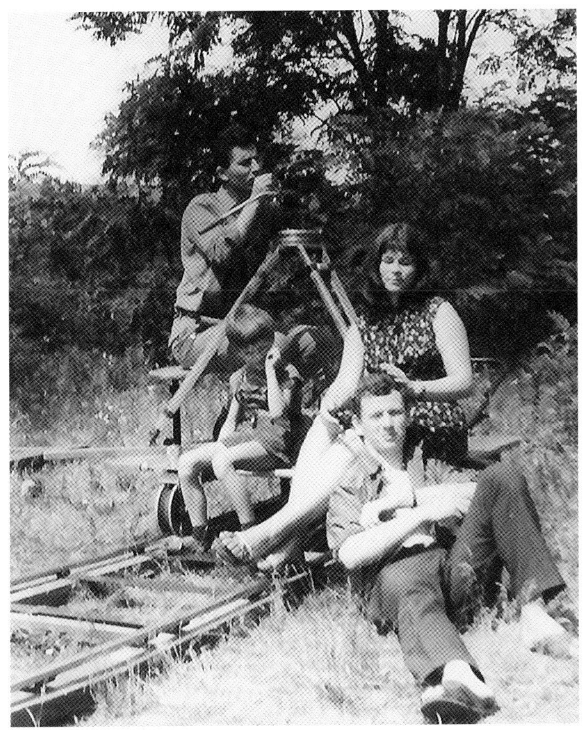

Blumen für Schneewittchen (1967): Kamerastudent Kaiss Al-Zubaidi, unser kleiner Hauptdarsteller, Schauspielstudentin Georgia Kalla (Drehbuch/Regie), Produktionsstudent Hans-Erich Busch (v. l. n. r) am Drehort »verwilderter Garten«

ergänzten das Ensemble in Nebenrollen. Den achtjährigen Hauptdarsteller habe ich auf dem Kindersitz meines Fahrrads jeweils zum Drehen abgeholt und danach wieder nach Hause gefahren. Er wohnte in der Nähe der Filmhochschule und unseres Drehortes. Für alle sonstigen Personen- und Materialtransporte stand nur ein Kleinbus zur Verfügung.

Wir drehten mit 35mm-Schwarz-Weiß-Material und einer stummen Cameflex, einer Handkamera auf einem Stativ, Silberblenden und ein paar Metern Kameraschienen. Mit viel Ernsthaftigkeit und Spaß bereiteten wir die Dreharbeiten vor, um sie dann in einer einzigen Woche zu realisieren. Die Postproduktion (Schnitt, Vertonung) fand in den Fachabteilungen der Hochschule statt. An diesen schönen ersten Versuch, gemeinsam einen Film herzustellen, erinnere ich mich gern. Ein berufliches Selbstverständnis begann sich zu entwickeln.

Mit dem Spielfilmstudio gab es für uns während des Studiums kaum direkte Berührungspunkte. Ich bedauerte das. Zum Fernsehen hatten einige Kommilitoninnen und Kommilitonen ihre bestehenden Kontakte gepflegt.

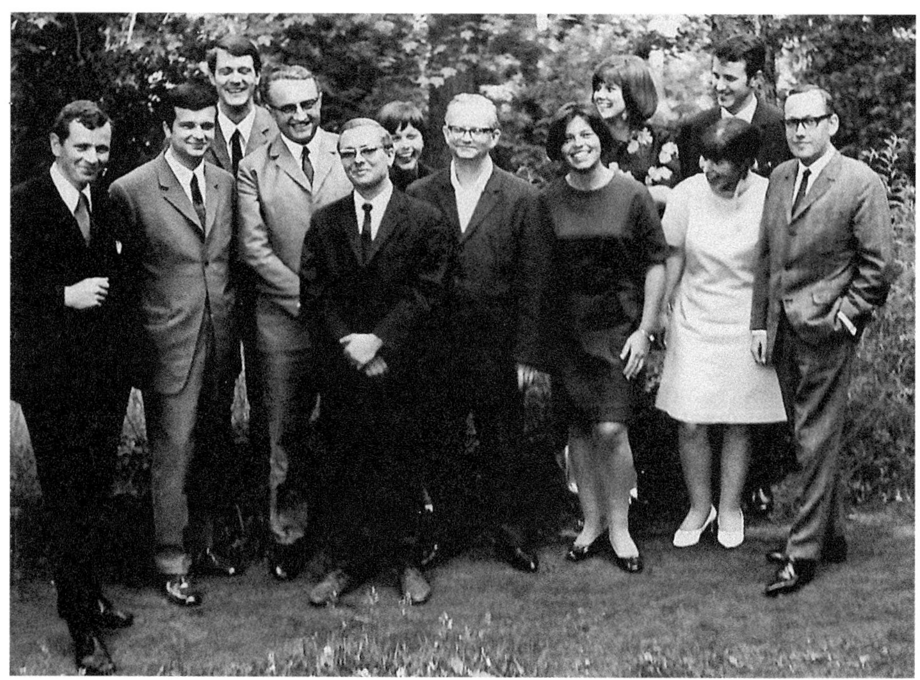

Studienabschluss 1969: Die Seminargruppe »Produktion«, v. l. n. r.: Hans-Erich Busch, Bernd Wilkening, Dieter König, Joseph Wimmer, Mathias Remmert, Gabriele Rötger, Prof. Günter Althaus, Else Schröder, Christa Köfer (Gast), Assistentin Groschupp, Hans-Jörg Gläser, Oberassistent Gerhard Knopfe

Zu den Studios für Dokumentar-, populärwissenschaftliche und Trickfilme der DEFA war es leichter, Verbindungen auf- oder auszubauen. Praktika organisierten wir uns selbst – als Studentenjobs für die Semesterferien. Auf diese Weise kam ich zweimal zu einer befristeten Arbeit als Aufnahmeleiter im Ostseestudio Rostock, damals ein Zweigstudio des Deutschen Fernsehfunks. Ein relativ gut bezahlter Job im Studio für populärwissenschaftliche Filme ermöglichte mir die Teilnahme an den Dreharbeiten für einen Kurzfilm über das Leben der Sorben in der Oberlausitz. Mit dem später bekannten Kameramann Claus (genannt Paule) Neumann begann eine Freundschaft. Aus unserem Studienjahr bewarb sich niemand um einen Arbeitsplatz im Spielfilmstudio. Auch ich kam erst später dorthin. Mit dem Studium in der Fachrichtung Produktion erhielten viele Studierende ein gutes filmisches Allgemeinwissen und konnten sich auf verschiedene berufliche Entwicklungen vorbereiten. So auch ich.

Ostseestudio Rostock (1969 bis 1972)

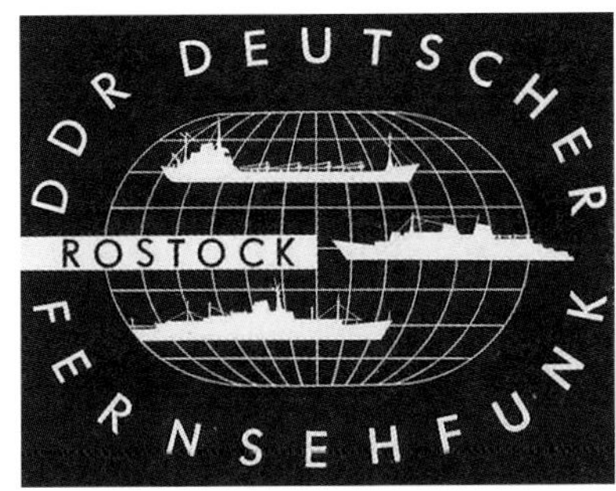

Die Arbeitskontakte zum Ostseestudio in Rostock hatte ich weiter ausgebaut und sah dort meine Zukunft, auch wegen meiner Familie. In meiner Diplomarbeit hatte ich, von den kulturellen, wissenschaftlichen und wirtschaftlichen Potenzen Rostocks ausgehend, Überlegungen für die optimale Größe, Ausstattung und Struktur eines regionalen Fernsehstudios vorgelegt. Das Studio in Rostock hatte sich nach 1960 aus einem anfänglichen Provisorium Stück für Stück zu einer kleinen Institution entwickelt. Meine Arbeit fand dort Interesse, meine Vorschläge jedoch nur begrenzt Zustimmung. Aber man bot mir einen Arbeitsvertrag als Produktionsleiterassistent an. Im Ostseestudio arbeiteten damals etwa hundert Menschen: Mitarbeiterinnen und Mitarbeiter in den Redaktionen, in der Dramaturgie, Regie, Produktions- und Aufnahmeleitung sowie Kameraleute und deren Assistenten, im Szenenbild, Kostümbild, Maskenbild, bei der Requisite, als Beleuchter, Handwerker im Dekorations- und Bühnenbau, Sekretärinnen, Kraftfahrer sowie Verwaltungspersonal.

Nahezu eine gleiche Zahl an Technikern und Ingenieuren arbeitete als Dienstleister mit uns zusammen. Sie gehörten zu einem eigenen Betrieb, der Studiotechnik, die aus alten Rundfunkzeiten ein Teilbetrieb der Deutschen Post geblieben war. Diese Kolleginnen und Kollegen hatten eigene Betriebsstrukturen, andere Arbeitsverträge und Arbeitszeitregelungen, was von uns in der Produktionsplanung berücksichtigt werden musste. Sie bedienten und warteten die elektronische Bild- und Tonaufnahme samt der Übertragungstechnik. Neben einer beim Ostseestudio angestellten Regie saß im Regieraum oder im Übertragungswagen eine bei der Post angestellte Bildschnittmeisterin (oder »Bildmischerin«). Ebenso waren die Tonmeister und deren Assistenten Postangestellte. Im Produktionsalltag konnten alle Beteiligten mit dieser eigentlich unnötigen Trennung pragmatisch und unaufgeregt umgehen. Mit einer relativ geringen Zahl an Mitarbeitenden stellte das Ostseestudio regelmäßig eine Vielzahl unterschiedlicher Sendungen her. Nahezu alle Fernsehgenres wurden bedient.

Für das Hauptabendprogramm des DFF entstanden Unterhaltungssendungen wie die damals bekannte Sendereihe Klock 8, achtern Strom. Auftrittskulisse für die oft international bekannten oder aufstrebenden Gesangs- und Unterhaltungskünstler, vielfach aus Skandinavien, bildete die dafür errichtete

Studiodekoration im Stil einer Hafenbar. Der Warnemünder Shanty-Interpret Horst Köbbert war lange der Gastgeber der Reihe. Die Musiktitel wurden in separaten Tonstudios, meistens in Berlin, vorproduziert und dann per Playback ins Fernsehstudio eingespielt. Manchmal war zu beobachteten, wie Sängerinnen und Sänger Mühe hatten, in der Dekoration vor Fernsehkameras ihre eigenen Titel lippensynchron nachzusingen.

Regelmäßig wurden Hafenkonzerte an maritimen Außenorten für das Fernsehen eingerichtet und übertragen, ebenso Veranstaltungen zur jährlich stattfindenden »Ostseewoche«, darunter das publikumsträchtige »Internationale Schlagerfestival der Ostseeländer«. An »romantischen« Orten der Ostseeküste – dazu rechnete man die Inseln Hiddensee, Rügen, Usedom und den Darß – wurden farbige Musikfilme für das 2. Programm[34] produziert. Mitglieder des Fernsehballetts bewegten sich zur Playback-Musik in diesen Landschaften. Für die journalistische Sendereihe Logbuch der Seefahrt konnte ich erstmals mit dem Vasa-Museum in Stockholm telefonieren, um den Wahrheitsgehalt einiger historischer Seefahrtgeschichten zu überprüfen. Die noch heute erfolgreiche Reihe Visite des NDR wurde 1971 im Ostseestudio Rostock entwickelt und dort bis 1991 produziert.

Die Sendungen wurden damals von Rostock per Richtfunkstrecke nach Berlin-Adlershof in die Zentrale des Fernsehens übertragen und zuerst per FAZ (Aufzeichnung auf 35mm-Schwarz-Weiß-Film mit Magnettonrandspur) und dann per MAZ (Aufzeichnung mit Ampex-Geräten auf elektromagnetische 1-Zoll-Bänder) konserviert, um später gesendet zu werden.

Die Reihen Der Fernsehkoch empfiehlt und der Tipp des Fischkochs liefen einmal pro Woche und wurden monatlich an zwei bis drei Tagen in Blöcken von vier bis fünf Sendungen hergestellt. Der damals sehr bekannte Fernsehkoch Kurt Drummer war gleichzeitig Chefkoch der Vereinigung »Interhotel«[35] der DDR. Er kam für die Produktionstage mit dem Nachtzug aus Karl-Marx-Stadt (heute Chemnitz) angereist, wo er zu Hause war. Alles Notwendige hatte er mit der Redakteurin telefonisch oder per Telex vorbereitet. Bei der Auswahl der vorzustellenden Gerichte war jeweils überprüft worden, ob und welche Lebensmittel ausreichend im Handel verfügbar waren. Es durften nur Zutaten verwendet werden, von denen es genug zu kaufen gab. Um auf zeitweilige Mangelerscheinungen reagieren zu können, wurden einige Sendungen auf Vorrat mit sehr einfachen Zutaten produziert.

---

34 Das 2. Programm des Deutschen Fernsehfunks, DFF-2, startete als Farbprogramm am 3. Oktober 1969.

35 Interhotel: eine am 1.1.1965 gegründete Hotelkette der gehobenen Klasse in der DDR.

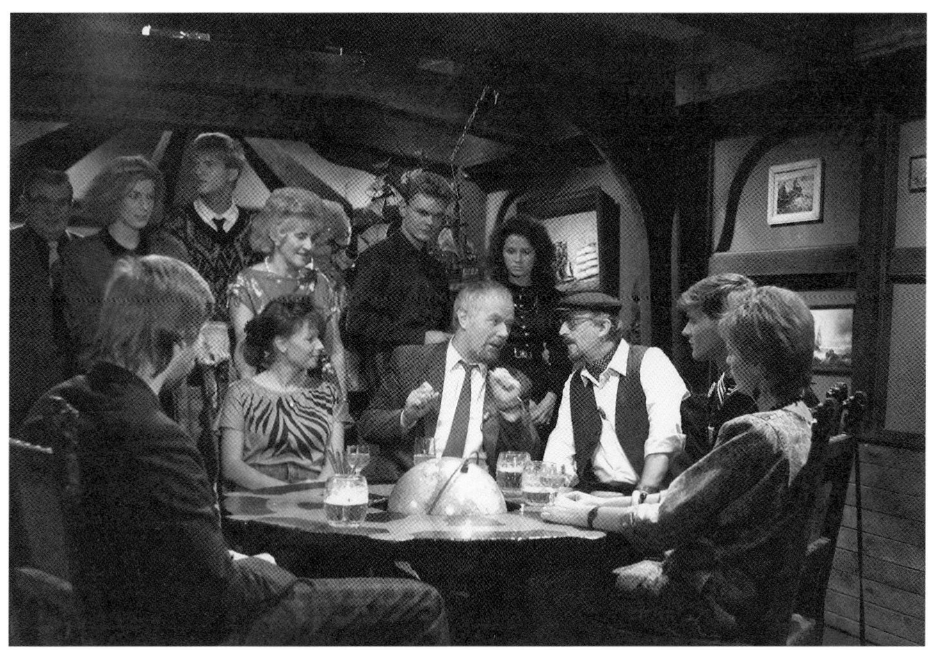

In den 28 Jahren der Existenz des Ostseestudios entstanden über 120 Sendungen der Reihe KLOCK 8, ACHTERN STROM (in der Mitte Shanty-Sänger Horst Köbbert).

Für die Produktionstage wurde die Dekoration »Fernsehküche« im kleinen Studio 2 aufgebaut und eingerichtet. Die erste Sendung wurde vormittags von Kurt Drummer, der Redakteurin, zwei Kameraleuten mit elektronischen Kameras, einem Beleuchter, einem Aufnahmeleiter und der Besatzung des Regieraums geprobt und mittags aufgezeichnet. Wenn die Sendezentrale in Berlin den Empfang technisch abgenommen hatte, bat Kurt Drummer die Mitarbeiter zur Verkostung in die Dekoration. Er wollte, dass probiert wird, was er gekocht hatte. Am Nachmittag wiederholte sich der Ablauf mit einem neuen Gericht. Der nächste Tag verlief ebenso. Ich hatte als junger Produktionsleiter für so eine Sendung nur zwei, drei Unterschriften auf irgendwelchen Bestätigungspapieren zu leisten.

Kurt Drummer wohnte im Rostocker Interhotel »Warnow« und lud gern zum späten Abendessen einen Gast ein. Manchmal traf es mich. Dann fuhren wir nach der letzten Aufzeichnung ins Hotel. Im Restaurant erkannten die Kellner den bekannten Chefkoch sofort. Während einer beflissen die Speisekarte brachte, rannte ein anderer in die Küche, um den diensthaben-

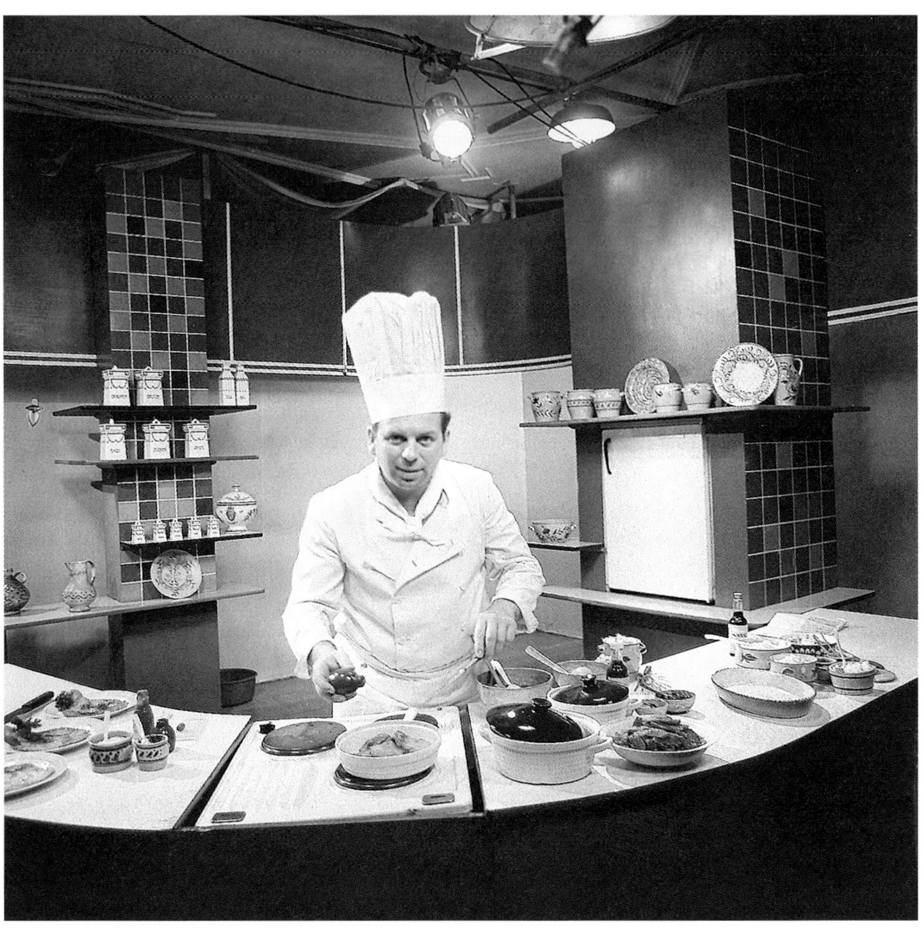

Fernsehkoch Kurt Drummer im Studio 2 des Ostseestudios Rostock

den Küchenchef zu warnen. Kurz darauf eilte dieser zu uns an den Tisch. Er begrüßte kollegial achtungsvoll seinen oberen Chef, wischte mit einer flinken Bewegung die Speisekarte vom Tisch und fragte: »Kurt, was möchtest du essen?« Er antwortete mit der Gegenfrage: »Was schlägst du meinem Gast und mir vor?« Der Kellner zählte einige Raritäten auf, die nicht alle auf der Speisekarte zu finden waren. Kurt wählte für sich eine Kleinigkeit und stellte mit dem Küchenchef für mich ein umfangreiches Menü zusammen. Wie sie es in dreißig Minuten in der Küche schafften, so viel zuzubereiten, blieb mir ein Rätsel. Und alles zu essen, war nicht zu schaffen. Einiges konnte ich nur probieren. Kurt sah mir dabei zufrieden zu. Vielleicht wollte er auch nur seinen Kollegen überraschend prüfen.

Jedes Jahr wurden im Studio 1 neben den großen Unterhaltungssendungen vier Fernsehspiele als Eigeninszenierung produziert. Das waren gewöhnlich Unterhaltungsstücke oder Krimis im Kammerspielformat. Dazu kamen noch zwei Übernahmen von Theaterinszenierungen aus dem Volkstheater Rostock oder dem Staatstheater Schwerin, aus den Theatern Stralsund oder Greifswald. Zwei Jahre lang waren inhaltlich der Dramaturg Siegfried Grupe und produktionsseitig ich im Ostseestudio dafür verantwortlich. Da nur *ein* Regisseur für dieses Genre im Studio angestellt war, arbeiteten wir häufig mit Gastregisseuren, so auch mit Jürgen Sehmisch, mit dem mich bald eine Freundschaft verband. Er hatte auch an der Filmhochschule in Babelsberg studiert und war durch einige Inszenierungen der Reihe ERLESENES des DFF aufgefallen. 1976 reiste er in den Westen aus und verstarb leider Mitte der 1980er-Jahre in Westberlin. Das erfuhr ich aber erst 1990 bei Kalkulationsverhandlungen im Sender Freies Berlin (SFB).

Die eigentlich naheliegende Zusammenarbeit des Ostseestudios mit dem Volkstheater Rostock funktionierte nicht. Der Generalintendant des Volkstheaters, Prof. Hanns Anselm Perten, und der Direktor des Ostseestudios, Konrad Kutzner, sprachen nicht mehr miteinander. Vom Theater zum Fernsehstudio bestand ein Kontaktverbot. Fernsehinszenierungen wurden mit den Theatern aus Schwerin, Stralsund und Greifswald veranstaltet. Kein Rostocker Schauspieler fand Beschäftigung im Rostocker Studio. Die oberen Kulturinstanzen in Rostock und Berlin bestanden aber auf einer Zusammenarbeit. Es wurde ein neuer Direktor des Studios installiert. Der Universitätsprofessor Manfred Haiduk war ein angesehener Germanist und hatte Perten bei dessen erfolgreichen Peter-Weiss-Inszenierungen beraten.

Mit einer Einrichtung des französischen Boulevardstückes von Jacques Deval »Simone, der Hummer und die Ölsardine« durch Perten sollte 1968 ein Neuanfang gestartet werden. Man schickte mich, den jungen, unerfahrenen Produktionspraktikanten, als Vertreter des Studios zur täglichen Begleitung der Probenarbeit ins Theater und erwartete offenbar, dass ich umgehend gefeuert würde. Aber die Zusammenarbeit funktionierte überraschend gut, ich war unbelastet von der etwas intriganten Vorgeschichte. Hierarchische Attitüden waren mir neu. Bei der ersten Leseprobe stellte mich Perten den Schauspielern schmunzelnd als den »vom Fernsehen entsandten Aufpasser« vor. Komplizierte Gesprächstaktiken waren ihm vermutlich lästig. Meine naive Offenheit bei notwendigen Abstimmungen schien ihm zu gefallen. In einer Pause bot er mir in der Kantine vor allen Schauspielern eine Zigarette an, die nur im »Havanna«, einem Geschäft in der Straße »Unter den Linden« in Ostberlin, zu erhalten war. Augenblicklich herrschte Stille im Raum. Wenn Perten jemandem eine seiner »Half and Half«-Zigaretten anbot, galt man im Volkstheater als respektable Person. Fortan wurde ich Anfänger von den Schauspielern und Theaterbeschäftigten höflich gegrüßt. Das war schon komisch.

In dieser Zeit gehörte ich zu dem Kollektiv, das das Medizin-Magazin Visite aus dem Vorläufer Der Nächste bitte! entwickelte. Vom NDR nach der Vereinigung übernommen und modernisiert, wird es bis heute in Hamburg sehr erfolgreich weitergeführt.

Bisher war ich nach Abitur und Ausbildung auf der Werft sowie dem anschließenden Studium nicht zum Wehrdienst eingezogen worden. Nach dem Diplom war das nun zu befürchten. Es gelang mir, den neuen Direktor des Ostseestudios davon zu überzeugen, dass ein junger ehrgeiziger Produktionsleiter für das Studio doch wichtiger sein könnte als ein wehrpflichtleistender Soldat. Er beantragte beim zuständigen Wehrkreiskommando, mich zwei Jahre zurückzustellen. Das klappte, nach Vollendung des 26. Lebensjahres konnte ich nicht mehr für den Grundwehrdienst von 18 Monaten einberufen werden.

Durch die Zusammenarbeit mit erfahrenen Kolleginnen und Kollegen hatte ich in Rostock einiges gelernt und erinnere mich gern an viele gemeinsame Arbeiten. Aber durch enge administrative Beschränkungen und kleinliche Regelungen fühlte ich mich behindert, fachlich neue Wege anzuregen und auszuprobieren. Auch private Veränderungen veranlassten mich, nach einem anderen Ort für meinen weiteren Weg zu suchen. Ich bewarb mich in Berlin in der Hauptabteilung »Dramatische Kunst« des DFF und erhielt schnell eine Zusage. Aber in Berlin mindestens ein Leerzimmer als Wohnmöglichkeit zu bekommen, gelang nicht sofort.

Zwischenschnitt | Wodka-Spätwirkung

Während des studentischen Praktikums 1968 beim Fernsehen im Ostseestudio Rostock bemerkte ich dort einen stillen, scheinbar älteren Mann, der stundenweise damit beschäftigt war, Drehbücher, Dispositionen und allerlei Arbeitspapiere in geringer Stückzahl mit einer Handpresse und Wachsmatrizen zu vervielfältigen. Er erledigte alle Aufträge langsam und sorgfältig, er schien sich dabei stark konzentrieren zu müssen. Fragte man ihn nach dem Stand der Arbeiten, winkte er unwirsch ab und vermied möglichst jedes Gespräch. Offenbar war er in seiner Kammer gern allein. Manchmal kam er verspätet oder gar nicht zur Arbeit. Dann mussten die Sekretärinnen, Redakteure oder der Aufnahmeleiter die Arbeitspapiere selbst vervielfältigen. Niemand wunderte sich darüber.

Als ich dringend Dispositionen vervielfältigt haben wollte, drückte mir die Sekretärin die fertigen Matrizen in die Hand. Ein Aufnahmeleiter wies mich in die Bedienung der Kopierpresse ein und erzählte mir folgende Geschichte: Sowjetische Besatzungsoffiziere versuchten im Sommer 1945 in Rostock die beschlagnahmten Radiogeräte zu nutzen. Sie wollten Nachrichten und Musik von zu Hause, also Radio Moskau, hören. Die Apparate taugten aber alle nichts, wenn man nach dem Einschalten nicht Radio Moskau empfangen konnte. Ein hilfsbereiter junger Deutscher wurde in einen Lagerraum gesperrt, er sollte diese Apparate reparieren. Er ließ sich Zeit, suchte auf einem Gerät die Frequenz von Radio Moskau und präsentierte sie dann, das Radio auf volle Lautstärke gedreht, den Offizieren. Mit großem Jubel wurde er als Spezialist gefeiert, bekam Lebensmittel für die Familie und musste vor allem mit seinen neuen Freunden Wodka trinken. In der Folge reparierte er – zwischendurch halbwegs nüchtern – im Lagerraum langsam ein Gerät nach dem anderen. Die Begeisterung nahm kein Ende. Er bekam reichlich zu essen und musste regelmäßig »sto gramm«, also ein kleines Wasserglas voll Wodka, auf die deutsch-sowjetische Freundschaft leeren.

Er wurde Mitglied der neuen deutschen Polizei, besuchte Lehrgänge (auch mit reichlich Wodka) und brachte es in der DDR zum Oberstleutnant der Volkspolizei. Dabei wurde er schwerer Alkoholiker. Spätere Entziehungsversuche halfen nicht. Als Mittvierziger wurde er als Pflegefall aus dem Dienst entlassen. Durch eine Sonderrente wurden seine Familie und er wohl gut versorgt. Verschiedene Versuche, seinem Alltag etwas Struktur zu geben, scheiterten. Als einen letzten Versuch bekam er diese Halbtagsstelle in der Kopierkammer des Fernsehens in Rostock. So saß er nicht nur vor sich hindämmernd zu Hause, ein paar Stunden war er tagsüber unterwegs und beschäftigt. Schicksale, die es auch gab und die nachdenklich machten.

Im DEFA-Studio für Spielfilme (ab 1973)

In dieser Zeit traf ich einen früheren Kommilitonen, mit dem ich während des Studiums ein Zimmer im Studentenwohnheim geteilt hatte. Während ich von meinen beruflichen Plänen erzählte, erinnerte er, dass ich mich während des Studiums besonders für Spielfilmproduktionen interessiert hatte. Er bot an, mir einen Termin beim damaligen Hauptdirektor des DEFA-Studios für Spielfilme in Babelsberg, Prof. Dr. Albert Wilkening, seinem Vater, zu besorgen. Der leitete damals nebenbei auch die Fachrichtung Kamera. Als Student hatte ich – wie wir alle – Respekt vor dem großen Spielfilmstudio und dessen Chef. Noch konnte ich mir nicht vorstellen, in dem bedeutenden Studio mit den bekannten Spielfilmleuten zusammenzuarbeiten. Einige Tage später saß ich Prof. Wilkening an seinem großen, mit Schriftstücken belegten Schreibtisch gegenüber. Diesen Doppelschreibtisch habe ich später für meine Aufnahmeleiter aus einem Büromöbellager des Studios geholt. Für mich allein war er zu gewichtig.

Wilkening hatte offenbar einige Informationen über mich eingeholt. Bei einer Tasse Tee, von seiner Sekretärin serviert, unterhielten wir uns eine halbe Stunde lang. Schließlich erklärte er, Leute wie ich werden im Spielfilmstudio gebraucht. Die Vertragskonditionen und meine Bedingung, eine Wohnmöglichkeit zu bekommen, konnte ich anschließend mit dem langjährigen Direktor für Produktion Gert Golde besprechen. Wir verabredeten, dass er mich anrufen würde, wenn ein Wohnraum zur Verfügung stünde. Dann könnten wir den Arbeitsbeginn festlegen. Wir rechneten mit zwei bis drei Monaten. Das war mir recht, musste ich doch noch dem DFF in Berlin absagen und in Rostock meinen Abschied möglichst einvernehmlich regeln. Das ging unerwartet einfach. Zum 31. Dezember 1972 wurde ein Aufhebungsvertrag geschlossen. Im Januar 1973 begann für mich ein Probejahr in Babelsberg, um einerseits das DEFA-Studio für Spielfilme kennenzulernen und andererseits auch als Testlauf für das Studio, ob ich dessen Erwartungen erfüllen konnte. Nur mit dem Wohnraum klappte es nicht wie erwartet. Vorübergehend sollte ich in das Gästehaus am Rande des Studiogeländes ziehen. Das erwies sich zunächst sogar als günstig.

Ich bekam im Gästehaus ein hübsches kleines Zimmer, konnte ein Bad und eine kleine Küche mitnutzen. Der Weg zu meinem Büro war ein Fußweg von fünf Minuten. Auf dem Studiogelände gab es einen kleinen Lebensmittelladen und einen Fleisch- und Wurstladen. Dem Gästehaus gegenüber befanden sich ein angesagter Jugendklub und ein preiswertes Restaurant. Die Studentenkneipe der Filmhochschule war auch nicht weit. Freizeit hatte ich ohnehin nicht viel, und die verbrachte ich gewöhnlich noch in Rostock, in Thüringen oder Berlin. Dieses Provisorium dauerte allerdings fast fünf Jahre. Erst dann gelang es, für meine inzwischen neue Familie und mich eine Wohnung in einem gerade entstehenden Neubaugebiet in der Nähe des Studios zu beschaffen.

Im Studio begann ich als Praktikant und Hospitant bei dem Produktionsleiter Herbert Ehler. Der bereitete gerade Konrad Wolfs Film DER NACKTE MANN AUF DEM SPORTPLATZ vor, und ich hatte Gelegenheit, einige Wochen – vor allem an ersten Entwürfen für den Drehplan – mitarbeiten zu können. Mein erster Eindruck von Konrad Wolf war irritierend. Er fuhr mit einem nagelneuen Volvo-Coupé vor, einem Geburtstagsgeschenk seines Bruders, und bemerkte lächelnd: *»Da* fängt ein Auto an ...« Für den staatstragenden Regisseur und Präsidenten der Akademie der Künste fing ein Auto also erst bei einem Volvo an. Vorher war er in Italien im Urlaub gewesen und hatte anschließend noch einen kurzen Abstecher nach Dänemark gemacht. Er lebte also jenseits der DDR-Realitäten, aber machte moralische Filme für das Publikum in der DDR, das schön zu Hause bleiben und sehr lange auf einen Trabbi warten durfte.

Herbert Ehler war fachlich sehr kompetent und ich konnte bei ihm in wenigen Wochen einiges dazulernen. Wenn ich manchmal mit ihm seine Entscheidungen diskutieren wollte, um besser zu verstehen, wie er dazu gekommen war, schien mir, dass ihn das störte. Nach einiger Zeit bat er Gert Golde, mich woanders einzusetzen. Er könne mir nichts mehr beibringen, ich würde schon alles wissen.

Der Film DER NACKTE MANN AUF DEM SPORTPLATZ (1973) hat mich später beeindruckt durch die realistische Beschreibung des Lebensgefühls der Zeit, die sorgfältige Milieugestaltung und die glänzend ausgewählten und geführten Schauspieler Kurt Böwe, Ursula Karusseit, Martin Trettau und Elsa Grube-Deister. Der Verlauf der Produktion könnte als Lehrbeispiel an jeder Filmhochschule gelten. Der Regisseur Matti Geschonneck, der darin als jugendlicher Darsteller mit Katharina Thalbach eine kleine Szene spielte, hat mir vor einiger Zeit empfohlen, den Film noch mal anzusehen und weiterzuempfehlen. Es ist ein wichtiger Film, ein historisches Dokument.

In den folgenden Monaten habe ich kleinere selbstständige Arbeiten übernommen. Der bekannte tschechische Regisseur Zbyněk Brynych wollte für den Spielfilm WELCHE FARBE HAT DIE LIEBE?[36] mit fast komplettem Stab des Filmstudios Barrandov einige Tage an der Ostsee drehen. Wir suchten gemeinsam Motive auf der Insel Rügen. Gedreht wurde dann ein paar Wochen später in der Nähe von Binz und Prora. Diese Arbeit mit den tschechischen Kollegen hat viel Spaß gemacht. Brynych sprach perfekt Deutsch. Wir freundeten uns an und ich besuchte ihn noch im selben Jahr in Prag. Er hatte 1968

---

36 JAKOU BARVU MÁ LÁSKA (WELCHE FARBE HAT DIE LIEBE?, 1973, Zbyněk Brynych).

Schwierigkeiten bekommen, weil er zu den Leuten gehörte, die für den Prager Frühling um Alexander Dubček standen.

Er wohnte in einem kleinen denkmalgeschützten Haus an der Treppe zum Hradschin[37], nahm sich Zeit und zeigte mir sein Prag. Von ihm erfuhr ich viel über die Geschehnisse im August 1968 in Prag und von Jan Palach, dem Studenten, der sich im Januar 1969 auf dem Wenzelsplatz aus Protest gegen den sowjetischen Einmarsch und die Niederschlagung des Prager Frühlings selbst verbrannt hatte. Seitdem war ich oft und gern, auch für die Vorbereitung und Realisierung von neuen Filmvorhaben, in Prag. Wenn möglich, versuchte ich es später so einzurichten, dass ich jeweils im Dezember ein paar Tage dort zu tun hatte. Bei der Gelegenheit konnte ich einige kleine, aber originelle Weihnachtsgeschenke besorgen. Zbyněk Brynych war mit einer Prager Produktionsleiterin verheiratet. Später inszenierte er in München 45 Folgen der ZDF-Krimiserie Der Alte. Unter seiner Prager Adresse habe ich ihn nicht mehr erreicht. 1995 ist er in Prag verstorben.

Ab 1973 konnte ich an einem Fernsehfilm mitarbeiten, einem Kinderfilm, den Georg Leopold inszenierte und der vom Spielfilmstudio für das Fernsehen der DDR produziert wurde. Alwin auf der Landstrasse (1974) erzählt die Geschichte eines etwa elfjährigen Jungen, der wegen elterlichen Streits von zu Hause abhaut und mit dem Fahrrad zu seinen Großeltern fahren will. Dabei hat er eine Reihe von Abenteuern zu bestehen. Der Film begleitet ihn und seinen ihn suchenden Vater. Ein Roadmovie mit einem Kind als Hauptdarsteller, vielen Drehorten, vielen Straßensperrungen und Fahraufnahmen. Ich war der 1. Aufnahmeleiter, und da der Produktionsleiter parallel an einem anderen Projekt arbeitete, hatten er und ich abgesprochen, dass ich seine Aufgaben weitgehend übernehmen sollte. Das habe ich gern gemacht, um ausprobieren, ob und wie ich mit praktischer Verantwortung beim Spielfilm zurechtkomme. Es war auch die erste Zusammenarbeit mit dem begabten und streitlustigen Szenenbildner Hans Poppe. Ich glaube, es ist ein etwas didaktischer, aber sehenswerter Film entstanden.

Danach erhielt ich *noch* eine interessante Aufgabe. Prof. Gottfried Reinhardt, aus Los Angeles kommend, wollte auf der Bühne des Deutschen Theaters Berlin, einer früheren Wirkungsstätte seines Vater Max Reinhardt, für einen Dokumentarfilm Interviews mit einigen Schauspiel-Stars seines Vaters drehen. Die notwendigen Genehmigungen waren bereits eingeholt worden. Ich sollte Gottfried Reinhardt bei der Motivbesichtigung und am Drehtag unterstützen und

37 Hradschin (tschech.: Hradčany): Prager Burg; gegründet im 9. Jh. wurde sie zum ständigen Sitz der tschechischen Herrscher und zuletzt auch der Präsidenten.

dafür sorgen, dass er, sein kleines Kamerateam und die schon älteren Ufa-Stars angemessen behandelt und betreut werden. Über Westberlin kamen zu uns ins Deutsche Theater Elisabeth Bergner, Elsa Wagner, Curt Bois und Theo Lingen.

Ich freute mich, diese Filmberühmtheiten zu erleben und einige Zeit mit ihnen zu verbringen. Die Aufnahmen verliefen unkompliziert in freundlich konzentrierter Atmosphäre. Alle saßen im Zuschauerraum und warteten auf die jeweiligen Einsätze vor der Kamera auf der Bühne. Theo Lingen, ein starker Raucher, war sehr diszipliniert und traute sich nicht, den Drehort für eine Zigarettenlänge zu verlassen. Ich glaubte, dem alten Herrn das gestatten zu dürfen. Kaum war er zum Rauchen im Foyer, rief Gottfried Reinhardt, verärgert über die Disziplinlosigkeit, laut nach ihm. Ich holte ihn und unterbrach schnell seinen Ansatz einer Entschuldigung. *Ich* hatte den Fehler gemacht und Theo Lingen in die peinliche Situation gebracht. Das habe ich laut erklärt und dafür um Entschuldigung gebeten. Damit schienen alle zufrieden zu sein. Eine Einladung zu einem anschließenden Kaffee in Westberlin konnte ich leider nicht annehmen.

Eine Pyramide für mich (1975)

Regie: Ralf Kirsten | Premiere: 4. Dezember 1975

Kurz vor dem Ende des Probejahrs kündigte mir Gert Golde im Herbst 1973 den Besuch des Regisseurs Ralf Kirsten an. Ihn hatte ich erstmals 1966 während eines kurzen Studenten-Praktikums bei der Sprachnachsynchronisation zu Der verlorene Engel[38] und Farbtestaufnahmen für Frau Venus und ihr Teufel[39] mit Inge Keller und Manfred Krug beobachten können.[40] Er war damals für einige Zeit Leiter der Fachrichtung Regie an der Filmhochschule und musste das Drehbuch der bulgarischen Regiestudentin Maria Wassilewa für unseren ersten Studentenfilm abnehmen. Offensichtlich wollte er dazu noch einige Anmerkungen machen, fand aber keine Zeit dazu. Wir wollten mit den Dreharbeiten beginnen, deshalb bedrängte ich ihn damals ein wenig. Nun sollte ich mit seinem Einverständnis die Produktionsleitung seines neuen Films Eine Pyramide

---

38 Der verlorene Engel (1966–1971), Regie: Ralf Kirsten, Kamera: Claus Neumann. Erzählt wird ein Tag im Leben von Ernst Barlach (*1870–†1938); Bildhauer), nachdem sein »Schwebender Engel« 1937 aus dem Dom zu Güstrow gestohlen wurde. Der Film wurde infolge des 11. Plenums verboten und erst 1971 aufgeführt.

39 Frau Venus und ihr Teufel (1967), Regie: Ralf Kirsten, Kamera: Hans Heinrich.

40 Ausführliche Stab- und Besetzungslisten von allen DEFA-Filmen sind auf der Webseite der DEFA-Stiftung zu finden: https://www.defa-stiftung.de/filme/filme-suchen/.

FÜR MICH übernehmen. Unsere frühere Begegnung erinnerte er nicht. Über den drängelnden Produktionsstudenten schmunzelte er, als ich ihm davon erzählte.

Grundlage für den Film, der zum 25. Jahrestag der DDR im Herbst 1974 erscheinen sollte, war der gleichnamige Roman von Karl-Heinz Jakobs. Wir mussten also bis Mitte Juni alles im Kasten haben. Die langjährige Produktionsleiterin Anni von Zieten schied aus Altersgründen aus dem Studio aus, und ich sollte ihren bisherigen Mitarbeiterstab, die Sekretärin, die Aufnahmeleiter, die Filmgeschäftsführung,[41] den Produktionsfahrer und auch die Büroräume in einer alten Nachkriegsbaracke übernehmen. Aus der Zieten-Produktion wurde zunächst für diesen Film die Busch-Produktion. Zuerst las ich das Drehbuch und wollte mich mit meinen neuen Mitarbeiterinnen und Mitarbeitern bekannt machen, um mit den ersten Vorbereitungsarbeiten für die Produktion des Films zu beginnen.

Beim ersten Gespräch mit den Aufnahmeleitern teilten mir beide mit, dass sie nun erst mal ihren Jahresurlaub von vier Wochen nehmen wollten, und sie legten mir ihre Urlaubsanträge zur Unterschrift vor. Verblüfft begriff ich, dass sie nach dem Ausscheiden ihrer bisherigen Chefin selbst mit einem Karrieresprung gerechnet hatten und Anni von Zieten sie nicht auf diesen Wechsel vorbereitet hatte. Mit den Urlaubsanträgen wollten sie wohl gegen diese Verfahrensweise und den jungen, von außen kommenden Produktionsleiter protestieren. Vielleicht rechneten sie damit, eine gute Verhandlungsposition für bessere Bedingungen zu haben. Ich aber wollte mich nicht gleich unter Druck setzen lassen und unterschrieb kurzerhand die Urlaubsanträge. Nun stand ich zu Beginn der ersten selbstverantworteten Filmarbeit ohne Mitarbeiter da, war aber ehrgeizig und selbstbewusst genug, um abends länger und an den Wochenenden zu arbeiten.

Für drei Wochen erhielt ich von einem anderen sehr fähigen 1. Aufnahmeleiter Unterstützung. Ich hatte großes Glück, denn in dem sich langsam bildenden Drehstab traf ich in allen Sparten auf wunderbare, erfahrene und freundliche Kolleginnen und Kollegen. Die Zusammenarbeit mit Ralf Kirsten verlief problemlos. Ihm gefiel, dass mir gelang, auch manches »Unmögliche« möglich zu machen und Voraussetzungen für eine freundliche Arbeitsatmosphäre zu schaffen. Dabei versuchte ich nur, mein theoretisch erworbenes Wissen praktisch anzuwenden.

Das Buch von Karl-Heinz Jakobs war bei der Beschreibung der Anfänge der DDR und der Gegenwart zu Beginn der 1970er-Jahre für damalige Verhältnisse offen und kritisch. Wir haben versucht, diese Sicht bei den Dreharbeiten in

41 Filmgeschäftsführung (FGF): steuerrechtlich korrekte finanzielle Kontrolle des gesamten Herstellungsprozesses (z. B. Finanz- und Lohnbuchhaltung, Filmkosten).

den Film zu übertragen. Später wurde Jakobs aus dem Schriftstellerverband ausgeschlossen und reiste in die Bundesrepublik aus.

Für uns wurde Doris Borkmann, die Assistenzregisseurin, eine wichtige Mitarbeiterin. Sie wurde wegen ihrer umfassenden Kenntnisse und integren Persönlichkeit sehr geschätzt. Ihr Arbeitseifer war legendär. Mit dem begabten und kooperativen Szenenbildner Dieter Adam arbeitete ich auch später gern zusammen. Leider sahen wir uns nach 1989 nur noch selten. Vorher trafen wir uns gelegentlich für längere Gespräche über unsere Arbeiten, immer wieder wurde vor allem IKARUS Thema. Oder wir besuchten uns privat. Mit Hans-Jürgen Kruse, dem wunderbaren Kameramann, war ich bis zu seinem unglücklichen Freitod 1989 eng befreundet. Auch er war mir in der ersten Zeit ein wichtiger Berater. Gern habe ich später wieder mit ihm gearbeitet. Diese und die anderen Mitarbeiterinnen und Mitarbeiter wurden zu Mitstreitern. Es entstand ein freundschaftlich verbundenes hochmotiviertes Team, damals nannten wir es »Kollektiv«. Einander stets unterstützend, gelang es, viele der aufwendigen Dreharbeiten an unterschiedlichsten Orten und unter schwierigen Bedingungen und Auflagen erfolgreich zu realisieren.

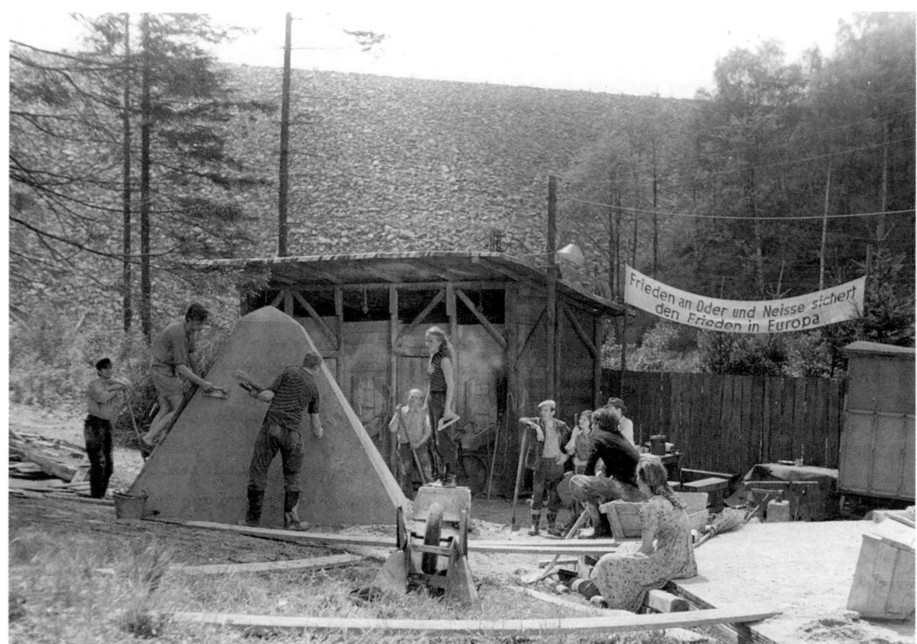

EINE PYRAMIDE FÜR MICH (1975, Ralf Kirsten): Vorbereitungen an der Pyramide vor der Staumauer

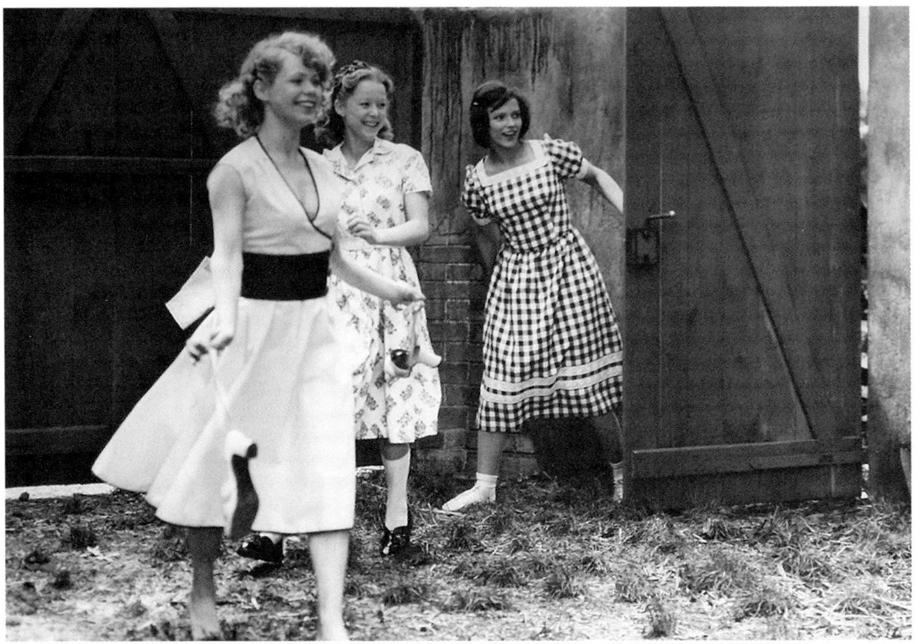

Eine Pyramide für mich (1975, Ralf Kirsten): Renate Krößner, Christine Reinhardt, Monika Hildebrand (v. l. n. r.)

Mit Schauspielerinnen und Schauspielern wie Justus Fritzsche, Monika Hildebrand, Günter Junghans, Renate Krößner, Rolf Ludwig, Karin Gregorek oder Jörg Panknin zusammenzuarbeiten, war unkompliziert und hat mich für weitere Filmarbeiten motiviert. Mit einer damals (1974) gegenwärtigen Rahmenhandlung wird die Geschichte einer Gruppe von jungen Frauen und Männern beim Bau der Talsperre 1948 bis 1950 in Sosa (Erzgebirge), dem ersten Jugendprojekt der DDR, erzählt. Es waren ungleich motivierte junge Leute, die hier zusammenlebten und arbeiteten. Einige waren vor allem karrierebewusst, andere wollten einfach neue Lebensformen ausprobieren oder suchten ein gut bezahltes Abenteuer.

An der Talsperre Sosa des Jahres 1974 konnten wir nur wenige Gegenwartsszenen drehen, da die Talsperre fertig war. Wir wollten aber die Baustelle in der Zeit vor 1950 zeigen, als noch Felsberge gesprengt werden mussten und mit schwerer körperlicher Arbeit das Stauseebecken und die Talsperre errichtet werden konnten. Nach umfangreichem Suchen fanden wir im Erzgebirge einen stillgelegten Steinbruch, in dem wir mit örtlichen Hilfskräften eine historische Großbaustelle einrichten und auch noch eine Felswand sprengen konnten. Hier und an anderen Drehorten benötigten wir für einzelne Drehtage 800 junge Männer und ebenso viele junge Frauen als Komparsen. Inzwischen würde man solche Szenen relativ einfach per CGI[42] und VFX[43] herstellen. Computergenerierte Vervielfältigungen sind inzwischen Standard, um aus fünfzig Kleindarstellern ein Bild von tausend oder mehr zu erzeugen. Wir mussten das noch real organisieren, arrangieren und inszenieren.

1948 hatten alle Männer, auch die jungen, kurze Haare. 1974 aber waren keine 500 kurzhaarigen jungen Männer zu finden, und auch mit einem finanziellen Zuschlag wäre es kaum gelungen, so viele Jugendliche zu überreden, mit uns mit Kurzhaarschnitt an verschiedene Drehorte zu ziehen. Für dafür notwendige Transporte und die Unterbringung und Versorgung in der Nähe unserer Drehorte hätten wir ein Zeltlager mit Küchen und Sanitäranlagen aufbauen und betreiben müssen. 1974 waren in der DDR nur Militärangehörige bartlos und hatten kurze Haare. Die Führung der NVA lehnte prinzipiell (Soldaten seien Soldaten und keine Filmdarsteller!) alle entsprechenden Anfragen für einen zivilen Film ab.

Irgendwie erinnerte ich mich, dass Wehrpflichtige auch zur Bereitschaftspolizei eingezogen werden konnten. Kurz entschlossen startete ich einen Versuch. Ich bat Prof. Wilkening, mich – mit einem von ihm unterschriebenen Brief – beim Chef der Volkspolizei der Bezirksbehörde Karl-Marx-Stadt, einem Generalmajor, anzumelden. Ich erhielt einen Termin, wurde von mehreren Offizieren zum General geleitet und konnte unsere Situation ausführlich schildern und darum bitten, für unsere Aufnahmen Bereitschaftspolizisten ausleihen zu dürfen. Offenbar war ich auf einen Filmfreund gestoßen, den romantisch verklärte Erinnerungen mit den Anfängen der DDR verbanden. Er hörte ruhig lächelnd zu. Ich schob noch nach, dass wir die entstehenden Unkosten selbstverständlich übernehmen würden. Das lehnte er sofort ab, schließlich würden wir ja alle vom selben Staatshaushalt finanziert. Ich verkniff mir einen Hinweis auf gewisse Unterschiede. Er wollte genau wissen, wo und wie viele seiner Bereitschaftspolizisten wir an welchen Tagen benötigten. Vorsichtig nannte ich eine hohe Zahl und die geplanten drei Drehtage

---

42 Computer Generated Imagery (CGI): Fachausdruck für mittels 3D-Computergrafik erzeugte Bilder in der Filmproduktion. Der Begriff bezeichnet Computeranimation in der Filmkunst, im Gegensatz zu Computeranimation zum Beispiel in Computerspielen.

43 Visuelle Effekte (VFX): Sie werden eingesetzt, um in Filmszenen, Fernsehen und Videospielen Realismus zu erzeugen. Mit diesen Hilfsmitteln kann man Bilder manipulieren, um sehr unterschiedliche Szenarien zu kreieren. VFX reichen von CGI über 3D-Modellierung und Animation bis hin zu Make-up, Masken- und Bühnenbild.

in seinem Bezirk. Nach kurzem Nachdenken entschied er, eine Einheit von 900 Mann könnte wie zu einem Manöver mit eigenem Fuhrpark, Zelten und Feldküchen unter Aufsicht ihrer Kommandeure ausrücken und nach unserer Disposition an den Dreharbeiten teilnehmen. Hocherfreut und nun mutig geworden, fragte ich, ob wir so auch bei weiteren Dreharbeiten in einem Wald in der Nähe von Wiesenburg im Fläming unterstützt werden könnten. Seine Bereitschaftspolizisten würden dort auch für weitere drei Drehtage bereitstehen, erklärte er.

Gewöhnlich engagierten wir örtlich Rentner für die nächtliche Bewachung unserer Außendrehorte. Nun waren diese Drehorte durch die Bereitschaftspolizei auch noch bestens gesichert. Ein großes Problem war gelöst. Meine Erleichterung ließ ich mir nicht anmerken. Die Kostümbildnerin Ingeborg Kistner und ihre Mitarbeiterinnen und Mitarbeiter beschafften aus dem studioeigenen großen Kostümfundus und verschiedenen Quellen zivile Arbeitskleidung der Zeit um 1950, veranstalteten damit Anproben in der Kaserne der Bereitschaftspolizei. Diese »Kostüme« blieben gleich bei den jungen wehrpflichtigen Polizisten. Zu unseren Dreharbeiten kamen dann 900 junge Bauarbeiter des Jahres 1948, stets gut organisiert und verköstigt, mit ihren Polizeifahrzeugen an den jeweiligen Drehort. Die jungen Frauen haben wir per Zeitungsanzeigen in der Umgebung der Drehorte werben können. Kostüme wurden auf gleiche Weise besorgt. »Unsere« Bereitschaftspolizisten übernahmen auch gern den Transport der jungen Frauen. Um ihre Haartrachten der Handlungszeit anzupassen, wurden aus den Theatern in der Nähe bis zu zwanzig Maskenbildnerinnen und Maskenbildner tageweise zusätzlich engagiert.

Vor Beginn der szenischen Arbeiten wollten wir mit mehreren Kameras die Sprengung einer großen Felswand drehen, um die Dimension der Baustelle demonstrieren zu können. Ein Sprengmeister der staatlichen Munitions- und Sprengmittelbeseitigung kam in einem gepanzerten Fahrzeug am geplanten Tag in den Steinbruch, lud seine Gerätschaften, 100 Kilogramm Plastiksprengstoff, eine Handvoll elektrischer Zünder und Kabel aus. Das Spezialfahrzeug musste dann gleich wieder weg, es wurde anderweitig benötigt. Der Sprengmeister bohrte in die Felswand verschieden tiefe Löcher. Unmittelbar vor Drehbeginn sollte der Plastiksprengstoff eingefüllt und die Zündkabel angebracht werden, um nach unseren Ansagen die Sprengung elektrisch starten zu können. Alles war vorbereitet. Wir hatten zwar für diesen Tag mit wechselnder Bewölkung gerechnet, da für die Aufnahmen aber nur zehn Minuten ein etwas hellerer Himmel benötigt wurde, machten wir uns keine Sorgen. Unsere Kameras waren verdeckt in Position. Unser ORWO-Farb-

Negativmaterial[44] war nicht sehr lichtempfindlich. Wir warteten stundenlang auf eine kurze Aufhellung. Aber es blieb sehr trüb, fing an zu regnen und es wurde immer dunkler. Wir warteten, bis es abends keinen Sinn mehr hatte, besonders mit der Zeitlupenkamera irgendwelche Aufnahmen zu machen.

Der Sprengmeister, mit dem wir nach einer Lösung suchten, erklärte uns nach mehreren Telefonaten mit seinen Chefs, der Sprengstoff könne nicht bis zum nächsten Tag im Steinbruch gelagert werden. Sein gepanzerter Transporter, in dem das ginge, sei weit entfernt und nicht verfügbar. Er müsse den Sprengstoff noch heute in die Luft jagen. Neuen Sprengstoff zu beschaffen, würde etwa zehn Tage dauern. Außerdem müsse dann das ganze Verfahren neu beantragt und genehmigt werden. Ich wollte nicht aufgeben. Nach langen gemeinsamen Überlegungen und einigen Telefonaten hielt er es für möglich, den Sprengstoff in der Waffenkammer des nahe gelegenen Volkspolizeikreisamtes (VPKA) der Stadt Aue über Nacht lagern zu können. Am nächsten Morgen könne er mit einem anderen Spezialfahrzeug den Sprengstoff wieder abholen und wir könnten einen neuen Versuch starten. Aber wie sollte das Sprengmaterial nach Aue gebracht werden? Langsam wurde es dunkel. Unser Drehstab machte Feierabend und alle fuhren zurück ins Hotel. Das war mir recht, denn ich suchte nach einer unauffälligen Lösung. Dem Sprengmeister gefiel offenbar das Bemühen, die Aufnahmen zu retten. Als schließlich nur noch ein älterer Nachtwächter, der Sprengmeister und ich im Steinbruch waren, nickte er mir zu. Gemeinsam luden er und ich die 100 Kilogramm Plastik-Sprengstoffwürste in den Kofferraum meines gemieteten Wartburgs, die Zünder legten wir auf die Rücksitze. Vorn und hinten befestigte er Schilder mit dem Hinweis »Explosive Ladung«. Er passte als Beifahrer auf, dass ich höchstens 30 Kilometer pro Stunde und an Kreuzungen und in Kurven besonders vorsichtig fuhr. Im Volkspolizeikreisamt Aue konnten wir den Sprengstoff zwischenlagern, dem Sprengmeister spendierte ich eine Taxifahrt nach Hause. Wir versprachen uns gegenseitig, diesen Sprengstofftransport zunächst vertraulich zu behandeln. Wir hatten beide eine Reihe von Bestimmungen für unsere Vorgehensweise »angepasst« interpretiert.

Zurück im Hotel in Aue, in dem wir Quartier bezogen hatten, ließ ich abends in Abstimmung mit Ralf Kirsten, Doris Borkmann (Assistenzregie), Hans-Jürgen Kruse (Kamera) und Dieter Adam (Szenenbild) die Dispositionsänderung verbreiten. Alle sollten sich am nächsten Tag zunächst auf einen neuen Sprengungsversuch vorbereiten. Unser Sprengmeister war pünkt-

44 ORWO: Akronym aus Original Wolfen; in der DDR seit 1964 Markenname in der Filmherstellung der Filmfabrik Wolfen.

lich und vorbereitet am Drehort. Das Wetter war bedeckt, aber hell (ideales »ORWO-Wetter«). Nach einer Stunde war die mächtige Felswand gesprengt und alles zu voller Zufriedenheit im Kasten und wir konnten nun an den Szenen mit den »Jugendbrigaden« weiterarbeiten.

Während anderer Dreharbeiten im Erzgebirge erhielt ich telefonisch aus dem Studio die Weisung, *die* Mitarbeiter des Drehstabes, die Mitglieder der Kampfgruppe waren, für das kommende Wochenende (Freitag bis Montag) von den Dreharbeiten freizustellen und nach Hause bringen zu lassen. Es fände am Wochenende eine wichtige Kampfgruppenübung statt. Wir hatten zum Glück nur drei Kampfgruppenmitglieder im Drehstab: unser Kameramann, ein Beleuchter und ein Requisiteur. Allerdings sollten auch die drei Busse, mit denen wir alle Transporte zwischen der Basis im Hotel und den Drehorten realisierten, zurück nach Babelsberg. Das bedeutete, die aufwendigen Dreharbeiten für mindestens drei bis vier Tage zu unterbrechen, Verzögerungen und Probleme für die weiteren Dreharbeiten waren absehbar, aber nicht genau zu kalkulieren. Mein Einwand, dass wir eben für dieses Wochenende Dreharbeiten mit Schauspielern, die langfristig von ihren Theatern für diese Tage freigestellt waren, mit vielen Kleindarstellern und erheblichem technischen Aufwand vorbereitet hatten, wurde zurückgewiesen. Der Kampfgruppeneinsatz habe Vorrang.

Mein Eindruck war, dass es auch dem Produktionsdirektor Gert Golde nicht gefiel, auf dieser Weisung zu bestehen. Ralf Kirsten, Doris Borkmann und ich überlegten nun, wie wir die Dreharbeiten oder wenigstens einen Teil davon retten könnten. Mit Zustimmung von Hans-Jürgen Kruse beschlossen wir, seinen Assistenten Ingo Raatzke, der oft schon als 2. Kameramann gearbeitet hatte, zu beauftragen, einige der »Massenszenen« zu drehen. Mit einem erneuten telefonischen Hinweis, dass der Drehausfall unvermeidlich zu einer erheblichen Kostensteigerung führe und die Gefahr bestehe, dass alle geplanten Fertigstellungstermine nicht zu halten wären, versuchte ich zu erwirken, den Kameramann Hans-Jürgen Kruse von dieser Kampfgruppenübung zu befreien. Das gelang, er konnte bei uns bleiben. Auf die studioeigenen Busse haben wir verzichten können. Für die zusätzlichen Pendeltransporte der Kleindarsteller hatten wir schon mehrere Busse der in der Gegend ansässigen Wismut AG gemietet.

Die Wismut AG, spezialisiert auf den Uranabbau im Erzgebirge für die sowjetische militärische und zivile Nutzung, war ein Staat im Staate. Sie hatte eigene Fuhrparks, ein eigenes Gesundheitswesen, eigene Lebensmittel- und Textilläden und vieles mehr. Offenbar gefiel es einigen in der Wismut-Verwaltung, mit uns Filmleuten zusammenzuarbeiten. Sie stellten uns für die Ausfalltage weitere neue Busse und andere Fahrzeuge gratis zur Verfügung. Nur die Fahrer mussten wir bezahlen. Einige junge Frauen aus der Verwaltung wollten auch gern als Kleindarsteller an den Dreharbeiten teilnehmen. Als sie dann hübsch zurechtgemacht am Drehort erschienen und in unsere patinierte alte Arbeitskleidung schlüpfen mussten und sich abgeschminkt und kaum frisiert im Steinbruch wiedersahen, waren sie enttäuscht. Es war für sie auch anstrengend, den ganzen Tag diszipliniert im Hintergrund Felsbrocken hin und her zu transportieren. Zudem mussten wir ihnen streng verbieten, in Richtung Kamera freundlich zu lächeln. Dass Filmarbeit so ernsthaft und mühevoll sein konnte, hatten sie nicht gedacht. Für die jungen Bereitschaftspolizisten war es eine angenehme Abwechslung. Insgesamt verliefen die Dreharbeiten besser als erwartet, die Muster sahen ordentlich aus, von der Schnittfassung hatten wir alle einen guten Eindruck. Wir waren zufrieden mit unserer Arbeit.

Im Studio wurde der Film mit Schwierigkeiten abgenommen, aber von der Hauptverwaltung Film (HV Film) im Ministerium für Kultur wurde die staatliche Zulassung verweigert. Einige Darstellungen der Zeit um 1948 und auch der Gegenwart um 1974 wurden nicht akzeptiert, weil in denen zu viele Probleme benannt worden wären. Es wurde Optimismus gefordert, konkrete Veränderungsauflagen wurden aber nicht angeordnet. Ralf Kirsten kämpfte um seinen Film. Wir unterstützten ihn, die Auflagen einerseits geschickt und wirtschaftlich vernünftig zu erfüllen und andererseits die Wirkung des Films nicht zu beschädigen. Ein paar kurze Dialogszenen wurden nachgedreht, einige Szenen am Schneidetisch gekürzt oder ergänzt. Die Schnittmeisterin Ursula Zweig hatte mühevolle Reparaturarbeit zu leisten. Zum Ende wurden einige Dialogsätze einfach akustisch entfernt. Eine erklärende Kommentarstimme wurde darübergelegt. Es galt, ein Verbot des Films zu vermeiden. Die monatelangen Diskussionen und die Suche nach von allen Seiten akzeptierbaren Kompromissen, die wenigen Nachdreharbeiten und Schnittänderungen, die parallelen Korrekturen der Tonfassung und Anpassungen des geschnittenen Negativs dauerten. Mit einem Jahr Verspätung wurde der Film staatlich zugelassen, im Herbst 1975 kam er in die Kinos.

Inzwischen war schon der nächste Film, an dem ich mitarbeiten konnte, Ikarus, fertiggestellt. Ich hatte aber einige wichtige praktische Erfahrungen gemacht: Eine Pyramide für mich beschreibt immer noch gut, welche filmischen Versuche 1974 angestellt wurden, um DDR-Zeitgeschichte wahrhaftig darzustellen. Mit guten Schauspielern und ungewöhnlichen Aufnahmen arbeiteten wir alle engagiert an diesem Vorhaben. Ein sorgfältig zusammengesetzter Drehstab eines größeren Spielfilms besteht mehrheitlich aus hochqualifizierten, erfahrenen und oft ungewöhnlichen Persönlichkeiten. Es ist eine Freude, die Zusammenarbeit dieser Persönlichkeiten als Produktionsleiter zu unterstützen. Anfangs habe ich manchmal gezweifelt und dann Abende oder Wochenenden grübelnd im Büro verbracht, um fehlende Erfahrungen auszugleichen.

Es war der erste große Film, dessen Produktion ich im Rahmen des Spielfilmstudios zu leiten hatte. Manche Probleme waren nur durch klare Entscheidungen zu lösen, die den Arbeitsablauf vieler Mitwirkender betreffen konnten. Auf den jungen, noch nicht sehr erfahrenen Produktionsleiter, also auf mich, waren viele Augen gerichtet. Für alle Drehorte waren rechtsverbindliche Drehgenehmigungen zu erwirken. Vielfach schlossen wir dafür Vereinbarungen oder Verträge, häufig mit sehr unterschiedlichen finanziellen Entschädigungen. Theoretisch wusste ich vieles, aber in der konkreten Filmarbeit ergaben sich immer wieder Situationen, in denen neben theoretischem auch Erfahrungswissen sehr hilfreich war. Mit dem Ende der Drehzeit waren wir stolz, dass die Arbeiten erfolgreich verlaufen und alle zufrieden waren. Auch durch die letzte Mustervorführung fühlten wir uns bestätigt. Statt der geplanten 46 Drehtage hatten wir nur vierzig benötigt und in entsprechendem Umfang die Kalkulation unterboten. Also brauchte ich mir noch keinen anderen Beruf zu suchen.

Von der Mustervorführung bis zur staatlichen Zulassung

Während der Drehzeit veranstalteten wir gewöhnlich nach zwei Drehtagen Mustervorführungen des gedrehten Materials. Ein Rohfilmverhältnis von 1 : 7 war die Regel. Damit waren im Durchschnitt drei bis fünf Drehversuche möglich. Ausnahmen kamen vor, nur waren wir bestrebt, die kalkulierte Gesamtmenge nicht zu überziehen. Hiervon wurden unmittelbar nach dem Drehen durchschnittlich zwei bis drei gelungene Versuche zu »Kopierern« erklärt und im studioeigenen Kopierwerk Einlicht-Muster gezogen. Dazu wurden die Tonaufnahmen auf Magnetfilm (»Perfo«) überspielt und beides, synchron angelegt, zur technischen Kontrolle vorgeführt. Nun konnte ausgemustert, also entschieden werden, welche der kopierten Varianten Bestandteil des Films werden sollten. Daran nahmen neben der Regie und deren Assistenten auch die Hauptverantwortlichen für Schnitt, stoffführende Dramaturgie, Kamera und Bildschärfe, für Ton, Szenen-, Kostüm- und Maskenbild sowie die Produktionsleitung teil. Dazu konnten weitere Mitglieder des Drehstabes eingeladen werden, vereinzelt auch Mitwirkende aus dem Schauspielensemble. Diese gemeinsamen Mustervorführungen zeigten ein erstes Ergebnis der Arbeit und wirkten für das gesamte Kollektiv motivierend.

Danach konnten Schnitt und Schnittassistenz an die Montage der Szenen gehen. Heute finden diese Arbeitsschritte von der Aufnahme über die weitere Bearbeitung bis zur Kinovorführung digitalisiert (ohne Filmmaterial, mit Computersystemen, Festplatten und Online-Übermittlungen) statt. Leider fällt auch das gemeinsame Begutachten der Filmmuster weg. Häufig bekommen nur Regie, Kamera und Schnitt sowie Produktion und Redaktion einen Online-Zugang zu den Mustern. Die erste geschnittene (genauer: montierte) Fassung, der sogenannte Rohschnitt, wurde den Federführenden der Dramaturgie vorgeführt, dort diskutiert und der Hauptdirektion (ab 1976 Generaldirektion) zur Genehmigung der Weiterarbeit vorgeschlagen. Manchmal kamen erste Kritiken, Hinweise und Änderungswünsche zur Sprache. Der Hauptdirektor oder der Künstlerische Direktor bzw. Chefdramaturg erteilte dann mit oder ohne Auflagen die Freigabe für die weiteren Arbeiten.

Wenn der Film final montiert war, die Filmtitel (Vor-, gegebenenfalls Ab- oder Nachspann) angefertigt waren, die Tonfassung durch Sprach- und Geräuschsynchronisationen und Musikaufnahmen ergänzt und durch die Tonmischung komplettiert war, erfolgte eine erneute Vorführung für die jeweilige Dramaturgengruppe. Diese Gruppen trugen noch aus der Zeit der KAGs[45] die tradierten Namen »Babelsberg«, »Berlin«, »Roter Kreis« und »Johannisthal«. Nach einem Verständigungsprozess innerhalb der Gruppe wurde der fertige Film der Studioleitung zur Abnahme vorgeschlagen. In einer Vorführung wurde er dann im hauseigenen Kino »DEFA 70«[46] der Belegschaft gezeigt. Im anschließenden Abnahmegespräch des Hauptdirektors/Generaldirektors mit dem Künstlerischen Direktor/Chefdramaturgen, mit weiteren Fachdirektoren, den Hauptdramaturgen, anderen Leitungsmitgliedern sowie der SED-Parteileitung und den Filmverantwortlichen wurden die Machart und Wirkung des Films noch mal besprochen und meistens als »abgenommen« erklärt. Gleichzeitig erfolgte damit auch die Freigabe des Negativschnitts als Voraussetzung für die spätere Auslieferung des Films an den PROGRESS Film-Verleih und den DEFA-Außenhandel.

Ebenso schlug nun der Hauptdirektor/Generaldirektor den Film dem Leiter der Hauptverwaltung Film im Ministerium für Kultur zur staatlichen Zulas-

45 Die Künstlerischen Arbeitsgruppen (KAGs), deren Aufbau 1959/60 von Kurt Maetzig angestoßen wurde, arbeiteten z. T. eigenverantwortlich mit künstlerischer und wirtschaftlicher Geschäftsführung. Infolge des 11. Plenums wurde ihre Teilautonomie erheblich eingeschränkt oder Gruppen wurden sogar aufgelöst. Vgl. Andreas Kötzing / Ralf Schenk (Hg.): Verbotene Utopie. Die SED, die DEFA und das 11. Plenum. Berlin: DEFA-Stiftung 2015, 544 S., hier S. 131, zit. nach: Ralf Schenk: Die Falken und die Tauben. In: Kunst unter Kontrolle. München 2014, S. 95 f.

46 Das »DEFA 70« war ein großes Mischatelier mit 6-Kanaltechnik, das auch für wichtige Vorführungen und als öffentliches Kino genutzt wurde.

sung vor. An einer vom Leiter der Hauptverwaltung Film zu diesem Zweck angesetzten Besprechung wurden seitens des Studios der Hauptdirektor/Generaldirektor, der Künstlerische Direktor/Chefdramaturg, der Regisseur, der Hauptdramaturg (Leiter der Dramaturgengruppe), der stoffführende Dramaturg, der Produktionsleiter und verschiedentlich weitere Mitarbeiter eingeladen. Zu diesen Veranstaltungen kamen die Leiter oder Vertreter des PROGRESS Film-Verleihs, des DEFA-Außenhandels und weitere Mitarbeiter der Hauptverwaltung Film und der Parteileitung der HV Film. Es war ein offenes Geheimnis, dass es für viele Filme zwischenzeitlich geschlossene Vorführungen für die Kulturabteilung im Apparat des ZK der SED gab. Die Beurteilungen dieser Ebenen konnten deutlich spürbar den weiteren Verlauf bestimmen.

Vom PROGRESS Film-Verleih, dem DEFA-Außenhandel und einem Abteilungsleiter der Hauptverwaltung Film wurden schriftliche Stellungnahmen zur künstlerischen und kulturpolitischen Qualität des Films, zur Einsatzbarkeit – dazu gehörte die Festlegung der Anzahl der zu fertigenden Kinokopien – und zum Export vorgetragen und diskutiert. Diese Prozedur brachte selten neue Erkenntnisse und dauerte gewöhnlich nicht lange. Ablauf und Ergebnis schienen vorher abgestimmt zu sein. Der stellvertretende Minister für Kultur und Leiter der Hauptverwaltung Film erklärte dann das Ergebnis, meistens die staatliche Zulassung des Films. Vereinzelt konnte ich mich mit Hinweis auf die Arbeit an neuen Projekten von dieser Veranstaltung und der dazu nötigen Hin- und Herfahrt von Babelsberg nach Berlin-Mitte drücken. Das wurde nicht gern gesehen, aber hingenommen. Bei zu erwartenden Problemen versuchte ich aber, dabei zu sein.

Bei INSEL DER SCHWÄNE und GRÜNE HOCHZEIT schien das vorbereitet abzulaufen. Den kritischen oder ablehnenden Vorträgen war die Herkunft anzumerken. Klare Verbote oder Befehle wurden nicht direkt formuliert, aber Änderungen für eine Zulassung eingefordert. So entstanden in teilweise langwierigen Prozessen unterschiedlich umfangreiche Korrekturen beanstandeter Szenen. Teilweise wurde gekürzt, anders montiert, neu gedreht oder vertont. Es wurden dabei oft die Schmerzgrenzen der Macher und der für die Zulassung Verantwortlichen ausgelotet. Die staatliche Zulassung erfolgte dann später und teilweise mit Einschränkungen. Wegen der Zeitverzögerungen wurden die filmbezogenen Zulagen leider auch gekürzt.[47]

47 Siehe hierzu auch das Kapitel INSEL DER SCHWÄNE ab S. 160, besonders S. 162-165.

Ikarus (1975)

Regie: Heiner Carow | Premiere: 19. September 1975

Im Sommer 1974 stand Heiner Carow überraschend in meinem Büro. Wir kannten uns nicht. Ein großer, langhaariger Mann, im Jeansanzug. Den trug er immer, nur zu Premieren trug er einen schwarzen Anzug, den er sich mit seinem Regiekollegen Siegfried Kühn teilte – was er gern erzählte. Ohne Einleitung fragte er mich, ob ich die Produktionsleitung seines neuen Filmvorhabens Ikarus übernehmen wolle. Von Gert Golde, meinem Chef, habe er dazu schon das Einverständnis. Er gab mir die aktuelle Fassung des Drehbuches und bei schwarzem Kaffee und einigen Zigaretten erklärte er mir, was er vorhatte. Es sollte nach Die Legende von Paul und Paula (1972) sein nächster Film werden. Heiner Carow hatte zwar den Ruf, ein schwieriger Partner in der Arbeit zu sein, aber seine Filme gehörten zu der Art, an der ich gern mitarbeiten wollte. Nach dem Lesen des Drehbuches stimmte ich erfreut zu.

Das Szenarium entstand nach der Erzählung »Neun« von Klaus Schlesinger. Der fast neunjährige Junge Mathias (Peter Welz) lebt mit seiner Mutter (Karin Gregorek) in Berlin. Die Eltern sind geschieden und haben neue Partner. Sein Vater (Peter Aust), ein vielbeschäftigter Journalist, hatte ihm die Geschichte von Ikarus erzählt und versprochen, mit ihm an seinem neunten Geburtstag einen Rundflug zu machen. An diesem Tag wartet Mathias also auf den Vater und beginnt, ihn in der Stadt zu suchen. Zuletzt hofft er, ihn am Flughafen in Schönefeld zu finden. Vom Anblick eines großen Flugzeugs, in das gerade Passagiere einsteigen, überwältigt, klettert er über einen niedrigen Zaun der Besucherplattform und rennt über das Flugfeld auf die Maschine zu. Natürlich wird er festgehalten. Seine Enttäuschung ist groß. Sein Vater hat ihn und das Versprechen vergessen. Die Erwachsenen verstehen nicht, was er auf dem Flugplatz will. Er kommt zu dem Schluss, dass Ikarus abgestürzt ist, weil dessen Vater ihn auch vergessen hatte. Mit dem Abstand von heute bin ich immer wieder berührt, wenn ich den Film sehe.

Mit Heiner Carow und seinem langjährigen, großartigen Kameramann, dem späteren Regisseur Jürgen Brauer, zusammenzuarbeiten, war von Anfang an spannend. Auf meine Anregung wurde Dieter Adam bei Ikarus als Szenenbildner verpflichtet. Die wunderbare Schnittmeisterin Evelyn Carow, Heiners Frau, und der allseits geschätzte Tonmeister Werner Klein hatten an mehreren Filmen mit Heiner erfolgreich gearbeitet und gehörten wie die Dramaturgin Inge Wüste-Heym wieder zum Team. Die Musik komponierte und produzierte Peter Gotthardt, der schon für Die Legende von Paul und Paula seine Vielseitigkeit unter Beweis gestellt hatte.

Heiner Carow und ich, beide Mecklenburger aus Rostock, kamen gut miteinander aus. Irgendwann krachte es auch mal. Während der Dreharbeiten kam ich einmal leise ins Atelier, um ein wenig zuzusehen und allen freundlich zuzunicken. Alles lief ruhig und konzentriert. Plötzlich drehte sich Carow um und brüllte mich an. Worum es ging, habe ich vergessen. Verdutzt überlegte ich einen kurzen Moment: Was machst du jetzt, der gesamte Drehstab hört zu, du musst jetzt reagieren. Ich holte tief Luft, brüllte genauso laut zurück und verließ wutschnaubend das Atelier. Eine Stunde später, in der Mittagspause, kam Carow zu mir ins Büro und wollte wie gewohnt bei mir einen Kaffee trinken und eine Zigarette rauchen. Er tat, als wäre nichts geschehen. Wir hatten beide gebrüllt, das ging in Ordnung.

Später haben wir uns *noch* mal richtig gestritten, dann habe ich ihn ein, zwei Tage geschnitten, bin ihm aus dem Weg gegangen. Evelyn Carow hat mir danach erzählt, dass er zu ihr gesagt hat: »Ich hab's mal wieder versaut, jetzt habe ich's mir sogar mit dem Busch versaut, der spricht nicht mehr mit mir.« Aber das haben wir, auch weil es unpraktisch war, schnell wieder aufgegeben und sind in der Folge offen und vertrauensvoll miteinander umgegangen. Heiner Carow war ein leidenschaftlicher Autofahrer und häufig fuhren wir morgens in seinem Auto zu zweit zum Drehort nach Berlin. Während der Fahrt konnten wir die wichtigsten Arbeitsprobleme besprechen und Verabredungen treffen, an die er sich immer hielt – und ich natürlich auch.

Spannend an dem Film wurde auch die Besetzung der Hauptrolle »Mathias«. Wir haben einen Jungen im Alter von ungefähr zwölf Jahren gesucht, der noch als Achtjähriger gelten konnte. Dazu haben wir in Berlin mehrere Annoncen geschaltet, in Gruppen aufgeteilt viele Tage in Schulen gesucht und uns insgesamt etwa 5.000 Jungs angesehen. Im ehemaligen Kino »Bali« am S-Bahnhof Köpenick, das vom Studio als Atelier genutzt wurde, intensivierten Carow, Brauer und ich das Casting. Wir verringerten nach abgesprochenen Kriterien immer weiter die Zahl der Kandidaten und machten schließlich unter Carows Leitung mit sechs Jungen Probeaufnahmen. Schließlich waren wir alle überzeugt, in Peter Welz, einem elfjährigen Berliner, unseren Ikarus gefunden zu haben. Nach den üblichen ärztlichen Untersuchungen, der Zustimmung der Eltern und der Schulbehörde organisierten wir zusammen mit der Schule für die Drehpausen einen gesonderten Unterricht. Peter gefiel es, für alle im Drehstab ein geschätzter Mitarbeiter zu sein, er bewältigte auch seine schulischen Aufgaben offenbar problemlos. In den folgenden Jahren übernahm er weitere wichtige Filmrollen, studierte später an der Babelsberger Filmhochschule Regie und wurde für seine Filmarbeiten mehrfach ausgezeichnet.

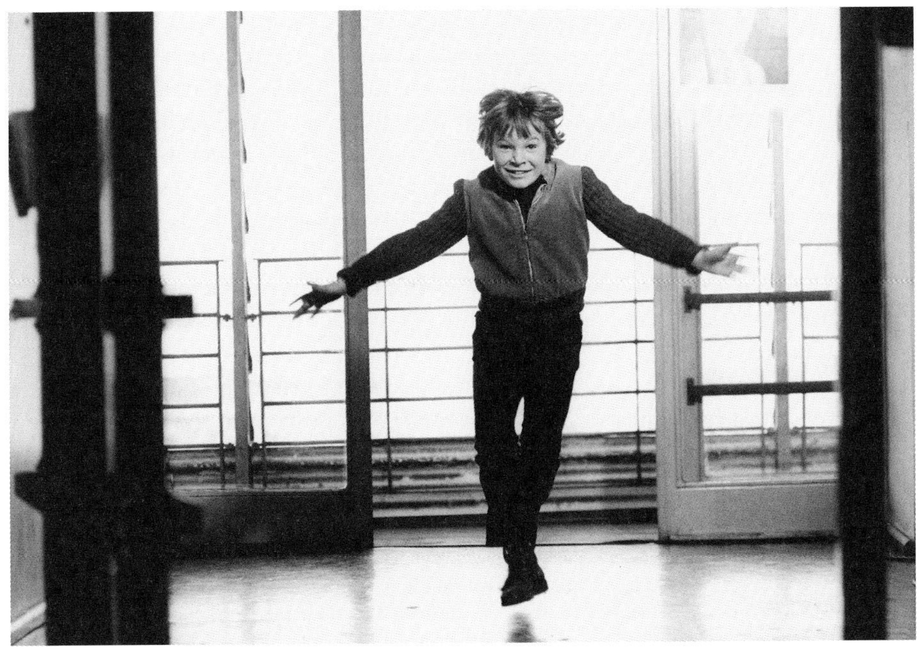

IKARUS (1975, Heiner Carow): Peter Welz in der Rolle des »Mathias«

Auch über die Besetzungen der Erwachsenenrollen dachten wir gemeinsam nach. Heiner Carow erwartete auch von mir, daran mitzuarbeiten. Nicht nur für eine optimale Drehplangestaltung schlug ich Karin Gregorek und Peter Aust für die Rollen der Eltern vor.

Für IKARUS brauchten wir, um das Lebensgefühl des Jungen darstellen zu können, Luftaufnahmen von seiner Wohngegend in Ostberlin. In den 1970er- und 1980er-Jahren waren Luftaufnahmen für Spielfilme oft ein Problem und über Berlin nahezu unmöglich. Deshalb konnten wir trotz verschiedenster Bemühungen keine Genehmigung dafür erwirken. Gegen den Hinweis auf den Viermächtestatus von Berlin – nur die vier Besatzungsmächte durften auf festgelegten Luftkorridoren über Berlin fliegen – war nichts zu erreichen. Versuche mit kleinen Flugzeugen oder Hubschraubern und mit kleinen Kameras an Modellflugzeugen wurden ebenfalls nicht gestattet. So produzierten wir aus einem kleineren Flugzeug Luftaufnahmen von der Altstadt Leipzigs und gaben sie stillschweigend als Alt-Ostberlin aus. Bisher ist das nicht aufgefallen.

Eine unverzichtbare Szene spielte auf dem Flugplatz Schönefeld: Mathias steht auf der Besucher-Plattform des Flughafens an einem niedrigen Heckenzaun, der die Plattform vom Flugfeld trennt. In ein etwas entfernt stehendes großes Flugzeug steigen über eine Gangway Passagiere ein. Von diesem Anblick überwältigt, klettert Mathias über den Zaun und rennt auf das Flugzeug zu, um mitzufliegen. Wir brauchten also am Rand des Flugplatzes für einen knappen halben Tag eine abgelegene, aber einsehbare Ecke mit einem Flugzeug und einer Gangway. Die zwanzig Kleindarsteller würden wir mitbringen, dazu würden Mitglieder des Drehstabes mitwirken und auch Mitarbeiter des Flughafens könnten daran teilnehmen. Meine Bemühungen, von der Interflug[48] und der Flughafenverwaltung eine Genehmigung dafür zu erhalten, scheiterten unerwartet. Begründungen gab es nicht, nur ein Nein.

Ich ließ mich nicht abwimmeln und arbeitete mich in der Interflug-Hierarchie systematisch nach oben. Eindringlich schwärmte ich immer wieder von unserem wichtigen großartigen Filmvorhaben und dass der Film ohne den tollen Flughafen nicht zu machen sei. Der stellvertretende Generaldirektor der Interflug klärte mich schließlich unter vier Augen auf. Interflug und Flughafenverwaltung wären nicht befugt, uns eine Drehgenehmigung zu erteilen. Für die Sicherung des Flughafens sei das Ministerium für Staatssicherheit (MfS) zuständig. Als ich im Studio diese Situation schilderte, erklärte mir ein Hauptdramaturg, dass er von früheren Projekten eine Telefonnummer der Presseabteilung des MfS habe und versuchen würde, für uns eine Verbindung herzustellen. Nach mehreren langen telefonischen Erklärungen und schriftlichen Begründungen wurde ich an einen Oberst verwiesen und sollte zu einem bestimmten Termin in der Abfertigungshalle des Flughafens erscheinen. Dort würde ich erwartet werden. Von den Sicherheitsstrukturen und -gepflogenheiten hatte ich keine Ahnung. Diese Geheimniskrämerei kostete Zeit, aber amüsierte mich zunächst auch. Im Flughafen erschien ein uniformierter Leutnant. Wir gingen ein Stück zur Seite und er erklärte mir: »Ich habe Befehl, Ihnen zu sagen, dass das nicht geht.« Ich habe alle meine Argumente wieder aufgezählt. Der Leutnant verabschiedete sich militärisch grüßend mit der Bemerkung: »Ich werde berichten«, und er verschwand wieder.

Am nächsten Tag bekam ich einen Anruf und sollte wieder am Flughafen warten. Das ging ein paar Mal hin und her. Nach einiger Zeit entwickelte sich aus »Das geht nicht!« die Antwort: »Das geht *so* nicht!« Ich wollte nicht aufgeben und hoffte, mit Ausdauer und Verhandlungsgeschick unser Vorhaben irgendwie durchzusetzen. Der Film würde ohne das Flughafenmotiv dramaturgisch nicht funktionieren oder wir hätten Hilfskonstruktionen erfinden und bauen müssen. Von Herbert Ehler hatte ich zum ersten Mal den

48 Interflug: staatliche Fluggesellschaft der DDR; gegründet 1958, 1991 aufgelöst.

alten Produktionsleiterspruch gehört: »Unmögliches machen wir sofort, nur Wunder dauern etwas länger.« Einige Wochen lang habe ich betont sachlich immer weiter Wirbel gemacht. Schließlich ließen sich die MfS-Leute zu einem Kompromiss bewegen. Mit einer Einschränkung durften wir auf dem Flugfeld drehen. Wie für die Staatsgrenze galten Sicherheitsbestimmungen für die Begrenzung des gesamten Flugplatzes, und die durfte im Bild nicht überstiegen werden. Auch für die etwa 30 Meter lange Umgrenzung der kleinen Besucherplattform mit der kurzen Hecke galt diese Regelung. Das Übersteigen dieses 40 Zentimeter hohen Heckenzaunes neben dem Abfertigungsgebäude durfte im Film nicht zu sehen sein. Mathias ist also in der Filmszene vor der Hecke stehend zu sehen, dann kommt ein Zwischenschnitt auf Kleindarsteller und anschließend läuft er schon auf dem Flugfeld zum bereitgestellten Flugzeug. Dieser Ablauf wurde während des Drehens von unauffälligen Uniformierten aus dem Hintergrund beobachtet. Die Kompromisslösung fiel auch durch die geschickte Montage von Evelyn Carow niemandem auf. Alle waren zufrieden und ich bin noch immer schmunzelnd stolz auf unser unnachgiebiges Beharren.

Zwischenschnitt | »Die neuen Leiden des jungen W.«

Parallel zu den Dreharbeiten für Ikarus versuchten Heiner Carow und Ulrich Plenzdorf dessen erfolgreiches Theaterstück »Die neuen Leiden des jungen W.« für eine Verfilmung zu adaptieren. Beide bezogen Jürgen Brauer und mich mit ein. Wir dachten über die Besetzung nach und bereiteten schon Probeaufnahmen vor. Eine Produktionsfreigabe hatte es zwar noch nicht gegeben, aber diesmal schien es zu klappen. Alle hatten wir die Inszenierung mit Dieter Mann am Deutschen Theater in Berlin gesehen. An einem Drehtag bat mich Carow, die Dreharbeiten im Atelier in Babelsberg vorzeitig zu beenden, er hätte einen Anruf erhalten und müsse nun dringend nach Berlin zu Kurt Hager[49]. Es ginge um die »Neuen Leiden des jungen W.«. Im kleinen Kreis warteten wir auf Carows Rückkehr. Am frühen Abend war er wieder da – deprimiert. Aus dem Film würde nichts. Andere Filmvorhaben im Produktionsplan der DEFA wären wichtiger. Kapazitäten ständen nicht mehr zur Verfügung. Außerdem bestünde an einer weiteren Verbreitung dieses Gegenwartsstückes durch eine Verfilmung kein gesellschaftliches Interesse. Etwa zehn Jahre später, als ich den Münchener Regisseur Eber-

49 Kurt Hager (*1912–†1998): Mitglied des Politbüros des ZK der SED; Hager galt als Chefideologe und oberster Kulturverantwortlicher in der DDR.

hard Itzenplitz bei der Realisierung einzelner Spielszenen des Fernsehmehrteilers WANDERUNGEN DURCH DIE MARK BRANDENBURG[50] nach dem gleichnamigen Roman von Theodor Fontane an den Drehorten in der DDR unterstützte, erzählte er, dass er vor einiger Zeit eine bescheidene Schwarz-Weiß-Fernsehfassung[51] von Plenzdorfs Theaterstück für die ARD inszeniert hätte. Es wäre ihm nicht gelungen, für einen großen Film genügend Geld aufzutreiben.

Bei der Abnahme von IKARUS gab es Diskussionen und später Gerüchte, dass man bei einer Vorführung für das Politbüro der SED, wie schon bei DIE LEGENDE VON PAUL UND PAULA, mit dem geschilderten Lebensgefühl nicht zufrieden war, aber sich zu einem Verbot nicht hatte entschließen können. Mit geringfügigen Kürzungen und Änderungen bei den Vernehmungsszenen durch die Polizei ging der Film dann bei den Abnahmen durch.

Die Filme von Heiner Carow habe ich gemocht, weil sie meist offen, aufrichtig und geradlinig waren. Taktische Spielereien waren nicht seine Sache, er war immer einer, der die Tür von vorne aufmachte. Prof. Wilkening hat mich damals im Vorbeigehen gefragt: »Na, wie kommen sie mit Carow zurecht?« – Ich: »Ja, es geht so ...« Er darauf lächelnd: »Ja, ja, er ist ein Bullerkopp, aber ein guter!«

Als ich Carow davon erzählte, schmunzelte der zufrieden und erzählte mir grinsend von einer früheren Begegnung mit Slatan Dudow[52]: Vor dem Haus 3, in dem sich die Direktionsetage des Studios befand, begegneten sich Carow und Dudow. Der bemerkte, dass Carow aufgeregt war, und wollte wissen, warum. »Ach, hier kann man doch einen Herzinfarkt bekommen«, schimpfte Carow und zeigte auf die Direktionsetage. Darauf Dudow: »Falsch! *Du* musst den Krach machen, *die* da sollen den Herzinfarkt kriegen, nicht wir.«

Heiner Carow und Jürgen Brauer arbeiteten gut zusammen. Auch an Lösungen für das Drehbuch haben wir gemeinsam gebastelt, und wenn er Zeit hatte, war Dieter Adam auch dabei. Evelyn Carow blieb immer gern im Hintergrund, hat aber mit ihrer Montage den Film wesentlich mitgestaltet. Leider haben Heiner Carow und ich nicht wieder zusammengearbeitet. Er hat mich ein paar Mal gefragt, da hatte ich jeweils schon für andere Projekte meine Mitarbeit zugesagt.

---

50 WANDERUNGEN DURCH DIE MARK BRANDENBURG (1985/86), BRD, TV-Film.

51 DIE NEUEN LEIDEN DES JUNGEN W. (1975), BRD, Artus, Südwestfunk, nach dem gleichnamigen Drehbuch von Ulrich Plenzdorf. Regie: Eberhard Itzenplitz; Kamera: Franz Rath und Uli Burtin; Klaus Hoffmann als Edgar Wibeau.

52 Slatan Theodor Dudow (*1903–†1963): bulgarischer Filmregisseur, bekannt geworden durch den Film KUHLE WAMPE ODER WEM GEHÖRT DIE WELT? (1932); einer der wichtigsten Regisseure, die in den 1950er- und 1960er-Jahren für die DEFA gearbeitet haben.

Nach dem Ende der Arbeiten an IKARUS fiel ich für einige Monate aus. Ich musste gesundheitliche Folgen eines Verkehrsunfalls auskurieren. Bei einem Krankenbesuch gab Heiner mir ein in Zeitungspapier eingewickeltes Buch zu lesen: »5 Tage im Juni« von Stefan Heym, es behandelte den 17. Juni 1953. Geschrieben hatte der es noch 1958, erschienen ist es 1974/75 im Westen, im Osten erst 1989/90. Ich las also noch die Westfassung und war wie vorher schon von Heyms »Der König David Bericht« beeindruckt. Der Unfall hatte ein gerichtliches Nachspiel, bei dem mir Ralf Kirsten, Heiner Carow, Lothar Warneke und Gert Golde als »gesellschaftliche Vertreter« zur Seite standen. Dafür war ich ihnen sehr dankbar.

Im folgenden Film, den ich als Produktionsleiter vorbereitet hatte, musste ich zunächst wieder als 1. Aufnahmeleiter arbeiten. Ein Kollege erklärte sich bereit, offiziell als Produktionsleiter zu fungieren. Praktisch konnte ich als disponierender Aufnahmeleiter so aber die Produktionsleiterpflichten weiter wahrnehmen. Mit dieser Regelung waren alle Seiten stillschweigend einverstanden.

DIE UNVERBESSERLICHE BARBARA (1976)

Regie: Lothar Warneke | Premiere: 11. März 1977

Lothar Warneke kam 1975 auf mich zu und fragte, ob ich an seinem neuen Film mitarbeiten wolle. Ich bat ihn, vorher das Drehbuch lesen zu dürfen, wie ich es immer getan habe. Er hatte anscheinend eine andere Antwort erwartet, so schob ich schnell nach, dass ich gern mit ihm arbeiten würde. Lothar erzählte, dass es sich um einen Gegenwartsfilm handeln solle, in der Hauptrolle Cox Habbema, eine bekannte niederländische Schauspielerin, die mit Eberhard Esche verheiratet war und die ab 1969 bis Mitte der 1980er-Jahre größtenteils in der DDR lebte. Das Szenarium hatte er selbst geschrieben. Die stoffführende Dramaturgin war Christel Gräf.

Eine junge Frau, Barbara, folgte ihrem Mann in eine Kleinstadt und begann dort in einem modernen Textilwerk erfolgreich zu arbeiten. Als ehemalige Leistungssportlerin im Schwimmen stellt sie an sich und ihre Umgebung hohe Anforderungen. Sie kämpft für neue Arbeitsmethoden und setzt sich für den Bau einer neuen Schwimmhalle ein. Ihr Mann ist beruflich nicht so erfolgreich und verheimlicht ihr, dass er ein Verhältnis mit seiner Sekretärin hat. Barbara erfährt davon, als diese schwanger ist. Nach der Scheidung überlegt Barbara, wegzugehen und ein Angebot als Schwimmtrainerin anzunehmen. Letztlich aber bleibt sie, weil ihr die Arbeit gefällt und auch wegen der Menschen, die sie hier brauchen.

Neben Cox Habbema waren wichtige Rollen mit Peter Aust, Werner Godemann, Eberhard Esche, Hertha Thiele und Monika Hildebrand besetzt. Im Drehstab arbeiteten auf Wunsch von Lothar Warneke der Kameramann Jürgen Lenz, der Szenenbildner Dieter Adam, die Kostümbildnerin Regina Viertel und Schnittmeisterin Erika Lehmphul.

Das Hauptmotiv hatte Warneke auch bereits gefunden: eine damals neu gebaute Baumwollspinnerei und Zwirnerei in Leinefelde im thüringischen Eichsfeld. Von 4.500 Beschäftigten waren 4.000 Frauen. Das Rohmaterial – Baumwolle und Rohfasern – wurde zu großen Teilen importiert, dann versponnen oder gezwirnt und anschließend zur Weiterverarbeitung in Webereien transportiert. Im Eichsfeld gab es außer Landwirtschaft keine nennenswerte wirtschaftliche Infrastruktur. Das Gebiet war, historisch gewachsen, eine katholische Enklave mit zwei aktiven Klöstern. Die katholische Kirche war hier gesellschaftlich bestimmend. Frauen fanden in ihren Dörfern außer Haus- und Feldarbeit kaum Erwerbsmöglichkeiten. Mit den neuen Arbeitsplätzen und einem Neubauviertel für zuziehende Arbeitskräfte gelang es zum Teil, die alten Sozialstrukturen aufzubrechen.

In einem der neuen Wohnblöcke konnten wir Filmleute unsere Basis einrichten und für die Drehzeit dort auch Quartier beziehen. Der Direktor des Unternehmens war ein interessanter und umgänglicher Mann, der unsere Arbeiten unterstützte. Ich hörte ihm gern zu, wenn er Geschichten von der Entstehung des Werkes erzählte. So hatte er in der Bauplanung mit den ausführenden Baubetrieben heimlich verabredet, dass die Sanitäranlage der Bauarbeiter (Waschräume, Duschen, Umkleideräume) so angelegt wird, dass daraus später mit wenigen Veränderungen eine moderne Schwimmhalle entstehen konnte. Das hatte er ohne Genehmigung und gegen Planauflagen von oben getan. Nach der für alle überraschenden fröhlichen Eröffnungsfeier war er nicht sicher, ob er nun wegen seiner Eigenmächtigkeit bestraft würde. Das Risiko war er bewusst eingegangen. Zunächst herrschte bedrohliches Schweigen. Nach ein paar unruhigen Tagen wurde er nach Berlin bestellt – und bekam einen Orden. Das Werk und die Schwimmhalle wurden unsere wichtigsten Drehorte.

Für die Schauspielerinnen, die neben den originalen Arbeiterinnen in den Spinnerei-Szenen zu arbeiten hatten, organisierten wir Trainingszeiten, damit sie etwas Fingerfertigkeit an den Maschinen erreichen konnten. Cox Habbema bereitete sich auf solche Szenen besonders gründlich vor, indem sie vorher einige Tage allein mit den Spinnerinnen zusammenarbeitete. Zusätzlich haben wir aus den Original-Spinnerinnen eine Frau ausgesucht, deren Unterarme und Hände denen von Cox Habbema glichen. Bei Großaufnahmen der

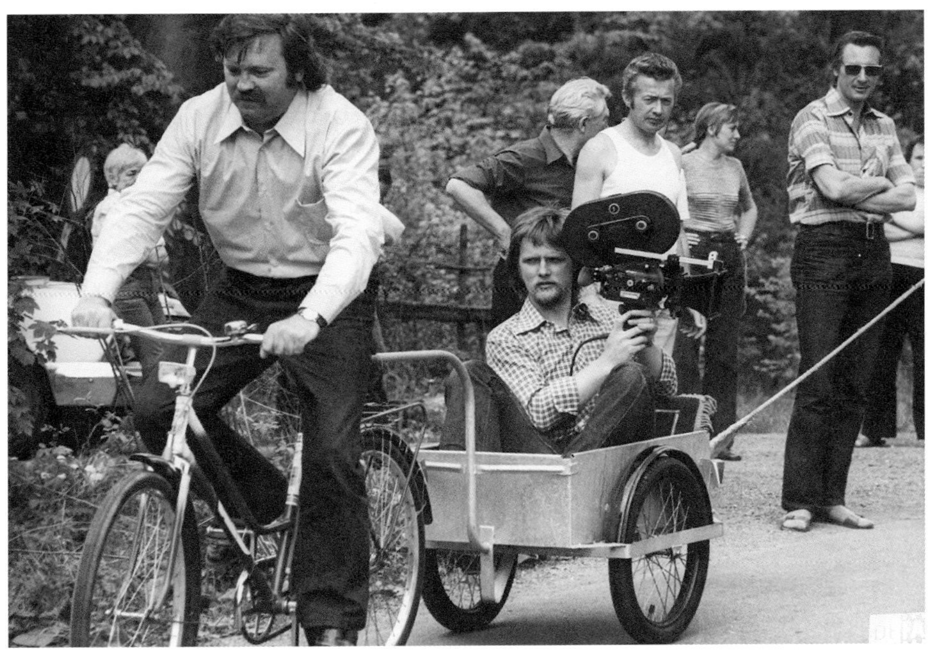

Regisseur Lothar Warneke fährt seinen Kameramann Jürgen Lenz für eine Fahraufnahme für DIE UNVERBESSERLICHE BARBARA (1976)

flinken Hände fungierte sie dann als Handdouble für Cox. Die Dreharbeiten verliefen weitgehend gelassen und konzentriert.

Unsere Schauspieler und Schauspielerinnen waren, wie meistens in der DDR, erstvertraglich an verschiedene Theater gebunden. So waren Cox Habbema und Eberhard Esche am Deutschen Theater in Berlin engagiert, Monika Hildebrand in Dresden und andere in Leipzig und Weimar. Unser Hauptdrehort in Leinefelde war mit öffentlichen Verkehrsmitteln in vertretbaren Zeiten nicht zu erreichen. Anfahrten mit unseren Pkw und angemieteten Taxis dauerten jeweils vier bis sechs Stunden. So war es manchmal trotz aller langfristigen Verabredungen schwierig, alles so zu organisieren, dass die Dreharbeiten kontinuierlich verlaufen konnten. Unkalkulierbare Witterungsbedingungen, Drehzeitverzögerungen, Umbesetzungen an den Theatern und andere widrige Einflüsse konnten alle sorgfältigen Planungen und Koordinierungen über den Haufen werfen. Schnelle Neuplanungen, Umstellungen, Anpassungen und Kompromissvorschläge mussten im Netzwerk der Beteiligten aller künstlerischen und technischen Gewerke, auch mit Rücksicht auf Drehorte, Transportmittel oder Logistik abgestimmt, geprüft und durchgesetzt werden.

Trotz gegenseitiger Achtung und respektvollem Umgang miteinander waren dabei leichte Unstimmigkeiten kaum zu vermeiden. Cox Habbema war während der Drehzeit weitgehend vorstellungsfrei und damit waren Dispositionsänderungen mit ihr unkompliziert. Eberhard Esche erklärte uns, er würde sich nach einer Abendvorstellung in Berlin in kein noch so bequemes Auto setzen lassen, auf dem Rücksitz schlafen, um am Morgen um 6 Uhr in Leinefelde in der Maske zu sitzen und tagsüber zu drehen. Er hatte nur einige wenige Drehtage, aber bestand darauf, an Dreharbeiten in Leinefelde nur dann teilzunehmen, wenn vor und nach Dreharbeiten jeweils ein kompletter, auch vorstellungsfreier Reisetag vorgesehen war. Er setzte diese Forderung durch. Das war schon damals außergewöhnlich.

Irgendwie gelang es Lothar Warneke und uns, damit klarzukommen, aber manchmal litt die Gelassenheit bei der konzentrierten Arbeit darunter. Nach dieser Erfahrung habe ich mich bei einem späteren Film gegen die Besetzung einer Hauptrolle mit vielen Drehtagen in verschiedenen Gegenden mit Eberhard Esche ausgesprochen. Wir haben die Hauptrolle dann mit einem anderen wunderbaren Schauspieler besetzen können. Der Regisseur erinnerte sich und mich gelegentlich halb scherzend an diese von mir verursachte »Umbesetzung«.

Zum Bergfest (ein kleines Feierabendfest zur Halbzeit der Dreharbeiten) war Eberhard Esche geplant für ein paar Drehtage in Leinefelde. Ich konnte ihn mit Unterstützung von Cox Habbema, seiner Frau, überreden, für den Drehstab eines seiner Paradestücke »Der Hase im Rausch«[53] von Sergej Michalkow vorzutragen. Mich überraschte, dass er vor diesem Fünf-Minuten-Vortrag in kleiner Runde richtig Lampenfieber bekam. Nach zwei anschließenden Schnäpsen machte er *mich* dafür verantwortlich. Das übernahm ich gern, denn er war dabei wieder großartig und freute sich über den Beifall des Teams.

Die Arbeitsbedingungen in Leinefelde waren gut. An freien Wochenendtagen schauten wir uns die Umgebung an. Ich war neugierig und wollte ein Kloster von innen genauer ansehen und mit den Mönchen reden. Im Paterkloster St. Klemens[54] in Heiligenstadt beeindruckte die prächtige Saalbibliothek

---

53 »Der Hase im Rausch«: Fabel in Versform des russischen Schriftstellers Sergej Michalkow (*1913–†2009); diese Satire wurde 1964 in der Veranstaltungsreihe »Lyrik – Jazz – Prosa« von Eberhard Esche erstmals in deutscher Übersetzung vorgetragen und erlangte aufgrund dieses Vortrages große Popularität in der DDR. Vgl. in: https://henschel-schauspiel.de/de/person/1129.
54 Redemptoristenkloster St. Klemens in Heiligenstadt (Nordthüringen): Kloster der 1920 gegründeten römisch-katholischen Ordensgemeinschaft.

über zwei Galerien mit einer enormen Sammlung von wertvollen historischen, vor allem theologischen Büchern. Einige der Mönche waren »Pater«, studierte Theologen, die in der Stadt und Umgebung Religionsunterricht und Beichtgottesdienste abhielten, die anderen einfache »Brüder«, die das Haus, den Hof und den großen, schön angelegten botanischen und Gemüsegarten pflegten.

Die Bauwollspinnerei und Zwirnerei und auch die Schwimmhalle gibt es seit den 1990er-Jahren nicht mehr. Viele dort Beschäftigte wurden arbeitslos und verließen Leinefelde oder wurden in den Vorruhestand versetzt. Dadurch kam es zu Leerständen in den neuen Wohnblocks und in der Folge zu einem umfangreichen Rückbau der Wohnanlage, also Abriss. Dafür seien inzwischen andere Bauten entstanden, ich würde Leinefelde heute nicht wiedererkennen, wurde mir versichert. Das Paterkloster St. Klemens in Heiligenstadt existiert weiterhin.

Zwischenschnitt | Meine Ausmusterung

Wenn jemand – wie ich – um das Abdienen seiner Wehrpflicht in jungen Jahren herumgekommen war, musste er zum 32. Lebensjahr mit der Einberufung zu einem halbjährigen Reservedienst rechnen. So erhielt auch ich 1979 vom Wehrkreiskommando Potsdam die Aufforderung zu einem Musterungstermin. Nach meinem Hinweis auf ein durch den Autounfall verletztes Sprunggelenk wurde ich an eine Ärzteberatungskommission zur Begutachtung verwiesen. Außerdem wurde mir erklärt, man würde mich zum Dienst im Armeefilmstudio vorsehen. Ich könne dort meinem Beruf bei der Produktion militärischer Filme nachgehen und würde nach einigen Monaten als Offizier wieder entlassen werden, dann aber zur ständigen Reserve des Armeefilmstudios der NVA gehören. Ein in meinem Sinne hilfreiches Gutachten eines befreundeten Orthopäden über mein lädiertes Sprunggelenk reichte ich vorher ein.

Zu meiner Überraschung war der Vorsitzende der Ärztekommission der Leiter des medizinischen Betriebsambulatoriums der DEFA. Man wurde sich offenbar schnell einig. Einige Zeit später wurde ich wieder zum Wehrkreiskommando vorgeladen. Meinen Wehrpass musste ich abgeben und erhielt dafür eine kleine Urkunde, auf der bescheinigt wurde, dass ich für eine militärische Verwendung lebenslänglich untauglich bin. Obwohl wir beide nie wieder darüber gesprochen haben, bin ich überzeugt, dem Leiter des Betriebsambulatoriums Dank zu schulden. Ich wurde nie Soldat. Dem Oberst der NVA, der mir diese Ausmusterungsurkunde gab, bin ich im Sommer 2002 bei einer Motivsuche für den Film ROSENSTRASSE auf dem Gelände einer ehemaligen Kaserne einer sowjetischen Panzerdivision in Krampnitz bei Potsdam wiederbegegnet. Er war jetzt ein unauffälliger ziviler Mitarbeiter einer Wach- und Schließgesellschaft, der auf seinem Fahrrad ankam, um uns den Zugang zum ehemaligen Offizierskasino, einem Bau aus der Nazi-Zeit, höflich und beflissen zu ermöglichen. Er war überrascht, als ich ihm nebenbei zu verstehen gab, dass ich ihn wiedererkannt hatte.

Von der Drehbuchanalyse über die Regie- und Realisationskonzeption zum Drehplan und zur Kalkulation

Bevor ein Filmvorhaben des DEFA-Studios für Spielfilme in den 1970er- und 1980er-Jahren in den Produktionsplan eines Jahres aufgenommen wurde, hatte es manchmal eine lange literarische Entwicklungsphase von der Idee über ein Exposé und ein Treatment[55] zum Szenarium zu durchlaufen. Diese Arbeit erfolgte in einer der vier bis sechs Künstlerischen Arbeitsgruppen. Das waren zu meiner Zeit Dramaturgengruppen, in denen einige Dramaturginnen und Dramaturgen unter Leitung eines Hauptdramaturgen die Entwicklung von Filmbüchern bis zur Produktionsreife betreuten. Von den dabei erwogenen Filmideen erreichten etwa 20 bis 40 Prozent die Produktionsreife.

Diese Abfolge verlief bei Genre- oder Literaturverfilmungen, bei filmerfahrenen Autoren, besonderer filmpolitscher Interessenlage und aus vielen unterschiedlichen – auch wirtschaftlichen – Gründen modifiziert. Einige Autorinnen und Autoren waren, wie auch einige Schauspielerinnen und Schauspieler im Studio fest angestellt. Ein stoffführender Dramaturg, vielfach eine stoffführende Dramaturgin, betreute die Zusammenarbeit mit der Autorin bzw. dem Autor. War ein Szenarium inklusive Filmlänge so weit erarbeitet, konnten durch die Gremien beim Hauptdramaturgen, Chefdramaturgen und Generaldirektor die Produktionsreife festgestellt und die Aufnahme in den Produktionsplan des Studios beschlossen werden. Dieser Plan bedurfte noch einer Bestätigung durch die Hauptverwaltung Film, und natürlich konnte auch durch die Fachabteilung im ZK der SED Einfluss genommen werden. Ein Finanzvolumen wurde geschätzt, nach Erfahrungswerten angenommen und in der Studioplanung berücksichtigt.

Obwohl mich die Buch-Entwicklung immer interessierte, konnte ein Produktionsleiter das Szenarium meistens erst lesen, wenn die Produktionsreife

55 Treatment (wörtlich: Behandlung, Bearbeitung): literarische Vorstufe zu einem Szenarium (Filmerzählung), das später die Grundlage für das Filmdrehbuch bildet.

beschlossen und das Vorhaben in den Jahresplan aufgenommen war. Die Regiebesetzung war bis auf seltene Ausnahmen damit auch klar. Wer für diese Position vorgesehen war, hatte vielfach an der Endfassung des Szenariums mitgearbeitet. Vorschläge für die Besetzung der Hauptrollen wurden erneut erwogen und geprüft. Die Hauptdrehorte ergaben sich oft aus der Filmgeschichte. Motivsuchen wurden vorbereitet, Atelierbauten skizziert und geplant. Um mit diesen praktischen Arbeiten beginnen zu können, erhielt die Regisseurin bzw. der Regisseur einen schriftlichen formellen Regieauftrag und der Produktionsleiter einen ebensolchen Produktionsauftrag, damit konnten erste angestellte und freie Mitarbeiter für praktische Vorbereitungsarbeiten engagiert werden. Die bis 1990 zwanzig bis 22 Film-Produktionsleiter waren fest angestellt und unterstanden dem Direktor für Produktion.

Die heute in vielen Filmproduktionsfirmen übliche Zwischenposition eines Herstellungsleiters zu den meistens nur projektgebunden beschäftigten Produktionsleitern gab es nicht, ebenso wenig brauchten wir damals separate Postproduktionsmanager. Die Produktionsleiter hatten alle Arbeitsabläufe zu planen und inner- wie außerbetrieblich zu regeln. Die heute mit dem Begriff »Producer« in einigen deutschen Firmen ungenau umschriebene Arbeit erfüllten bei uns die stoffführenden Dramaturginnen und Dramaturgen. Neben der Zusammenarbeit mit den Autorinnen und Autoren standen sie der Regie gewöhnlich bei allen künstlerisch-dramaturgischen Grundsatzentscheidungen beratend zur Seite, redeten etwa bei der Besetzung der Hauptrollen, bei Drehbuchveränderungen oder der Beurteilung von Filmmustern mit. Einige von ihnen beschränkten sich darauf, Kontakt zu den Originaldrehbuch- und Regieverantwortlichen zu halten und zu pflegen, hielten sich aber von der eigentlichen Filmproduktion fern. Ihre Aufgabe sah ich auch darin, Filmstoffe für die wirtschaftlichen und technologischen Möglichkeiten des Studios »mundgerecht« zu entwickeln. Sie waren zwar hierarchisch nicht in die Realisierung der praktischen Dreharbeiten eingebunden, lieferten mit den von ihnen entwickelten Büchern aber unsere Arbeitsgrundlage. Bei relevanten Produktionsentscheidungen suchte ich manchmal ihren Rat, zuweilen auch vergeblich. Einzelne waren nur mit dramaturgisch-theoretischen und kulturpolitischen Überlegungen befasst. Die praktische Umsetzung – also die eigentliche Filmarbeit – war in dieser Struktur nicht *ihr* Problem. Dafür war die Regie verantwortlich.

Jeder Film wurde in einem weitgehend selbstständigen organisatorischen Rahmen hergestellt, der namentlich mit der Produktionsleitung assoziiert war. So gab es im Studio unter anderem die Ehler-Produktion, die Hildebrandt-Produktion, die Hartwig-Produktion, die Retzlaff-Produktion, die Hoffmann-Produktion usw., so auch die Busch-Produktion. Ähnliche Strukturen

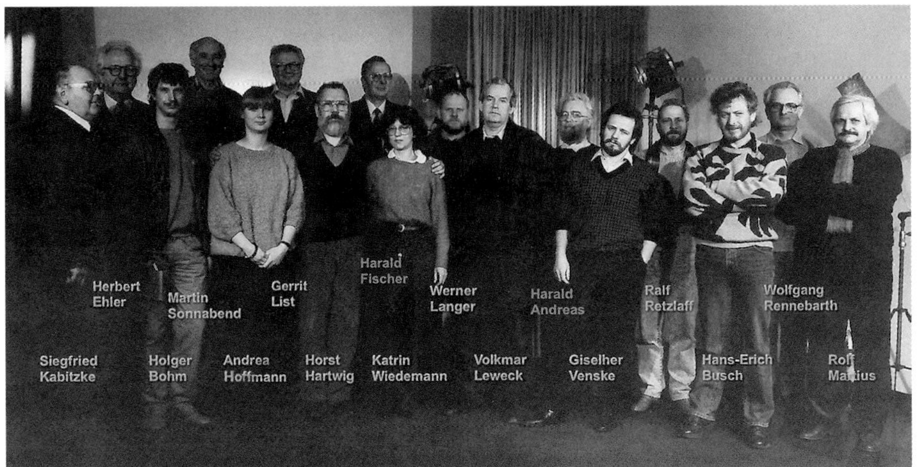

Die Produktionsleiterinnen und -leiter des DEFA-Studios, Frühjahr 1989. Irene Ikker, Dorothea Hildebrandt und Uwe Kraft fehlen.

existierten auch in anderen größeren östlichen und westlichen Filmstudios, unter anderem in den Bavaria-Studios. Die Hierarchien unseres Studios waren flacher. So waren viele filmische Lösungen einfach zu realisieren. Die Produktionen waren, jeweils in einem kleinen Bürotrakt, auf dem Studiogelände verteilt untergebracht und bestanden im Kern noch aus zwei bis drei Aufnahmeleitern, einer Produktionssekretärin, der Filmgeschäftsführung[56] und zeitweilig einem filmerfahrenen Produktionsfahrer mit einem Pkw. Ein Produktionsbote (oder eine Botin) sorgte für die innerbetriebliche Post- und Informationsverteilung. So wurden während der Dreharbeiten für einen Film im Studio auch dreißig Tagesdispositionen täglich verteilt.

Zur Klarstellung: Es gab damals in Ost und West noch keine Internetverbindungen, Computer, mobile Telefone, auch Faxgeräte und Kopierer kamen erst nach 1989 auf. Telegramme wurden über das zentrale Fernschreibbüro verschickt und mussten gegebenenfalls von dort an die Sekretariate oder die Aufnahmeleitungen der Produktionen weitergeleitet werden. Das geschah aber in einem eingespielten System. In und um die jeweiligen Produktionen versammelten sich alle fest angestellten und wenige freie Mitarbeiter, die im Drehstab oder in der Postproduktion direkt an der Herstellung eines Films arbeiteten.

---

56 Filmgeschäftsführung (FGF): übernimmt bei Film- und Fernsehproduktionen die finanzielle und buchhalterische Abwicklung und sorgt für eine steuerrechtlich einwandfreie Finanzbuchhaltung sowie sozialversicherungs- und lohnsteuerrechtlich korrekte Lohnbuchhaltung.

Die Werkstätten erhielten über die Hauptabteilung Ausstattung vom Szenenbildner in Abstimmung mit der Produktion Bauaufträge, um etwa Filmdekorationen vorzufertigen. Der Aufbau erfolgte durch Mitarbeiter der Baubühne, die farbliche Gestaltung und das Patinieren erledigten Facharbeiter aus der Malerei. Wurden historisch wichtige Gemälde in einer Dekoration benötigt, beschäftigten sich damit ausgewiesene Kunstmaler bzw. -malerinnen. So entstanden erstaunlich echt wirkende Gemäldekopien nach Goya und van Gogh. Kostüme wurden entworfen, aus den Fundi ausgeliehen, in den Werkstätten angefertigt oder angepasst, Ausstattungs- und Spielrequisiten wurden ausgesucht, bearbeitet und zusammengestellt. Mit den Vorbereitungsarbeiten begann in der Produktion der Drehstab bis zum Drehbeginn schnell zu wachsen. Meistens gelang es, ein leistungsfähiges und motiviertes Arbeitskollektiv zu bilden. Wenn die Schauspielenden in so einem Kollektiv ein sie unterstützendes Zuhause fanden, freuten sich alle auf die kommenden Drehtage.

Die Drehstäbe bestanden nach Bedarf aus dreißig bis achtzig Mitarbeiterinnen und Mitarbeitern. Hinzu kamen kurzzeitig Spezialisten wie Pyrotechniker und zusätzliche Bühnenarbeiter für große Dekorationen, viele zusätzlich befristet engagierte Garderobiers und Garderobieren sowie Maskenbildner und Maskenbildnerinnen für Massenszenen oder ähnlich aufwendige Vorhaben. Bei Auslandsdreharbeiten vergrößerte sich die Zahl der Mitwirkenden durch die dortigen Dienstleister und Unterstützer nochmals, und manchmal erheblich. Alle Arbeits-, Honorar- und kostenrelevanten zivilrechtlichen Verträge hatte die Produktionsleitung gegebenenfalls mit Unterstützung des Studio-Justiziars zu erarbeiten und bis zu einer limitierten Höhe rechtsverbindlich abzuschließen. Natürlich konnten Szenenbild, Kostümbild und Außenrequisite im Rahmen ihres Fachbudgets Aufträge verantwortlich, aber mit Zustimmung des Produktionsleiters selbst vergeben.

Motivsuchen mussten vorbereitet und entsprechende Drehgenehmigungen eingeholt werden. Die kostenwirksamen Aktivitäten der verschiedenen Sparten mussten abgestimmt und koordiniert werden, um rechtzeitig für die Dreharbeiten bereitzustehen. Genau geplante und koordinierte Teilleistungen ermöglichten einen kontinuierlichen Drehablauf. Mangelnde Qualität und einzelne Verspätungen konnten zu erheblichen Behinderungen der Dreharbeiten führen. Die »Produktion« war für die Herstellung eines Films das arbeitsorganisatorische Zuhause aller Beteiligten eines Drehstabes und der Postproduktion sowie die Adresse für sämtliche den Film betreffenden Angelegenheiten, auch für alle Genehmigungen und rechtlich relevanten und kostenauslösenden Entscheidungen. Die aus dem Amerikanischen übernommenen und heute oft ungenau verwendeten Berufsbezeichnungen »Producer«, »Executive Producer«, »Line Producer« und »Creative Producer« benutzten wir nicht.

Für die Festlegung der Drehzeiten waren die Kapazitätsgrenzen des Studiobetriebes, der Ateliers, der Filmaufnahmetechnik und der Werkstätten und vor allem die Auslastung des Filmfachpersonals zu bilanzieren. Abhängig vom Produktionsvolumen konnten zehn bis zwölf Filme parallel gedreht werden, und pro Jahr entstanden plus minus 18 Kinofilme (davon vier Kinderfilme) und etwa dreißig Fernsehfilme. Einzelne Ausnahmen gab es regelmäßig. Die Budgetansätze für Kinderfilme und für Erwachsene unterschieden sich grundsätzlich nicht. Großprojekte wie Heiner Carows Plan, den »Simplicius Simplicissimus«[57] von Grimmelshausen zu verfilmen, wurden nicht in den Produktionsplan aufgenommen, obschon ein Stab an der Vorbereitung arbeitete, weil der Einsatz der dafür notwendigen Produktionskapazitäten und finanziellen Mittel die Herstellung mehrerer anderer Filme verhindert hätte. Zumindest war das die öffentliche Begründung.

Eine Besonderheit war von großem Vorteil für das Studio: Alle wichtigen Filmproduktionsbetriebe im RGW[58] hatten sich in Kooperationsverträgen gegenseitig verpflichtet, die Produktion von Filmen der Partnerstudios mit Dienstleistungen zu unterstützen. Diese Dienstleistungen waren zum Teil umfangreich, es wurden wechselseitig Drehorte und die notwendige Infrastruktur organisiert und bereitgestellt, die Dreharbeiten unterstützt, Schauspielende und Spezialisten dazu engagiert, Dekorationsbauten erstellt, Kostüme verliehen und viele andere personelle und materielle Leistungen füreinander erbracht. Die vom Partnerstudio im anderen Land gewünschten Dienstleistungen wurden mit einem übersetzten Drehbuch und dem aufgelisteten Bedarf beim dortigen Partnerstudio angefragt. Wenn nötig, stellte das Gastgeberstudio für solch ein Leistungspaket einen eigenen Produktionsstab zusammen. Durch zusätzliche Mitarbeiter, besonders in den Ausstattungssparten, entstand ein größerer gemischter Drehstab. Freischaffende Dolmetscher, die erfahren waren, in zusammengesetzten Drehstäben zu vermitteln, engagierten wir für die Arbeiten in den verschiedenen Ländern.

---

57 Langjähriges [nichtrealisiertes] Filmprojekt nach dem Buch von Hans Jakob Christoffel von Grimmelshausen (*1622–†1676) aus dem Jahr 1668. Der Schelmenroman »Simplicius Simplicissimus« gilt als erster Abenteuerroman und wichtigster deutscher Prosabeitrag des Barock.
58 Rat für gegenseitige Wirtschaftshilfe (RGW): gegründet 1949; zu diesem Verbund gehörten die sozialistischen Gründungsstaaten UdSSR sowie die VR Polen, Bulgarien, Rumänien, Ungarn, die ČSSR und die DDR. Später kamen auch Staaten wie die Mongolische Volksrepublik und Kuba sowie Länder mit Beobachterstatus hinzu.

Solche Auslandsarbeiten konnten anregend und anstrengend werden. Natürlich hatten wir die Gegebenheiten und Arbeitsbedingungen im Gastgeberland zu berücksichtigen und mit den eigenen abzustimmen. Klimatische Besonderheiten, etwa in den Dschungelbergen Vietnams, konnten belastend sein. Die vietnamesischen Mitarbeiter verschwanden in der Mittagshitze und waren gewohnt, sich im Schatten einer Bambus- oder Laubhütte zwei Stunden auszuruhen. Das war verständlich und vernünftig. Wir aber wollten die besten Lichtbedingungen für die Dreharbeiten. Kulturelle und praktische Missverständnisse erforderten gegenseitiges Verständnis, einige Vorurteile mussten ausgeräumt werden. Für die von uns im Gastgeberland in Anspruch genommenen Dienstleistungen konnten deren Studios bei uns im selben Kostenumfang Filmdienstleistungen anfragen und wenn möglich erhalten. Die entstehenden Kosten sollten wechselseitig ausgeglichen werden, um einen ständigen Zahlungstransfer zwischen den Ländern zu vermeiden. Dieses System funktionierte.

Es bestand die Möglichkeit, optisch und inhaltlich opulentere Filmgeschichten zu erzählen und viele Filmleute – wie auch ich – konnten nebenbei mehr von der Welt erleben. Das war ein wirkliches Privileg. Auf diese Weise entstanden um die 25 Prozent aller Dreharbeiten des DEFA-Spielfilmstudios vor allem in Osteuropa. Große Teile der »Indianerfilme« wurden in Rumänien, Bulgarien und der Mongolei gedreht. Ich habe Dreharbeiten für einige Filme in der Tschechoslowakei, in Polen, Rumänien, der Sowjetunion verantwortet, mit gesonderten Verträgen auch auf Kuba und in Vietnam. In der DEFA-Zeit wurden, wenn auch in geringem Umfang, wechselseitig Unterstützungen mit uns bekannten westlichen Produzenten verabredet. Erst später hatte ich auch in Japan, den USA, in Österreich und Spanien Filmarbeiten zu vertreten.

Die meisten Außenaufnahmen fanden gewöhnlich zwischen April und Oktober statt. Einige Versuche, »Sommerfilme« im Winter zu drehen, führten trotz aller Anstrengungen zu Problemen. Trotzdem war es für die Bilanz des Studios günstiger, Verluste durch witterungsbedingten Drehausfall in Kauf zu nehmen, als während der lichtarmen winterlichen Jahreszeit auf Außenaufnahmen zu verzichten. Die fest angestellten Mitarbeiter und Mitarbeiterinnen der Drehstäbe und die Studio- und Werkstattkapazitäten in der Winterzeit nicht auszulasten, wäre wirtschaftlich unvernünftig gewesen. Der Film sollte produziert werden können. Einerseits verstand ich die Entscheidung des Studios. Andererseits bedauerten wir alle, dass noch nicht ausreichend empfindliches Farbnegativmaterial und lichtstärkere Objektive zur Verfügung standen.

Die personell und materiell aufwendigen historischen Außenaufnahmen für ZÜND AN, ES KOMMT DIE FEUERWEHR[59] mussten wir im Februar 1978 abbrechen, weil wir an einigen Tagen mit dem Versuch scheiterten, einen Trauerzug (mit dunkler Kleidung) durch das sächsische Städtchen Kohren-Sahlis zu drehen. Es wurde in diesen Tagen nicht hell genug für unser ORWO-Negativmaterial. Kameramann Roland Dressel ließ sich auch nicht zu einem Versuch überreden. Die Dreharbeiten konnten wir dort erst nach vier Wochen fortsetzen, weil wir schließlich noch für drei Wochen einschneiten. Folglich wurden Drehplan und Kalkulation überzogen. Die Innen- und Atelierdreharbeiten hatten wir bereits in tageslichtarmer Zeit im Dezember 1977 und Januar 1978 realisiert.

Einige wenige, aber aufwendige Außenaufnahmen in natürlichem Schnee machten wir am Rande des zugefrorenen Seddiner Sees. In hohem Original-Schnee habe ich nur einmal, 1979 für BLAUVOGEL[60], mit kleinem Stab in den rumänischen Karpaten gedreht. Die Kamera, ein paar Sonnenblenden und Akkuleuchten wurden freiwillig von drei kräftigen Beleuchtern geschultert und ein paar Hundert Meter durch den hüfthohen Schnee in eine höhere Bergregion geschleppt. Drei Schauspieler, drei rumänische Kaskadeure, Regisseur Ulrich Weiß, Kameramann Otto Hanisch, deren Assistenten, ein Aufnahmeleiter und ich wühlten uns durch den Schnee hinauf in die Berge. Für die Wirkung dieser Bilder hatte sich die Mühe gelohnt.

Für genau definierte Aufgaben wurde – auf Antrag – hochempfindliches Importmaterial limitiert zur Verfügung gestellt. Dies galt zum Beispiel für Dreharbeiten mit Kleinkindern, mit Tieren, für gefährliche Stunts oder anderweitig komplizierte und daher nicht wiederholbare Aufnahmen. Da wir wussten, dass unsere Anträge gewöhnlich um ungefähr 20 Prozent reduziert und zusätzlich mit nur einem halbierten Drehverhältnis genehmigt wurden, erhöhten wir sie entsprechend. Dieses Spiel durchschauten alle Beteiligten, aber es wurde stillschweigend durchgehalten. Später wurde manchmal mit viel Salz und weißem Schaum nachgeholfen. Heute werden Aufnahmen im Schnee vielfach mit Kunstschnee oder nachträglich als CGI-Bearbeitungen realisiert.

Wurde ein Filmvorhaben in den Produktionsplan eines Jahres aufgenommen, erhielten der Regisseur bzw. die Regisseurin, der Kameramann, das Szenenbild und die Produktionsleitung den Auftrag, gemeinsam eine Realisierungskonzeption zu erarbeiten. Diese mussten sich um die wichtigsten Be-

---

59 ZÜND AN, ES KOMMT DIE FEUERWEHR (1978). Drehbuch und Regie: Rainer Simon; Kamera: Roland Dressel.

60 BLAUVOGEL (1979). Drehbuch und Regie: Ulrich Weiß; Kamera: Otto Hanisch.

setzungen, Motive, die möglichen Bauten, die Zusammensetzung des Drehstabes kümmern, einen Drehplan, eine Kalkulation erarbeiten und alles zu einem gemeinsamen Vorschlag entwickeln. Wenn notwendig, etwa bei aufwendigen historischen Filmen, wurde auch spezialisiertes Personal aus Kostümbild und anderen Gewerken zu Rate gezogen. Dafür hatten wir je nach Projektgröße zwischen vier und acht Wochen Zeit. Wenn große historische Aufnahmen mit Massenszenen vorzubereiten oder Motive im Ausland zu suchen waren, konnten wir zu viert anhand des Szenariums und der Regievorstellungen die Zeit-, Personal-, Material- und finanziellen Aufwendungen für die Dreharbeiten durchdenken und diskutieren.

Entwürfe entstanden, das Regiedrehbuch – ein unter anderem anhand der Motive des Szenariums mit Auflösungen je Einstellung eingerichtetes Arbeitsmittel – wurde geschrieben.[61] Danach konnten ein Drehplan erstellt und eine Filmkalkulation erarbeitet werden. Alles mündete in die gemeinsam vor der Direktion zu vertretende Realisierungskonzeption. Erst danach konnte die unmittelbare Vorbereitung der Dreharbeiten beginnen. Wenn Drehplan und Kalkulation nicht akzeptiert wurden, hatten wir zu überlegen, wo und wie wir das Vorhaben optimieren konnten, ohne es zu beschädigen. Auf diese Weise beschäftigten wir uns immer ausführlicher mit möglichst jedem Projekt, lernten alle Argumente und einander dabei genauer zu verstehen. Immer wieder bestätigte sich die alte Filmweisheit: Die Investition in eine gründliche Vorbereitung erspart unnötigen Aufwand. Es ging darum, die limitierten Möglichkeiten und Mittel genauer und effektiver für das Vorhaben zu verwenden und nach Lösungen – manchmal sehr ungewöhnlichen – zu suchen (»Unmögliches« und »Wunder« konnten hier beginnen ...).

Bei den Abnahmegesprächen von Drehplan und Kalkulation wurden unsere Vorausberechnungen genau überprüft. Wir hatten aber nicht regelmäßig mit Kürzungen von 10 bis 20 Prozent zu rechnen, wie es vielfach später in Verhandlungen mit einigen Bundesdeutschen Fernsehsendern üblich war. Wir konnten von den Reallöhnen, Gehältern, Honoraren und Gagen ausgehen. Für Auftragsproduktionen des DDR-Fernsehens kamen mit den Regisseuren auch die vom DDR-Fernsehen entwickelten Bücher ins Studio und wurden wie alle Kinofilme auch auf 35mm-ORWO-Farbmaterial gedreht.

Heute wird von verschiedenen Seiten kolportiert, in der DEFA wären Drehpläne und Budgets und deren Einhaltung nicht wichtig gewesen. Man hätte

61 Regiedrehbuch: Arbeitsfassung, in dem die Regisseure meistens in Zusammenarbeit mit Kameramann oder -frau aufzuschreiben hatten, wie sie sich die einzelnen Einstellungen vorstellten und welche technischen Hilfsmittel (z. B. Kamerakran, Kamerafahrten) dazu benötigt werden.

einfach so lange gedreht, wie es sich ergab. Um die Finanzierung brauchte man sich nicht zu kümmern. Solche Äußerungen, besonders von Leuten, die es besser wissen müssten, erstaunen mich immer wieder. Wir waren alle per Arbeitsvertrag und Rahmenverträgen auch materiell interessiert, an einem hochwertigen Film mitzuarbeiten und dabei alle wirtschaftlichen Vorgaben und Parameter (vor allem Drehplan und Kalkulation) einzuhalten. Zum monatlichen Gehalt gab es, abhängig von den Ergebnissen, ein sorgfältig ausgearbeitetes System von Zuschlägen, Filmprämien und Kollektiv-Prämien. Ein Produktionsleiter bekam beispielsweise für einen Kinospielfilm eine einmalige filmbezogene Zulage (Filmprämie) von 4.000 DDR-Mark zusätzlich zum monatlichen Gehalt, wenn die Drehzeit, die Kalkulation und die Ablieferung des Films wie geplant verliefen. Wurde der Film mit dem staatlichen Prädikat »künstlerisch wertvoll« bewertet, konnte er oder sie einen weiteren Zuschlag von 1.000 Mark erhalten. Wurde die Kalkulation nicht eingehalten, die Drehzeit überzogen und erfolgte die Ablieferung verspätet, wurden bis zu 2.000 Mark einbehalten. Für Produktionsleiter konnte die Differenz also plus minus 3.000 Mark betragen.

Die mögliche Filmprämie für Regisseure und Regisseurinnen war drei- bis viermal so hoch. Aber auch sie waren mitverantwortlich für die Wirtschaftlichkeit der Arbeit. Jeder von ihnen hatte deshalb auch den Drehplan und die Kalkulation zu unterschreiben und für deren Einhaltung Sorge zu tragen. Vereinzelt gab es Regie-Kolleginnen und -Kollegen, die bei der konkreten Filmarbeit die wirtschaftlichen Belange außer Acht ließen. Dann konnte es für den Produktionsleiter schwieriger werden. Für Kameraleute, Szenenbild, Kostümbild, Maskenbild und deren Verantwortungsbereiche galten adäquate Regelungen. Der gesamte Drehstab nahm jeweils an einem Wettbewerb teil, in dem es galt, die ökonomischen Parameter des Films einzuhalten. Dafür gab es dann eine Urkunde und nochmals 4.000 Mark. Der Betrag wurde über die Gewerkschaft vom Produktionsleiter an Kolleginnen und Kollegen des Stabes aufgeteilt, die durch Arbeitseinsatz und Kollegialität besonders zum Erfolg beigetragen hatten. Im Arbeitszimmer meiner Aufnahmeleiter hingen 1990 rund zwanzig solcher Urkunden.

Natürlich kam es vor, dass die kalkulierten Kosten – beispielsweise aus Witterungsgründen oder wegen Erkrankungen und technischen Fehlern – nicht eingehalten wurden. Die möglichen Zuschläge und Erfolgsprämien fielen dann weg oder wurden gekürzt. So viel zur ökonomischen Interessenlage der Mitarbeitenden. Für das Studio insgesamt war es in der Regel bei der Vielzahl der produzierten Filme und Dienstleistungen möglich, Verluste mit Einsparungen auszugleichen. Man konnte in dem Großbetrieb sachlicher und gelassener mit einzelnen Fehlentscheidungen umgehen. Zu einer künstlerischen Produktion gehörte auch, neue Wege und Mittel auszuprobieren. Solche Risiken habe ich mehrfach engagiert mitgetragen.

Unser differenziertes Entlohnungssystem erstaunte später einige westliche Filmproduzenten, wenn wir uns über die Vor- und Nachteile international verbreiteter Planungssysteme in der Filmwirtschaft unterhielten. In der Marktwirtschaft habe ich bürokratisch ausführlichere und detailliertere Planungen und aufwendigere ökonomische Erfassungssysteme kennengelernt als in der »Planwirtschaft« der DEFA.

Anlässlich der Aufführung der digitalen Fassung des Films IKARUS vor einigen Jahren im Kino »International« in Berlin erzählte der Schauspieler Carl Heinz Choynski zu Erheiterung des Publikums folgende Anekdote: Er spielte im Film IKARUS einen Ladendieb, der beim Klauen einer Schnapsflasche von Mathias beobachtet wird. Dafür waren nur vier, fünf Einstellungen vorgesehen und die sollten an einem oder zwei geeigneten Drehtagen mitgedreht werden. C. H. Choynski wurde dann aber an vier Drehtagen disponiert, er erhielt sein Kostüm, wurde geschminkt, verbrachte vier Tage am Drehort und erhielt auch viermal seine Tagesgage. Mit ihm wurde aber nur am ersten und vierten Tag jeweils eine halbe Stunde gedreht. Das gefiel ihm. Vier Tagesgagen für so wenig Arbeit. Das Publikum lachte mit ihm über die verschwenderische Arbeitsweise der DEFA. Offenbar hatte er für diese Anekdote schon öfter Beifall bekommen. Der Produktionsleiter des Films, nämlich ich, stand neben ihm auf der Bühne. Ich überlegte schmunzelnd, ob ich dem Komödianten Choynski die Pointe verderben sollte, und staunte, wie leicht Vorurteile in die Welt gesetzt werden können. C. H. Choynski hatte sich über die vier Tagesgagen gefreut und nicht verstanden, wie es dazu kam. Dass seine Tagesgage 1974 nur 300 DDR-Mark betrug, erzählte er nicht, und dass ein durchschnittlicher Drehtag für diesen Film rund 25.000 bis 30.000 Mark Kosten verursachte, wusste er wahrscheinlich nicht.

Für die kurze Sequenz benötigten wir zwei Drehorte. Für den Diebstahl eine kleine Kaufhalle und für das Verschwinden des Diebes ein Eingangstor zu einem Durchgang in einer Berliner Altbaustraße. Die beiden Drehorte fanden wir nur in einer Entfernung voneinander, die einen Abbau, Umzug und Wiederaufbau der Kamera- und Lichttechnik von knapp zwei Stunden erforderte. Wir mussten die Außenaufnahmen des Films im November 1974 realisieren. Das eingeschränkte Tageslicht, die gesetzliche Begrenzung der Drehzeit mit Kindern sowie die Unempfindlichkeit unseres ORWO-Negativmaterials ermöglichten Außenaufnahmen an den Originaldrehorten bei gutem Wetter nur zwischen 10:30 Uhr bis maximal 15 Uhr. Bei trübem Wetter war manchmal ein Außendreh gar nicht möglich. In der uns zur Verfügung stehenden Zeit versuchten wir, ein hohes Drehpensum zu realisieren und sie nicht mit Umzügen von Drehort zu Drehort zu vergeuden.

Es gelang, die Einstellungen in der Kaufhalle wie geplant zu drehen. Aber für die beiden Einstellungen am Torweg reichte die Zeit nicht. An den folgenden Tagen riskierten wir den Versuch, mit dem vorgesehenen Programm schnell zu sein, um die beiden fehlenden Einstellungen mit C. H. Choynski und einem verkleinerten Drehstab anhängen zu können. Das gelang erst am vierten Tag. Wir behielten ihn aber dazu alle vier Tage bis Drehschluss in Bereitschaft. Damit hatte er wie üblich Anspruch auf seine Gage und steckte sie auch täglich feixend ein. Unsere Kosten stiegen um 900 Mark. Aber wir ersparten uns damit einen teuren zusätzlichen Drehtag. Es gelang uns, den Film im zeitlichen und finanziellen Rahmen von Drehplan und Kalkulation herzustellen, nur die Abnahme verzögerte sich etwas und damit auch geringfügig die Auslieferung zur Fertigung der Massenkopien.

Mitte der 1980er-Jahre wurde ich Mitglied des Verbandes der Film- und Fernsehschaffenden[62]. In der Sektion Spielfilm gründeten der Regisseur Egon Schlegel und ich eine Arbeitsgruppe, in der verbandsöffentlich regelmäßig die Produktionsbedingungen und Arbeitsabläufe im Spielfilmstudio diskutiert wurden. Zu einigen Themen luden wir betroffene Fachabteilungsleiter in den Verbandsklub »Blankschramme«[63] in Babelsberg ein, die in diesem offenen Rahmen ihre Vorstellungen erörtern konnten. Wir verfassten Analysen, entwickelten Vorschläge und kritische Anregungen, die wir anschließend öffentlich machten. Die Reaktionen darauf waren unterschiedlich, vielfach zustimmend. Die Verbandsleitung begrüßte diese Aktivität, und die Studioleitung ordnete unsere Vorschläge bei den üblichen Neuerungsvorschlägen ein. Praktische Konsequenzen gab es kaum. Egon Schlegel erkrankte und ich hatte durch andere Filmarbeiten viel zu tun. Nach einigen Terminverschiebungen endete dieser interessante Versuch.

In und nach der DEFA-Zeit habe ich mit Filmschaffenden aus allen Himmelsrichtungen zusammengearbeitet. Unsere Art, detailliert zu planen, die Dreharbeiten zu organisieren, Verträge zu schließen und zu halten, wurde ebenso geschätzt wie unsere Budget-Disziplin. In einigen Ländern haben wir unser Planungs- und Dispositionssystem erklären und als Verständigungsgrundlage verabreden können. Das gelang zum Beispiel auf der Krim, in Havanna und Vietnam. Bei den umfangreichen Dreharbeiten in Vietnam hat

62 Verband der Film- und Fernsehschaffenden der DDR (1967–1990).
63 »Blankschramme«: Klubkneipe des Filmverbandes.

sich dieses Verfahren besonders bewährt. Der Drehplan und die Tagesdispositionen wurden in gemeinsamer Abstimmung nach unserem System ins Deutsche und Vietnamesische übertragen, vervielfältigt und verteilt. Dieses Verfahren erleichterte das wechselseitige Verständnis in der Vorbereitung und der Organisation der Dreharbeiten. In Frankreich wurden noch Anfang der 1990er-Jahre die Drehpläne in der auch bei uns üblichen Form angewandt. In der Bundesrepublik waren schon »Stäbchendrehpläne« üblich, die es ermöglichten, den Plan jederzeit dem realen Drehablauf anzupassen.

Mit der Verbreitung der neuen digitalen Kommunikationsmöglichkeiten (Computer, Tablet, Smartphone) konnten später die Abläufe der Arbeiten organisatorisch unterstützt werden. Damals haben Kollegen und ich begonnen, uns in die in den USA und zunehmend auch in vielen westlichen Filmproduktionen üblich werdenden digitalen Systeme der Planung (Scheduling) und Kalkulation (Budgeting) einzuarbeiten. Dazu hatte ich mir nach der Währungsunion im Juli 1990 meinen ersten Laptop zugelegt. Hinzu kam das amerikanische Software-Paket für Filmproduktionen Movie Magic.

Movie Magic besteht aus drei Teilen:

– Screenwriter: ein Drehbuchschreibprogramm, das nach Ordnungsprinzipien aufgebaut ist, das produktionsrelevante Informationen in Drehbuchauszüge überträgt, die weiter Eingang in Drehplanung und Kalkulation finden. Dieses Programm wurde aber wenig angewendet, da es schon interessantere deutsche Lösungen gab.

– Breakdown and Scheduling: für die Drehbuchauszüge und Drehplanung. Mit diesem Programm mündet eine eigene Erfassung der produktionsrelevanten Informationen in eine dem Vorhaben angepasste Systematisierung, in den Drehplan, und das meistens in Form eines Stäbchendrehplanes. Das ermöglicht eine bessere und schnellere Verbreitung des neuesten Informationsstandes. Updates und Farbgestaltung führten in der Folgezeit zu Verbesserungen und setzten sich international weit durch.

– Budgeting: ein Kalkulationsprogramm, das in den USA in den 1990er-Jahren häufig benutzt wurde. Für eine Koproduktion mit Paramount Pictures habe ich auch damit gearbeitet. In Deutschland setzte es sich vor allem aufgrund unterschiedlicher Systeme bei Steuer- und Sozialabgaben und unterschiedlicher Budgetstrukturen nicht, und in Europa nur begrenzt und jeweils sehr modifiziert durch.

Anfang der 2000er-Jahre begegnete mir das Planungsprogramm Movie Magic auch in Russland, St. Petersburg. Durch US-amerikanische Auftragsfilme war es dorthin gelangt. Methodisch war es kein Fortschritt, es galt aber als modern und verbreitete sich. Viele internationale Film-Kalkulationsformen unterscheiden sich inhaltlich kaum von dem bei der DEFA gebräuchlichen System. Diese Erfahrung habe ich wiederholt gemacht. Die unterschiedlichen Formen und Strukturen waren schnell nachzuvollziehen, und damit zu arbeiten wurde auch nie ein wirkliches Problem. Auf der Basis der Excel-Software und den in der Bundesrepublik üblichen FFA-Formularen (Filmförderungsanstalt) oder den Fernsehsender-Anforderungen haben einige Kollegen, auch ich, eigene Kalkulationsprogramme entwickelt und konnten damit schnell und bequem arbeiten.

Inzwischen gibt es ausgefeilte deutsche Analyse-, Planungs- und Kalkulationssoftware und für die Begleitung der Dreharbeiten und für die Postproduktion ebenso gute Dispositions- und Berichtssoftware. Nahezu alle Arbeitsprozesse in der Filmproduktion – vom Drehbuchschreiben über die Vorbereitungsphasen und die Dreharbeiten bis zur Postproduktion – erfolgen weitgehend digital unterstützt. Klassisches Filmmaterial wird nur noch für besondere Ausnahmen verwendet. Bild- und Tonaufnahmen und alle weiteren Bearbeitungen einschließlich der Wiedergabe erfolgen digital. Einschränkungen durch unempfindliches Filmmaterial oder durch Kameraoptiken sind Geschichte. Parallel wurden daraus viele neue Gestaltungsmöglichkeiten entwickelt. Grundsätzlich aber sind die ökonomischen, zeitlichen und technischen Aufwendungen nicht geringer geworden. Die Arbeitsstrukturen wurden angepasst. Alle diese Mittel können eine qualitativ hochwertige Filmarbeit unterstützen, aber nicht ersetzen.

Im Spielfilmstudio waren rund 2.400 Frauen und Männer in über 140 Berufen fest angestellt. Alle Filmbauten konnten in den Werkstätten vorgefertigt und von Baubühnenfacharbeitern in den Ateliers oder als Außenbauten errichtet und bearbeitet werden. Zu den vielen Werkstätten gehörten eine große Tischlerei, eine Malerwerkstatt für die Gestaltung verschiedenster Innen- und Außenwände, in der sich auch Spezialisten auf das Patinieren (altern – »Patina ansetzen«) von Einzelstücken und ganzen Häuserfronten verstanden.

Nahezu alle Bauberufe hatten ihre Werkstätten im Studio. Es gab eine eigene Schmiede, in der auch alte Techniken gepflegt wurden. Auch eine Abteilung von Kunstmalerinnen und -malern gehörte zum Studiobetrieb, in der einerseits großflächige Backgrounds und Wandmalereien, andererseits aber auch Gemäldekopien von Goya, van Gogh oder Rembrandt angefertigt wurden. Wegen ihrer hohen Qualität erregten diese Kopien immer wieder Aufsehen. Eine Sattlerei, eine Schuhmacherei, eine Damen- und eine Herrenschneiderei mit eigener Lehrwerkstatt, die auch historische Kostüme und Accessoires sowie militärische Ausstattungen anfertigte, hatten einen legendären Ruf. Es gab eine Abteilung Pyrotechnik, der Leiter hatte berufsbedingt zwei Finger verloren. Später begegneten mir in verschiedenen Ländern Pyrotechniker mit ähnlichen »Berufsmerkmalen«. Sie galten als Ausdruck der besonderen Einsatzfreude der »Explosions-Fachleute«. Es gab im DEFA-Studio in verschiedenen Fundi große Sammlungen an historischen Kostümen, Requisiten, Waffen, Perücken und Bärten sowie wiederverwendbaren Dekorationsbauteilen. Diese Sammlungen gehörten zu den größten in Europa und wurden bis 1991 sehr gehütet.

Das Spielfilmstudio betrieb auch zwei Kindergärten, die für den Nachwuchs ortsansässiger Betriebsangehöriger und umliegender Wohngebiete gedacht waren. Es gab eine eigene Gärtnerei auf dem Gelände, sodass jederzeit frische Blumen und Gartenfrüchte für Dekorationsausstattungen zur Verfügung standen. Studioangehörige konnten dort auch für ihre Kleingärten Pflanzen beziehen. Auch gab es auf dem Gelände einen Lebensmittel- und einen Fleischverkaufsladen. Manchmal habe ich am Anfang der Woche dort fürs Wochenende eine Bestellung an Fleisch- und Wurstwaren aufgegeben, die ich freitags bezahlte und abholte.

Hauptsächlich im Sommer wurden auf Usedom in Trassenheide ein nahe am Strand gelegenes Freizeit- und Ferienlager und fast ganzjährig im Thüringer Wald ein kleiner Dorfgasthof für knapp dreißig Feriengäste betrieben. Ein zehntägiger Urlaubsaufenthalt in einem Zimmer mit Vollpension kostete für eine dreiköpfige Familie 110 DDR-Mark. Sommersportgeräte standen in der Urlaubsanlage und am Strand und/oder Ski und Rodel im winterlichen Gasthof kostenlos zur Verfügung. So konnte man auch im Urlaub auf Babelsberger Filmleute treffen. Bei einem abendlichen Bier konnte es so zum anregenden Austausch von unterschiedlichen Erfahrungen kommen. Die Filmstudios in Prag und Budapest hatten ähnliche Urlaubsheime und es war üblich, dort, wie auch auf Usedom, im Sommer für zwei Wochen Kinderferienlager zu veranstalten und damit im Tausch auch Kinder von Studioangehörigen der Partnerstudios zu betreuen.

Für viele Filmleute wurde das Studio so zur zweiten Heimat. Gelegentlich kamen Ehemalige, nun Rentner, zum Mittagessen in die Kantine des Studios. Dabei war das preiswerte Essen eher unwichtig, wichtig waren das Wiedersehen und der anschließende Kaffee mit den früheren Kolleginnen und Kollegen. Viele Facharbeiter und Facharbeiterinnen hatten im Studio ihren Beruf gelernt und waren geblieben. In manchen Familien war man seit Generationen in diesem Studio beschäftigt. Immer mal wieder konnte man in Babelsberg oder Potsdam jemanden von seinen tollen Filmerlebnissen erzählen hören. Gewerke wie Aufnahmeleitung, Regieassistenz oder Requisite hatten nebenberuflich – um ihr Wissen und das Gehalt aufzubessern – eine langfristige kunsttheoretische und filmspezifische Fortbildung an der studioeigenen Betriebsakademie durchlaufen.

Von den Regisseurinnen und Regisseuren, den Produktionsleitern und Kameraleuten, Szenenbildnern, Schnittmeisterinnen, Tonmeistern, Kostümbildnerinnen und Kostümbildnern sowie den Chefmaskenbildnern wurde ein Hoch- oder Fachschulstudium, möglichst an der Filmhochschule, erwartet. Meistens schlossen sich daran noch ein paar Jahre in Assistenzfunktionen an. Nach zwei erfolgreich verlaufenen leitenden Arbeiten konnte eine Festanstellung von der Studioleitung beschlossen werden. Da sich alle diese Leute in verschiedener Zusammensetzung immer mal wieder bei einer gemeinsamen Filmarbeit oder auf dem Studiogelände trafen, etwa beim gemeinsamen Essen in der Kantine, beim Plausch im Nachbarbüro oder beim abendlichen Tischtennisspiel, kam es auch hier zu einem Austausch neuer Erfahrungen und Meinungen. Auch diese Nähe stärkte das fachliche Wissen und sorgte für das vielfach geschätzte Leistungsniveau der Filmleute aus Babelsberg. Hier konnte ich auch einiges über die Filmarbeit in osteuropäischen Ländern erfahren und mich auf die erste Auslandsarbeit in Rumänien vorbereiten.

Nach der Verknappung der Erdöllieferungen aus der UdSSR in den 1980er-Jahren behinderten die gekürzten und reglementierten Benzin- und Dieselkontingente unsere Arbeit. Wir hatten zwar Fahrzeuge, konnten sie aber nur begrenzt einsetzen. Für viele Personentransporte war es sinnvoll, Taxis zu nutzen. Es wurde üblich, an den Arbeitsorten mit vertrauenswürdigen und verlässlichen kleinen Taxiunternehmen einen Mindestumsatz zu verabreden und sie damit zu verpflichten, nach unserer Disposition zur Verfügung zu stehen. Bezahlt wurden sie dann nach Tagespauschalen. Da sie durch uns ungewöhnliche Fahrten mit spannenden Fahrgästen durchführen konnten, waren sie an dieser Zusammenarbeit interessiert.

Bei entfernten Drehorten und Reisefilmen wurden beträchtliche Summen an Fahrkosten kalkuliert. Aus diesem nun reduzierten Topf erfolgten auch Kilometergeld-Erstattungen für die berufliche Nutzung von privaten Pkw. Da der Kilometerpreis der Taxis doppelt bis dreifach so hoch war wie das Kilometergeld für Privatfahrzeuge, baten wir einige Mitarbeiter, mit ihren privaten Autos morgens und abends Kolleginnen und Kollegen mitzunehmen. Die Fahrzeugbesitzer schlossen Insassenversicherungen ab und bekamen Dienstreiseaufträge von den Produktionen. Mit den gesenkten Fahrkostenbudgets wurde zwar kein Tropfen Benzin eingespart, aber wir hielten uns formal an die Auflagen und konnten arbeiten. Wie wir das machten, war kein Geheimnis, aber man vermied, darüber zu reden. Auf ähnliche Weise sind wir auch mit anderen bürokratischen Regelungen umgegangen. Wir waren bestrebt, unsere Produktionen qualitativ und ökonomisch zu sichern.

Später machte ich in westlichen Firmen ähnliche Erfahrungen. Die Bürokratie bei der Abwicklung von Fernsehauftragsfilmen, öffentlich geförderten Kinofilmen und Versicherungsausfällen erforderte manchmal auch klug formulierte Begründungen. Mit Geschick wurden Einigungen erzielt, die den weiteren Verlauf der Dreharbeiten sicherten und den bürokratischen Anforderungen entsprachen. Wir konnten auf diesem Gebiet ja auf einige Erfahrungen zurückgreifen.

Im DEFA-Studio für Spielfilme galten natürlich alle arbeitsrechtlichen Regelungen der DDR wie üblich, mit einigen modifizierten Zusätzen, die im Rahmenkollektivvertrag[64] fixiert waren. Für uns galt es auch, die gesetzliche Arbeitszeitregelung – 8 Stunden und 45 Minuten pro Arbeitstag (und somit pro Woche 43 Std., 45 Min.) – einzuhalten. Alles Weitere waren Überstunden, für die Lohnzuschläge von werktags 25 Prozent, sonntags 50 Prozent und an Feiertagen 100 Prozent zu zahlen waren. Dreharbeiten an Wochenenden oder Feiertagen waren nur gestattet, wenn objektive Umstände es nachweislich erforderten. Bei leitenden Mitarbeiterinnen und Mitarbeitern wurde die Mehrarbeit an Werktagen nicht ausgeglichen. Für notwendige Wochenendarbeitstage konnten sie im Verlaufe des Jahres freie Tage erhalten.

Für Überstunden und »fachspezifische Zusatzstunden« galt allgemein: Maximal zwei Überstunden konnten während der Drehzeit – jeweils zwei Arbeitstage vorher angesagt – für zwei Tage pro Woche von der Produktion angeordnet werden. Auch wenn es mal nicht gelang, in der vorgesehenen Arbeitszeit das Drehpensum zu schaffen und es zudem unmöglich war, diese Arbeiten am nächsten Tag fortzusetzen, durften spontan keine Überstunden angeordnet werden. Der verantwortliche Produktionsleiter hatte dann von allen Mitarbeiterinnen und Mitarbeitern des Drehstabes das Einverständnis zu einer oder zwei Überstunden einzuholen. Gewöhnlich organisierten wir das mit den gewerkschaftlichen Vertrauensleuten des Drehstabes. Das klingt kompliziert, aber alle Filmleute des Studios waren mit diesen Regelungen vertraut. Nur in seltenen Fällen bekamen wir dieses Einverständnis nicht.

Erforderten bestimmte Szenen außergewöhnlich lange Drehzeiten, so organisierten wir mit zusätzlichen und tageweise engagierten Mitarbeiterinnen und Mitarbeitern die Dreharbeiten in zwei bis drei Schichten. Von einem

64 Rahmenkollektivvertrag (RKV): regelte im Tarifsystem der DDR auf Basis von gesetzlich verankerten Volkswirtschaftsplänen sowie sonstiger gesetzlicher Bestimmungen die Lohn- und Arbeitsverhältnisse in der Wirtschaft.

Aufnahmeleiter wurde an manchen Tagen für die Erarbeitung der Tagesdisposition mehr Kreativität erwartet, als für die Gestaltung mancher Szene notwendig war. Den Ausruf »Das geht nicht!« versuchten wir zu vermeiden. Ich habe diesen Satz selten benutzt, eigentlich nur, wenn Kinder, Darsteller oder Mitarbeiter gefährdet waren.

Zwischenschnitt | Filmische Arbeitszeit und »flickering lights«
Für den Fernsehfilm DER FREISCHÜTZ IN BERLIN[65] suchten wir einen architekturhistorisch glaubwürdigen und atmosphärisch überzeugenden Drehort, an dem wir eine Theaterpremiere um 1820 stattfinden lassen konnten. Einiges konnten wir im Stadttheater Wrocław drehen, aber erst nach langer Suche fanden wir im Theater in Altenburg das geeignete Hauptmotiv. Wir hatten drei Drehtage für diesen aufwendigen Szenenkomplex veranschlagt. Vorzubereiten mit Kostümen und Frisuren der Zeit waren 15 Schauspielende und 300 Frauen, Männer und Kinder als Kleindarstellende. Vorher mussten der Zuschauerraum und die Bühne für die Handlungszeit durch unsere Bühnenarbeiter und Requisiteure ins Jahr 1820 zurückversetzt und szenisch eingerichtet werden. Nach Drehende war der ursprüngliche Zustand wieder herzustellen.

Für den Auf- und Abbau rechneten wir eigentlich mit vier Arbeitstagen. Uns stand das Theater aufgrund dessen Spielplans aber nur von Freitag nach Vorstellungsende gegen 22:30 Uhr bis Montag 10 Uhr zur Verfügung. Die Wochenendvorstellungen hatten wir aufgekauft. Nach langem Knobeln entschlossen wir uns zu folgender Lösung: Baubühne, Beleuchter, Requisite, Garderobe, Maske und Aufnahmeleitung wurden personell aufgestockt, tageweise doppelt und dreifach besetzt. Auch die Bau- und Ausstattungssparten arbeiteten am Wochenende in drei Schichten. Der »normale« Stab drehte am Sonnabend und Sonntag je zwölf Stunden ein etwas angepasstes Pensum. Zusätzlich wurde, soweit möglich, mit zwei Kameras gedreht. Auch die Schauspielenden, inklusive Ekkehard Schall, waren mit dieser Lösung einverstanden.

Dabei hatten wir ein besonderes Problem zu lösen: Um 1820 wurden die Bühne und auch der Zuschauerraum eines Theaters nur durch Hunderte von Kerzen beleuchtet. Das wäre heute allein wegen des Brandschutzes undenkbar. Die jetzt vorhandene Theaterbeleuchtung im Bild zu nutzen, verbot sich natürlich auch. Mit dem Leiter der Beleuchtungs-

65 DER FREISCHÜTZ IN BERLIN (1987). Drehbuch und Regie: Klaus Gendries; Kamera: Peter Krause; Szenenbild: Alfred Thomalla; Kostüme: Christiane Dorst.

abteilung des Studios, Thomas Reiche, suchten wir nach einer technischen Lösung. Er fand in einer englischen Fachzeitung einen Artikel über »flickering lights«. Das waren kleine elektrische Kerzenimitationen, die alle acht Sekunden ein wenig flackerten und die Farbtemperatur einer normalen Kerze hatten. Ich rief einen Westberliner Kollegen an, den ich zuvor beim Dreh von Spielszenen für die ARD-Serie WANDERUNGEN DURCH DIE MARK BRANDENBURG[66] unterstützt hatte, und bat ihn, mir drei dieser flackernden elektrischen Kerzenlichter zu besorgen. Eine Woche später konnten wir dieses Equipment testen und waren begeistert. Für die benötigten 300 Lichter brauchten wir aber 5.000 D-Mark, über die wir natürlich nicht verfügten.

Das erklärten wir der einflussreichen Fernsehredakteurin und Dramaturgin Marta Rafael (Ehefrau von Karl-Eduard von Schnitzler), und sie sorgte dafür, dass zwei Wochen später die Lichter in gewünschter Zahl zur Verfügung standen. Diese Lichter wurden in die normal vorhandenen Fassungen eingeschraubt – und sie funktionierten.

Am Montag um 10 Uhr überzeugten der Intendant und ich uns davon, dass nichts mehr von dem zu bemerken war, was wir in den letzten sechzig Stunden in seinem Theater veranstaltet hatten.

Mit weiteren spektakulären Aufnahmen – unter anderem mit drei Elefanten im Atelier »Große Süd« – gelang ein sehenswerter historischer Musikfilm.

Für einige Sparten gab es noch »technisch normierte Zusatzstunden«. Wir konzentrierten die begrenzt zur Verfügung stehende Arbeitszeit auf die Dreharbeiten. Die Vor- und Nacharbeiten von ein bis zwei Stunden für Aufnahmeleitung, Garderobe, Maske, Beleuchtung, Bau- und Drehbühne, Kameraassistenz und anderes konnten zusätzlich disponiert und entlohnt werden. Maximal konnten einzelne Mitarbeiter so an einzelnen Tagen bis zu zwölf Stunden arbeiten. Wenn nötig haben wir für aufwendige personalintensive Szenen die Auf- und Abbauten und Einrichtungen in mehreren Schichten mit Zusatzkräften oder an einem zusätzlichen Einrichtetag realisiert. An »normalen« Drehtagen standen uns effektiv als reine Drehzeit fünf bis 7,5 Stunden zur Verfügung. Bei umfangreichen Dreharbeiten im Ausland konnten wir im Einverständnis mit allen Beteiligten diese strikten Regelungen etwas freier auslegen.

---

66 WANDERUNGEN DURCH DIE MARK BRANDENBURG: Siehe auch Zwischenschnitt | »Die neuen Leiden des jungen W.«, S. 90, Anm. 50.

Ab den 1990er-Jahren arbeiteten wir nach bundesdeutschen Regelungen. Der Tarifvertrag für Film- und Fernsehschaffende ging von einem 8-Stunden-Tag in einer 5 Tage-Woche (Montag bis Freitag) aus. Die Wochen-Gagen aber waren schon für fünfzig Stunden in der 5-Tage-Woche angesetzt, darüber hinaus waren Überstunden mit einem Gagenzuschlag von 25 Prozent möglich. In vielen akzeptierten Kalkulationen wurde ohnehin von zwölf bis 13 Stunden Arbeitszeit pro Drehtag ausgegangen. Zwischen Arbeitsende und erneutem Beginn mussten aber gesetzlich elf Stunden Ruhe gewährt werden. Häufig kam es jedoch zu längeren täglichen Arbeitszeiten bis zu 16 Stunden. Der Drehbeginn am nächsten Tag konnte dann erst entsprechend später angesetzt werden. Durch solche Verschiebungen begannen manchmal fünftägige Dreharbeiten am Montag sehr früh und endeten erst am Sonnabendmorgen. Reine Drehzeiten von neun bis 16 Stunden pro Tag wurden so möglich. Kollegen aus den Paramount Studios in Hollywood bestätigten mir in einer späteren Zusammenarbeit, dass sie auf die gleiche Weise ihre Arbeitszeitprobleme lösten.

Qualität und Tempo der Dreharbeiten werden durch die Arbeitsbedingungen und -zeiten wesentlich beeinflusst. Dieser betriebswirtschaftliche Grundsatz fand zu meinem Erstaunen häufig wenig Beachtung. Für Kinofilme wurden in der DEFA durchschnittlich vierzig bis fünfzig Drehtage angesetzt, wobei es immer wieder Abweichungen nach oben und unten gab. Kein Film glich einem anderen, auch nicht in den personellen, zeitlichen, materiellen und finanziellen Aufwendungen und Kosten. Für Auftragsfilme des DDR-Fernsehens waren die vergleichbaren Ansätze 20 bis 30 Prozent geringer. Alle Kino- und Fernsehfilme wurden auf 35mm-Negativmaterial gedreht. Aber auch hier ergaben sich von Projekt zu Projekt Unterschiede. Der unterschiedliche Arbeits- und Ausstattungsaufwand ergab sich unter anderem durch Szenenauflösungen und den größeren Schauwert für Kinoleinwände sowie die internationale Auswertung einerseits und der zunächst noch niedrigen Fernsehbildschirm-Auflösung andererseits. Bei Mehrteilern oder Fernsehserien konnten die durchschnittlichen Zeiten und Kosten durch mehrfachen und rationelleren Einsatz aller Ressourcen geringer angesetzt werden.

In der DEFA-Zeit und danach hatte ich mit Budgets zwischen 1,2 Millionen DDR-Mark und 16,4 Millionen D-Mark zu tun. Diese Zahlen sind aber aufgrund unterschiedlicher Währungs- und Preisstrukturen, unterschiedlicher Tarife, Steuer- und Sozialabgaben nur sehr begrenzt vergleichbar. Die für Währungen angesetzten Umtauschquoten für einen Leistungsvergleich anzuwenden, ist – wie auch bei internationalen Geschäftsbeziehungen – wenig sinnvoll.

Wenn ich um das Jahr 2000 manchmal in Hamburg oder München auf frühere DEFA-Kolleginnen und -Kollegen traf, waren das meistens angesehene und vielfach gut bezahlte Fachleute. Mit ihrer gründlichen Ausbildung konnten sie sich flexibel den etwas veränderten Arbeitsbedingungen anpassen. Allerdings waren sie nun nicht mehr fest angestellt und mussten sich nach jedem Film-Job um den nächsten bemühen. Ergaben sich längere Pausen, mussten sie sich arbeitslos melden. Angebot und Nachfrage bestimmten das Leben ganzer Familien. Langfristig war ein stabiles Einkommen nicht zu sichern. Viele schafften es trotzdem, sich in den neuen Verhältnissen gut einzurichten.

Die Schauspieler-Filmgagen betrugen in der DDR pro Drehtag bei einem Kinospielfilm zwischen 200 bis 1.000 Mark. Über Ausnahmen nach oben wurde gemunkelt, ich habe keine erlebt. Nach 1990 näherten sich Löhne, Gehälter und Gagen langsam dem Westniveau an. Wobei es noch lange einen Unterschied ausmachte, ob man aus München, Hamburg, Köln oder dem Umfeld Berlins engagiert wurde. In annähernd gleichem Tempo stieg das Preisniveau. Entsprechend entwickelten sich die Kosten unserer Filme und der Dienstleistungen für andere Produzenten.

Bis 1989 wurde ein bestimmtes Leistungsvolumen auf der Basis unserer Selbstkosten in Mark (der DDR) kalkuliert. Das gleiche Leistungsvolumen in der Bundesrepublik konnte aufgrund der vielfach höheren Personalkosten und Preise mehr als das Doppelte bis Vierfache in DM betragen. Der DEFA-Außenhandel erzielte von westlichen Filmproduktionen für Dienstleistungen des Spielfilmstudios, wohl angepasst an das Währungsgefälle von 1 : 4, häufig nur einen Preis in Höhe eines Viertels der DEFA-Kalkulation. Geschäftstüchtige westliche Produzenten veranschlagten in ihren offiziellen westlichen Kalkulationen einheimische Preise und Tarife und nahmen dann gern DEFA-Leistungen in Anspruch. Sie erhielten eine sorgfältige Arbeit und mussten dafür nur 25 Prozent oder weniger ihrer eigenen DM-Kalkulationssumme bezahlen. Diese Gewinnmarge blieb natürlich unveröffentlicht.

1989 und 1990 habe ich einige westliche Kalkulationen und Geschäftsunterlagen einsehen können und dabei von diesen scheinbar üblichen Gepflogenheiten erfahren. Für den DEFA-Außenhandel, der seinen Geschäften unabhängig von den DEFA-Filmproduktions-Betrieben nachging, war nur wichtig, überhaupt die begehrten Devisen zu bekommen. Ab Mitte 1991 habe auch ich, jetzt in Kenntnis der bundesdeutschen Tarife und Preislisten aus München, Hamburg und Westberlin, als Herstellungsleiter versucht, unsere Preise dem »Westniveau« anzupassen. Mein Motiv war, unserem Ruf als Billiglohn-Studio entgegenzuwirken und eine mögliche Insolvenz verhindern zu helfen sowie möglichst einen Stamm von Mitarbeiterinnen und Mitarbeitern im Studio zu halten. Diese Haltung wurde nicht von allen Seiten geschätzt.

Die Zukunft des Studios war unsicher und verschiedene Interessenten versuchten, ihr Süppchen zu kochen. Vereinzelte Ansinnen, meistens unter vier Augen dargeboten, beanspruchten meine diplomatischen Fähigkeiten. Von massivem Druck, auch politischem, bis zu Job-Angeboten war alles dabei. Der Verkauf des DEFA-Studios, die sogenannte Privatisierung, erfolgte 1992. Detailliert beschreibt und dokumentiert der letzte Generaldirektor die Situation des Spielfilmstudios und den Ablauf dieser Entwicklung.[67]

Zünd an, es kommt die Feuerwehr (1978)

Regie: Rainer Simon | Premiere: 8. Februar 1979

1977 bekam ich endlich eine richtige Wohnung in Babelsberg, einen Vertrag als fest angestellter Produktionsleiter im Studio und konnte dann im August mit Rainer Simon anfangen, den Film Zünd an, es kommt die Feuerwehr vorzubereiten. Darauf freute ich mich, aber gleichzeitig war es durch Umfang und Schwierigkeitsgrad eine Herausforderung. Ein grundsätzliches Produktionsproblem stellte der vorgesehene Drehzeitraum dar. Eigentlich handelt es sich um eine Sommergeschichte. Wir sollten jedoch, um die vielen benötigten Produktionskapazitäten des Studios zur Verfügung zu haben und andere Projekte nicht zu behindern, diesen Film im Winter drehen. Unangenehme Erfahrungen, in der tageslichtarmen Jahreszeit mit dem unempfindlichen ORWO-Filmmaterial zu arbeiten, hatte ich bei Ikarus schon sammeln können. Erfahrene Kollegen warnten mich, ich solle mich auf solch eine Vorgabe nicht einlassen. Aber einerseits verstand ich die Situation des Studios, und andererseits wollte ich auch versuchen, dabei mitzuhelfen, »Unmögliches möglich zu machen«. Irgendwie haben wir das alle vorgehabt. Das Drehbuch passierte die Gremien.

Um 1906 hatte – historisch verbürgt – im sächsischen Städtchen Siebenlehn die Freiwillige Feuerwehr nichts zu tun und zündelte deshalb gelegentlich, um sich beim Löschen der Brände hervorzutun und danach als mutig und tapfer feiern zu lassen.[68] Vereinzelt und zufällig brannten auch Anwesen, für die

67 Dorett Molitor / Gert Golde: Ein Arbeitsleben für die DEFA. Der letzte Generaldirektor des Spielfilmstudios im Gespräch. Berlin: DEFA Stiftung 2018, 373 S.

68 Die Siebenlehner Feuerwehr hat unter der Führung ihres Feuerwehrhauptmanns und Bürgermeisters Barthel tatsächlich zwischen 1896 und 1906 fast alle Brände selbst angezündet, um sie hernach heldenhaft zu löschen. In: https://unfolkkommen.de/?ID=420&art_param=17.

gerade eine hohe Versicherung abgeschlossen worden war und die nach den Löscharbeiten nicht mehr zu retten waren. Manfred Wolter und Rainer Simon nahmen diese Geschichte, um daraus eine abenteuerlich deftige Komödie mit aufwendigen Effekten und einer kleinen Liebesgeschichte zu schreiben. Damit Karl May und »sächsische Indianer« aus Radebeul, der sächsische König sowie Bismarck dabei sein konnten, wurde eine Handlungszeit kurz vor der Jahrhundertwende angegeben. Rainer Simon verstand sich auf die Gestaltung aufwendiger historischer Filmgeschichten. Ich war ihm flüchtig während des Studiums bei einem Studentenfilm begegnet, er beriet damals eine bulgarische Regiestudentin. Außerdem hatte ich mir fast alle seine Filme angesehen, besonders noch mal TILL EULENSPIEGEL (1974). Mit einem sorgfältig erarbeiteten, verteidigten und trotz angeordneter Kürzungen noch überdurchschnittlich hohen Budget begannen wir am 1. Dezember 1977 die Dreharbeiten.

Von Anfang an überzeugte die bunte und spielfreudige Besetzung mit Winfried Glatzeder, Renate Krößner, Kurt Böwe, Rolf Ludwig, Günter Junghans, Jürgen Gosch, Katrin Martin, Klaus Brasch, Gudrun Ritter, Fritz Marquardt, Michael Gwisdek, Hannes Fischer und anderen. Kameramann wurde der damals schon bekannte Roland Dressel. Szenenbildner Hans Poppe entwarf und realisierte mit seinen Mitarbeitern die opulenten Filmbauten. Er bevorzugte den Begriff »Bauten« statt »Szenenbild« für seine Arbeit. Der Kostümbildner Werner Bergemann ließ für die Darstellerinnen und Darsteller in den studioeigenen Werkstätten die historischen Kostüme anfertigen oder abändern und beschaffte oder lieh mit seinem Stab mehrere Hundert Kostüme für bis zu 800 kleinere Rollen aus den Kostümfundi unseres Studios, verschiedener gut bestückter Theater sowie der Filmstudios Barrandov in Prag, Zespół Filmowe in Łódź, Mosfilm in Moskau und Mafilm in Budapest.

Mit großem Geschick und persönlichem Einsatz organisierten der Maskenbildner Kurt Tauchmann und die Maskenbildnerin Christel Grewald die Arbeit der bis zu 25 Maskenbild-Aushilfen. Es galt, mehrere Atelier- und Außenbauten an auseinanderliegenden Drehorten herzustellen. Die Mitwirkung von Kindern in einzelnen Rollen und 300 Kindern für den »Festplatz« (Drehort Buckow) sowie 150 für den »Trauerzug« (Drehort Kohren-Sahlis) war zu organisieren. In Buckow konnten wir in einem alten Schulgebäude die leergeräumten Klassenzimmer als Masken- und Garderobenstützpunkt nutzen. Die Arbeit mit Katzen, Hunden und Pferden war manchmal kompliziert, denn Katzendressuren gab es in Europa kaum. Wir machten nur einen älteren, nicht mehr reisefähigen Spezialisten im fernen Moskau ausfindig. Als wir hörten, Katzen würden auf Futterreize reagieren, haben wir mit einem separaten 2. Filmstab diese Katzenaufnahmen auch drehen können.

Alle größeren und kleineren Brände und Einstürze in Atelier- und Außenbauten mussten technisch vorbereitet und gesichert werden, um ein mehrmaliges Drehen zu ermöglichen. Kaskadeure trainierten für Stunts, um als Double bei den Bränden, Hauseinstürzen und der Eislaufszene eingesetzt werden zu können. Wir begannen in den Babelsberger Ateliers. Dort hatte Hans Poppe mehrere Dekorationsbauten erstellen und einrichten lassen. So haben wir fast alles in der »Kneipe Zetsches«, auf dem Dachboden und im Keller, in Lenes Zimmer, im alten Silberminen-Stollen und die Einsturzszenen mit allen Umbauten und Effekten bis Anfang Januar 1978 innen drehen können. Über die Weihnachtszeit blieben wir zu Hause. Die Einstürze von »Zetsches Kneipe« und ein Großteil der Brände mussten mit Tricks, viel Pyrotechnik und realem Feuer realisiert werden. Auch die Massenszenen mussten wir mit mehreren Hundert historisch gekleideten und frisierten Komparsen drehen. Verschneite Landschaften waren noch nicht überzeugend mit Kunstschnee oder per Trick herzustellen. Wir mussten warten, bis es wirklich schneite, und dann schnell reagieren. Die Ordensverleihung an unsere Feuerwehr durch den sächsischen König Albert konnten wir in der Gemäldegalerie des Wasserschlosses Moritzburg bei Dresden drehen. Dafür die Genehmigung zu erhalten, war nicht ganz einfach, aber gelang.

Unser Feuerwehrmann und Bäcker Nendel (Günter Junghans) hatte das Schloss Versailles als Torte gebacken, um sie dem König während der Zeremonie zu überreichen. An der Ordensverleihung nahmen auch Karl May (Hannes Fischer) und Bismarck (Kurt Sperling) teil. Der hatte wie immer seinen Hund dabei, eine weiße Deutsche Dogge. Die sollte in der Szene nach der Torte schnappen und sie zerfetzen. Dafür hatten wir eine Deutsche Dogge von einem Hundedresseur einige Monate trainieren lassen. Es funktionierte alles bestens. Nun beim Drehen verzog sich der Hund winselnd in eine Ecke und war weder freundlich noch herb oder mit Leckereien zu veranlassen, das Erlernte vorzuführen. Der eigentlich erfahrene Tiertrainer schaute uns hilflos an. Ein Parkettschleifer, der in den Nebenräumen arbeiten sollte, aber durch unsere Dreharbeiten daran gehindert wurde, bemerkte unser Problem und erzählte, dass er zu Hause eine Deutsche Dogge hätte, die sich die Torte sofort schnappen würde. Allerdings sei sein Hund tiefschwarz. Nach nur kurzem Zögern baten wir den Mann, das Tier zu holen und Bismarck dann eben eine schwarze Dogge zu verpassen. Nach zwei Stunden kam der Parkettschleifer mit dem Hund und die Aufnahmen hätten nun fast problemlos erfolgen können.

Die Museumsdirektorin, durch unsere Unruhe aufmerksam geworden, wollte jetzt sehen, was wir im Wasserschloss, in den Räumen mit den vielen kostbaren Bildern, anstellten. Als sie von der Szene mit dem Hund in der Gemäldegalerie hörte, geriet sie in Aufregung und verbot die Fortsetzung der Hundeszene. Der Hundebesitzer versicherte nachdrücklich, sein Hund sei diszipliniert und völlig ungefährlich. Also wollten wir es trotzdem riskieren. Mit Mühe gelang es mir, die Direktorin zu beruhigen und sie mit einem gemeinsamen Spaziergang durch die Anlagen abzulenken. Nach zwei Stunden war ich sicher, die »gefährlichen« Einstellungen wären inzwischen abgedreht worden. Aber die Crew hatte sich Zeit gelassen und zunächst alle Einstellungen der Szene *ohne* Hund gedreht. Sie war ausgerechnet bei der »Hundesequenz«, die sie sich bis zum Schluss aufgehoben hatte, als die Direktorin das bei unserer Rückkehr bemerkte und nun empört war und sich auch von mir zu Recht getäuscht fühlte. Sie forderte nun, dass wir die Dreharbeiten in der Galerie sofort beenden müssen. Das konnten wir tun, denn die Hundeszene war soeben im Kasten.

Bei den restlichen zwei Einstellungen in den Gängen des Schlosses (die dann später am Schneidetisch ohnehin aussortiert wurden) überwachte uns das bisher freundliche Museumspersonal besonders aufmerksam. Ich hatte dafür zu sorgen, Drehorte nicht »verbrannt« zu hinterlassen. Einige Institutionen hatten unangenehme Erfahrungen mit Dreharbeiten gemacht und nachfolgende Film-Kollegen und -Kolleginnen hatten dann Probleme, eine Drehgenehmigung zu bekommen. Auch ich stand manchmal aus solchem Grund vor verschlossenen Türen, die nur schwer oder mit hohen Kosten wieder zu öffnen waren. Also bin ich nach Abschluss der Arbeiten auf der Moritzburg mit vielen freundlichen Worten, einem riesigen Entschuldigungs-Blumenstrauß und etwas leckerem Wein wieder bei der Direktorin aufgetaucht und habe um Gutwetter gebeten. Wir schieden fast als Freunde.

Unseren Hauptdrehort, die sächsische Kleinstadt, fanden wir in dem Töpfer-Städtchen Kohren-Sahlis, im damaligen Kreis Geithain. Mit Unterstützung der örtlichen und regionalen Behörden, besonders des Kreisschulrates, der Gaststätten und dem Interesse vieler Einwohner und Einwohnerinnen an den Dreharbeiten, gelang es, unseren Filmort »Siebenthal« dekorativ einzurichten. Ein Problem ergab sich häufig, wenn bei Außenaufnahmen ein größerer Drehstab (vierzig bis achtzig Personen) unterzubringen war. Sehr oft waren die wenigen Hotels und Pensionen im Voraus auf lange Zeit ausgebucht. Gern versuchten wir, Arbeiterwohnheime oder betriebliche Ferienheime mit größeren Kapazitäten zu nutzen. Dort konnten wir uns manchmal ausbreiten, eine preiswerte Verköstigung zu von uns disponierten Zeiten organisieren und auch unsere Technik sicher lagern. So gelang es, für den Drehkomplex »Festwiese« in Buckow, fast neben dem Drehort, ein großes funktionsfähiges Betriebsferienheim mit ausreichend Lagerräumen und Garagen zu mieten, die auch als Stallungen der Filmtiere genutzt werden konnten. Häufig aber

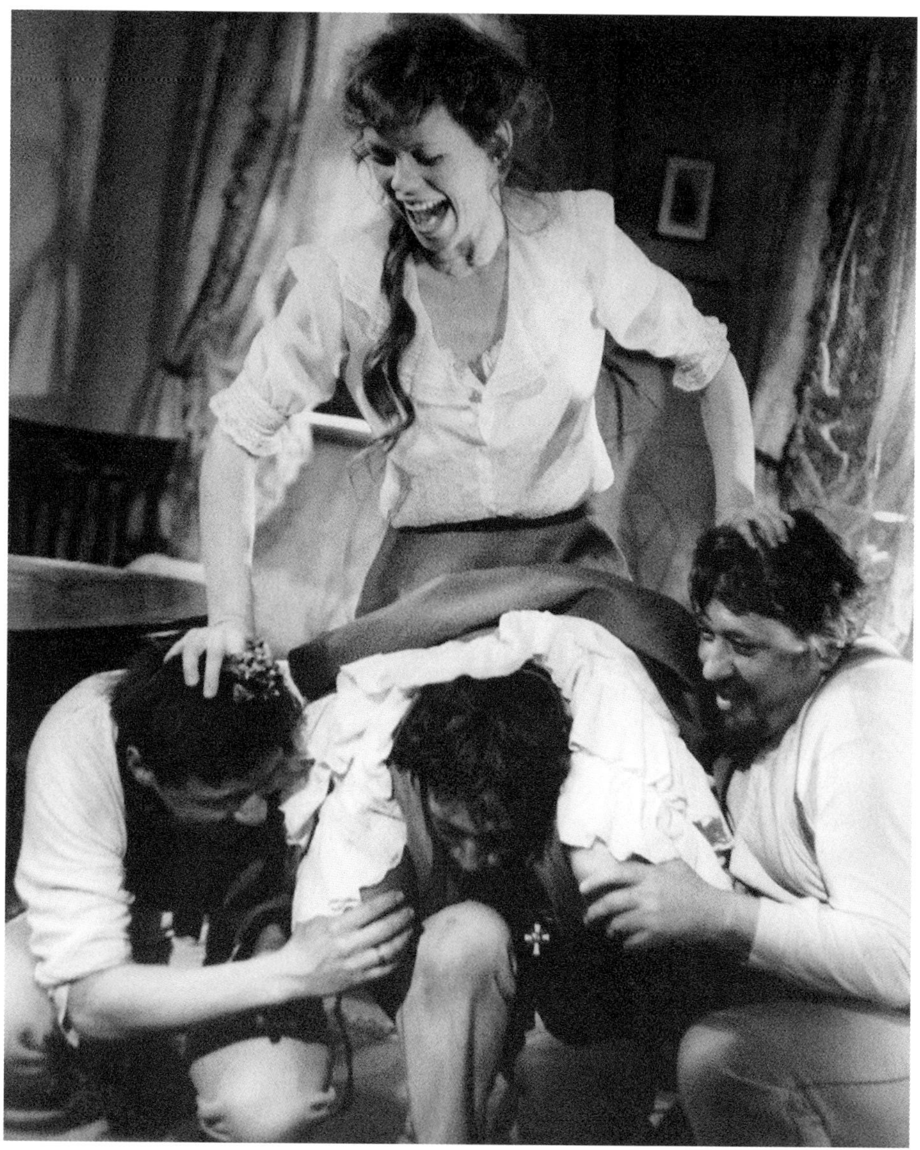

Renate Krößner und (v. l. n. r.) Günter Junghans, Jürgen Gosch, Kurt Böwe in ZÜND AN, ES KOMMT DIE FEUERWEHR (1978, Rainer Simon)

mussten wir uns auf verschiedene, auch qualitativ unterschiedliche Quartiere verteilen und morgens und abends vielfältige An- und Abfahrten mit begrenztem Fuhrpark organisieren.

Um in Kohren-Sahlis arbeiten zu können, wohnten wir sternförmig um den Drehort verteilt. Die Schauspielerinnen, Schauspieler, der Regisseur, einige Spartenleiter und ich wohnten anfänglich in einem Leipziger Interhotel (Anfahrtszeit zum Drehort: eine Stunde). Einige Mitarbeitende mit eigenen beruflichen oder privaten Fahrzeugen fanden Unterkunft in Altenburg, Geithain, Schmölln oder Frohburg. Nur wenige von ihnen nutzten anfangs uns angebotene Privatquartiere am Drehort in Kohren-Sahlis. Als sich herumsprach, wie bequem diese Unterkünfte mit dem persönlichen Service waren, zogen auch der ein oder andere Schauspieler wie Kurt Böwe und Rolf Ludwig, einige Mitarbeitende, auch ich dorthin. Abends trafen wir uns dann lieber zu »Fachgesprächen« in einer angesagten Kneipe, als täglich zwei Stunden mit Fahrzeit zu vergeuden.

Bei Außenaufnahmen an dunklen Tagen gerieten wir immer wieder in Grenzsituationen, in denen zu entscheiden war, ob die Lichtverhältnisse noch ausreichten, die wir für unser unempfindliches Filmmaterial benötigten. Für einen Wochenendtag hatten wir auf dem Markt des Städtchens eine große Szene vorbereitet. Alle Bewohner und Bewohnerinnen waren durch Postwurfsendungen und in Einwohnerversammlungen auf die Dreharbeiten vorbereitet worden. Von zwölf Häusern ließen wir die großen nach Südwesten ausgerichteten Fernsehantennen entfernen. Für die Zeit der Fernsehabstinenz hatten wir mit den Betroffenen eine finanzielle Entschädigung ausgehandelt. Nach Drehschluss erhielten sie neue Antennen, die zu ihrer Zufriedenheit ausgerichtet wurden. Das erledigte eine ortsansässige Fernsehwerkstatt. Ebenso wurden alle modernen Straßenlampen und sichtbaren Hinweise auf die Gegenwart wie Straßenschilder, moderne Farbanstriche, Türgriffe und Klingelknöpfe entfernt, durch historische ersetzt und nach Drehschluss zurückgebaut.

Das relativ moderne Straßenpflaster wurde mit Sand bestreut. Die so präparierte Marktstraße wurde für einige Tage abgesperrt. Verabredet wurde, dass nur in den Drehpausen oder als Kleindarstellerin bzw. Kleindarsteller in der Szene auf Kommando die Wohnhäuser betreten oder verlassen werden durften. Ebenso waren Blicke aus Fenstern nur durch eingewiesene Kleindarstellerinnen und Kleindarsteller möglich. Alles für das Drehen des großen Trauerzuges durch die Stadt zum Friedhof war drehfertig eingerichtet. Zwei Kameras (eine auf einem 7-Meter-Kran) waren vorbereitet. Über zwanzig Schauspielerinnen, Schauspieler und 300 Kleindarstellende standen in Kostümen und historisch frisiert drehbereit auf der Marktstraße. Es war ein kalter trüber Tag und ab und zu nieselte es. Dann wurden schnell Schirme verteilt und Unterstände geschaffen, die ebenso schnell wieder zu entfernen waren. Wir hatten für unseren »Sommerfilm« im Januar und Februar auf einen möglichst schneefreien und nicht zu kalten Winter gehofft. So bekamen alle Darstellerinnen und Darsteller auch nur Sommerkostüme – mit viel wärmender Unterwäsche. Die Szene wurde mehrfach geprobt. Wir schauten auf Roland Dressel, seinen Assistenten und den Oberbeleuchter, die mit verschiedenen Messgeräten die Lichtverhältnisse prüften, dann beratschlagten. Roland erklärte immer wieder, es reiche nicht. Einige wenige nahe Einstellungen konnten noch gedreht werden, aber große Totalen nicht mehr. Roland entschied sich, die Belichtungsgrenzen des Filmmaterials keinesfalls zu überschreiten. Rainer Simon stützte diese Haltung. Ich aber wollte als Produktionsleiter nicht einfach aufgeben, wollte wenigstens einen Versuch wagen und dafür auch die Verantwortung übernehmen. Beide waren ausgewiesene Könner ihres Fachs, ich jedoch noch immer ein Anfänger.

In der Hoffnung auf Wetterbesserung warteten wir, entließen zwischendurch die Darstellenden zum Aufwärmen in die umliegenden Gaststätten, deren Tanzsäle wir ohnehin als Garderoben und Maskenräume gemietet hatten. Einige der Kleindarstellerinnen und -darsteller gingen in den Kostümen und mit den Jahrhundertwendefrisuren nach Hause, um sich ihren Familien für ein Foto zu präsentieren. Sie dann schnell für einen neuen Dreh-Versuch wieder zusammenzubekommen, war eine besondere Aufgabe der Aufnahmeleiter. An diesem Tag haben wir mehrmals vergeblich versucht zu drehen. Es nieselte irgendwann nicht mehr, aber es wurde nicht heller. Auch die inzwischen beschafften lichtstarken Kameraobjektive linderten das Problem mit dem unempfindlichen Filmmaterial nicht ausreichend.

Am Nachmittag brachen wir die Dreharbeiten ab und hofften, für das nächste Wochenende alles wieder erneut vorbereiten zu können. Zwei Tage später zwang uns auch noch ein heftiger und andauernder Schneefall zu einer mehrwöchigen Drehunterbrechung. Wir sicherten provisorisch die vorbereiten Drehorte und fuhren schließlich, bis auf einen Baubühnenmann und einen Aufnahmeleiter, nach Hause. Hier warteten wir ab, versuchten, alle Beteiligten, soweit das möglich war, in Bereitschaft zu halten, und bereiteten die Fortsetzung der Arbeiten vor, die durch veränderte Termine, Genehmigungen, Verträge, das Beschaffen von Unterkünften und andere Erfordernisse neu strukturiert werden mussten.

Drehzeit und nahezu alle Kosten stiegen erheblich. Da wir aber im Winter zur Auslastung der vorhandenen Studiokapazitäten beitrugen, hatte diese Überziehung auf die Jahresbilanz des Studios keine relevanten Auswirkungen. Statt des geplanten 22. März wurde unser letzter Drehtag der 27. April. Nur *ein* Drehtag von den geplanten 53 war in einer verschneiten Landschaft vorgesehen, und den konnten wir dann an einem kalten Tag mit viel natürlichem Schnee in Wildenbruch an und auf dem zugefrorenen Seddiner See in der Nähe von Potsdam realisieren. Mit beginnendem Tauwetter und der Unterstützung vieler Bewohnerinnen und Bewohner (inzwischen konnten viele Mitarbeitende dort in Privatquartieren untergebracht werden) gelang es dann endlich, die Dreharbeiten in Kohren-Sahlis fortzusetzen.

Ein weiteres wichtiges Motiv der Filmhandlung war »das alte städtische Gefängnis«. In der Szene wollte unsere Feuerwehr durch ein großes Feuer Aufsehen erregen, auch um von ihren kleineren Versuchen abzulenken. Sie zündeten während des großen Stadtfestes zu Ehren von Karl May das eigentlich leerstehende Gefängnis an. Es brannte bald lichterloh. Die herbeigeeilte Stadtbevölkerung und unsere löschbereite Feuerwehr hörten plötzlich aus dem brennenden Gebäude Hilferufe. Am Vortag war ein kleiner Silberdieb festgenommen und vorübergehend dort eingesperrt worden. Erschreckt versuchten nun unsere Feuerwehrleute und besonders Hauptmann Kaden (Glatzeder), den armen Unschuldigen zu retten. Sie schafften es und waren nun die Helden. Solch einen Gefängnisbau massiv neu zu bauen, um ihn dann zu verbrennen, kam, die Baukapazitäten des Studios und unser Budget bedenkend, nicht infrage. Also suchten wir an verschiedenen Orten nach einem geeigneten Bau. Mit einigen Anpassungen – hier waren dies vor allem vergitterte Fenster – musste es glaubhaft ein Kleinstadtgefängnis um 1900 werden. Es sollte mehrere Etagen haben. Wir wollten innen und außen Feuer in steuerbarem Umfang passend zu den Einstellungsgrößen erzeugen und zwischen den Flammen mit unseren Darstellenden und Kaskadeuren dramatische Aktionen und Bilder erzeugen. Am Ende sollte das Ding auch noch ganz abbrennen.

Nach einigem Suchen stießen wir auf ein altes aufgegebenes mehrstöckiges Getreidesilo in der Nähe von Strausberg. Von Vorteil war, dass es völlig frei stand und keine Hochspannungsleitungen und moderne Anschlussbauten uns eingeschränkten. Es erschien uns nahezu ideal, da wir das Motiv »Festwiese« in der Nähe, in Buckow (Märkische Schweiz), gefunden hatten und somit ein zusätzlicher aufwendiger Umzug des Drehstabes nicht notwendig geworden wäre. Das Silo gehörte einer Landwirtschaftlichen Produktionsgenossenschaft (LPG), die kein Interesse mehr an dem alten Bau hatte. Die Genehmigung allerdings musste der Rat des Kreises geben. Das schien nur eine Formalität zu sein. Auf meine schriftliche Anfrage wurde mir nach zwei Wochen erklärt, man sei dankbar, dass wir sie auf dieses ungenutzte wunderbare Silo aufmerksam gemacht hätten. Damit hätten sie ein dringend benötigtes Lagerhaus für Konserven gefunden. Alle nachdrücklichen Verhandlungsversuche und finanziellen Angebote änderten an dieser Entscheidung nichts mehr.

Wir suchten nun überall weiter und wurden auf das Dorf Magdeborn in der Nähe von Leipzig aufmerksam, das für einen geplanten Braunkohletagebau schon leergezogen war. Viele Häuser waren bereits abgerissen und die restlichen Bauten wurden für einen Abriss im Frühjahr vorbereitet. Wir konnten uns ein relativ freistehendes Gebäude aussuchen und dort unser Gefängnis einrichten, mit einem Stück Gefängnismauer versehen und Brände inszenieren, so viel wir wollten. Eine Gruppe von freien Pyrotechnikern hatte sich auf solche Effektbrände spezialisiert und war interessiert, ihre Kunst auch in einem Spielfilm zu zeigen. In einem Netzwerk von 25 sehr großen Propangasflaschen und vielen Gasschläuchen wurden jeweils hinter den vergitterten Fenstern verschieden große Brenner installiert.

Nach dem Kommando »Feuer ab« schossen Gasflammen in gewünschtem Umfang hoch und entzündeten dabei kontrolliert Teile des Gebäudes. Danach konnten »Ton ab« und »Kamera ab« und dann das »Bitte« für die Schauspielerinnen und Schauspieler erfolgen. Mit dem »Aus« wurden die Gashähne zugedreht und die darauf trainierte wirkliche Feuerwehr löschte wieder sorgfältig die Feuer, um ein erneutes Drehen zu ermöglichen und natürlich die Darstellerinnen und Darsteller zu sichern sowie ein Übergreifen der Brände zu verhindern. So gelang es, alle Brandszenen an nur drei Tagen ungehindert zu drehen – und warm war es am Drehort außerdem noch. Zum Schluss sollte das »Gefängnis« – leergeräumt – in einer Totalen als Großfeuer abbrennen. Durch das ständige Löschen während der Dreharbeiten war das Gebäude aber so von Wasser durchtränkt, dass trotz aller Bemühungen, auch mit viel Brandmasse und Benzin, keine Flammen mehr zu erzeugen waren, nur noch große schwarze Rauchwolken. Aber auch das war beeindruckend und wir gaben uns damit zufrieden.

Auch der Hirsch, ein 16-Ender, der für König Albert zum Jubiläums-Abschuss präpariert wurde, beschäftigte Jäger und Tierpräparateure einige Zeit. Der Hirsch (natürlich kein wirklicher 16-Ender) wurde rechtzeitig erlegt. Für die Dauer der Wartezeit bis zur Filmaufnahme wurde der Tierkörper tiefgefroren. Am Drehtag wurde dann das dazu ausgeliehene 16-Ender-Geweih angebracht und der schon stark riechende Kadaver so platziert, dass die Aufnahmen überzeugend gelangen.

Vor den Dreharbeiten zum Komplex »Festwiese« überraschten und erschreckten uns nacheinander zwei Pferde sehr. Die Feuerwehr wird im Film von einem Pferd, Lise, gezogen. Irgendwann konnte die schon ältere Kaltblut-Stute nicht mehr, sie blieb einfach stark schwitzend stehen. Wir holten einen

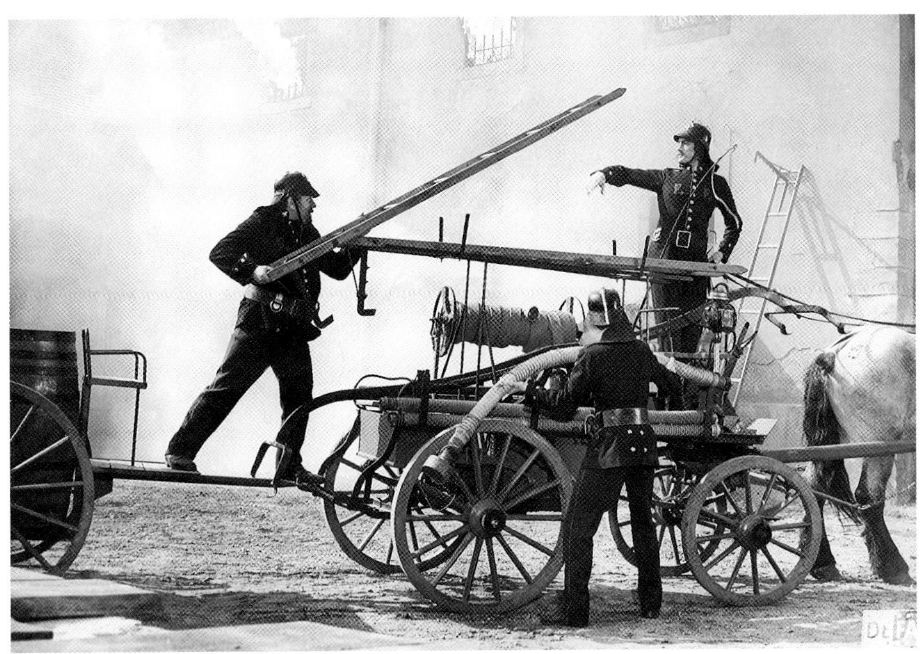

Kurt Böwe, Günter Junghans, Winfried Glatzeder (v. l. n. r.) in ZÜND AN, ES KOMMT DIE FEUERWEHR (1978, Rainer Simon)

Tierarzt. Der erklärte uns, dieses Pferd hätte einen schweren Herzfehler, es kann jeden Moment umfallen und dürfe nicht gehetzt werden. Aber für einige noch zu drehende Szenen sollte Lise noch tüchtig rennen. Ein Ausfall dieses Tieres käme dem Ausfall einer Schauspielerin gleich. Wir hätten im schlimmsten Fall aufwendige Szenen an verschiedenen Drehorten mit einem anderen Pferd wiederholen müssen. Es musste also ein gesundes Double für Lise gefunden werden. Sie war auch schon etwas älter und graumeliert. Von uns engagierte Späher fanden nach einigen Tagen in der Nähe einen Wallach, der im Forst Bäume schleppte. Den haben wir dann »graumeliert geschminkt« in Totalen mit der Feuerwehr galoppieren lassen und dabei möglichst nicht von der Seite gezeigt. Ein Wallach sieht eben etwas anders aus als eine Stute. Unsere alte Lise kam dann nur noch in ruhigen nahen Einstellungen zum Einsatz.

Kurz vor dem personell aufwendigsten Drehtag erhielt ich die Information, dass eines der anderen Reitpferde verfohlt[69] hatte. In solchen Fällen, so

69 Verfohlen: Abstoßen eines nicht lebensfähigen Fohlens vom Körper der Stute.

wurde mir berichtet, besteht der Verdacht auf eine Brucellose[70]. Das war damals noch eine schwere Tierseuche. Eine Blutprobe wurde zur Untersuchung in ein Speziallabor gebracht. Auf das Ergebnis mussten wir zwei, drei Tage warten. Beim Verbringen von Pferden von einem Landkreis in einen anderen war zuvor jeweils eine tierärztliche Genehmigung einzuholen. Das hatten die Pferdetrainer und -betreuer, die sich in unserem Auftrag um die Pferde, deren Transport, Unterbringung, Futter, Training und die tierärztlichen Regelungen zu kümmern hatten, aus Zeitmangel und vielleicht Bequemlichkeit vernachlässigt.

Wäre der Verdacht durch den Labortest positiv bestätigt worden, hätten wir sämtliche Dreharbeiten mit den Tieren sofort abbrechen müssen und alle Betriebe mit Pferden im Kreis Strausberg wären unter Quarantäne gestellt worden. Das hätte auch den Zirkus Busch, der hier beheimatet war, betroffen. Dieser Zirkus hätte eine geplante europaweite Tournee absagen müssen. Dadurch wären Vertragsstrafen in mehrfacher Höhe unseres Gesamtbudgets angefallen. Das hätte nicht nur das Ende unserer Dreharbeiten bedeuten können. Und *ich* hatte die Pferdefachleute unter Vertrag genommen! Ein paar Tage habe ich die möglichen Konsequenzen geheim gehalten, um die Drehvorbereitungen planmäßig weiterlaufen zu lassen. Den verantwortlichen Pferdetrainer verpflichtete ich, ebenfalls zu schweigen. Außerdem vermied er, sich nach einem heftigen Donnerwetter in meiner Nähe aufzuhalten. Am dritten Tag tauchte er dann strahlend wieder auf. Der Test war negativ. Alle Arbeiten konnten in gewohnter Weise weitergehen. Die überwachte ich jetzt intensiv weiter.

In diesen Tagen habe ich kaum geschlafen und war ziemlich abgespannt. Der aufwendigste Drehtag stand noch bevor. Nach einer letzten Abstimmung mit allen sieben Aufnahmeleitern am Vorabend waren alle Details und Vorgehensweisen geprobt und verabredet. Der 1. Aufnahmeleiter, Manfred Peetz, bemerkte meine Erschöpfung und empfahl mir dringend, am nächsten Tag auszuschlafen, in Ruhe zu frühstücken und erst am Nachmittag an den Drehort zu kommen. Ich könne nun eh nichts mehr machen. Das sah ich ein und hielt mich an seinen Rat.

Der Komplex »Festwiese« mit 500 Kleindarstellerinnen und -darstellern (darunter 300 Kinder) in Kostüm und Maske, einer Radebeuler »Karl May-Indianergruppe«, Kunstreitern, Messerwerfern, Peitschenknallern, Reitern und Kutschen, den Lebendbildern »Siebenthal grüßt Karl May, den größten Dichter Deutschlands« und allen unseren Darstellerinnen und Darstellern

70 Brucellose: eine der häufigsten bakteriellen Infektionen.

war mit zwei Kameras am Rande von Buckow wirklich so detailliert vorbereitet, dass bei perfektem Filmwetter und einem idealen Arbeitsablauf schon am Nachmittag vom Drehort-Aufnahmeleiter Peter Schlaak »Drehschluss« verkündet werden konnte. All die Mühen sieht man diesem vergnüglichen, klugen und gut gemachten historischen Abenteuerfilm nicht an. Ich bin nach wie vor stolz auf diese gemeinsame Arbeit.

Gern erinnere ich mich daran, dass Rainer Simon und ich ein gemeinsames Interesse an noch nicht so bekannten Malern und Grafikern endeckten. Während der Drehvorbereitung besuchten wir an freien Abenden sehenswerte Ausstellungen, unter anderem in Karl-Marx-Stadt (heute Chemnitz). Die Konzentration auf die Arbeit hatte bei solchen Gelegenheiten mal Pause. Das war auch wichtig. Mit Rolf Ludwig und Kurt Böwe fanden wir uns nach anstrengenden Drehtagen manchmal zu einem fröhlichen Bierabend zusammen. Beide waren glänzende Unterhalter und überboten sich zu unserem Vergnügen mit komischen Anekdoten und Darstellungen.

Blauvogel (1979)

Regie: Ulrich Weiß | Premiere: 13. Dezember 1979

Nach der beliebten gleichnamigen Erzählung von Anna Jürgen schrieb Regisseur Ulrich Weiß das Drehbuch. Gerd Gericke war der stoffführende Dramaturg. Den historischen Hintergrund der Geschichte bildet der später sogenannte Franzosen- und Indianerkrieg zwischen England und Frankreich, 1754 bis 1763, um die Vorherrschaft in den Kolonien im nordöstlichen Amerika, in den die Native Americans auf beiden Seiten einbezogen waren und dabei auch eigene Interessen verfolgen mussten. Die allgemein verbreiteten sogenannten Indianer- und Westernfilme (auch die der DEFA mit Gojko Mitić) handeln gewöhnlich 100 bis 200 Jahre später.

George, der neunjährige Sohn der englischen Siedlerfamilie Ruster wird von Irokesen entführt und soll die Stelle des verstorbenen Sohnes in einer solchen indigenen Familie einnehmen. Mit ihm erleben wir die fremde Lebenswirklichkeit der Irokesen und das Aufeinanderstoßen der Kulturen im Kriegsgeschehen. Das Erschrecken des Jungen, sein Heimweh, seine Ängste, aber auch das wachsende Vertrauen zu den Irokesen sind einfühlsam inszeniert, dargestellt und in beeindruckende Bilder gefasst. Am Ende vor die Möglichkeit gestellt, zu seiner alten Familie zurückzukehren oder bei seiner neuen Familie zu bleiben, entscheidet sich der inzwischen erwachsen gewordene George für ein Leben bei den Irokesen.

Am Filmanfang wird die Ankunft der Siedlerfamilie Ruster vor einer Blockhütte am Waldrand und beim Roden des Waldes gezeigt. Die Heimkehr des verlorenen Sohnes George soll mit dem Fällen des überragenden Baumes vor dem Siedlungsgelände gefeiert werden. Im Film vermieden wir, das genaue Alter Georges zu nennen. Einen neun- oder zehnjährigen Jungen wollten wir nicht besetzen, denn auch in der DDR war Kinderarbeit verboten und wir hätten mit unserem Hauptdarsteller maximal zwei Stunden pro Tag drehen dürfen. Wochenlang suchten wir nach einem begabten Jungen, der möglichst schon 14 Jahre alt sein sollte (also nicht als Kind zählte), noch kindlich wirkte, aber physisch und psychisch belastbarer war. Als George/Blauvogel wurde nach ausführlichem Suchen und Probeaufnahmen Robin Jaeger besetzt, ein begabter blonder Junge aus Potsdam. Er wurde stets von einer extra engagierten und ausgebildeten Betreuerin begleitet, die sich nur um sein Wohlergehen zu kümmern hatte. Er war der Hauptdarsteller, war an den meisten Dreharbeiten beteiligt und hat den Film mitgeprägt. Den erwachsenen George/Blauvogel spielte Gabriel Oseciuc, ein junger rumänischer Schauspieler.

Diese Zusammenarbeit mit dem Regisseur Ulrich Weiß (es war sein zweiter Spielfilm) wurde meine erste Auslandsarbeit. Das Buch und auch seine Filmfassung gefielen mir. Es leuchtete ein, dass für die Waldlandschaft in Nordamerika Mitte des 18. Jahrhunderts die märkischen Wälder der Gegenwart nicht gut herhalten konnten, und ich war gespannt auf Rumänien, die Karpaten, das frühere Siebenbürgen und die rumänischen Kolleginnen und Kollegen. Mehrere, auch »Indianerfilme« der DEFA, waren dort schon entstanden.

Ursprünglich war erwogen worden, diesen Film gemeinsam in Koproduktion zwischen der DEFA und Romania Film Bukarest herzustellen. Das Drehbuch von Ulrich Weiß war deshalb bereits ins Rumänische übersetzt und mit der Bitte um Vorschläge für den rumänischen Anteil (Motive, Besetzung der »Indianer«-Rollen u. a.) zum Spielfilmstudio Buftea[71] vorausgeschickt worden. Nach einigem Überlegen war man in Rumänien bereit, uns als Dienstleister zu unterstützen, aber nicht als Koproduzent mitzuwirken. Ich hatte den Eindruck, dass unsererseits schon damit gerechnet und auch erleichtert aufgeatmet wurde. Mich hätte zwar fachlich eine Koproduktion interessiert, aber ich wusste theoretisch, dass gleichberechtigte internationale Koproduktionen sich inhaltlich schwierig sowie zeit- und kostenaufwendig gestalten konnten. Also gingen wir als alleinige Produzenten an die Vorbereitung.

Eine Reihe unserer Leute arbeitete gern in den Karpaten. Man bekam Auslandsspesen, wohnte gewöhnlich in guten Hotels und konnte jede Men-

---

71 Die Filmstudios Buftea in Bukarest sind die einzigen Filmstudios in Rumänien.

ge Überstunden machen. Ulrich Weiß, der Kameramann Otto Hanisch, der Szenenbildner Hans Poppe und ich flogen mit dem Dolmetscher Leo Aron im Juni 1978 zu einer Motivsuche und weiteren Recherchen nach Bukarest. Am Flughafen Otopeni bei Bukarest empfing uns eine kleine Arbeitsgruppe des Buftea-Studios und wir reisten gemeinsam gleich weiter in die Karpaten. Bald waren wir überzeugt, hier die fremde Lebenswelt der Native Americans mit rumänischen Darstellerinnen und Darstellern gestalten zu können. Mit einheimischen Bau- und Requisitenhelfern gelang es Hans Poppe und seinem Assistenten Günter Kriewitz, eine Lebenswirklichkeit der Irokesen in den bergigen Wäldern Nordamerikas um 1760 überzeugend in die Karpaten zu versetzen und für die Dreharbeiten herzurichten. Auch die Gewandmeisterin Ruth Kiecker und Gewandmeister Hans Linke, der Maskenbildner Kurt Adler und der Außenrequisiteur Georg Wüstenberg trugen jeweils mit ihren Mitarbeitenden und den rumänischen Unterstützern zur Glaubwürdigkeit der Geschichte bei.

Nach ausführlicher Motivsuche, Besetzungsverabredungen, Festlegungen für Unterkünfte, Transporte, Bau- und Ausstattungsverabredungen und prinzipiellen methodischen Festlegungen für die Drehplanung und Arbeitsorganisation erarbeiteten wir ausführliche Listen für einen Dienstleistungsvertrag und baten um eine Kalkulation der zu erwartenden Kosten. Die fiel dann für uns deutlich zu hoch aus und wurde in Babelsberg nicht akzeptiert. Wir mussten überlegen, wo und wie Kostenreduktionen zu erreichen waren, ohne das Vorhaben zu beschädigen. Ich flog noch ein paarmal nach Bukarest, um mit den rumänischen Kollegen auch *solche* Überlegungen anzustellen. Für Scheinlösungen waren wir alle nicht zu haben. Es war zu spüren, dass man interessiert war, mit uns für dieses Vorhaben zusammenzuarbeiten.

Erhebliche Posten in der hohen Kalkulation ergaben die zu erwartenden Baukosten und die Hotelkosten in Brașov (Kronstadt). Das Hotel in Brașov galt als eines der besten in der Gegend und wegen der komfortablen zentralen Lage in der historischen Altstadt auch als eines der teuersten. So schlug mein rumänischer Kollege Gheorghe Pîrîu vor, ein preiswerteres Hotel zu suchen. Ich war skeptisch, denn ich wollte unseren Leuten bei der zu erwartenden anstrengenden Drehzeit ein erholsames Quartier sichern. Elf Kilometer von Brașov entfernt, in dem kleinen Luftkurort Predeal (der höchstgelegenen Stadt Rumäniens) gab es das neue, sehr moderne Hotel »Orizont«. Es bot noch mehr Annehmlichkeiten als das Vier-Sterne-Hotel in Brașov, nur gab es rundherum kaum Abwechslung. Für drehfreie Wochenendtage konnte ich einen Busverkehr nach Brașov organisieren lassen und unseren Produktionsfahrer bitten, mit dem Produktions-Pkw der Marke »Wolga« einige

Fahrten in seiner Freizeit zu übernehmen. Bei der Mehrheit der Mitarbeiterinnen und Mitarbeiter fand ich Verständnis für meine Entscheidung, denn die Hotelkosten wurden dadurch halbiert.

Um die Baukosten und die kostenintensive Aufenthaltsdauer zu verkürzen, überlegten wir, einer Idee von Ulrich Weiß zu folgen: Er wollte den rauen Umgang der weißen Siedler mit der Natur im Gegensatz zum Leben mit und in der Natur der Indigenen auch mit der Wahl und Gestaltung der Drehorte verdeutlichen. Ulrich Weiß lebte sehr naturverbunden, er wanderte oft stundenlang durch Wälder und kannte sich gut in der märkischen Umgebung aus, einige Motive hat er sich selbst erlaufen. Ein Baum war für ihn ein schützenswertes Lebewesen und nicht nur Nutzholz.

So beschlossen wir, das Leben der Siedlerfamilie Ruster am Anfang und am Ende des Films sowie das Roden des Waldes auf einer ohnehin frisch gerodeten Waldlichtung in der Nähe von Potsdam mit Kurt Böwe (John Ruster), Jutta Hoffmann (Mildred Ruster), Robin Jaeger (George als Kind) / Gabriel Oseciuc (George als Erwachsener) und Jan Spitzer (Andrew) und den Töchtern zu drehen. Auch Egon Günther nahm in einer Kleinstrolle daran

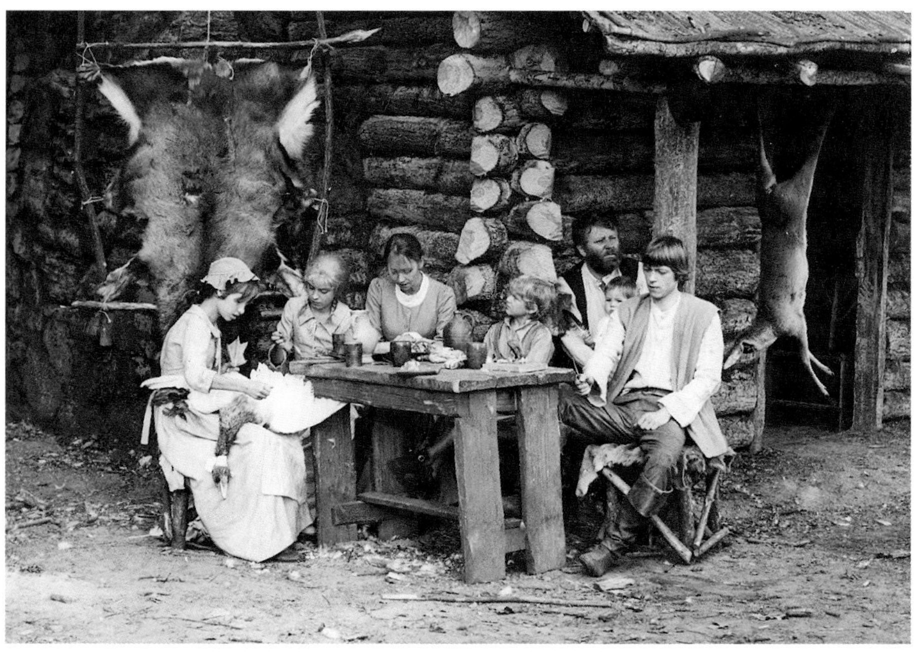

Szenenfoto aus Blauvogel (1979, Ulrich Weiß): Familie Ruster vor ihrem Blockhaus

teil. Diese Bauten und Dreharbeiten in relativer Nähe zu unserem Studio in Babelsberg senkten die Aufenthalts- und Ausstattungskosten in Rumänien noch mal deutlich. Damit gelang es, eine Gesamtkalkulationssumme zu erreichen, die uns von der Studioleitung freigegeben wurde.

Während der Vorbereitungen stieß auf Wunsch von Ulrich Weiß als Regieassistent noch Jörg Foth dazu. Es wurde seine erste Beschäftigung im Spielfilmstudio. Ein wichtiger Mitstreiter für mich war der erfahrene 1. Aufnahmeleiter Manfred Peetz. Wir hatten bereits an der Produktion ZÜND AN, ES KOMMT DIE FEUERWEHR zusammengearbeitet. Er hatte überdies schon bei anderen DEFA-Produktionen in Rumänien Erfahrungen gesammelt, die uns jetzt sehr halfen. Außerdem studierte ich ausführlich die Reise- und Drehberichte über die Erfahrungen meiner Babelsberger Kollegen und über Arbeits- und Lebensbedingungen in Rumänien. Hinweise über den speziellen Umgang, etwa mit Behörden wie dem Zoll, und ein paar praktische Tricks erhielt ich mündlich von ihnen. Es gab einige offizielle Bücher über Rumänien zu kaufen, die aber auch vieles verschwiegen.

Der erfahrene Produktionsleiter Gheorghe Pîrîu wurde mein Partner. Auf beiden Seiten unterstützten filmerfahrene Dolmetscher die Zusammenarbeit. Ich bemühte mich zudem, vor allem während der langwierigen Kalkulationsverhandlungen die rumänische Sprache so weit zu erlernen, dass ich mit allen Zahlen, den wichtigsten Alltags- und Filmbegriffen umgehen konnte. Für die rumänische Kalkulation, alle Abrechnungen und für die Speisekarte brauchte ich bald keinen Dolmetscher mehr und am Drehort war mit den rumänischen Mitarbeitern, Darstellerinnen und Darstellern auch bald ein Smalltalk möglich.

Nach Abschluss des Dienstleistungsvertrages drehten wir zunächst bei Potsdam mit der Siedlerfamilie vor ihrem Blockhaus und bereiteten unseren Umzug nach Rumänien vor. Parallel war dort der rumänische Teil-Stab (25 Mitarbeiterinnen und Mitarbeiter: Aufnahmeleiter, Regieassistenten, Sekretärinnen, Dekorationsbauspezialisten, Requisiteure, zusätzliche Garderobieren und Maskenbildner u. a.) mit der Vorbereitung der dortigen Dreharbeiten beschäftigt. Mit vier Lkw, drei Hängern, der Lichtmaschine (50-kW-Aggregat), zwei Kleintransportern B 1000[72] und einem Pkw mit dem Verpflegungshänger brachten wir unsere Filmtechnik, Beleuchtungstechnik, die komplette Kostümausstattung, die Kleindarstelleruniformen, Spiegel, Masken- Schminkgerätschaften, Requisiten, Baugeräte und Material nach Predeal. Diese Transporte realisierten wir mit unseren Mitarbeitern und studioeigenen Fahrzeugen.

72 Der Barkas B 1000: Kleintransporter, fand in den Jahren 1961 bis 1991 in verschiedenen Ausführungen in der DDR (wie der VW Bulli in der BRD) viel Verwendung.

Alle Transporte wurden im Studiogelände vom Zoll verplombt. Damit war ein Transit durch die ČSSR und Ungarn möglich. Um den zeitaufwendigen Vorgang (es konnte manchmal Tage dauern) des »Entzollens« abzukürzen, konnte ich eine von meinen DEFA-Kollegen geübte und mir mündlich übermittelte »Prozedur« organisieren: Wir baten telefonisch einen bestimmten rumänischen Zollbeamten, den wir natürlich von seiner Privatwohnung abholten, zu unserem Hotel »Orizont« in Predeal. Er war gewohnt, DEFA-Fahrzeuge bei der Ankunft zu »entzollen« und vor der Abreise wieder zu »verzollen«, also DDR-Zollplomben auf dem Hinweg zu entfernen und für die Rückfahrt rumänische Zollplomben anzubringen. Außerdem kümmerte er sich unkompliziert um alle Begleitpapiere und versah sie mit notwendigen Eintragungen, Stempeln und Unterschriften. Er war ein Fachmann. Dafür hatte ich mit ihm im Hotelrestaurant vorher ein wahrhaft opulentes Abendessen mit neun Gängen, erlesenem Wein und einigen Schnäpsen zu veranstalten. Gegen Ende des Essens, vor dem letzten Kaffee, signalisierte er mir, dass er nun noch mal pinkeln gehen müsse. Als höflicher Gastgeber begleitete ich ihn und am stillen Örtchen wechselten noch 200 Lei[73] den Besitzer. Daraufhin erklärte er mich zu einem verständigen Freund Rumäniens und ging zufrieden lachend und schwankend mit mir zu den vor dem Hotel aufgereihten Fahrzeugen. Dort warteten unsere Fahrer und die betroffenen Spartenleiter. Er knipste mit einer Zange lachend einfach die Plomben ab. Damit konnten wir an unsere Fahrzeuge. Mit einem Taxi ließen wir ihn nach Hause bringen. Dieser Vorgang wiederholte sich nach Abschluss der Arbeiten in gleicher Weise für den Rücktransport. Beim Verplomben unserer Fahrzeuge mussten wir ihn etwas stützen. Die offizielle Rechnung für diese Dienstleistung erhielten wir später in der Gesamtabrechnung vom Buftea-Studio. Diese erprobte Verfahrensweise ersparte uns viel Zeit und Mühe.

Mitte September 1978 begannen wir mit den Dreharbeiten in den Karpaten. Um jeweils einen eigenen Eindruck vom Verlauf der Dreharbeiten und der Arbeitsatmosphäre zu erhalten, versuchte ich, mich oft am Drehort aufzuhalten. Auch wollte ich als Ansprechpartner bei möglichen Schwierigkeiten rechtzeitig eingreifen können. Fast immer gelang es mir, bei der ersten Klappe (der erste Versuch, wirklich zu drehen) dabei zu sein und zu applaudieren. Für die Besetzung der »indianischen« Rollen konnten interessante rumänische Schauspielerinnen und Schauspieler gewonnen werden. Der Regieassistent Nicolae Corjos versuchte, nach dem Drehbuch und den Wünschen von Ulrich Weiß Besetzungen vorzuschlagen. Das gelang nicht im-

73 Der Leu ([leu̯], Plural: Lei, deutsch: »Löwen«): Währung Rumäniens.

mer sofort. Aber nach verschiedenen Proben entschieden wir uns für zwanzig Haupt- und Nebenrollen und weitere zwanzig besondere Typen, die sehr wirkungsvoll agierten: Ileana Mavrodineanu als »Mittagsonne« (die Mutter), Niculina Ursaru als »Malia« (die »indianische« Schwester). Gheorghe Patru als »Kleinbär« (der Vater), Traian Petrut als »Weißhaar«, Violeta Andrei als »Mutter« von Alfons und Vasile Popa als »Entführer« und Darsteller/Kaskadeur verschiedener »Indianer«.

Als indigene Kleindarsteller wurden Bewohnerinnen und Bewohner aus einem Roma-Dorf in der Nähe engagiert. Diese hatten schon mehrfach in Filmen als Komparsinnen und Komparsen gearbeitet. Der auf diese Zusammenarbeit spezialisierte Regieassistent Gheorghe Constantinescu, genannt Jimmy, suchte nach unseren Vorstellungen die gewünschte Zahl von Männern, Frauen und Kindern aus, probierte mit ihnen die von uns vorbereiteten Fundus-Kostüme und erklärte ihnen ihre Aufgaben. Jimmy war ein Original im Studio Buftea, er war 1,95 Meter groß, sehr hager, hatte einen beeindruckenden schwarzen Vollbart, trug stets Lederstiefel und einen großen schwarzen Hut, er sprach ein wenig Deutsch und war immer freundlich gegenüber jedermann.

Er bestand darauf, die Zusammenarbeit mit den Romnja und Roma allein zu organisieren. Gewöhnlich arbeitete er im Hintergrund. Nur wenn er benötigt wurde, war er schnell da. Da er seine Arbeit sorgfältig und zuverlässig erledigte, hatten wir keinen Grund, ihn zu stören. Zu mir kam er manchmal, um mir einige Geschichten zu erzählen. Ich erfuhr, dass er heftig unter Magengeschwüren litt und eigentlich schmerzlos nur noch in Milch eingeweichte feine Haferflocken essen konnte. Die waren damals in Rumänien schwer zu bekommen. Er wusste, dass es daran bei uns nicht mangelte, darum bitten mochte er aber nicht. Einige Kollegen und ich sorgten dann dafür, dass er regelmäßig zwei bis drei Kilo »Schneeflocken« aus der DDR erhielt. Über jedes dieser Haferflockenpakete freute er sich und wurde ein fröhlicher Mitstreiter.

Irgendwann fiel mir ein Aufnahmeleiter auf, der, so wurde mir erklärt, verantwortlich für das Beschaffen aller notwendigen und manchmal umständlich zu erwirkenden Genehmigungen war. Er hätte also viel im Büro, am Telefon oder unterwegs sein müssen. Ich sah ihn aber immer am Drehort, dort zuhörend, wo sich eine Gesprächsrunde zusammengefunden hatte. Ich nahm an, er wolle an der Gemeinschaft teilhaben. Auch in meiner Nähe hielt er sich gern scheinbar grundlos auf. Jimmy gab mir irgendwann nebenbei zu verstehen, dieser »Aufnahmeleiter« sei Oberleutnant der Securitate[74]. Mein

74 Securitate (offiziell: Departamentul Securității Statului; dt.: Abteilung für Staatssicherheit): Nachrichtendienst und Geheimpolizei in Rumänien (1948–1990).

Kollege Pîrîu, mit dem ich gut auskam, zuckte auf meine Frage nur mit der Schulter. In der Folge sah ich diesen Aufnahmeleiter kaum noch.

Die Darsteller der jungen »weißen« englischen und französischen Soldaten kamen aus zwei Internatsschulen der deutschsprachigen Minderheit Siebenbürgens in der nahe gelegenen Stadt Braşov. Die Kostümierung und Vorbereitung zu organisieren, war für die Garderobiers, Maskenbildnerinnen und Maskenbildner relativ einfach. Die Kostüme wurden in die Schulen gebracht, dort anprobiert. An den Drehtagen wechselten sie ihre private Garderobe genau wie die »Indianer« in unseren Langhaus-Bauten gegen unsere für sie ausgesuchten Kostüme. Im Verlaufe der Dreharbeiten verringerte sich die Anzahl der sehr einfachen Komparsen-Kostüme. Wir mussten nur aufpassen, dass immer noch genug für unsere Dreharbeiten da waren. Das gelang und wir brauchten einiges Material am Ende nicht mehr zu entsorgen. Für kleine Rollen und Kampfszenen konnten wir in Bukarest filmerfahrene und gut trainierte Kaskadeure auswählen. Diese waren bei allen Arbeiten – im Bild und hinter der Kamera – sehr hilfreich.

Zwei größere Dekorationsbauten, das »Fort« und das »Langhausdorf« der Irokesen, konnten unsere Baubühnenmitarbeiter mit rumänischen Unterstützern unter Anleitung von Hans Poppe und Günter Kriewitz rechtzeitig auf einer von Bergen umgebenen Ebene am von uns so genannten »Babarunca-Stausee« errichten. Hier fanden die personell aufwendigsten Dreharbeiten statt.

In einer Szene sollte laut Drehbuch ein edler Hirsch mit einem mächtigen Geweih auf einer blühenden Waldwiese erlegt und dann zeremoniell zerlegt werden. Auf Wunsch von Ulrich Weiß suchten wir lange und fanden in etwa zwei Autostunden Entfernung vom Hotel eine leuchtend blühende Waldwiese. Dort sollte nun der beeindruckende Hirsch in der Sonne stehend majestätisch um sich blicken. Die Irokesen erlegen ihn andachtsvoll und schlachten ihn zeremoniell, um damit ihre Familie vor dem Hunger zu bewahren.

Es war bekannt, dass sich westliche reiche Jäger mit sehr viel Geld eine Hirschjagd in verschiedenen osteuropäischen Wäldern erkaufen konnten, auch in Rumänien, wie mir mein Kollege Pîrîu bestätigte. Wenn ich 3.000 bis 5.000 US-Dollar aufbringen könne, wäre unser Wunsch leicht zu erfüllen. Er wolle aber versuchen, für uns noch eine andere ungewöhnliche Lösung zu organisieren. Nach einiger Zeit machte er mich in unserem Hotel mit einem hohen rumänischen Offizier bekannt. Colonel Munteanu war offiziell der Chef des Jagdwesens der rumänischen Armee. Hinter vorgehaltener Hand gab man mir zu verstehen, er sei quasi der oberste »Hofjägermeister« des Präsidenten Nicolae Ceauşescu, also ein ganz wichtiger Mann. Munteanu vermittelte mir den Eindruck, dass er schon Bescheid wisse, wollte aber von mir unser An-

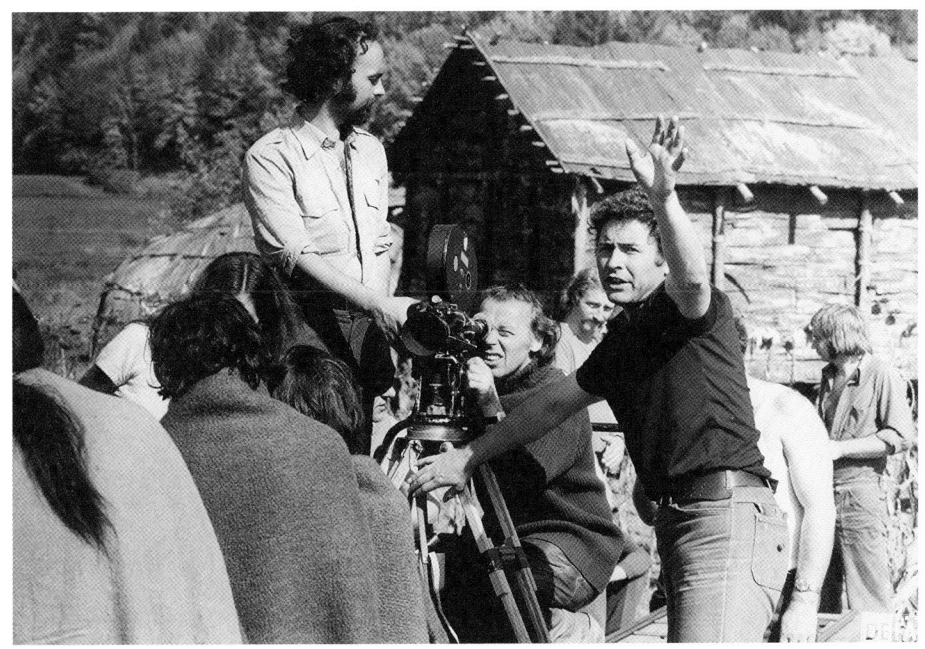

Kameraassistent Norbert Kuhröber, Kameramann Otto Hanisch, Regisseur Ulrich Weiß (v. l. n. r.) bei Dreharbeiten zu BLAUVOGEL (1979)

sinnen noch mal vorgetragen bekommen. Während einer kurzen Pause, in der er sich mit den ihn begleitenden zwei Offizieren und Pîrîu beriet, ließ er für alle Anwesenden (die Aufnahmeleiter Manfred Peetz und Peter Schlaak hatte ich dazugeholt) wunderbaren Weißwein aus Flaschen einschenken, die nicht beschriftet, aber versiegelt waren. Dann erfuhren wir, dass aus einem Tiergehege, in dem unter anderem Hirsche für offizielle Jagd-Veranstaltungen gehalten würden, ein Tier zu dem von uns ausgesuchten Motiv »Waldwiese« gebracht werden könne. Allerdings müssten wir jederzeit kurzfristig bereit sein, andere Dreharbeiten zu verschieben, um die Hirschszenen zu drehen.

Da wir alle zusammen in einem Hotel wohnten und uns auf einen solchen plötzlichen Dispositionswechsel vorbereiten konnten, ließen wir uns auf diese Bedingung ein. Das Finanzielle wollte Colonel Munteanu intern klären. Unsere Kalkulation würde davon nicht oder kaum betroffen sein. Mehr Details erfuhren wir zunächst nicht. Nach ein paar weiteren Gläsern Wein verabschiedete sich der Colonel. Ich dankte meinem Kollegen Pîrîu für seine geschickte Lösung unseres Problems. Mehr konnte er wirklich nicht tun. Später erfuhren wir, dass unser Hirsch aus einem 350 Kilometer entfernten Tiergehege stammte, am Vortag dort betäubt und gefesselt auf der Ladefläche eines Lastwagens der rumänischen Armee nachts zum Parkplatz unseres Hotels gebracht wurde. Zweimal soll ein Tier diese Prozedur nicht überstanden haben. Auf meine direkte Frage danach erntete ich nur ein irritiertes Kopfschütteln.

Am folgenden Morgen wurde der Hirsch auf der »blühenden Waldwiese« nach den Angaben des Regisseurs und des Kameramannes abgelegt und entfesselt. Zwei Kameras waren drehbereit und zwei rumänische Jäger des militärischen Jagdwesens bereit zum Abschuss. Der begleitende rumänische Tierarzt erklärte auf Nachfrage, der Hirsch könne gegen 9 Uhr erwachen. Das passte gut in unseren Zeitplan, denn das zeremonielle Schlachten war ja anschließend auch zu drehen. Es wurde 9 Uhr, das Tier rührte sich nicht, nicht anders sah es um 10, um 11 und um 12 Uhr aus. Langsam wurden wir nervös. Wir machten eine Mittagspause, aßen eine Suppe, tranken einen Kaffee und diskutierten heftig unsere verbleibenden Möglichkeiten.

Gegen 12:30 Uhr versuchte der Hirsch, sich aufzurichten. Die Kameras surrten. Aber wohl durch die lange Fesselung kam er nicht mehr auf die Beine. Es war ein klägliches Bild. Schließlich blieb er auf dem Bauch in der Wiese liegen und blickte »majestätisch« in die Gegend, im Film auch so zu sehen. Es gelang, die für den Tag geplanten weiteren Arbeiten noch erfolgreich abschließen. Durch eine geschickte Montage sind die vergeblichen Aufstehversuche des Hirsches als Zusammenbrechen nach dem Abschuss gestellt.

Zwischenschnitt | Catering im In- und Ausland

Bei allen Dreharbeiten im In- und Ausland und auch in schwierigem Gelände war es immer eine Aufgabe, für angemessene Arbeits- und Lebensbedingungen der Mitarbeitenden und Mitwirkenden zu sorgen. Dazu gehörte auch quantitativ und qualitativ ausreichende Verpflegung. Seit den 1990er-Jahren hatten sich in Deutschland mehr und mehr unabhängige Cateringunternehmen auf die Versorgung von Spielfilmproduktionen spezialisiert. Zum mobilen Tross eines Drehstabes gehören seitdem, der Personenzahl angepasst, unterschiedlich große mobile Küchen, beheizbare Aufenthaltszelte mit Bierzeltgarnituren. Dreigänge-Menüs, vegane Kost, reichlich Obst und einige Leckereien sind oft Standard. Man kann damit auch an langen Drehtagen die Arbeitsatmosphäre stabil halten.

Den so versorgten Mitarbeitenden wurde das in begrenztem Umfang als geldwerter Vorteil steuerlich angerechnet. Aber damals gab es diese

Möglichkeiten weder hüben noch drüben. Bei uns wurden ab Mitte der 1970er-Jahre zunehmend befristet Beschäftigte per Dienstleistungsvertrag engagiert, die jeweils an den Drehorten aus einem eigenen und eigens dafür eingerichteten Campinganhänger in den Pausen einen Imbiss (belegte Brötchen, Würstchen, Buletten, Suppen, Kaffee, Tee, Wasser, Säfte) zu Selbstkostenpreisen anboten. Das Personal und der »Verpflegungs-Campinganhänger« mussten allen Hygienevorschriften entsprechen, und die Preise waren zu belegen. Das Angebot war abhängig vom Ehrgeiz und den Kochkünsten der Betreiber. Schon in meiner kurzen Zeit als Stahlschiffbauer hatte ich auf der Werft begriffen, dass die Qualität der Versorgung die Leistungsfähigkeit und Stimmung am Arbeitsort deutlich beeinflussen konnte. Das war bei der Filmarbeit nicht anders, denn nur von zufriedenen und motivierten Mitstreiterinnen und Mitstreitern war zu erwarten, auch in schwierigen Situationen außergewöhnliche Herausforderungen zu bestehen.

Unseren Verpflegungshänger habe ich später auch für Dreharbeiten bei anderen Projekten auf der Krim und in Havanna mit dortigem Personal einrichten lassen. Bei Dreharbeiten in osteuropäischen Nachbarländern gehörte oft das Verpflegungspersonal mit einem mitgeführten Verpflegungshänger zum Tross unserer Filmstäbe. Für die Dreharbeiten in Rumänien engagierten wir eine ausgewiesen tüchtige Frau aus Babelsberg, unser Produktionsfahrer Siegfried Schröter transportierte ihren Verpflegungshänger nach Rumänien und dort jeweils zu den Drehorten. Wasser, Abwasser und Stromanschlüsse organisierte die rumänische Aufnahmeleitung. Zur Unterstützung und für die Lebensmitteleinkäufe auf den Märkten vor Ort war eine zusätzliche rumänische, Deutsch sprechende Mitarbeiterin verpflichtet worden. Alle diese Käufe und Verkäufe erfolgten in rumänischer Lei in Höhe der Selbstkosten. Dadurch waren die Mittagspausen klar organisiert – zur Zufriedenheit aller Beteiligten. Wichtig war auch, es ging keine Drehzeit verloren. Natürlich nutzten auch die rumänischen Kolleginnen und Kollegen unser Angebot. Für Massenszenen übernahmen dazu die rumänischen Mitarbeiterinnen und Mitarbeiter mit Feldküchen die Versorgung.

Um das Leben Blauvogels über mehrere Jahre zu erzählen, spielten einige Szenen in verschiedenen Jahreszeiten. Wir hatten also Frühling, Sommer, Herbst und Winter in einem Drehplan vorzusehen und in einer geschlossenen Drehzeit von knapp drei Monaten im Herbst 1979 in Rumänien und bei Potsdam zu realisieren. Die Sommerszenen konnten wir noch im September drehen, den

Herbst und einen noch blattlosen Frühling wollten wir mit kurzen Unterbrechungen durch Innenszenen im Langhaus oder einer Laubhütte so staffeln, dass die Zeitenwechsel dargestellt werden konnten. In der Postproduktion würden diese Wechsel noch durch die Erzählstimme Georges unterstützt.

Gegen Ende der ersten Novemberhälfte standen nur noch die geplanten Winterszenen im Schnee aus. Dafür hofften wir auf den um diese Zeit in den Karpaten üblichen Schneefall. Auch in unserem Hotel »Orizont« rechnete man mit vielen Wintersportlern und wollte wissen, ab wann man über unsere Zimmer verfügen könne. In allen langfristigen Wettervorhersagen kam kein Schnee vor. Jeder Aufenthaltstag in den Karpaten belastete unser Budget wie ein zusätzlicher Drehtag. Also sicherten wir die Filmbauten für einen späteren Winterdreh und organisierten kurzfristig die Abreise des kompletten Stabes.

Während der Drehzeit hatten wir nach zwei bis drei Drehtagen das belichtete Filmmaterial jeweils per Kurier mit der Interflug nach Babelsberg zur Entwicklung und technischen Kontrolle ins Kopierwerk bringen lassen. Auf gleichem Wege bekamen wir die Muster zurück nach Predeal und konnten sie uns stumm in einem Kino ansehen. Im Laufe der Zeit war das Interesse

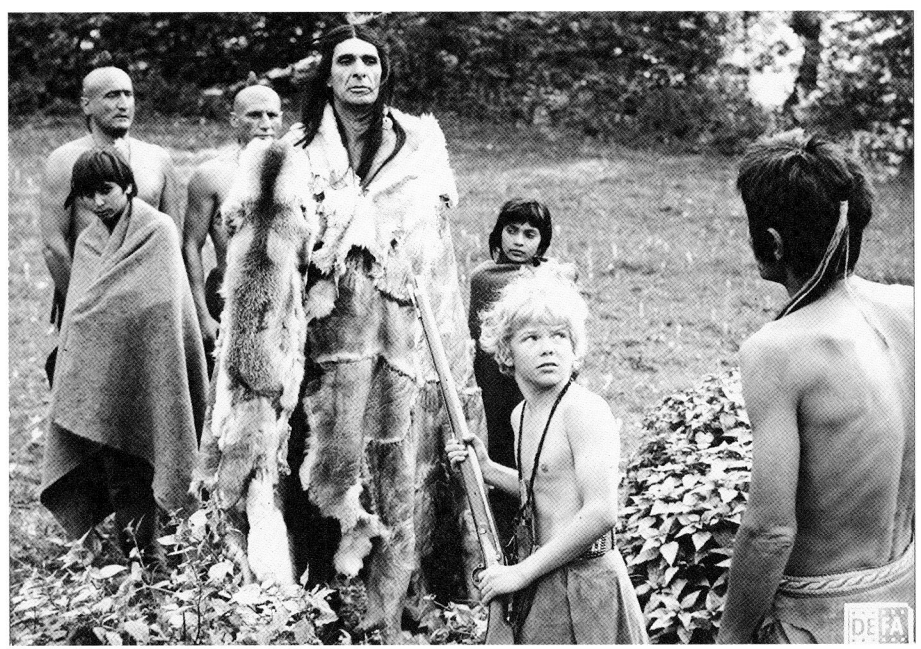

Blauvogel (1979, Ulrich Weiß): Gheorghe Haliu, Adrian Mihai, Vasile Popa, Gheorghe Patru, Robin Jaeger, Niculina Ursaru (v. l. n. r.)

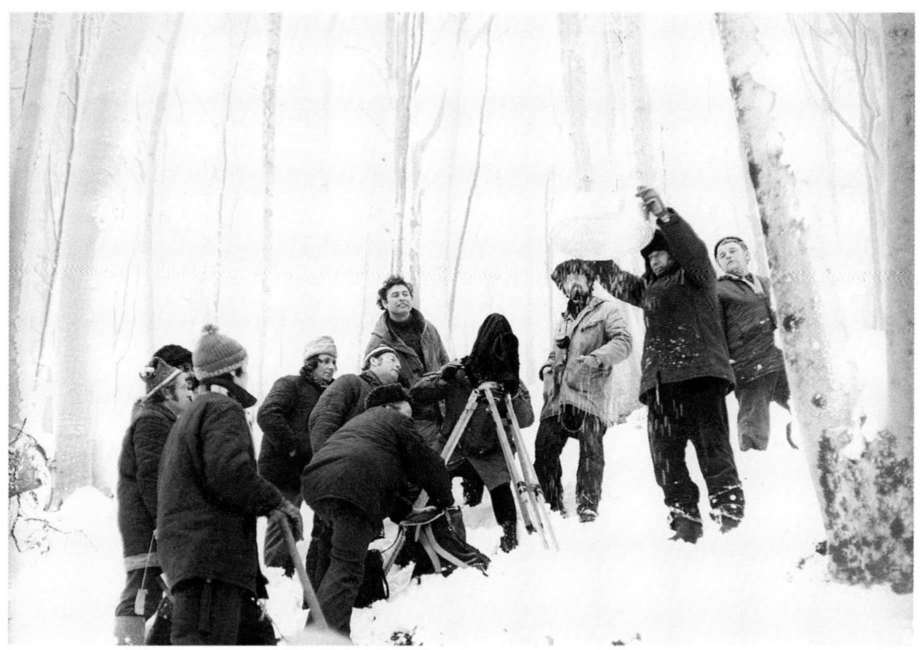

Mit verkleinertem Drehstab nach langem Fußmarsch: Regisseur Ulrich Weiß (Bildmitte, 5. von rechts) bei Winteraufnahmen in den schneebedeckten Karpaten für BLAUVOGEL (1979)

der Interflug-Vertretung in Bukarest an unseren Aktivitäten gewachsen und damit auch deren Hilfsbereitschaft, sodass es gelang, die Rückreise geschickt zu disponieren. Auch die Technik-Transporte verliefen durch unsere ebenso bewährten Kontakte zum Zoll und durch das gute Wetter reibungslos.

Wir erholten uns alle und planten nun die noch ausstehenden Winteraufnahmen. Anfang Dezember erreichte uns die Nachricht: Es schneit in den Karpaten! Mit einem personell verkleinerten Drehstab flogen wir wieder nach Rumänien. Mit nur noch einem Lkw und dem Kamerafahrzeug transportierten wir die notwendige Technik und das Material nach Predeal. Die Zoll-Bearbeitung wurde wieder bei einem Abendessen erledigt. Die rumänischen Kollegen hatten, wie detailliert verabredet, alles für den Aufenthalt und die Dreharbeiten vorbereitet. In wunderbarem Schnee gelangen die noch ausstehenden Aufnahmen an wenigen Drehtagen.

Mit der anschließend von Peter Rabenalt komponierten Musik und der Montage von Helga Krause wurde dieser ungewöhnliche und sehenswerte Film fertiggestellt.

Die Verlobte (1980)

Regie: Günther Rücker / Günter Reisch | Premiere: 2. September 1980

Zu Beginn des Jahres 1979 beauftragte mich Gert Golde, die Produktionsleitung für einen Film mit den Regisseuren Günther Rücker und Günter Reisch zu übernehmen, einer Koproduktion zwischen dem DEFA-Spielfilmstudio und dem Fernsehen der DDR. Günther Rücker hatte das beeindruckende Szenarium mit Unterstützung des Fernseh-Dramaturgen Hans Müncheberg geschrieben. Darin und aus der Bereitstellung von etwas lichtempfindlichem Eastman-Negativmaterial[75] bestand wesentlich der praktische Produktionsanteil des Fernsehens.

Zunächst hatte ich Bedenken, die Zusammenarbeit mit gleich zwei so ausgewiesenen Regiepersönlichkeiten zu wagen. Sie waren Freunde, als Regisseure durchaus unterschiedlich, aber jeder kannte und schätzte die Stärken des anderen. So ergänzten sie sich gegenseitig. Schon beim ersten Treffen versicherten mir beide, ich würde es nicht mit zwei unterschiedlichen Regievorstellungen zu tun bekommen, sie wollten einstimmig an diesem Film arbeiten. Das Versprechen haben sie gehalten und zu beiden entwickelten sich freundschaftliche Verbindungen.

Sie verabredeten, wer jeweils inszeniert. Der andere hielt sich im Hintergrund und trat oft nur beratend in Erscheinung. Günther Rücker konzentrierte sich auf die intensive Zusammenarbeit mit den Schauspielerinnen und Schauspielern in engen Szenen und erreichte dabei mit Jutta Wachowiak, Regimantas Adomaitis, Rolf Ludwig, Käthe Reichel, Slávka Budínová, Inge Keller und anderen eine besondere Intensität. Günter Reisch verstand es, ausdrucksstarke große Szenen zu arrangieren und über filmische Details das emotionale Milieu der Zeit und der Handlungsorte wirksam zu beschreiben. Alle wichtigen Entscheidungen wurden mit Jürgen Brauer beraten und wenn nötig mit mir abgestimmt.

Der Kameramann Jürgen Brauer war mir schon seit Ikarus (1975, Heiner Carow) vertraut. Noch heute bewundere ich, wie souverän er es verstand, die Vorstellungen beider Regisseure und eigene Ideen in großartige Filmbilder zu fassen. Sein aktives Gestalten ging weit über die Kameraarbeit hinaus. Mein Vorschlag, Dieter Adam wieder als Szenenbildner dazuzuholen, wurde akzeptiert. Gemeinsam stürzten wir uns in die Arbeit. Die Dreharbeiten begannen am 5. Juli 1979 in Berlin. Der Film erzählt nach der autobiografi-

75 Eastman-Negativmaterial: bei Eastman Kodak Co. in den USA von George Eastman (*1854–†1932) entwickelter Negativ-Rohfilm für die kommerzielle Filmproduktion.

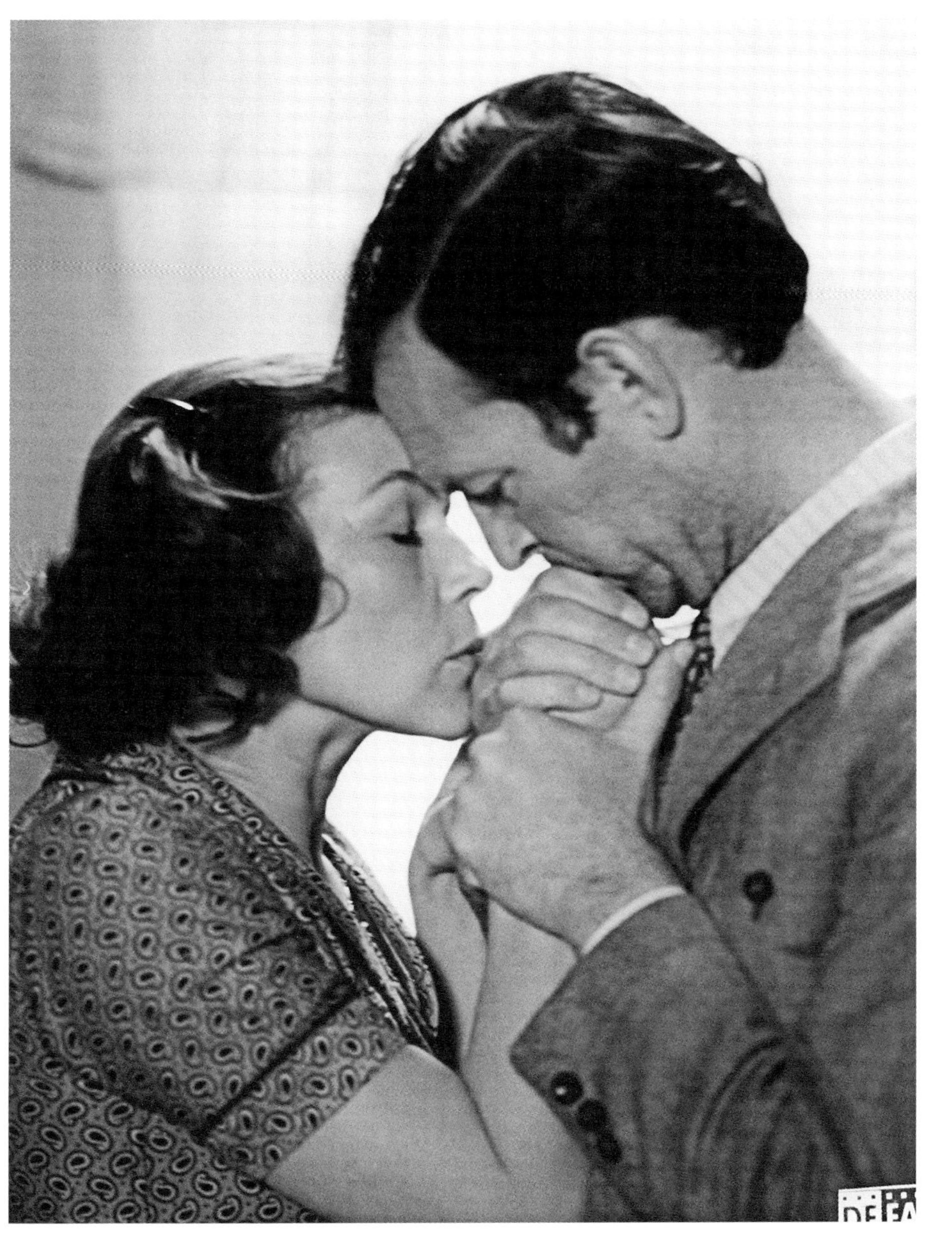

Jutta Wachowiak als Hella Lindau und Regimantas Adomaitis als Hermann Reimers in Die Verlobte (1980, Günther Rücker / Günter Reisch)

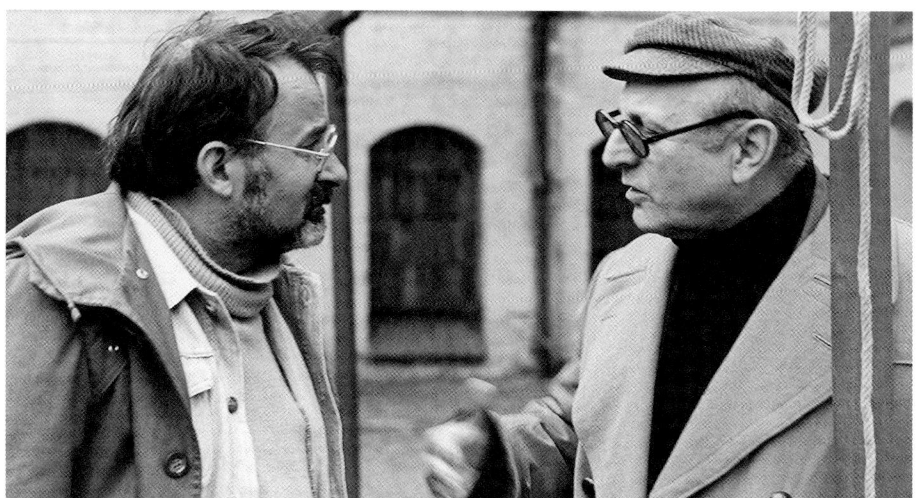

Die Regisseure Günter Reisch (links) und Günther Rücker am Drehort bei Dreharbeiten für den Film DIE VERLOBTE (1980)

schen Romantrilogie »Haus der schweren Tore« von Eva Lippold die Geschichte der jungen deutschen Kommunistin Hella Lindau.[76] 1934 verraten und wegen illegaler antifaschistischer Aktivität zu zehn Jahren Zuchthaus verurteilt, musste sie, nach jahrelanger zermürbender Einzelhaft und brutalen Verhören, in einer Gefängniswäscherei als einzige Politische mit kriminellen Frauen zusammen arbeiten. Die hatten wegen Mordes, schwerer Diebstähle, Prostitution und Kuppelei lange Strafen abzusitzen. In dieser Hölle erringt sie durch ihre Aufrichtigkeit das Vertrauen der Mitgefangenen. Ihr Geliebter Hermann Reimers hält all die Jahre zu ihr und es gelingt ihm, die Erlaubnis zu bekommen, sie zu besuchen. In ihren tragischen Momenten wächst diese ungewöhnliche Liebe zu erschütternder Größe.

Von Anfang an standen für die Besetzung der Verlobten Jutta Wachowiak und Regimantas Adomaitis aus Vilnius fest. Jutta konnten wir uns sofort als Hella vorstellen und Regis auch für den Hermann. Er hatte bereits 1973 für das Studio in WOLZ – LEBEN UND VERKLÄRUNG EINES DEUTSCHEN ANARCHISTEN (1973), Regie: Günter Reisch, Szenarium: Günther Rücker, in der Titelrolle überzeugt. Günther Rücker und Günter Reisch kannten viele der besten

76 Filmtext »Die Verlobte« in: Günther Rücker: DIE VERLOBTE. Texte zu sieben Spielfilmen. Berlin: Henschelverlag Kunst und Gesellschaft 1988, 628 S., hier S. 361-442. Siehe dazu auch: »Eine ungeheuerliche Geschichte. Eva Lippold, Günther Rücker und Hans Müncheberg im Gespräch über den Film DIE VERLOBTE, ebd., S. 573-590 (aus: Film und Fernsehen, Heft 9 / 1980).

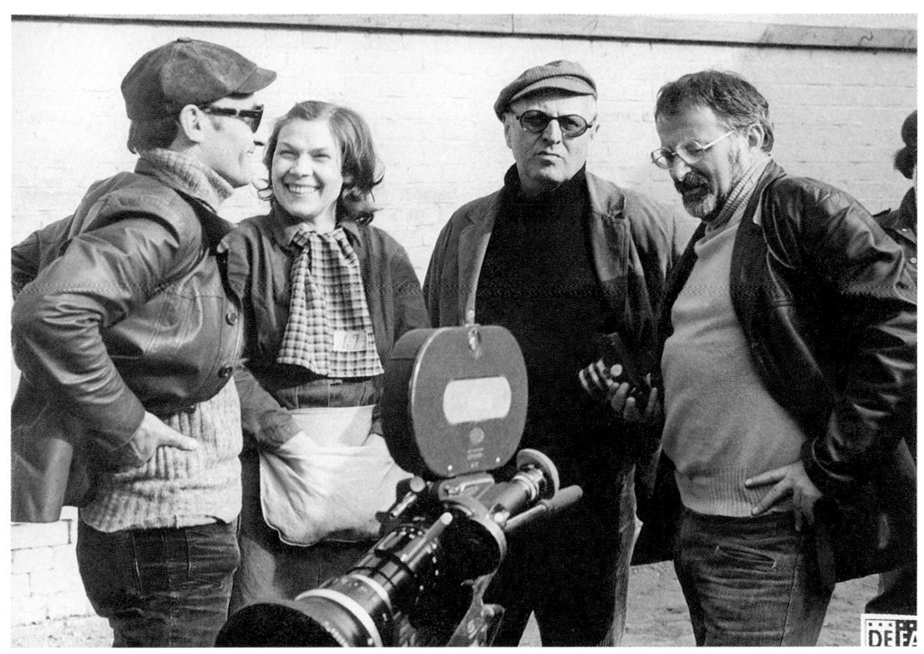

Bei Dreharbeiten für DIE VERLOBTE (1980): Kameramann Jürgen Brauer mit Jutta Wachowiak (als Hella Lindau) und den Regisseuren Günther Rücker und Günter Reisch (v. l. n. r.)

Schauspielerinnen und Schauspieler der DDR persönlich und waren bestrebt, alle Rollen sehr sorgfältig und hochwertig zu besetzen. Auch für kleinere Rollen bemühten sie sich um besondere Schauspielerinnen und Schauspieler. Diese dann alle von ihren erstvertraglichen Verpflichtungen (meistens Theaterengagements) für die Dreharbeiten freizubekommen, wurde dann manchmal zu meinem Problem. Oft hatte ich Mühe, bekannte Oberspielleiter, Schauspieldirektoren und Intendanten zu überreden, in ihren Arbeitsplänen unser Vorhaben zu berücksichtigen. Auch mit Geld, bezahlten Zusatzproben und aufgekauften Vorstellungen waren nicht alle zu überzeugen. Es war manchmal ein kunstvolles Unternehmen, den Drehplan mit den vielfältigen Schauspiel-Terminen und vielen anderen Erfordernissen und Bedingungen so zu bauen, dass die Dreharbeiten mit dem stets limitierten Budget kontinuierlich möglich wurden.

In Abstimmung mit den Künstlerischen Betriebsbüros dieser Häuser organisierten dann die 1. Aufnahmeleiter Rüdiger Lieberenz und Heinz Schwoch die täglichen Arbeitsabläufe. An den Drehorten setzte Peter Schlaak diese

Arbeit mit seinen Helfern fort. In der Abschluss-Besetzungsliste sind 54 Rollen aufgeführt und 24 weitere kleine Rollen gelistet. Zwei wichtige Besetzungen waren die bekannte tschechische Schauspielerin Slávka Budínová (Lola) und die Warschauerin Ewa Ziętek (Hilde). Um hierzu alle notwendigen Verabredungen zu treffen, waren Günther Rücker und ich jeweils für einige Tage nach Prag und Warschau gereist. Dabei hatten wir Gelegenheit, uns besser kennenzulernen und ein freundschaftliches Vertrauen aufzubauen.

Eine kleine Besonderheit ergab sich aus der Besetzung einer Szene: Fünf strenggläubige Nonnen waren verhaftet und zur Gruppe um Hella Lindau gesperrt worden. Sie waren unter ihren Hauben kahl rasiert und wurden von den Gefängniswärterinnen gezwungen, sich völlig zu entkleiden. Dann wurden sie mit einem heftigen Wasserstrahl malträtiert. Hella setzt sich in der Szene für die gequälten Frauen ein und bekommt dafür zwölf Tage Karzer. Wir suchten also Frauen unterschiedlichen Alters, die sich in der Szene nackt und kahlköpfig mit einem Wasserschlauch demütigen lassen würden. Um 1980 war es üblich, einem Mann für eine Glatzenrasur in einer vergleichbaren Szene pro Tag 75 bis 150 Mark zu zahlen. Für diesen Betrag war aber keine Frau dafür zu gewinnen. Wir konnten erwirken, zusätzlich zur Tagesgage steuerfrei eine Entschädigung von 1.000 Mark an jede Frau zu zahlen, und boten an, anschließend für zwei bis drei Monate eine Perücke aus dem Fundus kostenlos zu verleihen. Diesem Angebot folgend, trug auch meine Sekretärin einige Zeit eine solche Perücke. Für die vier Drehtage und die Entschädigung bekam sie netto fast zwei zusätzliche Monatseinkommen und war immer eine hochmotivierte Mitarbeiterin.

Wichtige Drehorte fanden wir im Spreewald, im früheren Gefängnisbau von Rathenow, in den wilhelminischen Gängen des Potsdamer Rathauses und in einer alten, aber noch betriebenen Wäscherei in Berlin-Köpenick. Straßen und Plätze der Zeit fanden wir in Potsdam und in Berlin-Mitte. Natürlich wurden diese Orte mit zusätzlichen Bauten und Einrichtungen angepasst und ausgestattet. In zweien unserer Babelsberger Ateliers errichteten Dieter Adam und seine Mitarbeiter – der Bühnenmeister Michael Spiesicke mit den Bühnenhandwerkern – und die Requisiteure nahezu alle Innenräume, besonders die des Zuchthauses und die Verhörräume der Gestapo.

Um die Kostüme kümmerte sich die vielseitige Sibylle Gerstner. Ihr zur Seite standen die erfahrenen Gewandmeister Ruth Kiecker und Hans Linke. Bei der Zivilkleidung unterschiedlicher Milieus, den Uniformen der 1930er-Jahre und der ständig wechselnden Beschaffenheit der Zuchthausbekleidungen waren von Szene zu Szene vielfältige Details zu präparieren und ständig zu kontrollieren. Der gleichen Sorgfalt und Detailtreue fühlten sich auch die Requisiteure um Georg Wüstenberg und Wolfgang Piwon verpflichtet. Die Maskenbildnerinnen Marianne Lange und Christine Steinfelder und der Maskenbildner Kurt Adler erfüllten alle Erwartungen, sie halfen den Schauspielerinnen und Schauspielern zu überzeugen. Die Porträts, Szenen- und Arbeitsfotos der Standfotografin Waltraut Pathenheimer bestärkten wie immer Dokumentation und Werbung für diesen Film.

Zu Beginn der Dreharbeiten wurde Waltraut von den Mitarbeiterinnen und Mitarbeitern zur gewerkschaftlichen Vertrauensfrau des Drehstabes gewählt. Ich hatte sie also in alle relevanten Entscheidungen, darunter Arbeitsbedingungen und Prämierungen betreffend, einzubeziehen. Das machte ich gern, da sie sachkundig und engagiert die Interessen *aller* Beteiligten vertrat. Die Zusammenarbeit im Drehstab war von gegenseitiger Achtung, Respekt und vertrauensvollem Verständnis geprägt. So hatte ich mir Filmarbeit immer vorgestellt.

Gegen Ende der Drehzeit erkrankte Günter Reisch und konnte an den letzten Drehtagen nicht mehr teilnehmen. Mit seiner Zustimmung beschlossen wir, die Dreharbeiten mit Günther Rücker allein fortzusetzen. Der letzte Drehtag war der 2. November 1979. Wir hatten ein paar Arbeitstage eingespart und waren im Budget unter der kalkulierten Summe geblieben. Alle sonstigen ökonomischen Parameter blieben im grünen Bereich. Somit konnten wir nicht nur den Erfolg des Films feiern, sondern auch noch eine besondere Prämie auf alle Mitarbeiter verteilen und darüber hinaus für Einzelleistungen sogenannte Sofortprämien ausreichen.

Eva Lippold, Jutta Wachowiak, Günter Reisch, Günther Rücker und Jürgen Brauer bekamen den »Nationalpreis der DDR«. Ich erhielt einen Aktenkoffer. Weil der zu schick und ein wenig klobig war, habe ich ihn aber kaum benutzt. Neben dem Grand Prix 1980 in Karlovy Vary erhielt Die Verlobte weltweit viele Preise, Prädikate und Auszeichnungen. Dieser Film gehört in der Reihe antifaschistischer DEFA-Filme sicher zu den eindrucksvollsten. Noch immer erzähle ich gern, dass ich daran mitgearbeitet habe.

Der Direktor (1980)

Regie: Helmut Krätzig | TV-Erstausstrahlung: 26. Dezember 1980

Während meiner DEFA-Zeit war ich als Produktionsleiter an einigen Auftragsfilmen des DDR-Fernsehens beteiligt. Gewöhnlich kam dazu eine Regisseurin oder ein Regisseur mit einem bestätigten Buch und einer Wunsch-Besetzungsliste ins Studio. Gemeinsam setzten wir den Rest des Stabes zusammen und realisierten alle für das Vorhaben notwendigen Arbeitsprozesse.

Beim Fernsehen der DDR entstand 1980 der Fernsehfilm Der Direktor unter der Regie von Helmut Krätzig, der auch das Drehbuch geschrieben hatte, Regie-Assistent war Jörg Foth. Kameramann war Rolf Sohre und Szenenbildner Heinz Leuendorf vom DEFA-Spielfilmstudio. Das Szenarium schrieb Erich Schlossarek, der in Potsdam Lehrer und an der Filmhochschule unser Dozent für Literaturgeschichte war. Kenntnisreich und überzeugend schildert er hier den beruflichen und privaten Alltag eines Schuldirektors.

Die Dreharbeiten verliefen mit kleinen Kommunikationsproblemen wie geplant, die Postproduktion mit der Schnittmeisterin Ursula Zweig und der Tongestaltung unter Leitung von Gerhard Baumgarten und Helga Kadenbach ebenso. Mit den Schauspielern Ulrich Thein, Barbara Dittus, Janina Hartwig, Horst Drinda, Renate Geißler, Helga Göring und anderen entstand ein aufrichtiger Gegenwartsfilm, der sich mit dem damaligen Schulsystem befasste und mit Witz die Grenzen des damals im Fernsehen Sagbaren austestete. Gedreht wurde in Potsdam, Babelsberg und in den Ateliers des DEFA-Studios für Spielfilme.

Die Kolonie (1981)

Regie: Horst E. Brandt | Premiere: 1. September 1981

Seit 1980 sind drei deutsche Spielfilme entstanden, deren Hintergrund die Verbrechen und politischen Skandale in und um die Colonia Dignidad (deutsch: Kolonie Würde) in Chile seit den 1960er-Jahren bis in die jüngste Vergangenheit bilden. 1980 produzierte das DEFA-Spielfilmstudio Die Kolonie. 1985/86 entstand ein zweiter Film, ebenfalls mit dem Titel Die Kolonie, unter der Regie von Orlando Lübbert – einem aus Chile geflohenen Regisseur – mit Michael und Elisabeth Degen in den Hauptrollen. 2015 erschien ein dritter Film mit dem Titel Colonia Dignidad – Es gibt kein Zurück mit Emma Watson und Daniel Brühl unter der Regie von Florian Gallenberger. Alle drei Filme beschäftigen sich in Form eines Polit-Thrillers mit dieser von früheren SS-Offizieren geführten KZ-ähnlichen Kolonie.

In unserem Film wird das Land Chile nicht erwähnt, die Handlung spielt in einem nicht genannten Land in Südamerika. Die Gründe für diese Zurückhaltung sind nicht mehr nachvollziehbar, zumal in der Colonia Dignidad auch Gefangene der Pinochet-Diktatur gefoltert wurden und viele von ihnen als Geflüchtete in der DDR der 1970er-Jahre zeitweilig ein Zuhause fanden. Eva und Wolfgang Stein, deren Vor-Ort-Erfahrungen der Filmerzählung zugrunde liegen, hatten einige Jahre journalistisch für den ADN[77] aus Santiago de Chile berichtet. Sie brachten die Geschichte mit und schrieben mit Unterstützung des Dramaturgen Werner Beck das Szenarium. An den Originalschauplätzen in Chile zu drehen, verbot sich aus politischen und finanziellen Gründen. Horst E. Brandt, ein früherer Kameramann, hatte als Regisseur bereits mehrere aufwendige politische Filme an interessanten Drehorten zuwege gebracht und schlug vor, die Außenmotive auf der Krim und Kuba zu suchen. Er hatte den Ruf, ein schwieriger Partner in der Zusammenarbeit zu sein.

Auf anstrengende Machtspiele hatte ich keine Lust. Aber die nachdrückliche Aufforderung des Direktors und die Neugier auf interessante Drehorte auf der Krim und Kuba veranlassten mich dann doch, auch für das Entstehen dieses Films bestmögliche Voraussetzungen zu schaffen. Zum ersten Mal kam ich in die Sowjetunion und nach Kuba und war gespannt darauf, mit den dortigen Partnern unser Vorhaben vorzubereiten, vertraglich und finanziell zu regeln sowie die Reisen, Aufenthalte und den Ablauf der Dreharbeiten zu organisieren. Der Kameramann Hans-Jürgen Kruse war auf meinen Vorschlag auch wieder dabei. Auf Wunsch von Horst E. Brandt kam der ihm vertraute Szenenbildner Erich Krüllke dazu. Kostümbildnerin wurde die großartige Christiane Dorst. Der Drehstab füllte sich mit weiteren erfahrenen Filmfachleuten, die alle geprüfte Reisekader sein mussten, da der Flug nach und von Kuba mit einer Zwischenlandung in Gander auf Neufundland (Kanada) verbunden war.

Zwischenschnitt | Zwischenlandung in Gander, Neufundland

In Gander, Neufundland, Kanada, wurde die Crew des Flugzeugs regelmäßig ausgetauscht. Die von Schönefeld fliegende Cockpit- und Kabinencrew verließ in Gander das Flugzeug und legte nun eine Ruhepause ein. Eine bis hierhin mitfliegende zweite Crew übernahm die nächste Etappe bis nach Havanna. Beim Rückflug erfolgte der Crewwechsel in umgekehrter Reihenfolge. Gleichzeitig wurde die Maschine in Gander wieder aufgetankt. Für diese Zeit hatten alle Passagiere das Flugzeug zu

77 ADN (Allgemeiner Deutscher Nachrichtendienst): Nachrichten- und Bildagentur der DDR.

> verlassen und sich im Transitraum aufzuhalten. Auf dem Fußweg dorthin gab es einen gesonderten Ausgang mit dem gut sichtbaren Hinweis »Immigration«. Während unseres ersten Rückflugs nutzten drei kubanische Passagiere diesen Ausgang. Der Abflug verzögerte sich, da nun deren Gepäck erst noch umständlich identifiziert und entfernt werden musste.

Wir arbeiteten mit fünfzig Schauspielerinnen und Schauspielern – vor allem aus der DDR, einigen aus der Sowjetunion und Kuba – auf der Krim und in den Babelsberger Ateliers und auf Kuba zusammen. Die Hauptdarsteller waren Winfried Glatzeder (Oswaldo), Alicja Jachiewicz (Maria) aus Warschau, Juozas Budraitis (Kommissar Lopez) aus Vilnius, Klaus-Peter Thiele (Claudio), Rudolf Ulrich (Heimleiter Giese), Günter Naumann (Schmitt) und Karla Runkehl aus der DDR. Bei der Besetzung der deutschen Rollen berieten uns die Mitarbeiterinnen des Besetzungsbüros im Babelsberger Spielfilmstudio.

Drei Dolmetscherinnen begleiteten uns auf der Krim. Nach Kuba kam nur die Russisch sprechende Regiedolmetscherin mit. Dort unterstützten uns zwei freundliche Deutsch sprechende Kubaner und eine auf Kuba lebende Malerin

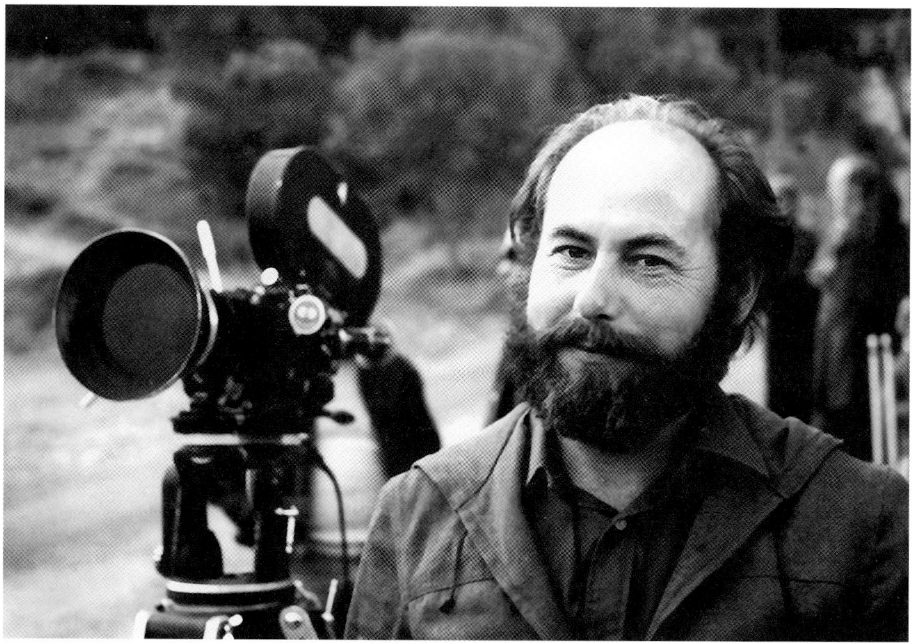

Die Kolonie (1981, Horst E. Brandt): Kameramann Hans-Jürgen Kruse

aus Thüringen. Ich versuchte, verschiedene Arbeiten ohne Übersetzer zu erledigen. Viele wichtige Vertragsunterlagen, Planungen, Kalkulationen, Zahlen und Fachvokabeln verstand ich auf Englisch, Russisch, Französisch und Spanisch nach häufiger Beschäftigung damit schneller als fachfremde Dolmetscher. Solche partiellen Fremdsprachenkenntnisse entwickelten sich bei intensiver Zusammenarbeit.

Die Aufnahmeleiter Rüdiger Lieberenz und Peter Schlaak beförderten durch sorgfältige Tagesdispositionen die Drehortorganisation und die Abläufe vor Ort. Die Verbindung zum Studio in Babelsberg hielten wir über unsere dort verbliebene Produktionssekretärin und den Aufnahmeleiter Heinz Schwoch. Der hatte parallel die Vorbereitungen unserer weiteren Dreharbeiten in Babelsberg zu überwachen und für die Betreuung der umfangreichen Kurierpost zu sorgen. Damals gab es weder Fax noch Internet, keine mobilen Telefone und schon gar keine Computer. Mindestens wöchentlich wurde von Jalta das belichtete Material per Kurier nach Babelsberg ins Kopierwerk gebracht und ebenso kamen die kopierten Muster zu uns zurück. Sämtliche dienstliche Informationen wie Dispositionen oder Tagesberichte, auch private Post zwischen den Mitarbeitenden und ihren Familien zu Hause, wurden auf diesem Wege mittransportiert.

Alle internationalen Reisen und Transporte wurden in Zusammenarbeit mit dem innerbetrieblichen Reisebüro, einem Bereich der Auslandsabteilung des Studios, geplant und organisiert. Über diese Abteilung waren auch die dienstlichen Reisepässe und Visa zu beantragen. Wir holten sie vor Reisebeginn ab und hatten sie anschließend dort wieder zur sicheren Lagerung abzugeben.

Die Technik und Ausstattungssparten bekamen auf der Krim und in Havanna einige einheimische Assistenten und Helfer. Bei begrenzten Sprachkenntnissen halfen beschreibende Gesten und Lautmalereien bei fachlicher Verständigung und dem Vergnügen daran, sich gegenseitig zu unterstützen. So konnten auch Freundschaften entstehen. Auf Kuba unterstützte uns ein Ehepaar, sie Deutsche und er Kubaner, beide hatten sich während des gemeinsamen Kunststudiums auf der Burg Giebichenstein[78] kennengelernt. Nun lebten und arbeiteten sie in Santa Fe, einem fantastischen Stadtteil Havannas. Beide begleiteten uns oft und wir erhielten durch sie tiefere Einblicke in den Alltag und die jüngere Geschichte Kubas. Ansonsten sprachen wenige junge Kubaner Russisch, Englisch kaum und wir kaum Spanisch.

Auf der Krim wohnten wir in einem schönen Hotel am Strand von Jalta. Unterstützt wurden wir vom Filmstudio Jalta, einer Tochter der Moskauer

78 Burg Giebichenstein: 1915 gegründete Kunsthochschule in Halle (Saale).

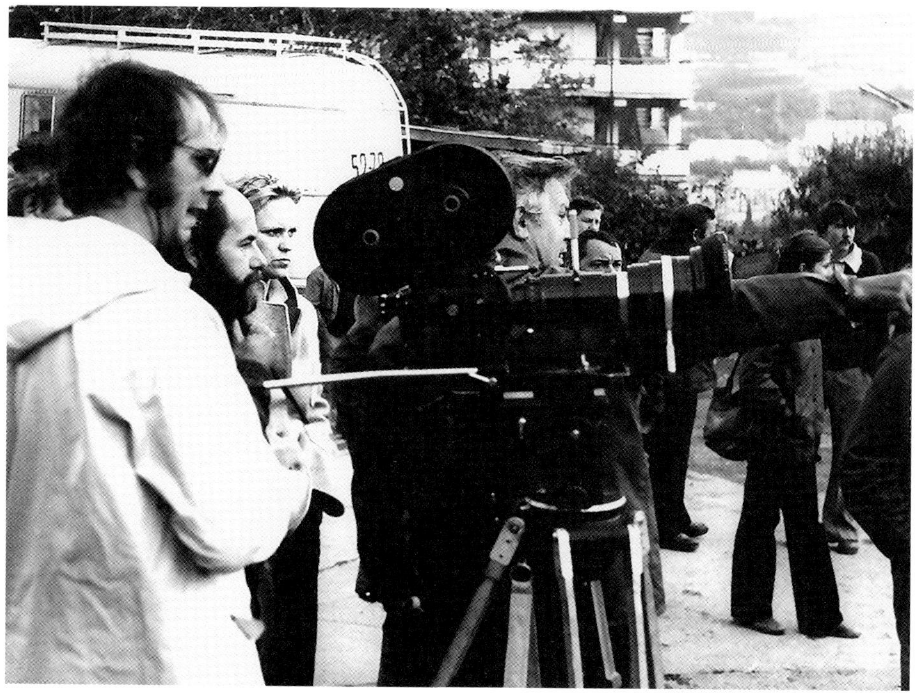

Die Kolonie (1981): Kamerateam Ingo Raatzke und Hans-Jürgen Kruse (links); halb verdeckt von der Kamera: Horst E. Brandt (Regie), daneben Maskenbildner Kurt Adler

Gorki-Studios. Die Verträge wurden mit der Zentrale von Sovinfilm[79], der Dachorganisation der UdSSR für solche Dienstleistungen in Moskau, geschlossen. Manchmal konnte das bürokratisch und zeitlich durch das Hin- und Herübersetzen etwas aufwendig werden. Aber beide Seiten lernten, damit umzugehen.

Im Filmstudio Jalta war der eigentliche Chef ein älterer ehemaliger Oberst der Sowjetarmee. Er hatte als Partisanenoffizier im Zweiten Weltkrieg gegen Nazideutschland gekämpft, sprach kein Wort Deutsch und ging selbstverständlich davon aus, dass wir Russisch sprechen. Wenn vereinbarte Leistungen nicht oder nicht rechtzeitig erbracht wurden, kam es bei meinen Nachfragen zu Auseinandersetzungen zwischen uns. Sein letztes Argument war dann die zornige Frage: »Wer hat den Krieg gewonnen, wir oder ihr?« Nach einer solchen Situation erinnerte ich mich an den Rat eines Babelsberger Kollegen, der schon bei

79 Sovinfilm: gegründet 1968 in Moskau; Filmstudio, staatliche Filmgesellschaft in der UdSSR bzw. der Russischen Föderation; Vertrieb von Filmen, Videos und Fernsehprogrammen.

früheren Dreharbeiten auf der Krim mit Oberst a. D. Iwan Iwanowitsch Morosow (der »Eisige«) zu tun hatte: »Besorg dir eine Flasche Wodka und trink die zusammen mit ihm, dann geht es leichter.« Das tat ich. Als die Flasche leer war, erklärte er mich zu einem Freund und alles lief wirklich einfacher. Wenn wieder mal was nicht funktionierte, musste ich eine neue Flasche Wodka besorgen ...

Ich hatte gehört, dass Arbeitszeiten und auch Abfahrzeiten aller Fahrzeuge immer nur ungefähr angesagt und dann in etwa eingehalten wurden. Die Pünktlichkeit der Deutschen wurde zwar bewundert, aber auch als seltsam verlacht. Um die tägliche Arbeitsorganisation für alle Beteiligten verbindlicher zu gestalten, bin ich einige Tage vor Drehbeginn mit einer erfahrenen Dolmetscherin nach Jalta gereist und habe dort unser System der Tagesdispositionen an einigen Beispielen demonstriert und hin- und herübersetzen lassen. Wir nahmen zum Drehen einen Ormig-Vervielfältigungsapparat[80] mit und ließen die Dispositionen in Deutsch und Russisch schreiben, dann vervielfältigen und namentlich an alle deutschen und sowjetischen Mitarbeitenden verteilen. Alle Beteiligten, auch in der Verwaltung des kleinen Studios, konnten nun genauer zusammenarbeiten.

Wir hatten vorbildlich pünktliche russische Fahrer für Busse, Pkw und Lkw. Sie hatten sich angewöhnt, die Tagesdispo innen an der Windschutzscheibe zu befestigen und waren ehrgeizig darauf bedacht, die angesetzten Abfahrts- und Ankunftszeiten einzuhalten. Unsere Mitarbeiter mussten sich nun auch beeilen und pünktlich sein, denn Busfahrer Wolodja wollte seine auf der Tagesdisposition festgesetzten Fahrzeiten einhalten, um dann von uns gelobt zu werden. Wir hatten von- und miteinander gelernt. Nach diesem System bin ich auch in Havanna verfahren und wir haben auch dort fröhlich und erfolgreich zusammenarbeiten können.

Eines Tages erhielt ich morgens in Jalta die Nachricht, dass es heute auf der ganzen Krim kein hochoktaniges Benzin gäbe. Einige unserer sowjetischen Fahrzeuge aber benötigten diesen Treibstoff. Zu unseren Drehorten hatten wir 20 bis 50 Kilometer zu fahren. Man könne also heute nicht zum Drehort kommen, wurde im Studio verbreitet. Alle hätten, wie dort in solchen Fällen wohl üblich, drehfrei gehabt und wollten nun den Sammelplatz auf dem Studiogelände in Jalta verlassen, um sich zu vergnügen. Mit zögernder Unterstützung der sowjetischen Produktionsleitung konnte ich das verhindern. Einige ältere Busse, Lkw und ein Pkw, die noch mit dem vorhandenen (übelriechenden) niedrigoktanigen Benzin funktionierten, waren noch im Studio. Rüdiger Lieberenz,

80 Ormig-Vervielfältigung: spezielles Verfahren zur Herstellung einfacher Druckerzeugnisse in geringer Auflage; der Name geht auf die Berliner Firma Ormig zurück.

Peter Schlaak und ich organisierten ein mehrmaliges Hin- und Herfahren dieser Fahrzeuge zwischen Studio und Drehort. Die zuerst am Drehort ankamen, begannen sofort die Dekoration für die Aufnahmen einzurichten. Nach knapp zwei Stunden konnten die Dreharbeiten beginnen. Die sowjetischen Mitarbeiter bestaunten zunächst unser seltsames Verhalten, diese Aktion machte ihnen aber Spaß und sie arbeiteten fleißig mit, um die verlorene Drehzeit aufzuholen.

Auf der Krim hatten wir in den Bergen zwischen Simferopol und Jalta den Filmbau »Lager der Kolonie« von den Werkstätten des Filmstudios Jalta errichten lassen. Dort und in der Umgebung konnten wir alle vorgesehenen Szenen mit unseren und den einheimischen Schauspielerinnen und Schauspielern, Kleindarstellerinnen und Kleindarstellern planmäßig drehen. Die An- und Abreisen der Teams und die Kurierflüge hatten wir mit dem ein Mal wöchentlich möglichen Direktflug von Berlin-Schönefeld nach Simferopol und zurück organisiert. Reisen dazwischen versuchten wir zu vermeiden, da sie mit einer Zwischenlandung in Moskau und dort mit einem Transfer zwischen zwei Flughäfen quer durch die Stadt organisiert und betreut werden mussten.

Winfried Glatzeder hatten wir für die Drehzeiten auf der Krim und auf Kuba von seinen Theaterverpflichtungen befreien können. Nur zu einer Vorstellung an der Volksbühne musste er unbedingt zurück nach Berlin. Der Flug nach Berlin gelang mit dem Direktflug. Der Rückflug nach Jalta musste am Tag nach seiner Vorstellung über Moskau und den dortigen Flugplatztransfer realisiert werden. Unser Betreuer von Sovinfilm Oleg Fjodorowitsch Aljochin übernahm es, Winfried Glatzeder in Moskau vom Flughafen Scheremetjewo abzuholen und zum Flughafen Wnukowo für den Weiterflug nach Simferopol zu bringen. Bis dahin lief alles wie verabredet. Hier vergaß Glatzeder aber seine Zeit und verpasste den Inlandsflug nach Simferopol. Aljochin gelang es dann noch, ihn in der Nacht in einem unbeheizten Postflugzeug nach Simferopol mitfliegen zu lassen. Dort holte Rüdiger Lieberenz ihn um 6 Uhr morgens ab und brachte ihn direkt zum Drehort. Er wurde geschminkt, in sein Kostüm gesteckt, bekam ein kleines Frühstück und war – wie vorgesehen – um 9 Uhr drehbereit, freilich verfroren, müde und zerknirscht. Davon erfuhr ich fast nur nebenbei. Rüdiger Lieberenz und Aljochin hatten diese Rettungsaktion miteinander unauffällig organisiert. Die zusätzlichen An- und Abreisen von Alicja Jachiewicz und Juozas Budraitis von und nach Warschau und Vilnius verliefen unkompliziert. Beide sprachen Russisch und waren flugerfahren.

Horst E. Brandt bestand darauf, stets alle Szenen chronologisch zu drehen. Jeder Filmmensch weiß, dass dies als Prinzip nicht nur wirtschaftlich unhaltbar ist, viel unnötige Arbeit macht, Fehlerquellen in sich birgt und schlicht unprofessionell ist. So etwas hatte ich bisher noch nicht erlebt und später auch nie wieder. Versuche, ihm diesen Unsinn anhand von Beispielen aus der Filmgeschichte auszureden, scheiterten. *Er* war der Regisseur, bestand darauf und genoss offensichtlich das Machtspiel. Er versicherte, das geplante Drehpensum trotz der dann vielen Umbauten stets zu schaffen. Wir drehten also nicht wie üblich seitenweise, sodass die Beleuchter, Bühnenleute, Kameraassistenten, Requisiteure bei jedem Seitenwechsel Technik und Dekoration umbauen mussten. Dafür nahm er jede kleine Unterbrechung durch ein Missverständnis oder die Unaufmerksamkeit einer Schauspielerin, eines Schauspielers oder anderen Mitarbeitenden zum Anlass, von mir zornig eine Drehzeitverlängerung zu verlangen. Nachdem ich dies einmal unter der Bedingung zusagte, dass ich mir dann erlauben würde, bei seinem nächsten »chronologischen Umbau« mit der Stoppuhr in der Hand seine Arbeitszeitausnutzung zu protokollieren, hörten diese Provokationen auf.

Die Tagesdispositionen erarbeitete der 1. Aufnahmeleiter Rüdiger Lieberenz. Gewöhnlich hatte er alle aktuellen Informationen für den nächsten Drehtag am frühen Nachmittag beisammen und noch mal mit dem Regisseur oder dessen Assistenten in der Mittagspause überprüft. Dann ließ er die Dispo schreiben und vervielfältigen. Der 2. Aufnahmeleiter Peter Schlaak über-

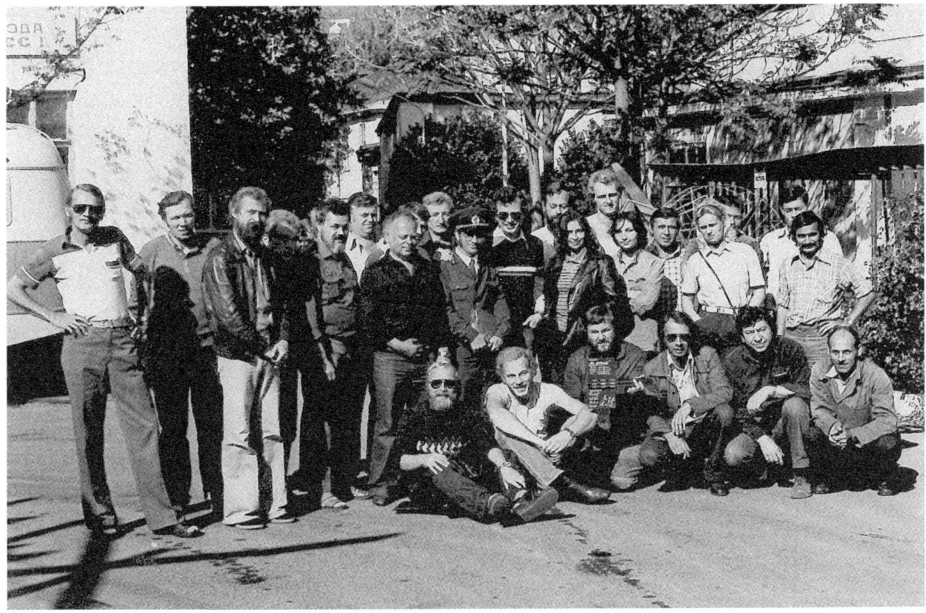

Mit einem Foto im Hof des Filmstudios Jalta und nach dem Verzollen aller Techniktransporte durch den sowjetischen Zöllner verabschiedete sich der restliche Stab von der Krim.

nahm gewöhnlich die Verteilung am Drehort. Wie immer erhielt der Regisseur sein Exemplar als einer der Ersten. Eines Tages nahm er wie gewöhnlich gelangweilt seine Dispo, knüllte sie zusammen und steckte sie sich – diese Arbeit demonstrativ missachtend – als Knäuel in die Hosentasche. Ich hörte davon und nahm mir vor, mal wieder ein ernstes Gespräch mit ihm zu führen, kam aber nicht gleich dazu. Am nächsten Tag zerknüllte Peter Schlaak eine Dispo und reichte sie als Knäuel Horst E. Brandt. Das Gelächter am Drehort war deutlich. Das Problem hatte sich erledigt, aber eine wirklich entspannte Zusammenarbeit kam nicht zustande.

Nach den Arbeiten auf der Krim kehrten wir zu den Atelier-Aufnahmen nach Babelsberg zurück. Dort überraschte mich der Leiter der Auslandsabteilung des Studios mit der Information, dass der Regieassistent Jörg Foth nicht mit nach Kuba fliegen dürfe. Sein Visum sei annulliert worden. Ich rief Horst-E. Brandt an, um mit ihm einen gemeinsamen Protest dagegen zu verabreden. Kurz angebunden erklärte der mir aber, es sei kein Problem für ihn, auf Foth in Havanna zu verzichten. Wir wollten doch ohnehin für die nicht so aufwendigen Aufnahmen auf Kuba den Mitarbeiterstab reduzieren, und er würde daher auf den Assistenten verzichten. Mit dieser Begründung musste ich mich zufriedengeben.

Wie sich später herausstellte, war in Foths Pass durchaus das Visum für den Kuba-Aufenthalt vorhanden. Brandt hatte selbst heimlich diese angebliche »Annullierung« veranlasst. Er mochte seine Assistenten nicht und verfügte wohl über Möglichkeiten, die ich nicht kannte. Bei den Dreharbeiten in Havanna fiel dann die Abwesenheit eines Regieassistenten störend auf. Niemand im verkleinerten Stab hatte sich auf Kuba um Anschlüsse zu den Babelsberger Atelieraufnahmen und den auf der Krim gedrehten Szenen gekümmert.

Parallel zum Atelierdreh in Babelsberg im November 1980 bereiteten wir uns auf den dritten Komplex, die Dreharbeiten auf Kuba, vor. Bei der Nationalbank in Havanna wurde ein Konto mit einem Betrag von 500.000 DDR-Mark eingerichtet. Die Währung wurde dort gern genommen, man konnte damit für Kuba interessante und begehrte Industriegüter in der DDR kaufen. Mit diesem Betrag hatte ich unseren Aufenthalt und die Dienstleistungen des ICAIC[81] in Havanna direkt zu regulieren. Um mich über die Vorbereitungsarbeiten, unter anderem auch über den Stand der Dekorationsbauten, zu informieren und um unser kubanisches Konto zu überprüfen, sind der Szenenbildner Erich Krüllke, die Filmgeschäftsführerin Christa Sauskat und ich eine Woche vor dem geplanten Drehbeginn nach Havanna geflogen.

81 ICAIC (Instituto Cubano de Arte e Industria Cinematográficos): Kubanisches Institut für Filmkunst und Filmindustrie.

Während einer Vorbereitungsreise im Sommer 1980 hatten wir (Regisseur, Kameramann, Szenenbildner und ich) im gepflegten historischen Hotel »Nacional« gewohnt. Während der Dreharbeiten kamen wir nun alle in einem schicken neueren Hotel unter, beide lagen direkt am Malecón, der berühmten Uferstraße, die bei starkem Wind beeindruckend überflutet wird und nicht befahrbar ist. Auch eine täglich pünktlich für zwei Stunden wiederkehrende heftige Regenzeit war ein Erlebnis gewesen. Die Dreharbeiten in Havanna waren gut vorbereitet, verliefen einfacher als gedacht und gingen zügig vonstatten. Wenn Horst E. Brandts autoritäres Auftreten manchmal Verstimmungen bei den an der Arbeit Beteiligten hervorrief, fühlte ich mich verpflichtet, beruhigend einzugreifen, denn besonders bei diesem Film verlief die Zusammenarbeit nicht immer harmonisch. Die Probleme und Differenzen bei der Arbeit sind aber dem fertigen Film nicht anzusehen. Nur die Beteiligten erinnern sich an schöne oder schwierige Dreharbeiten. Alle hatten professionell gearbeitet.

Zum Ende unserer Arbeiten, Anfang Dezember, entstand allgemeine Gelassenheit. Den letzten Drehtag hatten wir Monate vorher für den 15. Dezember geplant und den Rückflug mit der Filmtechnik und vielem Übergepäck für die reguläre Linienmaschine am 19. Dezember gebucht. Vorfristig mit einem Restprogramm wurde Freitag, der 12. Dezember 1980, unser letzter Drehtag. Nach und von Kuba konnten wir nur mit der Interflug reisen, die damals einmal pro Woche freitags diese Linie flog, also am 12. und 19. Dezember 1980. Für den Abendflug am 12. Dezember hatten wir die Rückreise der »abgedrehten« Schauspielerinnen und Schauspieler gebucht. Kurzfristig gelang es, auch noch den Regisseur und seine Dolmetscherin mitfliegen zu lassen. In den folgenden Tagen war noch etwas 2nd-Unit-Material für Montagevarianten zu drehen, waren mit dem ICAIC alle Arbeiten abzuwickeln und zu bezahlen sowie die Abreise oder Verzollung vorzubereiten. Wir hatten also noch ein freies Wochenende und ein paar nicht sehr anstrengende Tage auf Kuba. Kurz entschlossen bat ich meinen kubanischen Kollegen, uns für die restliche Zeit einen Bus zur Verfügung zu stellen, mit dem wir dann »Bildungsreisen« zum Strand in Santa Maria[82], nach Varadero[83] zum Korallentauchen, in eine Zuckerrohrplantage, zu einer Krokodilfarm und in die berühmt-berüchtigte Schweinebucht unternehmen konnten. Ich selbst war noch mit den Abschiedsregelungen in Havanna beschäftigt.

82 Santa María del Mar: östlich von Havanna; einer der beliebtesten Strände für Einwohner Havannas und Touristen.

83 Varadero: Sondergebiet (Territorio especial) an der Nordküste Kubas auf der Halbinsel Hicacos, gut 120 Kilometer östlich von Havanna.

Wirtschaftlich war das Ergebnis dieses Kuba-Aufenthaltes perfekt verlaufen. Einen nennenswerten Betrag unseres Kontos in Havanna konnte ich wieder zurücktransferieren. Die kubanischen Gastgeber waren auch zufrieden und bedankten sich für die Zusammenarbeit. Ich fand nun auch Zeit, die schöne und spannende Insel sowie den Abschied von Kolleginnen und Kollegen und kubanischen Freunden entspannter zu genießen. Die Rückreise verlief aber noch besonders. Unser Flug am 19. Dezember war inzwischen überbucht. Wir liefen Gefahr, die Filmtechnik und das belichtete Filmmaterial, letztlich das Ergebnis unserer Arbeiten, außerhalb unserer Kontrolle in Havanna zurücklassen zu müssen. Irgendwann später würde es nachgeliefert werden. Das musste ich unbedingt verhindern.

Ob meine heftigen Bemühungen bei der Interflug die Anstrengungen verstärkt hatten, das Problem zu lösen, weiß ich nicht. Nach einiger Zeit wurde uns schließlich mitgeteilt, es werde zusätzlich eine Sondermaschine (ebenfalls IL-62) eingesetzt, mit der wir dann im Abstand von einer Stunde bequem mit unserem gesamten Gepäck der regulären Linienmaschine folgten. Mit dieser Maschine flogen außer uns noch zwei komplette Besatzungen (Cockpit- und Kabinencrew) der Interflug mit, die für ihre Fluglizenzen im laufenden Jahr noch Flugstunden zu absolvieren hatten. Dieser Rückflug verlief sehr vergnüglich, wir nahmen an Bord als Gäste an der spontanen Weihnachtsfeier der drei heimkehrenden Besatzungen teil. Zu Hause wurde ein erschöpftes Filmteam erwartet. Als wir am 20. Dezember 1980 in Schönefeld ankamen, fielen wir aber wegen unserer kubanischen Sonnenbräune und unserer heiteren Stimmung auf.

Im Januar 1981 wurde mir in der Moskauer Zentrale von Sovinfilm im Rahmen des Projektabschlusses die Endabrechnung für die vom Filmstudio Jalta für uns im Herbst 1980 erbrachten Leistungen vorgelegt. Iwan I. Morosow hatte die Liste der Leistungen manipuliert und überhöht hoch pauschaliert in Rechnung gestellt. Ich konnte belegen, dass wir die verabredete Anzahl der Drehtage und der Aufenthaltstage exakt eingehalten und im Verlaufe der Dreharbeiten unsere Anforderungen noch reduziert hatten. Es gab also keinen Grund für die erhöhte Abrechnung. Folglich protestierte ich persönlich beim Vize-Chef der Zentrale in Moskau. Den hatte ich während unserer Dreharbeiten Anfang Dezember 1980 in Havanna zufällig vor dem ICAIC getroffen. Da schimpfte er und riet mir auf Russisch, sehr vorsichtig in der Zusammenarbeit mit den Kubanern zu sein, man könne sich nicht auf sie verlassen. Mit seinem rauen Kommandoton hatte er wahrscheinlich nicht viel erreicht. Erstaunt hörte er sich meine Lobreden über die gute Zusammenarbeit mit den kubanischen Filmleuten an.

Als ich ihm mit meinem kubanischen Kollegen auch noch helfen konnte, sein Problem zu lösen, hatte ich einen dankbaren Freund gewonnen. Nun beorderte der für die Abrechnung Iwan Iwanowitsch Morosow für den übernächsten Arbeitstag nach Moskau. Die Kosten für die notwendige Verlängerung meines Aufenthaltes und ein Wochenendprogramm übernahm er. Eine Verständigung erreichten Morosow und ich bei Sovinfilm aber nicht. Er blieb stur. Auch stand zwischen uns auf dem Tisch keine geöffnete Wodkaflasche. Morosow wurde beiseitegenommen, wegen seiner Rechnungen ein wenig kritisiert und zurück auf die Krim geschickt. Mein neuer Freund in Moskau nahm nun alle Teilabrechnungen aus Jalta auf seinen Tisch. Den Teil, der die Differenz zwischen Kalkulation und Abrechnung ausmachte, zerriss er und warf ihn in den Papierkorb. Lächelnd nannte er mir die neue Endsumme und fragte, ob ich nun zufrieden sei. Verblüfft und erfreut nickte ich über diese Methode, Probleme vom Tisch zu fegen, und flog zufrieden nach Hause.

CHEREZ GOBI I KHINGAN (*Durch Gobi und Chingan*) (1981)

UdSSR / Mongolische VR | Regie: Wassili S. Ordynsky / Badrahin Sumhu | Premiere: 6. Oktober 1981 (in Ulan Bator), Mai 1982 (in Moskau)

Aus dem Mosfilmstudio Moskau kam 1981 eine Anfrage mit der Bitte um Unterstützung bei der Produktion eines aufwendigen zweiteiligen Kinofilms über das Ende des Zweiten Weltkrieges im fernen Osten mit dem Titel CHEREZ GOBI I KHINGAN[84]. Der Film ist eine Gemeinschaftsproduktion von Mosfilm Moskau und Mongolkino Ulan-Bator.

Parallel zur Haupthandlung in Asien sollte in Ausschnitten erzählt werden, was in den Sommermonaten nach Kriegsende in Deutschland geschah: Einmarsch der Sowjetarmee in Erfurt und Holzhausen, T-34-Panzer in Potsdam, Stalins Ankunft in Berlin (auf dem alten Kaiserbahnhof in Potsdam-West nachgestellt) und sein Aufenthalt während der Potsdamer Konferenz[85] in Potsdam und Babelsberg. Dazu reiste ein kompletter Drehstab von 27 Personen mit 19 Schauspielerinnen und Schauspielern sowie leitenden Mitarbeitern von Sovinfilm, Mosfilm und Mongolkino aus Moskau an. Der Großteil des Films war schon in Moskau, vor allem aber in der Mongolei und in Japan gedreht worden. Jetzt kamen sie gern in die DDR. Wenn möglich, reisten sie mit dem Zug, denn bei der Rückreise hatte das den Vorteil, dass man mehr und größere Mitbringsel nach Hause schaffen konnte.

---

84 CHEREZ GOBI I KHINGAN (*Durch Gobi und Chingan*, 1981, Wassili Ordynsky / Badrahin Sumhu).
85 Potsdamer Konferenz: Am 17.7.1945 begann die Potsdamer Konferenz der Alliierten im Schloss Cecilienhof; die USA, Großbritannien und die Sowjetunion berieten hier über die Nachkriegsordnung für Deutschland und Europa.

Zwölf aufwendige Drehtage im April und Mai 1981 unter anderem mit einem Regiment der in der DDR stationierten Sowjetarmee in den früheren Uniformen, mit alter Militärtechnik und mehreren sowjetischen und zwei deutschen Schauspielern sowie einigen deutschen Kleindarstellern wurden gemeinsam geplant und mit einem 25-köpfigen Teilstab von uns unterstützt. Die Zusammenarbeit verlief professionell und respektvoll freundlich. Mit Wassili S. Ordynsky, einem bekannten Regisseur mehrerer Revolutions- und Kriegsfilme, und Mark L. Schadur, einem erfahrenen Produktionsleiter, stand ich noch einige Jahre in Kontakt. Kameramann war der damals schon international arbeitende Nikolai A. Wassilkow, Szenenbildner der freundlich versierte Juri Kladijenko.

Mit dem damals »gültigen« Stalin-Darsteller Andrej A. Kobaladze wurden nach vier Stunden Maskenzeit einige kurze Szenen vor der Villa, in der Stalin während der Potsdamer Konferenz in Babelsberg wohnte, gedreht. Diese Villa, das sogenannte »Stalinhaus«, wurde einige Jahrzehnte (auch während meiner Studienzeit) von der Filmhochschule als Sitz der Fachrichtung Produktion und der Hochschulbibliothek genutzt.[86] Ein Mosfilm-Fotograf arrangierte ein Foto vom freundlichen Stalin-Darsteller Andrej Kobaladze und mir vor der Villa und schickte es später als Erinnerung für mich nach Babelsberg. Den amerikanischen Präsidenten Harry S. Truman und einen amerikanischen General besetzten wir mit den Berliner Schauspielern Heinz Hellmich und Jochen Diestelmann.

Zur Abrechnung wurde ich Mitte Juni 1981 nach Moskau bestellt. Sachlich waren wir uns schnell einig. Ich wurde zu einigen freundschaftlichen Essen eingeladen. Dabei musste ich gestehen, noch nie in Leningrad gewesen zu sein. Spontan wurde ein dreitägiger Ausflug mit einem ortskundigen Aufnahmeleiter organisiert. Mit dem berühmten »Roten Pfeil«, einem Schlafwagen-Zug, fuhren wir um Mitternacht ab Moskau und kamen ohne Halt morgens um 8 Uhr in Leningrad an. In drei Tagen bekam ich einen ersten Eindruck von den Weißen Nächten und vom »Venedig des Nordens«. Erst knapp dreißig Jahre später kam ich für die Produktion eines Bavaria-Fernsehfilms mit dem schönen Titel Eine Liebe in St. Petersburg (2009, Dennis Satin) wieder, und diesmal etwas länger, in diese schöne Stadt.

Damals, nach den drei Tagen, reiste ich auf eigenen Wunsch mit dem Zug zurück nach Berlin. Ich wollte den Schienenspurweitenwechsel eines ganzen Zuges an der sowjetischen Grenze zu Polen erleben. Im 19. Jahrhundert war auf Weisung des Zaren für ganz Russland die Spurweite der Eisenbahnschienen deutlich breiter als im restlichen Europa angelegt worden. Man wollte ver-

86 »Stalinhaus«: Siehe auch S. 46, Anm. 19.

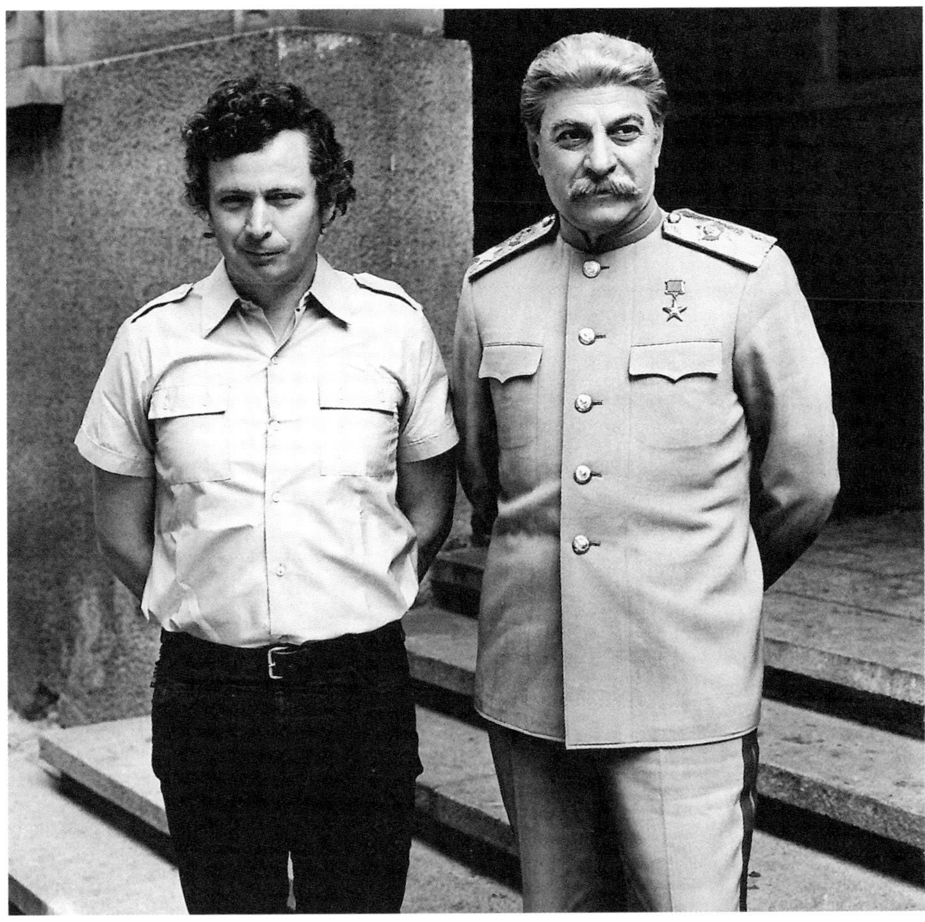

Cherez Gobi i Khingan (*Durch Gobi und Chingan*, 1981, Wassili Ordynsky / Badrahin Sumhu): Hans-Erich Busch mit Andrej Kobaladze (als Stalin) vor der »Stalin-Villa« in Babelsberg

hindern, dass im Falle eines Angriffs der Feind von Berlin nach Moskau auf der gleichen Schienenbreite einfach durchfahren konnte. Dieser Unterschied blieb lange erhalten. Im grenzüberschreitenden Eisenbahnverkehr wurden deshalb an den alten Sowjet-Grenzen alle Radachsen unter den Zügen je nach Fahrtrichtung ausgetauscht. Alles erfolgte technisch routiniert in zwei Stunden. Man konnte aussteigen und den Vorgang von außen beobachten. Das wollte ich gesehen haben. Diese Unterschiede in der Spurbreite behinderten den Eisenbahnverkehr zwischen Mittel- und Osteuropa.

Insel der Schwäne (1982)

Regie: Herrmann Zschoche | Premiere: 28. April 1983

Nach einer Erzählung von Benno Pludra schrieb Ulrich Plenzdorf das Szenarium. Regisseur Herrmann Zschoche richtete es mit Plenzdorf für die Dreharbeiten ein, unterstützt und beraten von der Dramaturgin Gabriele Herzog.

Der 14-jährige Stefan zieht mit Mutter und Schwester vom Land zum Vater nach Berlin-Marzahn, in das größte Neubaugebiet Ostberlins. Der Vater arbeitet hier und hat auch endlich eine Wohnung für die Familie gefunden. In der noch unwirtlichen Umgebung, der neuen Schule, mit den neuen Mitschülern und den fremden Lebensverhältnissen muss Stefan zurechtkommen. Zwei Mädchen flirten ihn an, mit dem Hausmeister gerät er in Konflikt, seinen neuen Freund muss er gegen den Druck eines älteren Mitschülers verteidigen. Schließlich kommt es zu einem Konflikt, der an einem offenen Fahrstuhlschacht tragisch endet.

Die Dreharbeiten fanden ab September 1981 vor allem im entstehenden Neubaugebiet Berlin-Marzahn statt und konnten vorfristig noch im Dezember beendet werden. Wie in vielen solcher Neubaugebiete waren die ersten Wohnblöcke schnell bezogen und auch ein paar Schulen in Betrieb. Aber meistens fehlte die noch nötige Infrastruktur, auf die gewöhnlich ein paar Jahre gewartet werden musste. Parallel zu den Neubauten verfielen die alten Innenstädte. Deren Urbanität mit vielfältigen Verkehrsanbindungen, unterschiedlichen Dienstleistungsangeboten, Restaurants, kulturellen, sportlichen und anderen Unterhaltungsmöglichkeiten wurde, wenn überhaupt, erst viel später erreicht. Diese sozial unfreundliche Umgebung prägte vielfach das Lebensgefühl, auch der Heranwachsenden.

Kameramann war Günter Jaeuthe, mit dem Herrmann Zschoche mehrfach gearbeitet hatte, Szenenbildner war Harry Leupold, mit dem ich immer gern zusammengearbeitet habe. Für die Besetzung der Hauptrollen durch mehrere Jugendliche haben wir einige Wochen benötigt. Herrmann und seine Assistentin fanden schließlich Axel Bunke. Mit ihm und Mathias Müller (Hubert), Sven Martinek (Windjacke) und den Mädchen Britt Baumann (Rita) und Kerstin Reiseck (Anja) und einigen anderen Kandidaten machten wir ausführliche Probeaufnahmen und konnten so auch noch weitere kleinere Laienrollen besetzen. Herrmann Zschoche verstand es, mit Laien, einigen noch jungen und unerfahrenen sowie einer Reihe bekannter großartiger Schauspielerinnen und Schauspieler ein Ensemble zu formen, das überzeugte. Ursula Werner, Christian Grashof, Monika Lennartz, Dietrich Körner, Fritz Marquardt, Marga Legal, Robert Trösch und weitere Namen

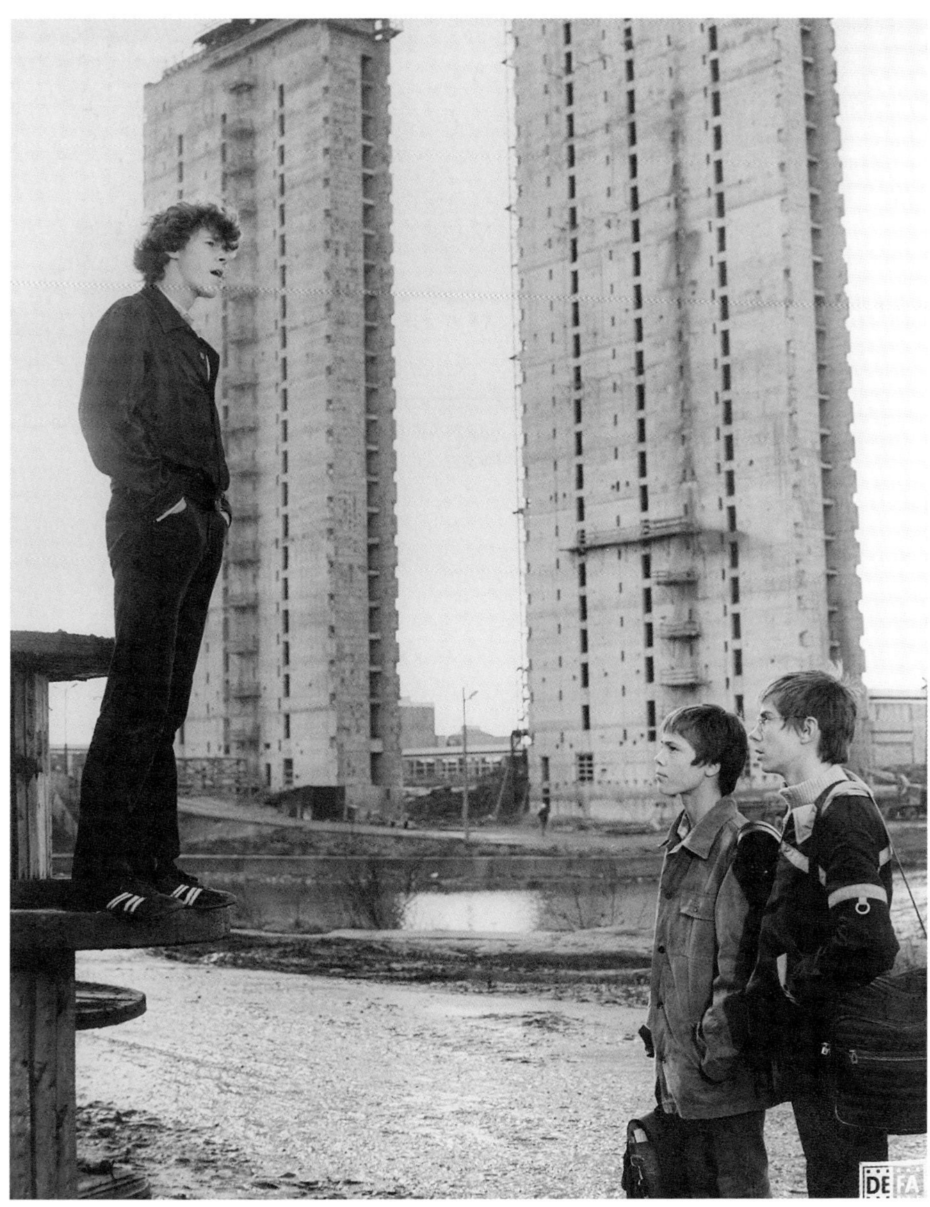

INSEL DER SCHWÄNE (1982, Herrmann Zschoche): Sven Martinek (Windjacke; links), Axel Bunke (Stefan) und Mathias Müller (Hubert) in Marzahn, dem größten Neubaugebiet Ostberlins stehen auf der Besetzungsliste. Für die Dreharbeiten gelang es, in einem Hochhaus drei Wohnungen und einige Keller zu mieten, die wir als Drehort und Produktionsbasis nutzten. In einer Schule und auf dem Baugelände entstanden teilweise durch filmische Zusätze und Einrichtungen die Drehorte, die das Leben auf einer Großbaustelle beschreiben. Unsere Aktivitäten hatten wir mit der Leitung des Baukombinates Berlin jeweils abzustimmen, um deren Bauarbeiten nicht zu behindern und auch um ungestört drehen zu können. Das war manchmal bürokratisch kompliziert, weil auch Stadtkreis- und Polizeiverwaltungen einbezogen werden mussten. Und manchmal war es einfacher, mit den Bauarbeitern und Kranführern vor Ort Verabredungen zu treffen, um kurzfristig bestimmte Vorgänge wie Bewegungen der Baukräne zu veranlassen oder zu stoppen.

Die Dreharbeiten verliefen insgesamt planmäßig und es entstand ein ganz besonderer Film. Noch während der Dreharbeiten sorgte ein ominöser Leserbrief im »Neuen Deutschland«[87] für Unruhe. Darin wurde der DEFA und dem Fernsehen vorgeworfen, die Anstrengungen der Arbeiterklasse und das Wohnungsbauprogramm der DDR nicht zu würdigen. In verschieden anderen Zeitungen war Ähnliches zu lesen. Irgendwie kamen Erinnerungen an die Zeit des 11. Plenums 1965/66 hoch. Wir glaubten, davon nicht betroffen zu sein. Bei einer ersten Rohschnittabnahme am 26. Februar 1982 erteilte der Generaldirektor einige Auflagen, die wesentlich Dialogszenen betrafen und durch Montagelösungen, Sprachsynchronisation und einen kurzen Nachdreh behoben wurden. Die Studioabnahme am 19. April 1982 verlief problemlos, der Film wurde inhaltlich und künstlerisch als gelungen gewertet. Vier Wochen später wurde die staatliche Zulassung verweigert, weil der Film neben anderen ideologischen »Mängeln« ein Zerrbild der sozialistischen Wirklichkeit darstelle und die Wohnungspolitik der DDR zur Beton-Welt herabwürdige.Die leicht veränderte Arbeitsfassung sahen sich der Leiter der Hauptverwaltung Film im Kulturministerium Pehnert und Generaldirektor Mäde mit einigen Mitarbeitern an. Im Ergebnis erhielt Herrmann Zschoche einen Brief mit weiteren Änderungswünschen. Ich hörte nur davon und bemängelte, davon keine Kenntnis erhalten zu haben, um arbeitsorganisatorisch reagieren zu können. Irgendwie haben wir aber die Übersicht behalten und zum Teil den Fortgang einiger weiterer Korrekturen begleiten können.

87 Der sogenannte »Vater-Brief« erschien am 17.11.1981 im »Neuen Deutschland«, dem Parteiorgan der SED. Hubert Vater (ein Synonym) kritisierte die aktuellen Gegenwartsfilme in der DDR und verlangte nach Kunstwerken, die »das Titanische der Aufbauleistung« durch die Arbeiterklasse thematisieren. Vgl.: Hubert Vater: Was ich mir von unseren Filmemachern wünsche – Erwartungen eines Lesers an DEFA und Fernsehen. In: Neues Deutschland, 17.11.1981, S. 2.

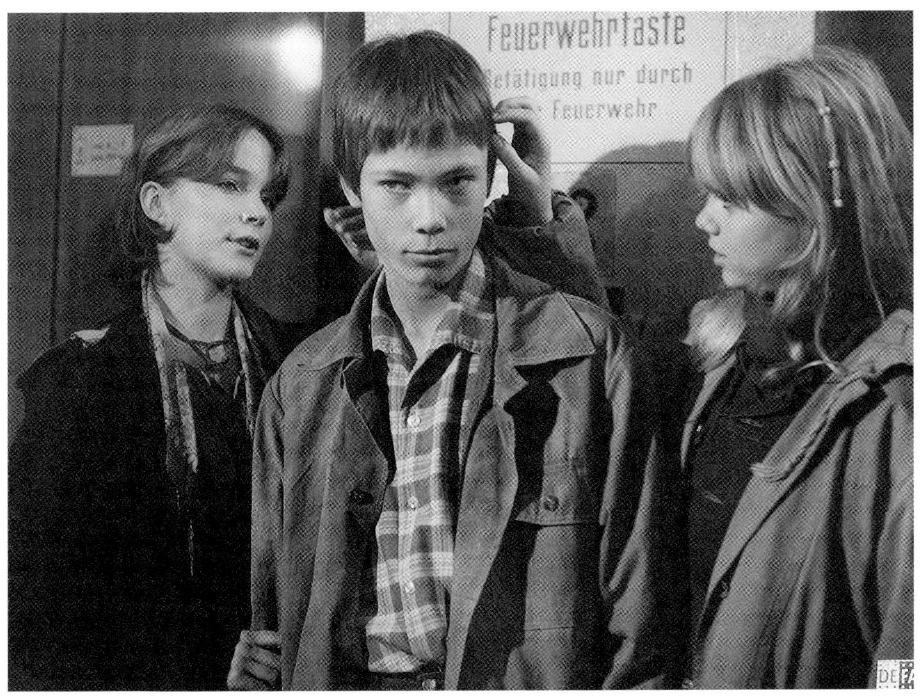

INSEL DER SCHWÄNE (1982, Herrmann Zschoche): Rita (Britt Baumann) und Anja (Kerstin Reiseck) umgarnen den Neuankömmling Stefan (Axel Bunke)

An der Verkündung dieser Nicht-Zulassung hatte ich nicht teilnehmen können. Ich war für die Vorbereitung eines anderen Projektes unterwegs. Einige Teilnehmer erzählten mir aber ausführlich davon. Zunächst wurden die Arbeit am Buch und die Inszenierung gelobt, ein eigenständiges filmkünstlerisches Werk sei geschaffen worden. Dann aber kam es zu einer Reihe von Einwänden. Wesentliche Veränderungen wurden gefordert, die zugleich für realisierbar und ökonomisch vertretbar gehalten wurden. Mehrere Dialogszenen in der Schule und in der elterlichen Wohnung sollten gestrichen oder verändert, umgeschrieben oder erneut gedreht werden. Darin müsste der Wohnungsbau positiver besprochen werden.

Die Szene, in der die Großeltern von Windjacke, ehemalige politische KZ-Opfer, knapp vorgestellt werden, war ersatzlos zu entfernen. In der schriftlichen Begründung wird erklärt, dass die Art und Weise, wie sie dem Zuschauer bekannt gemacht werden, darauf beschränkt sei, sie der Lächerlichkeit preiszugeben, und das würde die moralisch-ethischen Grundwerte der

DDR gegenüber Verfolgten des Naziregimes berühren. Dieser Vorwurf hat Ulrich Plenzdorf, dessen Eltern als politische Häftlinge in einem KZ eingesperrt waren, wohl zutiefst getroffen und verärgert. Marga Legal und Robert Trösch hatten die Großeltern von Windjacke gespielt und waren nicht mehr im Film. Ich musste ihnen in einem Brief mit freundlichem Bedauern erklären, dass das Entfernen einer Szene aus einem Film legitim sei, und versicherte, dass dies in keinem Zusammenhang mit unserer Wertschätzung ihrer schauspielerischen Leistung stehe.

Ebenso wurde der Schluss des Films mehrfach diskutiert. Die endgültige Entscheidung sollte offenbar erst mit der Fertigstellung getroffen werden. Es blieb lange offen, ob der Film mit einem Happy End (Stefan rettet Windjacke) endet oder ob es zu einem tragischen Ende kommt. In unserer Variante endete der Film auf einem Standbild. Stefan hält Windjacke am Fahrstuhlschacht. Der Ausgang bleibt offen. Verlangt wurde nun aber das Gelingen des Rettungsversuches. Für die neuen Szenen in der Schule, in der elterlichen Wohnung (musste als Atelierbau wiederhergestellt werden) und am Fahrstuhlschacht benötigten wir Axel Bunke an sieben zusätzlichen Drehtagen. Inzwischen war ein Jahr vergangen und Axel Bunke und die anderen Jugendlichen waren deutlich gewachsen und die Stimmlagen hatten sich verändert, viele hatten andere Frisuren. Die Bauarbeiten in Marzahn waren auch weitergegangen. Wir gerieten unter Druck. Teilweise mussten wir nun mit Perücken versuchen, annähernd den früheren Zustand wiederherzustellen. So waren Qualitätseinschränkungen nur mühevoll zu verhindern.

Auch Plenzdorfs Erfindung der Gruppe »Ritter, Tod und Teufel« war schon im Szenarium mit Skepsis zur Kenntnis genommen worden. Jetzt wurde die Kritik daran zwar lauter, blieb aber ohne Konsequenzen. Während Ulrich Plenzdorf es ablehnte, sich an Veränderungen zu beteiligen, wollte Herrmann Zschoche nach KARLA (1966) keinen weiteren verbotenen Film riskieren und auch das Spielfilmstudio als Arbeitsstätte behalten. Er versuchte, das Maß der Kompromisse auszureizen, es so klein wie möglich zu halten. Ich verstand und unterstützte seine Haltung, soweit das möglich und nötig war. Gleichzeitig hatte ich auch Sympathie für die Sturheit von Ulrich Plenzdorf. Trotz des Vorwurfs der »verstellten Sicht auf unsere Wirklichkeit« gehört der Film bis heute zu den gelungensten filmischen Auseinandersetzungen mit dem sozialen Wohnungsbau in der DDR. Der Komponist Peter Gotthardt unterstützte mit seiner Musik und einigen Jazz-Improvisationen diese Wirkung. Die erfahrene Schnittmeisterin Erika Lehmphul setzte mit ihrer Montage wichtige Akzente und half, die Handlung schlüssig zu erzählen. Herrmann Zschoche beschreibt in einem Kapitel seines Erinnerungsbuches »SIE-

BEN SOMMERSPROSSEN und andere Erinnerungen« lesenswert seine Situation und die Nacharbeit an INSEL DER SCHWÄNE.[88]

ZILLE UND ICK (1983)

Regie: Werner Wolfgang Wallroth | Premiere: 27. September 1983

Im DEFA-Spielfilmstudio sind mehrere Musikfilme für Kino und Fernsehen entstanden, darunter 1973 eine gelungene Adaption von ORPHEUS IN DER UNTERWELT, Regie: Horst Bonnet, Kamera: Otto Hanisch, Szenenbild: Alfred Hirschmeier, Kostüme: Christiane Dorst, Produktionsleitung: Helmut Klein. An einigen aufwendigen Drehtagen konnte ich damals als Unterstützer der Aufnahmeleitung am Drehort dabei sein.

Im Sommer 1982 wurde ich kurzfristig beauftragt, die Produktion für das Filmmusical ZILLE UND ICK weiterzuführen; mein Kollege Martin Sonnabend war erkrankt, hatte aber schon die Musikaufnahmen und andere wichtige Vorarbeiten organisiert. Mithilfe des Regisseurs Werner W. Wallroth, des Kameramanns Wolfgang Braumann, des Szenenbildners Erich Krüllke, der Kostümbildnerin Barbara Braumann, des leitenden Maskenbildners Klaus Petzold und mit allen anderen Mitarbeiterinnen und Mitarbeitern, besonders der Ausstattungssparten, musste ich mich schnell in das Projekt einarbeiten.

Mit den Aufnahmeleitern, dem Filmgeschäftsführer und der Produktionssekretärin begann eine intensive Zusammenarbeit. Drehbuchanalysen, gemeinsame Beratungen und Abstimmungen, Genehmigungen, Hunderte Verträge, Arbeitsaufträge und Detailplanungen im Studio und an den zum Teil noch zu findenden Außendrehorten standen an. Der Drehplan und die Kalkulation mussten parallel fertiggestellt werden, und ich hatte mich bisher nur theoretisch mit der Herstellung eines Filmmusicals beschäftigt. Wir gestatteten uns nicht, zu überlegen, wie das alles zu schaffen sei. Mit dem Motto »Unmögliches machen wir sofort« fanden wir manchmal Vergnügen daran, unkonventionelle Lösungswege zu gehen und die Zusammenarbeit in Vorbereitung und Drehzeit dezentral zu strukturieren.

Nach ihrem Musical »Der Maler von Berlin« fertigten Dieter Wardetzky (Szenarium und Liedtexte) und Peter Rabenalt (Musik) die Filmfassung für ZILLE UND ICK. Stofführender Dramaturg war Gerd Gericke. Das Regiedrehbuch richtete, wie im Studio üblich, der Regisseur in Abstimmung mit dem

88 Herrmann Zschoche: SIEBEN SOMMERSPROSSEN und andere Erinnerungen. Berlin: Das Neue Berlin 2002, 222 S., hier S. 143-154.

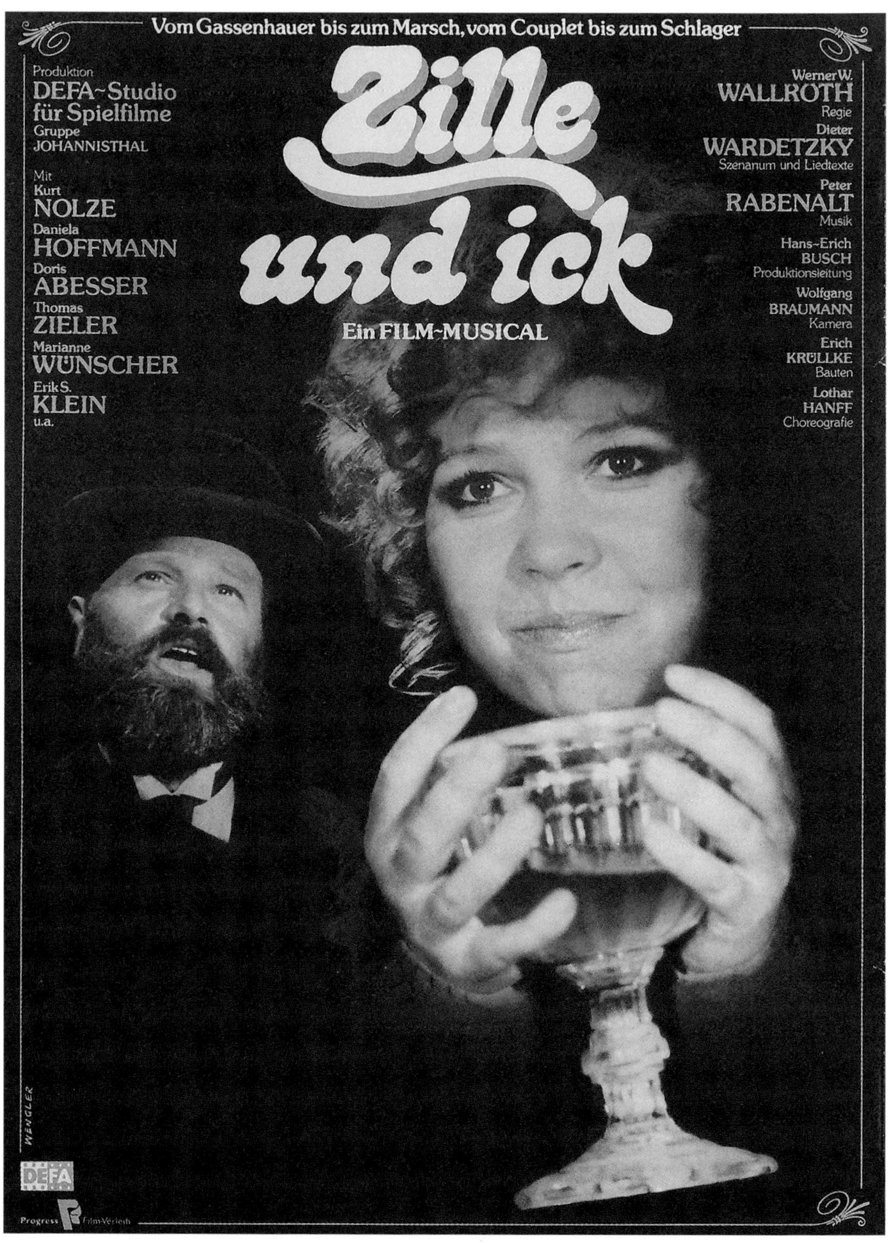

Zille und ick (1983, Werner Wolfgang Wallroth): Plakat zum Film-Musical mit Kurt Nolze (Zille) und Daniela Hoffmann (Jette)

Kameramann anhand von Dekorationsskizzen des Szenenbildners ein. Die Handlung des Musicals um den Maler Heinrich Zille und die Hinterhofsängerin Jette Kramer spielt um 1900 an verschiedenen Orten in und am Rande Berlins. Der Szenenbildner Krüllke nutzte die vielen bekannten und zugänglichen Bilder, Zeichnungen, Skizzen und Fotos von Zille, um »sein Milieu« für die Dreharbeiten an Originaldrehorten und in Atelierbauten entstehen zu lassen. Dabei unterstützten ihn bauausführende Architekten, ein erfahrener Bühnenmeister mit seinen Facharbeitern, Requisiteuren, Malern, Kunstmalern. Dazu kam die Zuarbeit vieler Werkstätten.

Die Kostümbildnerin Barbara Braumann entwarf für alle Darstellerinnen und Darsteller, Tänzerinnen und Tänzer und Kleindarstellende die Kostüme, um das Milieu, die Handlung und die Charaktere zu beschreiben. In den studioeigenen Schneidereien wurden viele der historischen Kostüme maßgeschneidert. Die aus dem Kostümfundus verwendbaren Kostüme wurden ausprobiert und, wenn nötig, angepasst.[89]

Die Hauptrollen Zille und Jette waren mit dem bekannten Schauspieler und Sänger Kurt Nolze und der jungen Berliner Schauspielerin Daniela Hoffmann sehr überzeugend besetzt. Für viele weitere Rollen gab es feste Besetzungen, allerdings waren noch nicht alle erstvertraglichen Verpflichtungen mit unseren noch zu entwickelnden Plänen koordiniert. Manchmal halfen dabei kleine Tricks. Um die Kooperationsbereitschaft der langjährigen Chefin des Künstlerischen Betriebsbüros (KBB) des Deutschen Theaters in Berlin, Gertraud Last, zu verstärken, bekam auch sie in unserem Film eine ganz kleine Rolle und konnte in Kostüm und Maske an ein, zwei Drehtagen dabei sein. Dabei war die Gage nicht wichtig. Wenn man noch zusätzlich versichern konnte, dass ihr Name im Nachspann erscheinen könnte, fühlte sie sich dazugehörig. Viele, auch kurzfristige Besetzungen mit Schauspielenden des Deutschen Theaters und komplizierte Drehabläufe wurden so durch ihr Engagement ermöglicht. Alle wussten das, und niemand hatte etwas dagegen. So ist ihr Name auf einigen Titellisten der damaligen Zeit zu finden.

Einige Schauspielerinnen und Schauspieler, zum Beispiel Kurt Nolze, Doris Abeßer oder Erik S. Klein, hatten vorher bei den Musikaufnahmen selbst ihre Parts einsingen können und mussten bei den Playback-Aufnahmen den Gesang nun lippensynchron gestalten. Für andere Rollen wurden bei den Musikaufnahmen Sängerinnen und Sänger und beim Drehen Schauspielerinnen und Schauspieler engagiert, die dann lippensynchron zum Gesang spielten.

89 Über 250.000 Kostüme aus verschiedenen Epochen wurden im Fundus des Spielfilmstudios bis 1992 aufbewahrt, gepflegt und auch vielfach international verliehen.

Christine Wieland sang im Hintergrund für Daniela Hoffmann die Rolle der Jette Kramer und Carsten Mewes für Thomas Zieler den Ede Schmidt.

Weiter gehörten neben vielen anderen Marianne Wünscher, Helmut Schreiber, Fred Delmare, Werner Lierck und Hans Klering zum großen Ensemble. Damit Werner W. Wallroth sich auf die Besetzung der Hauptrollen konzentrieren konnte, arbeitete die erfahrene Regieassistentin Sigrid Meyer an Vorschlägen für die vielen kleineren Rollen. Insgesamt waren 115 große und kleine Rollen und 66 Tänzerinnen und Tänzer für ein Ensemble von Zille-Figuren zu besetzen. Dazu kamen viele Kleindarstellerinnen und Kleindarsteller, die auch mit Kostümen ausgestattet werden mussten. Unter der Leitung der Maskenbildner Klaus Petzold und Margit Neufink wurde eine Vielzahl von Perücken angefertigt und alle im Film auftauchenden Figuren wurden frisiert und geschminkt.

Der balletterfahrene Harald Engelmann beriet Werner W. Wallroth bei der Gestaltung der Tanzszenen, die der Choreograf Lothar Hanff mit den ausgewählten Tänzerinnen und Tänzern, vor allem aus dem Metropol-Theater und der Komischen Oper in Berlin, erarbeitete. Sie sollten einerseits dem Zille-Milieu entsprechen, also einige auch rundlich und ungelenk erscheinen, aber ausdrucksvoll tanzen und nach vorproduzierten Playback-Chorgesängen lippensynchron singen können. Dabei half einfallsreich und engagiert der Korrepetitor Wolf Butter. Der Tonmeister Edgar Nitzsche hatte nicht nur für Tonaufnahmen, sondern auch für eine gute Beschallung bei allen Playback-, Gesangs- und Tanzaufnahmen an den unterschiedlichsten Drehorten zu sorgen. Der Musiktonmeister Klaus Wolter und der Mischtonmeister Gerhard Ribbeck, die alle Musiken, Dialoge, Geräusche und akustischen Effekte stereofon zu einem akustischen Ganzen zusammenfügten, trugen erheblich zum Gesamteindruck des Films bei.

Die Schnittmeisterin Thea Richter arbeitete so selbstständig, dass ich mich kaum mit ihren Angelegenheiten zu befassen brauchte. Später hatte ich ein schlechtes Gewissen, ihr und ihrer Arbeit nicht die angebrachte Aufmerksamkeit gewidmet zu haben.

Die Dreharbeiten verliefen trotz des großen organisatorischen Aufwandes planmäßig. Ich wusste, dass alle Arbeiten nach einem strengen Zeitregime ablaufen mussten. Improvisationen waren kaum möglich. Die manchmal schwer zu strukturierenden Drehtage mit einem Gefüge vieler sehr unterschiedlicher Leistungen vor und hinter der Kamera, mit dem Netz von Personen-, Material- und Techniktransporten erforderten von allen Beteiligten viel Kollegialität und Disziplin. Darauf hatte ich mit Nachdruck zu achten und erwarb mir wohl bei einigen Mitstreitern den Ruf eines strengen Produktionsleiters.

Noch heute bedaure ich, dass der Film durch kaum erkennbare Öffentlichkeitsarbeit so wenig bekannt wurde. Die Bezüge zu Claire Waldoff sind nicht zu übersehen und zu überhören. Durch die Beschreibung des Milieus, der Lebensverhältnisse und des sozialdemokratischen Kampfes dagegen entstand keine Romantisierung. Die Musik emotionalisiert manche Szenen. Die schauspielerischen, tänzerischen und gesanglichen Leistungen des Ensembles, die Musik und die Filmbilder fügen sich zu einem besonderen Filmerlebnis.

Ein Musical wird gewöhnlich beworben, indem die wichtigsten Lieder vor der Premiere mehrfach im Radio zu hören sind, in Unterhaltungssendungen bekannt gemacht und auf Schallplatten verbreitet werden. Nach meinem Eindruck wurde das Filmmusical ZILLE UND ICK von Verleih und Vertrieb ideenlos abgespielt. Eine Vermarktung fand nicht statt, wie etwa für den Schlagerfilm HEISSER SOMMER. Die Musik hörte man erst in einer Filmvorführung. So entstand kein Ohrwurm. Der Film hatte damals beim Publikum keine Chance. Der heutige Zeitgeschmack und neue Bild-, Tonaufnahme- und Wiedergabetechniken erweitern inzwischen die Rezeptionsmöglichkeiten enorm.

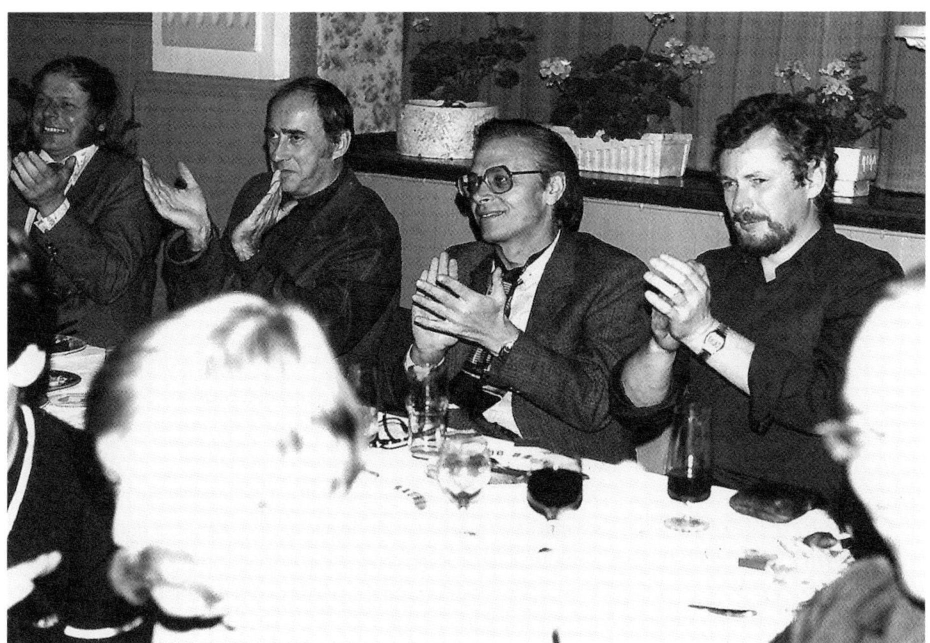

Abschlussfest nach den Dreharbeiten für ZILLE UND ICK (1983): Kameramann Wolfgang Braumann, Dramaturg Gerd Gericke, Regisseur Werner W. Wallroth und Produktionsleiter Hans-Erich Busch (v. l. n. r.)

Das Eismeer ruft (1983)

Regie: Jörg Foth | Premiere: 30. März 1984

Petra Lataster-Czisch schrieb das Szenarium nach dem bekannten gleichnamigen Kinderbuch von Alex Wedding. Zwischen den Spielfilmszenen wurden historische Schwarz-Weiß-Dokumentar-Sequenzen vom Leben und der Rettung der »Tscheljuskin«-Besatzung in Moskauer Archiven ausgesucht, abgeklammert und eingefügt. 1934 verunglückte das sowjetische Forschungsschiff »Tscheljuskin« im Eismeer. Die Besatzung und die Wissenschaftler retteten sich auf eine Eisscholle. Erzählt wird die Geschichte einer Gruppe von sechs- bis zwölfjährigen Prager Hinterhofkindern des Jahres 1934, die aus kindlich-naiver Solidarität aufbrechen, um der im Eismeer verschollenen Besatzung des Forschungsschiffes zu helfen. Auf einer großen Karte legen sie die Route fest. Mit einem Zug beginnen sie die Reise, weiter geht es zu Fuß und auf einem Floß. Die Strapazen und Probleme häufen sich. Eines von ihnen erkrankt. Inzwischen werden sie von ihren Eltern und der Polizei gesucht. Sie ziehen aber weiter. Schon am Ende ihrer Kräfte, misslingt auch noch der Grenzübertritt. Erschöpft kehren sie nach Hause zurück und werden mit der Nachricht von der Rettung der Schiffbrüchigen glücklich überrascht.

Es wurde der Debüt-Film des Regisseurs Jörg Foth. Er hatte zuvor als Regieassistent an mehreren Filmen bei uns mitgearbeitet. Für Die Verlobte hatte Günther Rücker mich gebeten, ihm einen Assistenten als Mitarbeiter zu geben, der nicht nur für die handwerkliche Regieassistentenarbeit zur Verfügung stehen sollte, sondern ihn auch bei ästhetischen Erwägungen als Gesprächspartner unterstützen konnte. Ich empfahl ihm Jörg Foth. Beide kamen gut miteinander zurecht. Auf Rückers Frage, wie man Foth helfen könne, etwas Eigenes zu machen, riet ich, an Generaldirektor Mäde einen entsprechenden Brief zu schreiben. Er zeigte mir seinen Brief, der mit der Bemerkung endete, er wäre neugierig auf Foths weitere Entwicklung im Studio. Spätestens ab 1982 gehörte Jörg Foth zu Mädes geförderten Nachwuchskadern. Zwischen Foth und mir hatte sich in diesen Jahren ein Vertrauensverhältnis entwickelt, sodass ich gern bereit war, ihn bei seinem ersten Film zu unterstützen.

Berufliche Konstellationen können aber auch den Umgang miteinander verändern. Jörg bat, den Kameramann Thomas Plenert, seinen Freund aus der Studienzeit, zu engagieren. Das verstand ich. Thomas war damals im Dokumentarfilmstudio angestellt. Das Spielfilmstudio hatte über vierzig fest angestellte Kameraleute und es galt die Regel, diese spielfilmerfahrenen Fachleute einzusetzen, zumal bei einem Regie-Debütanten. Mein Versuch, eine Ausnahme zu erwirken, scheiterte. Jörg Foths zusätzlicher Brief in derselben

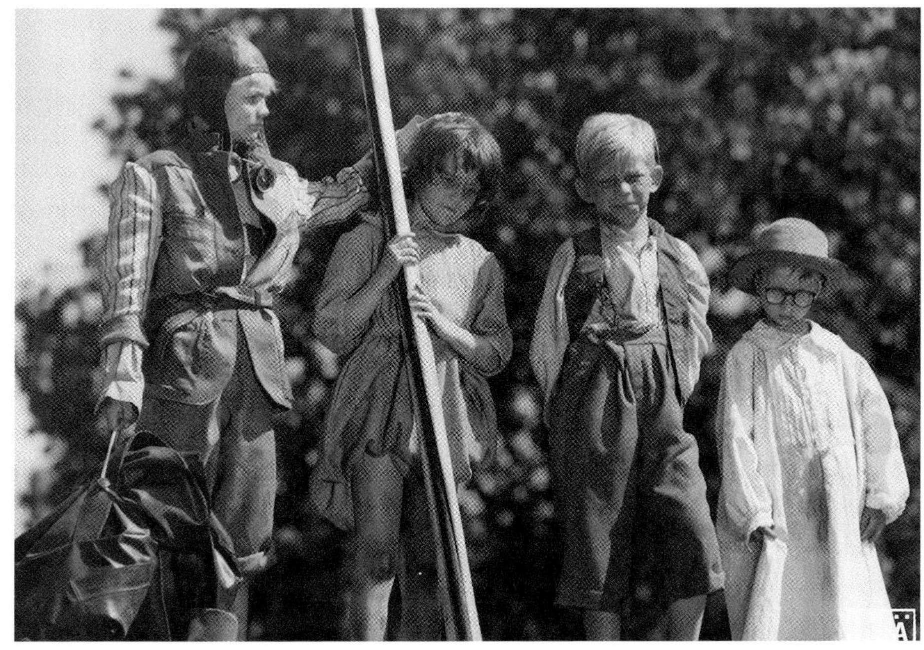

Die Kinder Oliver Karsitz (Anton), Vivian Schmidt (Rosi), Alexander Rohde (Alex) und Thomas Gutzeit (Ferdi) brechen auf zur Unglücksstelle. DAS EISMEER RUFT (1983, Jörg Foth)

Sache an Mäde blieb ebenso erfolglos. Schließlich einigten wir uns auf die Zusammenarbeit mit dem Kameramann Wolfgang Braumann, der mehrfach erfolgreich an Filmen mit Kinderdarstellern beteiligt war.

1982 stellte Jörg Foth auf Veranlassung der Dramaturgengruppe »Babelsberg« und des Generaldirektors eine Rohfassung des Regiedrehbuches her. Dazu realisierten wir im Sommer ein paar Drehtage für eine kurze Pilotstudie, anhand derer geprüft und entschieden wurde, ob Jörg mit Kinderdarstellern zu arbeiten verstand und ob die Kombination von Spiel- und historischen Dokumentarszenen funktionierte. Beides gelang. Wichtig dabei war auch von Anfang an, möglichst viele Szenen mit den Kindern im Vollton/Originalton aufzunehmen. Mit den ungeübten Kindern wäre eine aufwendige Nachsynchronisation schwierig geworden. Weitgehend mit einer Kamera in einem voluminösen Blimp[90] zu arbeiten, würde die optischen Gestaltungs-

90 Blimp: schalldämpfendes Gehäuse, das nach der Einführung des Tonfilms um die Kameras gebaut werden musste, um die Laufgeräusche der Kameras auf der Tonspur zu vermeiden.

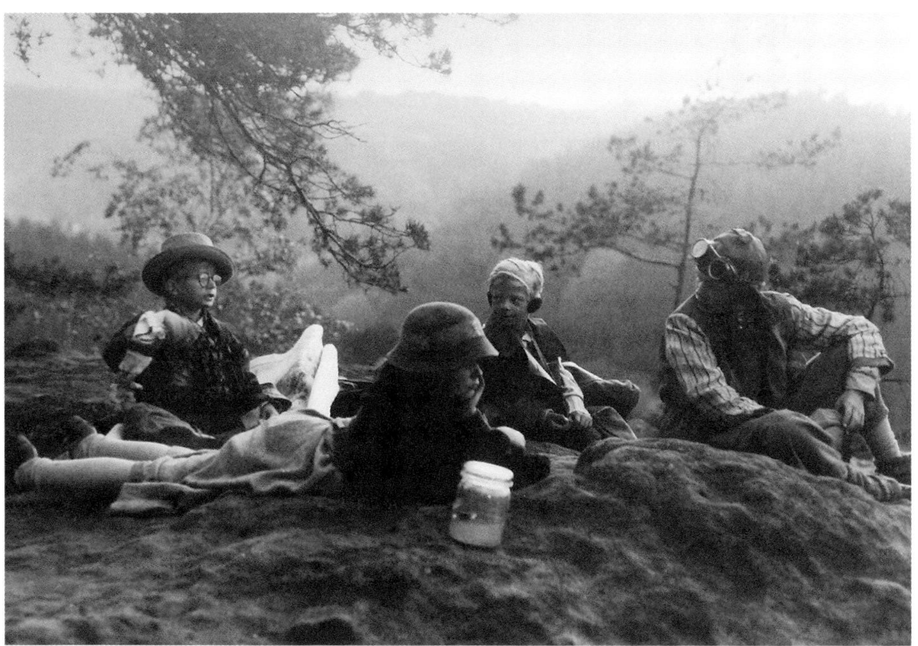

Das Eismeer ruft (1983, Jörg Foth): Die Gruppe ist auf ihrem abenteuerlichen Weg unterwegs in Böhmen.

möglichkeiten besonders in freiem Gelände erheblich einschränken. Von den drei selbstgeblimpten Kameras des Studios konnten wir eine, wie auch hochempfindliches Import-Negativmaterial, nur auf gesonderten Antrag bekommen, wenn auch nicht für die gewünschte Zeit und in der erhofften Menge. Mit diesem Mangel hatten wir uns einzurichten.

Jörg Foth gelang es, mit den Kindern spielerisch so umzugehen, dass die Dreharbeiten fast dokumentarisch und unkompliziert verliefen. Da nicht jede Einstellung mehrfach gedreht werden musste, blieb die Natürlichkeit der Kinder erhalten. Lange Einstudierungen vermied er. Dadurch vermittelt der Film glaubwürdig, fast authentisch, das Miteinander der Kinder.

Mit der Szenenbildnerin Marlene Poppe-Willmann, der Kostümbildnerin Anne Hoffmann und dem nachdenklichen Georg Krippendorf als Regieassistenten konnten wir den Drehstab weiter komplettieren. Aufnahmeleiter wurden der gern improvisierende Giselher Venzke und der einsatzfreudige Wolfgang Zschäckel. Unser langjähriger Produktionsfahrer Siegfried Schröter fungierte mit seinem »Wolga« als zuverlässiger Kurierfahrer, brachte nach einigen Drehtagen das belichtete Filmmaterial nach Babelsberg ins Kopierwerk und kehrte mit den angelegten Filmmustern zurück nach Prag.

Die Geschichte der Kindergruppe und damit des Films spielt in Prag und Böhmen. An unserer Idee einer deutsch-tschechoslowakischen Koproduktion war man in Prag nicht interessiert, wohl aber daran, für uns umfangreiche Dienstleistungen zu erbringen. Die Besetzung blieb somit bis auf wenige kleine Rollen deutsch, die Komparsen waren mehrheitlich Tschechen. Unsere Kinderdarsteller wurden von zwei ausgebildeten Kinderbetreuerinnen begleitet und umsorgt. Dazu verpflichteten wir einen mitgereisten Vater, der Lehrer war und den schulpflichtigen Kindern Unterricht gab.

Im Filmstudio Barrandov in Prag hatte sich eine kleine effektive Unterstützergruppe unter Leitung des Produktionsleiters Jan Syrovy gebildet. Zum Drehbeginn entstand daraus ein tschechoslowakischer Teilstab von 25 Filmfachleuten vor allem für die Ausstattungs- und Organisationssparten. Hinzu kamen noch die Fahrer für Personal-, Material- und Techniktransporte. Besonders der erfahrene und gut Deutsch sprechende Szenenbildner Bremek Longa war uns ein feinfühliger, wichtiger Helfer. Kleine Rollen und besondere Komparsen mussten ausgesucht und besetzt werden. Dafür fanden unterschiedlich aufwendige Masken- und Kostümproben im Filmstudio Barrandov statt. Die Motive in Prag, in der Umgebung und am Fluss und der historische Zug waren zu suchen, vorzubereiten und einzurichten.

Wir kamen nicht alle in einem Hotel mitten in Prag unter, so wohnten nur der engere Stab, Schauspielerinnen, Schauspieler und Kinderdarsteller mit ihren Betreuerinnen und Betreuern in einem Hotel in der Nähe des Hauptmotivs »Kneipe« in der Stadt, die anderen in einem Motel in Průhonice am Rande von Prag, neben einem wunderschönen historischen Park. Allerdings fiel für die hier Wohnenden täglich morgens und abends eine zusätzliche Fahrstunde an. Gern nahmen einige von ihnen diese zusätzlich bezahlten Stunden wahr. Auch konnten die Technikfahrzeuge dort sicherer geparkt werden.

Das arbeitsfreie Pfingstwochenende fiel in die Drehzeit und mir wurde vom Studio dringend nahegelegt, den Drehstab für die drei Tage nach Hause fliegen zu lassen. Man könne dadurch die Auslandsspesen und Übernachtungskosten sparen. Das war nicht sorgfältig durchdacht. Die Flugkosten Prag–Berlin waren nicht so hoch. Aber unsere Hotelzimmer, die teilweise auch kombiniert als Arbeits- und Lagerräume genutzt wurden, hätten wir nach Drehschluss am Freitag vor dem abendlichen Abflug für die drei Pfingsttage leer räumen und die Technikfahrzeuge sicher irgendwo parken müssen. Der Freitag vor Pfingsten hätte somit nur ein sehr verkürzter Drehtag werden können. Nach früher Rückkehr am Dienstag hätte die Wiederaufnahme der Dreharbeiten einige Vorbereitungszeit erfordert, auch dieser Drehtag wäre nur ein halber geworden.

Unsere Unterstützer aus dem Filmstudio Barrandov erklärten zudem, dass die Prager Hotels uns nach Pfingsten nur behalten wollten, wenn wir auch das Pfingstwochenende nutzen würden. Nach genauem Nachrechnen entschloss ich mich zu folgender Lösung: Ich kündigte die Hotelzimmer nicht und stellte mit Unterstützung der Vertrauensleute des Stabes allen Mitarbeitenden frei, über das verlängerte Wochenende nach Hause zu fliegen oder in Prag zu bleiben, drei Tage auf die Auslandstagegelder zu verzichten und ihre jeweiligen Partner (privat bezahlt, aber von uns arrangiert) nach Prag einzuladen und mit ihnen das Wochenende in den durch die Heimflieger frei werdenden Hotelunterkünften zu verbringen. Die Rechnung ging auf, etwa die Hälfte der Mitarbeiterinnen und Mitarbeiter wollte nach Hause, die anderen konnten das Wiedersehen in Prag genießen. Zu organisieren waren diese An- und Abreisen durch die Aufnahmeleiter. Alle Beteiligten nahmen Rücksicht aufeinander und waren mit dieser Lösung sehr zufrieden. Diese Entscheidung war finanziell die beste Variante, was dann auch im Studio akzeptiert wurde.

Ebenso in die Drehzeit fiel der 9. Mai, der in der ČSSR als »Tag der Befreiung vom deutschen Faschismus« ein arbeitsfreier Feiertag war. Als Deutscher wollte ich nicht versuchen, die tschechoslowakischen Kolleginnen und Kollegen zu überreden, an diesem Tag für uns zu arbeiten. An dem dadurch auch für uns arbeitsfreien Tag fuhren wir in einem Bus in Begleitung einiger tschechischer Mitarbeiter nach Lidice[91], einem böhmischen Dorf, das 1942 als Rache nach dem Attentat auf Hitlers Statthalter Reinhard Heydrich von der SS zerstört worden war. Alle männlichen Einwohner waren ermordet, Frauen und Kinder in ein KZ verbracht worden. Nach dem Krieg wurde Lidice etwa 300 Meter vom alten Ort entfernt neu aufgebaut. An der Stelle des früheren Dorfes befinden sich nun eine Gedenkstätte und ein Museum. Das gemeinsame Gedenken wirkte teambildend, stärkte Sympathie und Vertrauen in unserem gemischten Stab. Einige Verbindungen aus dieser Zeit erleichterten später noch wechselseitige Hilfsleistungen und Verständigungen.

---

91 Lidice: Dorf in Mittelböhmen; am 10.6.1942 auf Befehl von Karl Hermann Frank dem Erdboden gleichgemacht; 173 Männer wurden erschossen, Frauen und Kinder wurden in Konzentrationslager deportiert. Lidice wurde neu aufgebaut und viele Gemeinden weltweit tragen heute den Namen zu Ehren von Lidice; die »Gedenkstätte Lidice« erinnert dauerhaft an die Vernichtung Lidices. Vgl. in: https://www.lidice-memorial.cz/de/gedenkstaette/gedenkstaette-und-gedenkgebiet/.

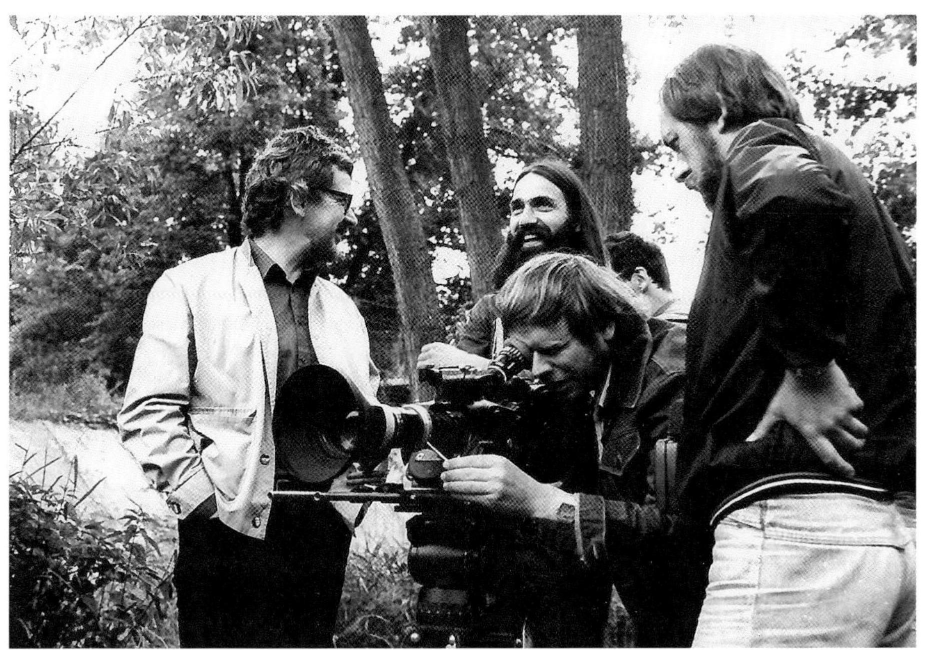

Bei Dreharbeiten zu DAS EISMEER RUFT (1983): Produktionsleiter Hans-Erich Busch, Regisseur Jörg Foth, Wolfgang Braumann an der Kamera und Kameraassistent Jörg Erkens (v. l. n. r.)

Für Prag und Böhmen hatten wir 25 Drehtage geplant, benötigten aber trotz einiger Zusätze, die wir eigentlich im Erzgebirge realisieren wollten, nur 23 Drehtage. Der Film erhielt das Prädikat »wertvoll« und auf dem Kinderfilmfest »Goldener Spatz« einen Sonderpreis. Derzeit wird er kaum noch gezeigt und nur interessierte Insider kennen ihn. Schade.

Biberspur (1984)

Regie: Walter Beck | Premiere: 16. November 1984

Der Auftrag, mit dem erfahrenen Regisseur Walter Beck an einem Kinderfilm zu arbeiten, überraschte mich im Sommerurlaub 1983. Wir kannten uns bis dahin noch nicht. Nach dem gleichnamigen erfolgreichen Kinderbuch von Bernd Wolff hatte Gudrun Deubener das Szenarium geschrieben. Erzählt wird die Geschichte des zwölfjährigen Joochen, der einen erschossenen Elbe-Biber findet. Diese Tiere waren damals schon sehr selten geworden und deshalb besonders geschützt. Ein geplanter Braunkohle-Tagebau gefährdete die Lebenswelt der Biber zusätzlich. Eine Umsiedlung der Biberpopulation von der Elbe an die Peene war vorbereitet. In der Schule, mit seinen Freunden und erwachsenen Naturschützern versucht Joochen, den »Bibermord« aufzuklären, durchlebt dabei verschiedene Überraschungen und gewinnt wichtige Erkenntnisse. Walter Beck hatte das Regiedrehbuch geschrieben. Er galt als ein gründlicher Arbeiter, der gewohnt war, seine Vorstellungen durchzusetzen.

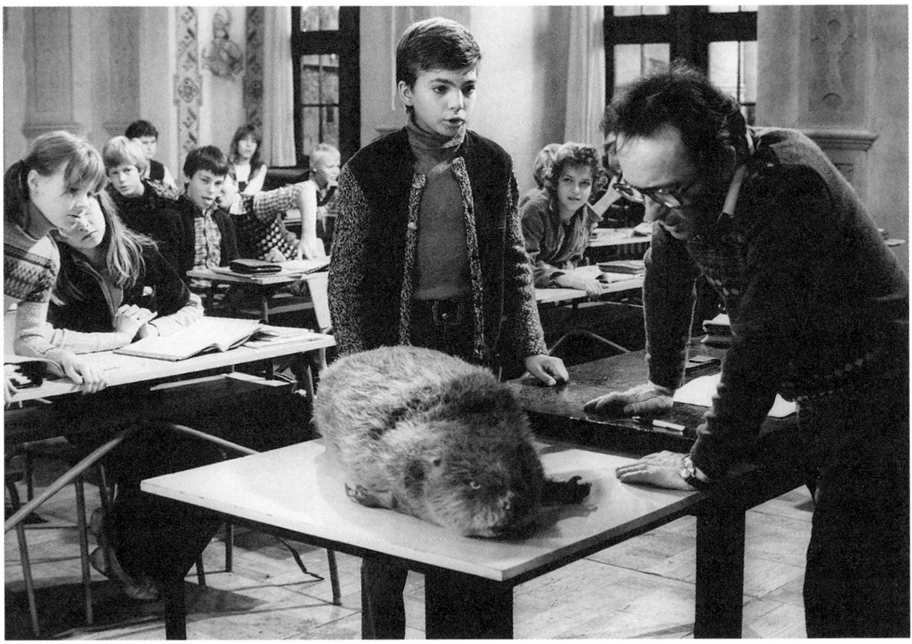

Szenenfoto aus Biberspur (1984, Walter Beck): Joochen (Erik Schmidt) präsentiert seinem Lehrer (Peter Sodann) den toten Biber.

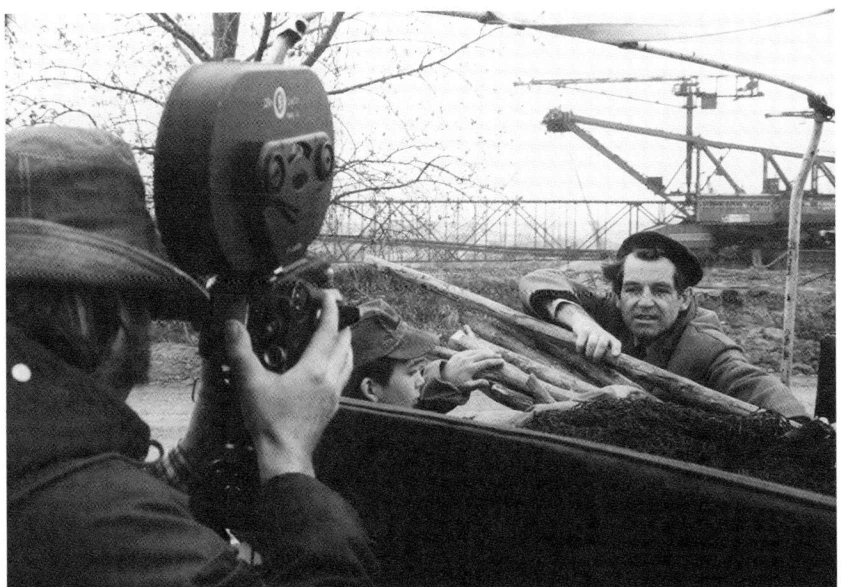

Arbeitsfoto BIBERSPUR (1984): Wolfgang Braumann (an der Kamera), Hauptdarsteller Erik Schmidt (Joochen) und Regisseur Walter Beck

Ich lernte einen höflichen, freundlichen Regisseur kennen, der stets vorbereitet war, seine Absichten klar schildern konnte, aber auch interessiert zuhörte. Er schätzte es, gemeinsam mit dem Kameramann Wolfgang Braumann und seiner Assistentin Eleonore Dressel – nach Verabredungen mit dem Szenenbildner Erich Krüllke, dem Requisiteur Jürgen Janitz, der Kostümbildnerin Dorit Gründel, den Maskenbildnern Klaus und Waltraud Becker – szenische Lösungen festzulegen. Organisatorische, handwerkliche, technische und ökonomische Konsequenzen, die sich daraus ergaben, interessierten ihn, und er berücksichtigte sie in Abstimmung mit den Aufnahmeleitern und mir. Auch mit den Drehplanentwürfen beschäftigte er sich, machte und diskutierte Vorschläge. Man merkte, dass er das Filmhandwerk mochte und beherrschte. Deshalb habe ich mich gern darauf eingelassen.

Jede Szene wurde genau geplant und gebaut. Später notwendige Anpassungen, Korrekturen und Zusätze waren nachvollziehbarer zu realisieren. Mit Unterstützung der Aufnahmeleiter Günter Berger, Wolfgang Zschäckel und Michael Zielske konnten die limitierten Arbeitszeiten der Kinderdarstellerinnen und -darsteller präzise eingehalten werden. Oberflächliche Zuarbeiten und sorgloser Umgang mit der möglichen Drehzeit verärgerten Walter Beck. Das

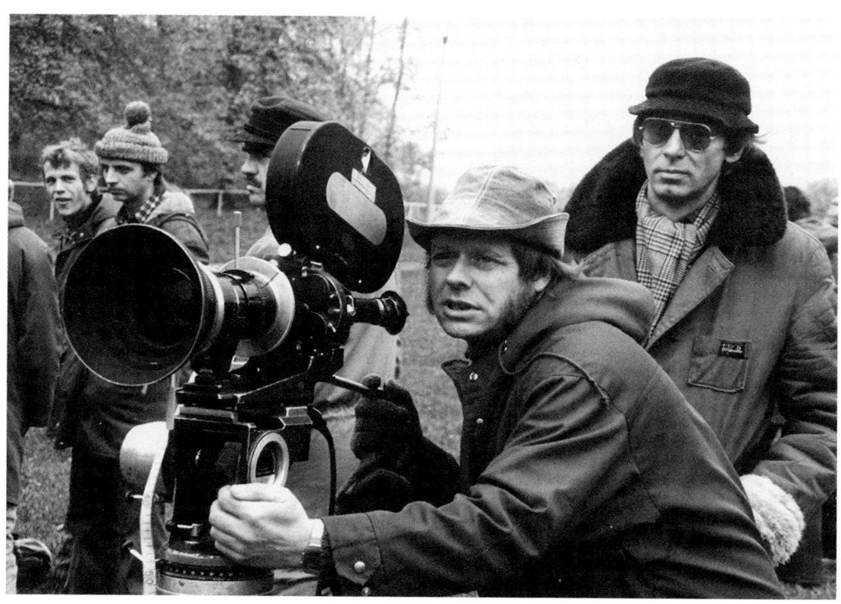

Kameramann Wolfgang Braumann (im Vordergrund), dahinter Aufnahmeleiter Henry-Michael Zielske bei Dreharbeiten zu BIBERSPUR (1984, Walter Beck)

verstand und teilte ich. Bei schwierigen Abstimmungen mit Beratern, Mitarbeitenden oder Schauspielenden versuchte ich, ihn zu unterstützen. Das gehörte – nach Prof. Althaus – auch zu meinem beruflichen Selbstverständnis.

Für die Besetzung der Kinderrollen veranstalteten wir umfangreiche Recherchen vor allem in Potsdamer Schulen und suchten durch Anzeigen in Tageszeitungen nach interessierten Kindern. Nach vielen und zum Teil langen Einzelgesprächen, einigen Spielproben und Probeaufnahmen konnten wir unsere lange Besetzungsliste mit Namen füllen. Danach mussten Eltern, Schulen, Kreisschulräte und ein Arzt uns schriftlich ihr Einverständnis für diese »künstlerische Beschäftigung« bestätigen. Wir verpflichteten uns, alle dafür notwendigen gesetzlichen Regelungen zu beachten und für die ausfallenden Schulstunden entsprechenden Nachholunterricht zu organisieren und zu finanzieren. Die Rollen »Joochen« und »Corina« übernahmen Erik Schmidt und Jana Mattukat aus Potsdam. Weitere 14 kleinere Rollen trugen Mädchen und Jungen aus der Nähe der Drehorte in Potsdam, Babelsberg, Kleinmachnow, Teltow, Ludwigsfelde, Brandenburg und Magdeburg.

Die Dreharbeiten im Babelsberger Atelier, in den Havelauen bei Potsdam, in Philippsthal (Thüringen), bei Barby (nahe Magdeburg) und in einer biologischen Station in Steckby an der Elbe verliefen problemlos, ebenso wie die Luftaufnahmen mit einem Hubschrauber. Zwei dafür engagierte Kinderbetreuer kümmerten sich um das Wohlbefinden unserer jungen Ensemblemitglieder. Für die Darstellung der Erwachsenen konnten wir unter anderem Jörg Kleinau, Peter Sodann, Pedro Hebenstreit, Gerry Wolff, Theresia Wider und Christiane Jentsch gewinnen.

Veranschlagt waren 44 Drehtage. Wir hatten nach dreißig Drehtagen alles im Kasten. Auch unsere Schnittmeisterin Ilse Peters arbeitete schneller als wir kalkuliert hatten. Der vielbeschäftigte Komponist Günther Fischer konnte die Musikproduktion problemlos kürzen. Ökonomisch blieben wir reichlich 20 Prozent unterhalb der kalkulierten Selbstkosten und lieferten den Film drei Wochen vorfristig ab. Wenn der Film manchmal ein wenig didaktisch wirkt, kann das daran liegen, dass der Autor der Vorlage Lehrer war. Die Geschichte, die darin behandelten Probleme und die Machart des Films sind Ausdruck seiner Entstehungszeit. Zum Tier- und Artenschutz war er durchaus ein nennenswerter Beitrag – und er könnte es noch heute sein, wenn man ihn wieder zeigen würde.

Gritta von Rattenzuhausbeiuns (1984)

Regie und Kamera: Jürgen Brauer | Premiere: 7. März 1985

Nach dem Märchenroman von Bettina und Gisela von Arnim »Das Leben der Hochgräfin von Rattenzuhausbeiuns« schrieb Christa Kožik das Filmszenarium. Jürgen Brauer wollte diesen opulenten Film als Regisseur und Kameramann realisieren, er hatte auch das Regiedrehbuch geschrieben. Die Dramaturgin Gabriele Herzog, der Filmszenenbildner Alfred Hirschmeier, die Assistenzregisseurin Doris Borkmann, die Kostümbildnerin Christiane Dorst und ich begannen mit ihm, Ideen und Vorschläge für weitere Mitarbeiter, für die Besetzung der Hauptrollen, wichtige Drehorte und Bauten und vieles mehr für den aufwendigen historischen Märchen- und Ausstattungsfilm zu entwickeln.

Auf Jürgen Brauers Wunschliste für die Besetzung des Drehstabes standen unter anderem: Schnittmeisterin Evelyn Carow, sein langjähriger Kameraassistent Peter Bernhardt und die Fotografin Waltraut Pathenheimer. Ständiger 2. Kameramann wurde Peter Ziesche. Oberbeleuchter war Peter Meister (wir sagten: »Beleuchtungsmeister«, denn alle unsere Oberbeleuchter besaßen einen Meisterbrief), zu dem eine Brigade von sechs Beleuchtern und zwei Drehbühnenleuten gehörte. Zum engeren Mitarbeiterstab von Szenenbildner Prof. Alfred Hirschmeier gehörten die Architektin Gisela Schulze, die Bühnenmeister Diet-

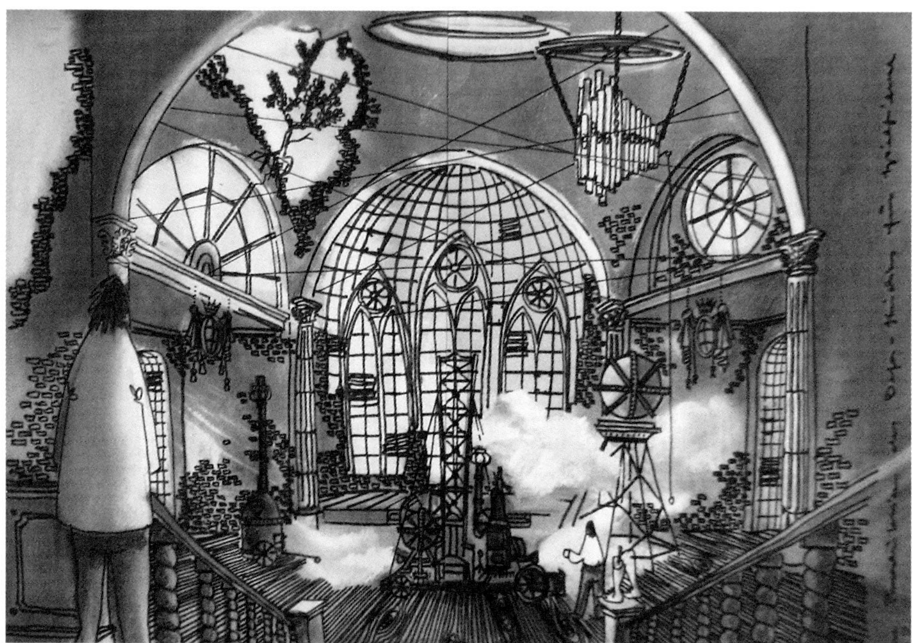

Entwurf-Skizze des Atelierbaus der Halle des maroden gräflichen Schlosses mit der Thronrettungsmaschine für GRITTA VON RATTENZUHAUSBEIUNS (1984, Jürgen Brauer)

rich Tillack und Norbert Grimm sowie der Außenrequisiteur Ernst Drechsel. Maskenbildner waren Kurt Adler und Deli Köthke. Mir zur Seite standen die Aufnahmeleiter Rüdiger Lieberenz und Michael Zielske. Filmgeschäftsführer war wieder der befreundete, nachdenkliche Wolfgang Schwedler.

Von den Hunderten fest angestellten verschiedenen Filmfachleuten des Studios und einigen Freischaffenden engagierten wir die Mitarbeiterinnen und Mitarbeiter, die sich für dieses ausstattungsintensive Vorhaben oder einzelne Szenenkomplexe fachlich besonders eigneten. So kam ein Drehstab von knapp fünfzig Filmleuten zusammen, von denen sich viele schon aus der Zusammenarbeit an früheren Projekten kannten, einander schätzten und vertrauensvoll miteinander umgehen konnten.

Ich begann, wie immer, parallel zum Stand der Vorbereitungen für dieses Projekt passgerecht eine kleine administrative, organisatorische und ökonomische Struktureinheit für die Produktionsdauer aufzubauen, den Drehstab, einen kleinen relativ selbstständig arbeitenden Betrieb. Je genauer sich die gestalterischen Vorstellungen und Absichten entwickelten, umso detaillierter konnte ich das Entstehen des Films unterstützen und hatte dabei gelegentlich wiederum zu versuchen, »Unmögliches möglich zu machen«. Wir bereiteten die Dreharbeiten umfassend vor und erlebten mit Nadja Klier (Gritta), Marc Lubosch (Peter), Ilja Kriwoluzky (Prinz Bonus), Hermann Beyer (Julius von Rattenzuhausbeiuns), Suheer Saleh (Anna Bollena Maria Nesselkrautia), Fred Delmare (Kuno Gebhardt Müffert), Peter Sodann (König), Wolf-Dieter Lingk (Pekavus), Heide Kipp (Äbtissin), Peter Dommisch (Vormund) und vielen anderen eine manchmal technisch und organisatorisch anstrengende, aber schöne und erfolgreiche Drehzeit.

Meine Tochter Ulrike war stolz, einige Tage eines der 16 Klostermädchen zu spielen. Nadja Klier war manchmal ihr Schlafgast bei uns in Babelsberg, um deren Fahrzeiten zum Drehen von Berlin nach Babelsberg und zurück zu vermeiden. Unser Szenenbildner Alfred Hirschmeier hatte einige große Atelier- und Außendekorationen entworfen, bauen und einrichten lassen. Einige Kopien seiner Entwürfe schenkte er mir später zu meinem 50. Geburtstag.

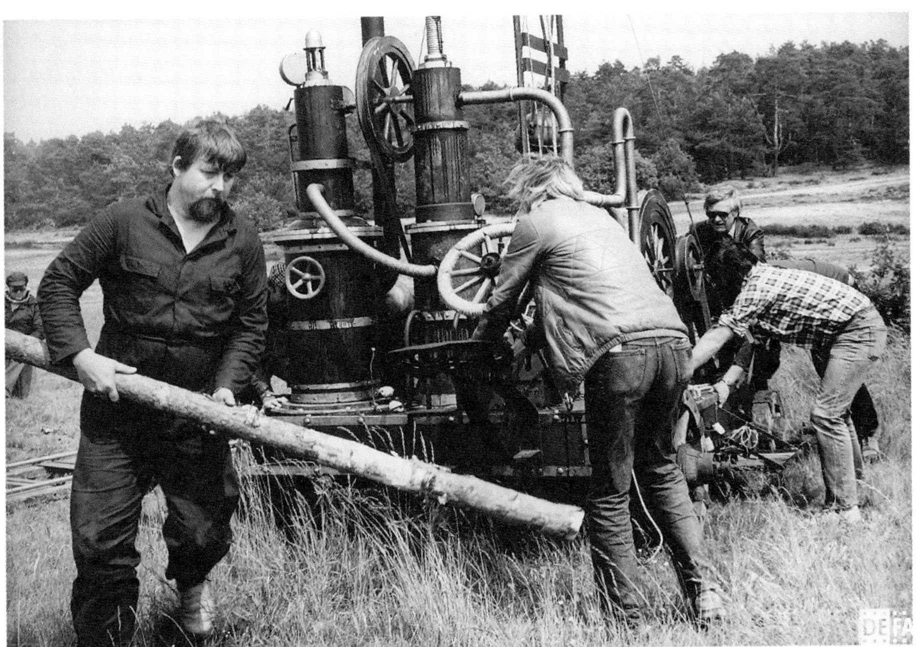

Beim Aufbau der Thronrettungsmaschine auf Mönchsgut (Rügen) für Gritta von Rattenzuhausbeiuns (1984, Jürgen Brauer): Vorn Ingenieur Jan-Peter Schmarje, ganz hinten Szenenbildner Alfred Hirschmeier

Die Thronrettungsmaschine entwarf unter Anleitung von Alfred Hirschmeier seine Mitarbeiterin Gisela Schulze. Den Bau und die technische Ausführung leitete ein Ingenieur der Studioabteilung Neue Technik, der spätere langjährige Betriebsrat Jan-Peter Schmarje. Die optischen Trickeinstellungen entstanden in Zusammenarbeit mit der Filmtrickabteilung des Studios. Inzwischen würden solche Aufnahmen als computergenerierte Kombinationen entstehen. Aber es macht immer wieder Vergnügen, diese »handgemachten« Filmtricks zu bestaunen.

Eine sehr spezielle Aufgabe bestand für uns darin, Lösungen für die Szenen mit einzelnen Ratten und einigen Hundert dieser Tiere zu gestalten. Wir wussten, dass Ratten einerseits gelehrig und anpassungsfähig sind, sich andererseits schnell und ständig vermehren. So gab es Überschlagsschätzungen, dass ein gesundes Rattenpaar innerhalb eines Jahres bis zu tausend Nachkommen haben konnte. Für diese Rattenplagen, die auch seuchenartig Krankheiten übertragen, interessierten wir uns eigentlich nicht. Aber wir trafen einen Spezialisten, der sich mit Ratten auskannte und dessen Aufgabe es war, die Verbreitung dieser Tiere mit vielerlei Methoden einzudämmen. Er genoss internationales Ansehen und beriet auch einheimische Fachleute in Indien und Kuba. Auch gab es schon damals Geschichten über gemeinschaftliches Leben von Mensch und Ratte, zum Beispiel halten vereinzelt »Punks« Ratten als Haustiere.

Es gibt sehr unterschiedliche Rattenarten. Im Tierpark Berlin-Friedrichsfelde wurden sogenannte Laborratten gezüchtet. Die sahen eher wie Meerschweinchen aus, allerdings mit dem typischen Rattenschwanz. Sie waren völlig harmlos, lebten in Laborkäfigen, wurden versorgt und dann schließlich an größere Raubtiere und Schlangen verfüttert. Den Tierparkleuten machte es Spaß, mit uns zusammenzuarbeiten, und so verfügten wir bald über einige Hundert Laborratten. Nach umfangreichen Recherchen fanden wir in der Nähe von Magdeburg eine junge Frau, die sich mit diesen Laborratten auskannte und bereit war, gegen Honorar einige Tiere bei sich aufwachsen zu lassen, sie zu dressieren und bei den Dreharbeiten zu betreuen. Mehrere Tiere bekamen einen glänzenden Ring in ein Ohr gesteckt. Die waren jeweils die Rattenkönigin (und deren Ersatz) und die Freundin von Gritta.

In einer Dekoration, der Bibliothek des Schlosses, sollten besonders viele Ratten Unruhe stiften. In Halle 69, einem speziellen Trickatelier, wurde für 400 Laborratten eine rundherum abgedichtete Dekoration gebaut. Sie sollten überall herumkrabbeln, die Bücher anfressen, also Chaos aller Art verursachen. Nur sehr wenige Mitarbeiter zeigten Interesse und waren beim Drehen dieser Szene im Atelier dabei. Danach wurden die Tiere wieder eingesammelt

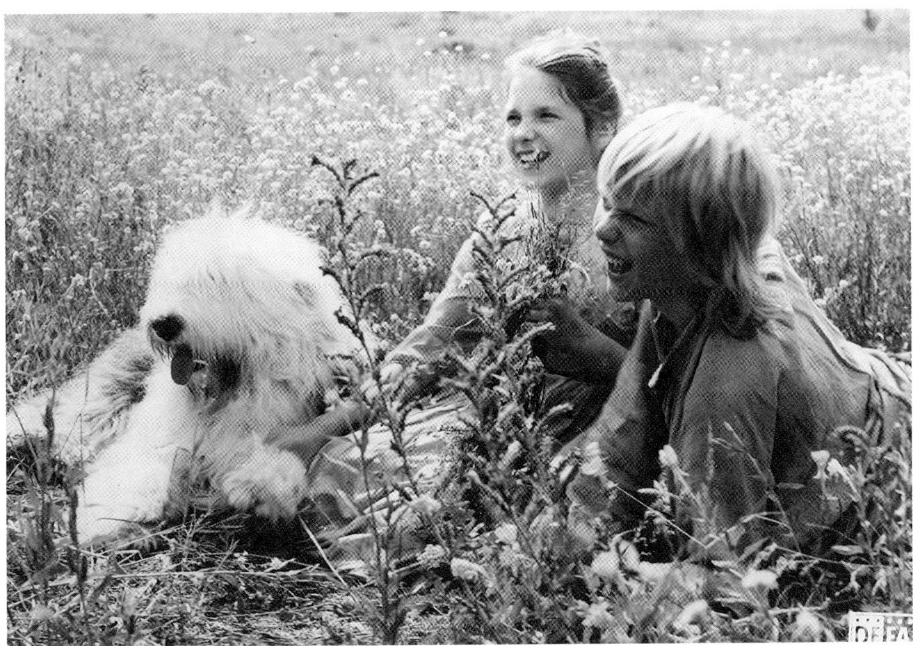

Nadja Klier (Gritta) und Marc Lubosch (Peter) mit viel Vergnügen beim Dreh für GRITTA VON RATTENZUHAUSBEIUNS (1984, Jürgen Brauer)

und beim Tierpark abgeliefert. Es fehlten nur sechs. Wir konnten aber davon ausgehen, dass sie das Leben im Freien nicht lange überstehen würden. Zu finden waren sie jedenfalls nirgends.

Ich habe mir kürzlich mit großem Vergnügen diesen optisch opulenten und witzig gemachten Film mit den vielen schönen Filmbauten wieder angesehen. Weil der Titel in andere Sprachen nicht verständlich zu übersetzen war, hieß er für Auslandsverkäufe GRITTA VOM RATTENSCHLOSS.

Hilde, das Dienstmädchen (1986)

Regie: Jürgen Brauer / Günther Rücker | Premiere: 27. Mai 1986

Die Filmhandlung spielt nach der gleichnamigen autobiografischen Erzählung von Regisseur Günther Rücker im ehemaligen Reichenberg und im damaligen Sudetenland (heute Liberec in Nordböhmen). Politischer Hintergrund sind Ereignisse des Jahres 1938. Die Wohnungen und meisten Innenräume entstanden nach Rückers Beschreibungen und den daraus entwickelten Entwürfen des Szenenbildners Harry Leupold in unseren Babelsberger Ateliers. Für die Außenaufnahmen unternahmen wir mehrere Motivreisen nach Liberec, durch Böhmen und ins Zittauer Gebirge. Für die Motive und Arbeiten in und um Liberec und überhaupt in der damaligen ČSSR unterstützte uns im Spätsommer 1985 eine Arbeitsgruppe vom Filmstudio Barrandov in Prag, die der erfahrene Produktionsleiter Rudi Wolf leitete. Er hatte die Besetzung seiner Heimat durch Nazideutschland erlebt, war etwa 25 Jahre älter als ich, sprach und schrieb fließend Deutsch. Ihm wurde nachgesagt, dass er nicht gut auf Deutsche zu sprechen sei. In der Zusammenarbeit war er höflich distanziert, kurz angebunden und zuverlässig, nur kurzfristige Improvisationen mochte er nicht. Damit lernten wir schnell umzugehen. Als aber unsere junge Ateliersekretärin ahnungslos den Namen »Tschechei« benutzte, fauchte er sie heftig an.

Zwischenschnitt | »Tschechei« – ein historisch belasteter Name

Ich erfuhr erst von Rudi Wolf, dass die Bezeichnung »Tschechei« auf die Nazis zurückgeht. Günther Rücker bestätigte mir das: nach dem Münchener Abkommen 1938, der Abtretung des Sudetenlandes an Deutschland und der Abspaltung der Slowakei wurde der Begriff »Rest-Tschechei« vorübergehend für Böhmen und Mähren benutzt. Kurz danach wurde auch dieses Gebiet von Deutschland okkupiert und in »Protektorat Böhmen und Mähren« umbenannt. Nach dem Zweiten Weltkrieg entstand erneut die Tschechoslowakische Republik (ČSR), etwas später die Tschechoslowakische Sozialistische Republik (ČSSR). Inzwischen gibt es erneut die unabhängigen Staaten Slowakische Republik und Tschechische Republik, kurz Slowakei und Tschechien genannt.

Bei Rudi Wolf und vor dem deutsch-tschechischen Drehstab entschuldigte ich mich für unser Unwissen. Danach wurde es leichter, mit ihm zusammenzuarbeiten. Ein spezielles Lieblingsfutter für seinen Wellensittich war in Prag nicht zu bekommen, aber in einem kleinen Laden in Berlin. Deshalb nutzten er oder Kollegen Reisen nach und von Berlin, um dieses Futter zu beschaffen. Nun sorgte auch ich gelegentlich für Nachschub.

Einige Monate später beim nächsten Film landete ich nach einem 18-stündigen Rückflug mit der ČSA[92] von Vietnam über mehrere Stationen in Prag und verpasste den Anschlussflug nach Berlin. Ich musste mit einer langen Wartezeit rechnen, hatte aber keine tschechoslowakischen Kronen und natürlich keine freikonvertierbare Währung. Nicht mal ein Kaffee oder Imbiss waren möglich und auch der spätere Rückflug war unsicher. Mit geschenkten Münzen rief ich Rudi in seinem Büro im Filmstudio Barrandov an und schilderte ihm meine Lage. Seine Antwort: »In einer Stunde bin ich bei dir.« Er kam zum Flughafen, brachte mir den Auslandsspesensatz für einen Tag in Kronen und hatte in einem vorzüglichen Hotel an der Moldau ein Zimmer für mich gebucht. Auf das Hotel verzichtete ich. Das Geld nahm ich gern und genoss nach längerer Zeit asiatischer Kost nun ein ausführliches tschechisches Essen mit Knödeln. Der spätere Abendflug zurück nach Schönefeld klappte auch. Ich war sehr froh, in Prag einen fürsorglichen Freund und Gastgeber zu haben. Mit Günther Rücker, der von Kindheit an fließend Tschechisch sprach, unterhielt er sich gern. Die Zusammenarbeit mit ihm und seinen Mitarbeitern verlief immer vertrauensvoller und problemloser.

Schon bei der Arbeit an Die Verlobte verabredeten Günther Rücker und Jürgen Brauer die erneute Zusammenarbeit für den Film Hilde, das Dienstmädchen. Günther war der Autor der Filmerzählung, Jürgen der Kameramann, und gemeinsam richteten sie das Regiedrehbuch ein und führten Regie. Während der Dreharbeiten erlitt der wunderbare Harry Leupold nach einem langen aufwendigen Nachtdreh einen Verkehrsunfall und verletzte sich so schwer, dass wir anfangs um sein Leben fürchteten. Sein freundlicher Kollege Georg Wratsch übernahm es, die restlichen Dreharbeiten zu betreuen. Wir freuten uns, auch wieder die Kostümbildnerin Christiane Dorst, den Maskenbildner Kurt Adler sowie die Schnittmeisterin Helga Gentz für diese Zusammenarbeit gewinnen zu können.

Renate Biehl beschreibt die Filmgeschichte so: »1938 begibt sich eine junge Frau von Deutschland nach Reichenberg in Böhmen, um Erich, ihren Liebsten, zu suchen. Erich kämpft in der Illegalität gegen die Faschisten, und Hilde geht als Dienstmädchen in den Haushalt eines deutschen Tischlers. Dessen Sohn beobachtet die leidenschaftlichen Liebesszenen zwischen Erich und

92 ČSA (Československé Aerolinie): Tschechoslowakische Fluggesellschaft.

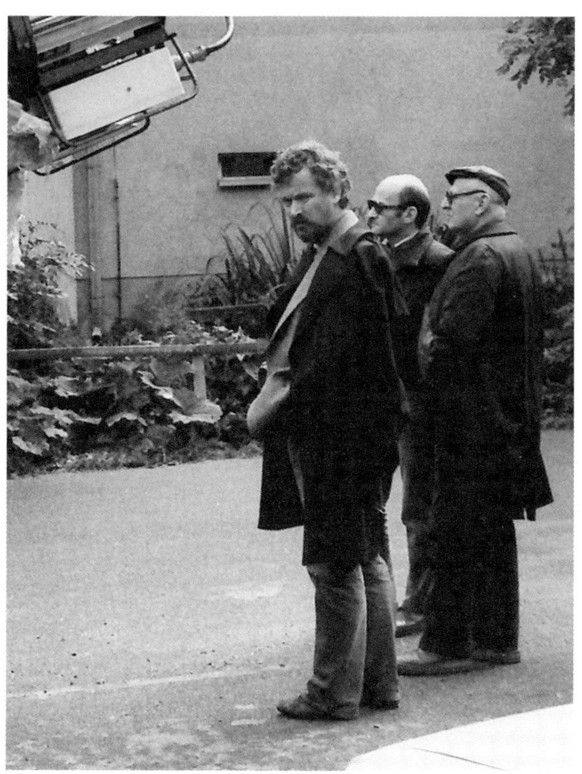

Hans-Erich Busch, Jürgen Brauer und Günther Rücker (v. l. n. r.) vor Beginn eines Drehtages zu HILDE, DAS DIENSTMÄDCHEN (1986, Günther Rücker / Jürgen Brauer)

Hilde. Die Frau wird für ihn zum Inbegriff begehrenswerter Weiblichkeit. Als Hilde die Nachricht vom Tode Erichs erhält, stürzt sie sich in ein zügelloses Leben, um zu vergessen. Der Junge registriert ihre Veränderung mit Entsetzen und Enttäuschung. Hilde spürt, dass ihr Verhalten auf den pubertären Jungen eine fatale Wirkung hat. Sie nimmt sich seiner an und führt ihn in die Geheimnisse der Liebe ein.«[93]

Für die Besetzung einiger Rollen wollten wir, um der Handlungszeit und dem Handlungsort zu entsprechen, mindestens zwei Rollen mit tschechischen und österreichischen Schauspielern besetzen. In Prag unterstützte uns einerseits Rudi Wolf und andererseits hatte Günther Rücker eine Reihe enger

93 Susanne Brömsel / RenateBiehl: Filmographie. Die Kinospielfilme der DEFA 1946 bis 1993, S. 507. In: Ralf Schenk (Red.): Das zweite Leben der Filmstadt Babelsberg. DEFA-Spielfilme 1946–1992. Berlin: Henschel Verl. 1994, 559 S. – Filmtext »Hilde, das Dienstmädchen« in: Günther Rücker: DIE VERLOBTE. Texte zu sieben Spielfilmen. Berlin: Henschelverlag Kunst und Gesellschaft 1988, 628 S., hier S. 443-540.

Freunde in Prag, darunter auch bekannte Regisseure und Schauspieler. Für die Hauptrollen suchten und trafen wir mehrere Kandidatinnen und Kandidaten, von denen sich viele nicht für drei Monate frei machen konnten. Wir waren überzeugt, dass dieser Film nach starken Schauspielerpersönlichkeiten verlangte. Wir suchten zunächst im In- und östlichen Ausland. Für die Hauptrolle kamen wir auf die junge Prager Schauspielerin Jana Krausová-Pehrová. Sie galt in Prag als kommendes Talent und wurde uns mehrfach empfohlen. Ich glaube, Günther Rücker entschied sich nach Probeaufnahmen unter dem Zeitdruck und dem zögernden Nicken des Dramaturgen Werner Beck, der Studioleitung und auch von Jürgen Brauer und mir zu dieser Besetzung.

Jana ist eine gute, kluge und sympathische Schauspielerin, nur ist sie nicht die sinnlich-üppige Hilde, die Günther Rücker in seiner Erzählung beschrieben hatte. Sie konnte diesen Teil der Rolle auch nicht erspielen, erotische Szenen mochte sie nur begrenzt. Sie ist einfach ein anderer Typ. Ich habe den Film oft gesehen und erinnere mich an viele Gespräche mit Günther Rücker und Jürgen Brauer. Heute denke ich, dass diese Besetzung eine Schwäche des Films ist. Daran ist niemand schuld, wir hatten einfach nicht das nötige Quäntchen Glück. Auch das kann bei einem mit Begeisterung betriebenen Vorhaben passieren. Oft entdeckt man nach Abschluss der Arbeiten und Zusammenfügung aller Komponenten erst am fertigen Film die besonderen Qualitäten und auch eventuelle Schwächen.

Für die Rolle des »Netschasek« suchten wir auf Vorschlag von Günther Rücker einen österreichischen Schauspieler. Um professionelle Recherchen auch in der Bundesrepublik, in Westberlin und in Österreich unkompliziert anstellen zu können und um möglichst Gagenzahlungen in Valuta zu vermeiden, nahmen wir Kontakt mit der Westberliner Filmproduktionsfirma ALLIANZ und dem österreichischen Regisseur und Produzenten Franz Antel in Wien auf. Beide nahmen gern Dienstleistungen der DEFA in Anspruch und sagten uns Unterstützung zu. So durfte ich in Vorbereitung dieses Films zusammen mit Günther Rücker und Jürgen Brauer erstmalig dienstlich mit der S-Bahn nach Westberlin fahren und über Prag nach Wien fliegen, um dort für die Besetzung zu recherchieren und Konditionen zu verhandeln. In Westberlin gab es an einer U-Bahn-Station im Februar frische Erdbeeren zu kaufen, das tat ich. Ich wollte meine Tochter damit überraschen, aber beim Probieren zu Hause in Babelsberg wurden wir enttäuscht. Diese winterlichen Gewächshaus-Erdbeeren schmeckten überhaupt nicht. Wenn ich später davon erzählte, erntete ich oft ein Lachen. Richtige Westberliner würden so ein geschmackloses Zeug, das es an jeder Ecke zu kaufen gab, nicht essen. Auch das waren neue Erfahrungen.

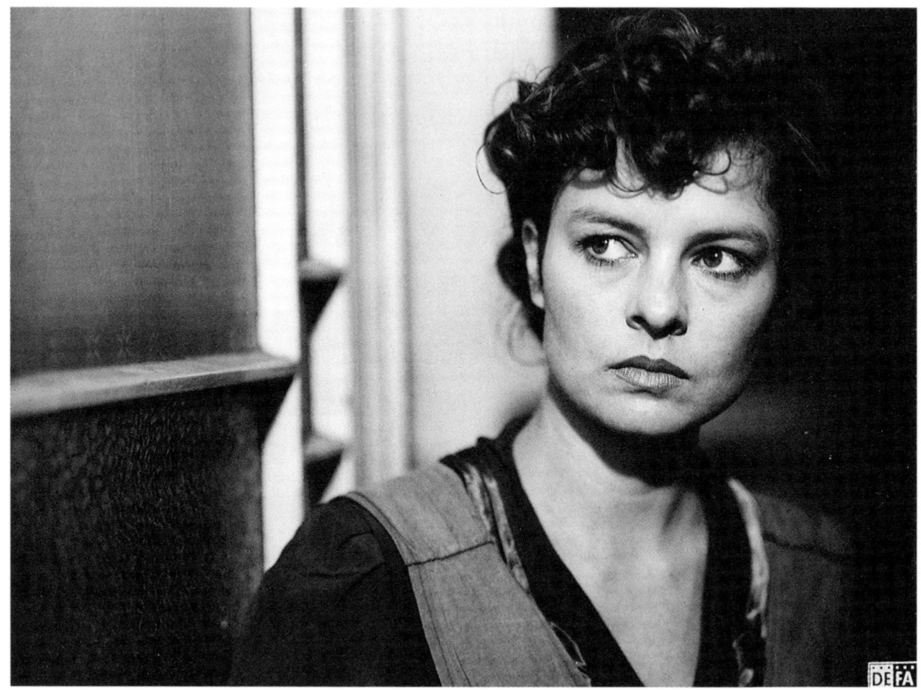

Jana Krausová-Pehrová (Hilde) in HILDE, DAS DIENSTMÄDCHEN (1986, Günther Rücker / Jürgen Brauer)

In Wien betreute uns Franz Antel persönlich und besorgte per Telefon für »die drei Herren von der DEFA« beim Intendanten Peter Weck Karten für eine Vorstellung der ersten deutschsprachigen Inszenierung des Musicals »Cats« von Andrew Lloyd Webber im »Theater an der Wien«. Ein Erlebnis. Von meinen Spesen kaufte ich mir in einem kleinen Buchladen die »Danziger Trilogie« von Günter Grass. Die gab es in der DDR noch nicht. Es war mein Mitbringsel aus Wien und ich bekam es unkontrolliert durch den Zoll.

Die Besetzung der Rolle »Netschasek« gelang nicht auf Anhieb. Unser Wunschkandidat Stephan Paryla konnte sich nicht ausreichend Zeit für unsere Dreharbeiten freihalten. Er hielt aber weiter freundschaftlichen Kontakt zu uns. Zu einem Soloabend in Hagenow (Mecklenburg-Vorpommern) lud er mich ein und wir verbrachten danach zwei fröhliche Stunden bei einem späten Imbiss. In Wien entschieden wir uns für den von Franz Antel vorgeschlagenen Wilfried Scheutz, einen in Österreich bekannten Sänger, Songwriter und

Schauspieler und lange nur unter dem Namen »Wilfried« bekannt. Er hatte Zeit und war bereit, für DDR-Mark bei uns zu arbeiten und die Rolle »Netschasek« zu übernehmen. Günther Rücker veränderte die Rolle noch etwas. In der Endfertigung wurde sie doch noch von Stephan Paryla synchronisiert, weil Wilfried dafür keine Zeit mehr hatte.

Die Rolle »Hilde«, von Jana Krausová-Pehrová gespielt, wurde von Barbara Schnitzler synchronisiert. Den jugendlichen Erzähler spielte Peter Kunev, ein begabter junger Laie. In den Rollen der Eltern waren Heide Kipp und Achim Wolff überzeugend. Eberhard Kirchberg übernahm die Rolle des illegalen antifaschistischen Kämpfers Erich, Hildes heimliche Liebe. Mit der kleinen Rolle »Mann mit Hund« lieferte Wolfgang Winkler ein Kabinettstück. 29 weitere Darstellerinnen und Darsteller größerer und kleiner Rollen und mehrere Gruppen sorgfältig ausgesuchter Kleindarstellerinnen und Kleindarsteller wirkten mit. Auch sie mussten durch Garderobe und Frisuren den Umständen der Zeit entsprechend individuell charakterisiert werden.

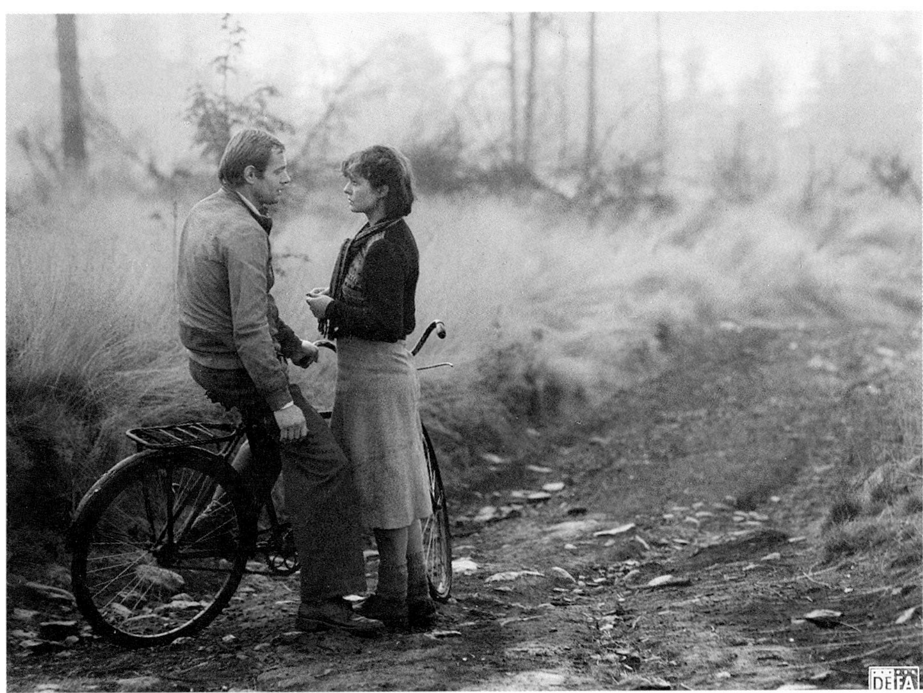

Hilde (Jana Krausová-Pehrová) trifft sich mit ihrem Liebsten Erich (Eberhard Kirchberg). HILDE, DAS DIENSTMÄDCHEN (1986, Günther Rücker / Jürgen Brauer)

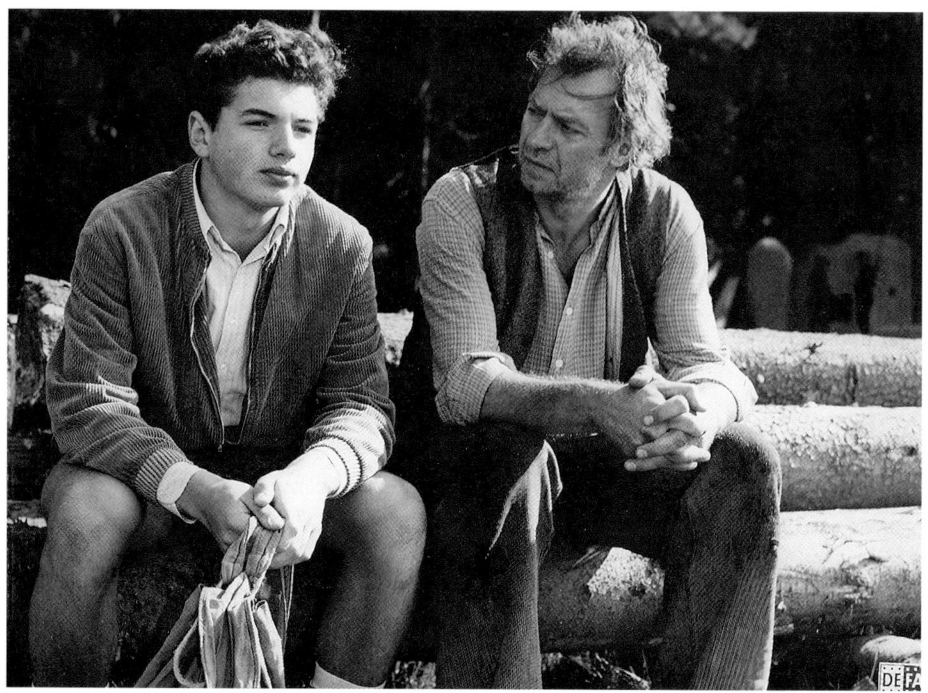

Tischler (Achim Wolff) mit seinem Sohn (Peter Kunev) in Hilde, das Dienstmädchen (1986, Günther Rücker / Jürgen Brauer)

An mehreren Drehorten hatten wir so zusätzliche Unterkünfte, Arbeitsräume, Lager und Büros, Aufenthalts- und Versorgungsmöglichkeiten zu organisieren und einzurichten. Die Aufnahmeleiter Rüdiger Lieberenz und Rudi Korte sorgten mit den Regieassistenten Maxim Dessau und Igor Kroitzsch für die Tagesplanung und einen adäquaten Ablauf der Dreharbeiten. Mit einem guten Catering konnten wir an den manchmal unwirtlichen Drehorten motivierend wirken. Während der Drehzeit im Zittauer Gebirge konnte ich so beruhigt für eine Woche wieder zur Vorbereitung für den nächsten Film Dschungelzeit (1987, Jörg Foth / Tran Vu [Trần Vũ]) nach Vietnam reisen.

Erste Arbeiten in Vietnam (1984 bis 1986)

Treffpunkt Flughafen: 6. Eine Lektion für Paul | Regie: Manfred Mosblech | DDR-Fernsehserie | TV-Erstausstrahlung: 30. März 1986

Meine noch begrenzten Landeskenntnisse aus der ersten Vorbereitungsreise durch Vietnam im Herbst 1984 für DSCHUNGELZEIT (Arbeitstitel: »Turm von Hanoi«) nutzend, beauftragte mich Anfang 1985 der Direktor für Produktion, kurzfristig für einen erkrankten Kollegen die Dreharbeiten für den Vietnam-Teil der erfolgreichen Fernsehserie TREFFPUNKT FLUGHAFEN[94] zu betreuen. Das DEFA-Spielfilmstudio war ausführender Produzent. Das habe ich gern übernommen, auch um für unser sich verzögerndes Spielfilmvorhaben Vietnam noch besser kennenzulernen.

In ein paar Drehtagen sollte etwas über den Aufenthalt der Interflug-Crew im Heimatland einer vietnamesischen Stewardess und über deren Familie erzählt werden. Kamera-, Ton-, und zusätzliche Lichttechnik nahmen wir per Luftfracht mit. Ausstattungsmaterial, Kostüme und einige Requisiten sandten wir vorab nach Hanoi[95]. Mit dem Regisseur Manfred Mosblech vom Fernsehen sowie dem Kameramann Günter Eisinger und dem Szenenbildner Klaus Winter von der DEFA bildeten wir den 17-köpfigen Drehstab. Eine wichtige Stütze wurden mir seitdem der zuverlässige Aufnahmeleiter Bernd Hunold und bei diesem Projekt der Filmgeschäftsführer Werner Schulze in allen finanziellen Angelegenheiten. Dazu kamen die Schauspieler Walter Plathe, Günter Schubert und die vietnamesische Stewardess-Darstellerin Tam Phan Thi Thanh, die damals in der DDR lebte. Wir flogen am 8. April 1985 um 20:40 Uhr ab Berlin und trafen nach einer technischen Zwischenlandung in Karatschi am 9. April um 15:55 Uhr in Hanoi (Ortszeit) ein. Den Jetlag nach Westen hatte ich bei der Reise nach Kuba erstmals erlebt. Jetzt gab es ihn in die andere Richtung.

Am Flughafen in Hanoi erwartete uns ein 36-köpfiger gut vorbereiteter vietnamesischer Teil-Stab, unter Leitung von Doan Van Nghiep[96]. Alle erbetenen vietnamesischen Leistungen, darunter die notwendigen Drehgenehmigungen, Transportmittel, Hotelunterkünfte, Beleuchtungstechnik und Requisiten,

94 TREFFPUNKT FLUGHAFEN (Fernsehserie, 1985/86; 8 Folgen des Fernsehens der DDR in Zusammenarbeit mit dem kubanischen Fernsehen): Die Crew einer IL-62 der DDR-Fluggesellschaft Interflug besteht manch Abenteuer und löst verschiedene Konflikte bei der Ausübung ihres Berufes; gedreht wurde in der DDR, in Vietnam, Angola und in Kuba.

95 Hanoi (Hà Nội): seit 1946 Hauptstadt der Demokratischen Republik Vietnam (Nordvietnam), seit 1976 von ganz Vietnam.

96 Doan Van Nghiep: Chef der Fafim, der staatlichen Dienstleitungsorganisation für internationale filmische Zusammenarbeit (Vietnam).

waren vorbereitet. So konnten wir zwei Wochen in Hanoi, Haiphong[97] und der Halong-Bucht[98] drehen und für schöne, eindrucksvolle Bilder aus Vietnam sorgen. Zwei Geschehnisse allerdings veranlassten mich, für die nächsten langen Dreharbeiten zu unserem DEFA-Spielfilm DSCHUNGELZEIT (1987, Jörg Foth / Tran Vu) besondere Vorbereitungen zu treffen. Während des Aufenthaltes bekamen besonders die Schauspieler Günter Schubert und Walter Plathe Verdauungsprobleme. Sie mochten die vietnamesischen Speisen nicht. Sie kamen damit nicht zurecht und aßen einfach nicht mehr. Nach meinem Eindruck war das mehr ein psychisches Problem. Zum Ende der Dreharbeiten wohnten wir wieder am Stadtrand von Hanoi in dem modernen Hotel »Thang Loi«, das – als kubanisches Geschenk – auf Stelzen in einem See gebaut war. Hier konnten wir fast alle ein Einzelzimmer beziehen. Es gab ausreichend Moskitonetze und auch europäisch zubereitete Nudel-, Fleisch- oder Fischgerichte. Das Problem erledigte sich damit.

Ein ständiges Mitglied unseres Drehstabes war der Fachberater der Interflug Günter Hufenreuter, ein erfahrener ehemaliger Pilot, der auf die fachgerechte Darstellung bei den Aufnahmen mit und in Flugzeugen und an den verschiedenen internationalen Flughäfen achtete. Gleichzeitig hielt er die Verbindung zu den jeweils lokalen Interflug-Vertretungen, die sehr behilflich waren. Er war ein freundlicher und hilfsbereiter Mann, eine Frohnatur, der im Drehstab beliebt und gern gesehen war. Während der letzten Drehtage klagte er über Schmerzen. Die Ärztin der DDR-Botschaft überwies ihn zum Arzt der sowjetischen Botschaft, einem Kardiologen. Die Diagnose lautete: schwerer Herzinfarkt. Sofort wurde er in die Hanoier kardiologische Klinik transportiert. Der dortige Chefarzt, ein gebeugter älterer Mann mit klugen Augen, beschrieb mir vorsichtig den Zustand des Patienten als fortschreitend gefährlich. Von einem sofortigen Transport nach Hause riet er dringend ab. Er wolle versuchen, den Zustand Hufenreuters zu stabilisieren, dann könne man weitersehen.

Dieses hauptstädtische Krankenhaus erschreckte mich. Es gab keine verschließbaren Türen, nur Vorhänge zwischen den Krankenlagern. Als Insektenschutz diente ein Moskitonetz. Schmerzstillende Medikamente gab es nicht, die konnten wir aber kurzfristig über die Botschaft besorgen. Das Krankenhaus war nicht für die Lebensmittel- und Getränkeversorgung der Patienten zuständig. Vor und im Krankenhaus lagerten vietnamesische An-

97 Haiphong (Hải Phòng): drittgrößte Stadt in Vietnam.

98 Halong-Bucht (Vịnh Hạ Long): eine der beliebtesten Regionen Vietnams mit einzigartigen Naturlandschaften im Golf von Tonkin in der Provinz Quảng Ninh im Norden Vietnams; seit 1994 UNESCO-Weltnaturerbe.

gehörige der einheimischen Patienten, die sich um die Betreuung und Versorgung der Kranken kümmerten. Auf einfachen Feuerstellen vor dem Gebäude wurde das Essen für die innen auf Reisstrohmatten liegenden Kranken zubereitet. Wir waren alle überrascht. Vietnamesische Freunde und auch die Botschaft bestätigten mir, dass das damals der Standard war. Wir sorgten zuerst für ein vernünftiges stabiles Krankenbett und organisierten eine regelmäßige Lebensmittelversorgung. Ein Dolmetscher und jemand aus dem Stab oder der Botschaft umsorgten Günter 24 Stunden am Tag. Ich besuchte ihn mindestens einmal täglich. Gemeinsam mit dem Interflug-Vertreter in Hanoi und der DDR-Botschaft konnte ich telefonisch über die Interflug-Zentrale in Schönefeld veranlassen, dass Günters Ehefrau (eine Stewardess) und seine behandelnde Interflug-Betriebsärztin mit der nächsten Linienmaschine und mit Medikamenten nach Hanoi kommen konnten. Sie übernahmen es, sich mit unseren Dolmetschern und dem Botschaftspersonal um ihn zu kümmern. Die Dreharbeiten verliefen wie geplant weiter, wenn auch in getrübter Stimmung.

Unsere Rückreise mit der Technik, dem belichteten Material und allen weiteren Materialien war vorbereitet. Nach Abstimmung mit Manfred Mosblech hatte ich beschlossen, in Hanoi zu bleiben, um den beiden Frauen zur Seite zu stehen. In den nächsten zwei Tagen stabilisierte sich Günter Hufenreuters Zustand. Ich sah den immer ernsten Chefarzt ein wenig hoffnungsvoll lächeln. Wenn dieser Zustand noch eine Woche so stabil bliebe, könne er einen Krankentransport nach Berlin befürworten. Auch Günters Frau und die Ärztin lächelten. Ich könne beruhigt nach dem Abschluss der Dreharbeiten mit dem Stab nach Hause fliegen, war die allgemeine Meinung. Dem schloss ich mich zögernd an. Am 1. Mai 1985 flogen wir zurück nach Berlin. Am 6. Mai erhielt ich zu Hause die Nachricht, dass Günter Hufenreuter am 5. Mai in Hanoi verstorben war. Sein Leichnam war nach ortsüblicher Sitte und mit Zustimmung beider Frauen eingeäschert worden. Ich konnte beide zwei Tage später nur noch mit der Urne am Flughafen in Schönefeld in Empfang nehmen.

Dschungelzeit / Ngọn tháp Hà Nội (1987)

DDR / SR Vietnam | Regie: Jörg Foth / Tran Vu | Premiere: 14. April 1988

In den 1950er- bis zu den 1980er-Jahren entstanden mehrere Dokumentarfilme im DEFA-Studio für Dokumentarfilme über den Befreiungskampf des vietnamesischen Volkes gegen die französische Kolonialherrschaft und danach gegen deren US-amerikanischen Nachfolger. Peter Ulbrich schildert in einigen Filmen vietnamesisches Leben in diesem langjährigen Krieg. Mit In den Bergen Nordvietnams beschrieb er 1957 die Gegend, in der auch große Teile unseres Films spielen sollten. Sehr bekannt wurde die vierteilige Dokumentation von Walter Heynowski und Gerhard Scheumann (Studio H & S) für den Deutschen Fernsehfunk (DFF) Piloten im Pyjama (1967/68) über gefangen genommene US-Piloten in einem Kriegsgefangenenlager, von ihnen »Hanoi Hilton«[99] genannt. 1985 haben wir uns das äußerlich unauffällige, inzwischen leer stehende Barackenlager am Rande einer Ausfallstraße angesehen. Die international verbreiteten Spielfilme über den Vietnamkrieg[100] waren von der amerikanischen Sicht geprägt. Auch in den anerkannten Antikriegsfilmen spielten die Millionen vietnamesischer Toter, das Leid der Zivilbevölkerung und die Zerstörung des Landes eine untergeordnete Rolle. Wesentlicher Inhalt war der Kampf und das Leiden der amerikanischen Soldaten. Zudem wurden diese Filme überwiegend auf den Philippinen gedreht, also schön weit weg vom realen Vietnam.

Unser Film entstand in einer langen, unerwartet komplizierten Gemeinschaftsarbeit als erste Koproduktion zwischen dem Spielfilmstudio Vietnams in Hanoi und dem DEFA-Studio für Spielfilme in Babelsberg. Vor dem historischen Hintergrund des Befreiungskrieges gegen die französische Kolonialherrschaft sollte aus dem Norden Vietnams eine vietnamesisch-deutsche Episode erzählt werden, die sich so oder ähnlich um 1950 ereignet haben könnte. Brigitte Bernert hatte Material aus dieser Zeit zusammengestellt. Daraus war ein Exposé entwickelt worden. Der damalige Generaldirektor des DEFA-Spielfilmstudios Hans-Dieter Mäde und die Dramaturgen Dieter Wolf und Peter

---

99 »Hanoi Hilton«: Name für das Hỏa-Lò-Gefängnis. Die Franzosen nannten es Maison Centrale, die Vietnamesen Hỏa Lò (dt.: glühender Ofen) und die amerikanischen Kriegsgefangenen bezeichneten es zynisch als »Hanoi Hilton«.

100 Vietnamkrieg (1955–1975): Nach der Unabhängigkeit Vietnams 1954 von der Kolonialmacht Frankreich und der Spaltung in Nordvietnam und Südvietnam kam es zum Krieg zwischen beiden Landesteilen (Nordvietnam war kommunistisch und wurde von China und der Sowjetunion mit Waffen und Militärberatern unterstützt, Südvietnam orientierte sich an den USA, die es ab 1965 auch mit amerikanischen Soldaten unterstützten). In: https://www.bpb.de/kurz-knapp/lexika/das-junge-politik-lexikon/321344/vietnamkrieg/.

Wuss flogen 1983 zu einem Treffen mit Filmverantwortlichen Vietnams nach Hanoi. Eine kleine Kuriosität sorgte zu Beginn dieses Treffens für Heiterkeit. Anhand der Reisepässe waren zum Begrüßungsessen Tischkarten angefertigt worden. In den Pässen steht international unter dem Passbild meistens der Name. In den DDR-Reisepässen aber stand unter dem Passbild »Größe« und »Augenfarbe«. Auf den von den Gastgebern danach angefertigten Tischkarten für die drei Deutschen war also zu lesen: »Groß Blau«, »Mittelgroß Blaugrau« und »Klein Grau«. Es war nicht schwer, diese Bezeichnungen den dreien zuzuordnen und wir benutzten unter uns diese neuen Namen lange mit Vergnügen.

Bei dem Treffen wurde die Koproduktion dieses Films verabredet. Der Arbeitstitel war »Turm von Hanoi« (vietn.: Ngọn tháp Hà Nội), der Name eines bekannten Knobelspiels. Später wurde der Titel in DSCHUNGELZEIT geändert. Peter Wuss, bei uns, und Banh Bao, in Hanoi, sollten gemeinsam die Filmgeschichte, das Szenarium, als Produktionsgrundlage erarbeiten. Es ging um die Geschichte einer kleinen Gruppe Deutscher, die aus der französischen Fremdenlegion zu den Viet Minh[101] übergelaufen waren. Mit einheimischer Unterstützung versuchten sie, sich in der fremden Welt, einem Dschungeldorf in den Bergen, ihr neues Leben mit den Einheimischen einzurichten.

Es wurde auf vietnamesischen Wunsch verabredet, den Film in Vietnam von einem paritätisch zusammengesetzten Drehstab zu drehen und die Postproduktion einer einheitlichen Bildfassung und beider Tonfassungen ebenso paritätisch in Babelsberg herzustellen.

Zwischenschnitt | Historischer Hintergrund

Im Zweiten Weltkrieg hatte Japan die Kolonialmacht Frankreich aus Vietnam verdrängt und selbst das Land besetzt. 1944 gelang es Ho Chi Minh[102] mit den Viet Minh (den Volksbefreiungskräften), unter militärischer Führung des ehemaligen Geschichtslehrers Vo Nguyen Giap[103] und mit Unterstützung Chinas und der USA, die inzwischen geschwäch-

---

101 Viet Minh (Việt Minh, vereinfacht: Vietminh; dt.: Liga für die Unabhängigkeit Vietnams): 1941 aus verschiedenen Gruppierungen gegründet, um die Unabhängigkeit Vietnams zu sichern; politischer Führer und ein Gründer der Viet Minh war Ho Chi Minh; 1960 vereinten sich die Viet Minh mit weiteren Oppositionsgruppen zur »Nationalen Front für die Befreiung Südvietnams« (NLF).

102 Ho Chi Minh (Hồ Chí Minh; *1890–†1969): Revolutionär, Staatschef von Vietnam und wichtigster Politiker der jüngeren vietnamesischen Geschichte; Symbol für Strebens nach Selbstbestimmung.

103 Vo Nguyen Giap (Võ Nguyên Giáp; *1911–†2013): militärischer Führer der Viet-Minh-Truppen im Unabhängigkeitskampf gegen die französische Kolonialherrschaft.

ten Japaner wieder aus dem Land zu vertreiben und 1945 in Hanoi die Demokratische Republik Vietnam auszurufen.

Frankreich besann sich nun auf seine »kolonialen Rechte in Indochina« und rückte 1946 wieder in Vietnam ein, vor allem mit Soldaten der Fremdenlegion. Die Viet Minh verteidigten ihre eben gewonnene Freiheit. Die USA wechselten die Seite und unterstützten zunächst Frankreich und danach eine religiös-konservative Regierung Südvietnams. So entwickelte sich der langjährige Befreiungskrieg Vietnams.

Nach dem Ende des Zweiten Weltkrieges in Europa fanden heimkehrende deutsche Soldaten zu Hause kaum Arbeit und Auskommen. Viele hatten keinen Beruf. Sie hatten nur gelernt, im Krieg durchzukommen. So ließen sich Tausende zur französischen Fremdenlegion anwerben, darunter waren frühere SS-Täter, Kriminelle, Abenteurer, Hasardeure aller Art, und auch politisch Verfolgte tauchten in der Legion unter. Sie waren nun staatenlose Fremdenlegionäre, die zum Teil wegen verübter oder erlittener Grausamkeiten berüchtigt waren. Nach fünf Jahren Dienstzeit konnten sie eine größere Abfindung, Rentenansprüche und die französische Staatsbürgerschaft erhalten. Laut Peter Scholl-Latour waren etwa 80 Prozent der unteren Dienstgrade und Mannschaften damals Deutsche, also 10.000 bis 12.000 Mann. Die Offiziere in der Legion waren Franzosen. Nach vietnamesischen Angaben sind etwa 120 bis 140 »deutsche« Fremdenlegionäre zu den Viet Minh übergelaufen.

Obwohl inzwischen bereits für einige Kino- und Fernsehfilme der DEFA Szenen, die im fernen Osten spielten (zum Beispiel für SONJAS RAPPORT [1982, Bernhard Stephan]), mit logistischer Unterstützung des Spielfilmstudios in Hanoi gedreht worden waren, wussten wir zu Beginn unserer Arbeitsvorbereitungen kaum etwas über die wirklichen Lebensverhältnisse in dem vor kurzem wiedervereinigten Vietnam. Auch von der spannenden Geschichte Vietnams in den letzten einhundert Jahren, der Kulturgeschichte und den über siebzig verschiedenen Ethnien im Land wussten wir kaum etwas. Mein Bild von Vietnam war geprägt durch Graham Greenes Roman »Der stille Amerikaner«. Er beschrieb darin die fantastische und geheimnisvolle Welt in Saigon um 1952, dem Ende der französischen Kolonialzeit und der beginnenden Einmischung der USA.

Vor unserer ersten Vorbereitungsreise nach Vietnam war ich überzeugt, in dem Land, das den Rüstungsmoloch USA besiegt hatte, könnte ein kleiner historischer Spielfilm relativ problemlos zustande gebracht werden. Den Produktionsablauf bis zur Premiere hatte ich grob durchgespielt und als Vorschlag parat.

Wie alle Vietnam-Reisenden wurden wir vorher tropenmedizinisch untersucht, für tauglich erklärt und mit Malariaschutz-Tabletten versorgt. Ebenso wurden wir zu Reisekadern erklärt und ich sollte, wie die Produktionsleiter bei allen Auslandsreisen, die Ergebnisse in einem Bericht zusammenfassen. Nur Szenenbildner Peter Wilde hatte schon einige Dreherfahrungen in Vietnam gesammelt und lebte mit einer Vietnamesin in Potsdam zusammen. Durch ihn lernte ich Phi Tien Son kennen. Der war Frontkameramann der vietnamesischen Volksbefreiungsarmee gewesen und hatte unter anderem auf dem Ho-Chi-Minh-Pfad[104] dokumentarisch gedreht. Nach dem amerikanischen Krieg war er zum Studium in die DDR delegiert worden und nach einjährigem Deutschkurs am Herder-Institut in Leipzig als Kamerastudent an die Filmhochschule nach Babelsberg gekommen. Er sprach gut Deutsch und half mir, vietnamesische Texte zu verstehen und Telegramme ins Vietnamesische zu übertragen. Ich konnte ihm bei einem persönlichen Problem helfen, es entstand Vertrauen und Freundschaft. Es gelang auch, ihn als Praktikanten und Dolmetscher zu engagieren und mit nach Vietnam zu nehmen.

In der Nacht vom 24. auf den 25. September 1984 flogen wir – Regisseur Jörg Foth, Kameramann Günter Jaeuthe, Szenenbildner Peter Wilde, Autor Peter Wuss und ich – nach Hanoi, um als Arbeitsgruppe mit den vietnamesischen Partnern die künstlerischen, filmorganisatorischen und ökonomischen Bedingungen für das Koproduktionsprojekt zu recherchieren und Grundlagen für die Entscheidungen durch die beiden Leitungen der Studios in Hanoi und Babelsberg zu schaffen.

Nach einer Zwischenlandung in Karatschi (Pakistan) erreichten wir Hanoi am Nachmittag des 25. September 1984. Eine kleine vietnamesische Begrüßungsdelegation brachte uns in ein Hotel aus der französischen Kolonialzeit. Noch erschöpft wurden wir mit einem festlichen Feuertopf-Essen begrüßt. Mit Stäbchen zu essen, war für uns nicht neu, die gab es auch zu Hause, aber einige Speisen und Zutaten überraschten uns. Als aus einem gekochten Ei ein halb schlupfreifes Küken herausgeschält und als besondere Delikatesse empfohlen wurde, konnten wir nicht mithalten – außer Peter Wilde, der dann einige Tage häufig eine Toilette suchen musste. Und wir wunderten uns, dass es in einer ehemaligen französischen Kolonie keinen Wein gab, wohl aber Bier und hochprozentigen Reisschnaps.

104 Ho-Chi-Minh-Pfad (abgeleitet vom nordvietnamesischen Präsidenten Ho Chi Minh): durch Laos und Kambodscha führender Nachschubweg von Nord- nach Südvietnam für die 1957 bis 1975 dort kämpfenden Guerillastreitkräfte.

Nach den offiziellen Willkommensreden erzählte uns ein fröhlicher stellvertretender Kulturminister, dass sie (die Viet Minh) Überläufer, noch in Legionärs-Uniform, damals gern als Lockvögel gegen französische Truppenteile eingesetzt hätten, um sie in vorbereitete Fallen zu locken. Etwas irritiert wollten wir uns aber nicht ablenken lassen und versuchten, konzentriert mit Arbeitsgesprächen zu beginnen, was nicht gelang. Die Gastgeber wollten uns erst kennenlernen und wir sollten uns an Vietnam gewöhnen.

Wir mussten uns auch daran gewöhnen, dass in dem alten, zentral gelegenen Hotel nur unregelmäßig Wasser aus den Hähnen in Waschbecken, Wannen und Toiletten lief. Bald füllten wir stets die Wanne und andere Gefäße, wenn es mal Wasser gab. Man riet uns, vorsichtig zu sein und nur durchgekochte Speisen zu uns zu nehmen. Um Verdauungsprobleme und Infektionen zu vermeiden, war uns geraten worden, nur abgekochtes und gefiltertes Wasser zu trinken oder besser Mineralwasser zu kaufen. Damit solle man sich auch die Zähne putzen. Der Kulturattaché der DDR-Botschaft erzählte uns einige Tage später, man habe einige Liter Leitungswasser in Hanoi sorgfältig gefiltert und abgekocht und dann zur Untersuchung nach Berlin geschickt. Nach einigen Wochen war das Fazit der Analyse: Man könne dieses Wasser verwenden, aber es sollte doch noch gefiltert und abgekocht werden.

Wir wollten auch unsere vietnamesischen Kolleginnen und Kollegen kennenlernen, die Arbeitsmöglichkeiten und -bedingungen im Land und praktische Formen der Zusammenarbeit erkunden. Jede Position im Drehstab sollte sowohl Deutsch als auch Vietnamesisch, also doppelt besetzt werden. Aber jede Seite hatte eigene Vorstellungen von der Zusammenarbeit oder wartete einfach ab. Die Regisseure, jeweils gebrieft von ihren Studioleitungen, sollten sich einigen und entscheiden, was und wie etwas in einer Szene entstehen sollte. Wie das konkret funktionieren konnte, musste man einfach probieren. Wie beide Regisseure, die durch Lebensalter, Filmerfahrung, Bildung und Kultur sehr unterschiedlich geprägt waren, einander nicht kannten und nur über Dolmetscher miteinander kommunizieren konnten, gleichberechtigt gemeinsam inszenieren sollten, konnte ich mir nicht vorstellen.

Unsere vietnamesischen Partner wollten uns vorsichtig mit der wirklichen Situation des Landes vertraut machen. Sicher wollten sie testen und erfahren, wie wir »Langnasen« (Spottbezeichnung für Mitteleuropäer) im feucht-warmen Klima und mit den Nachkriegsbeschränkungen in ihrem Land zurechtkämen. Wir sollten ihre Lebensverhältnisse kennenlernen, damit könnten sich uns befremdende Verhaltensweisen erklären lassen. Einfach losarbeiten ging also nicht. Die Idee, die Vietnamesen inszenieren die vietnamesischen Szenen und wir konzentrieren uns auf die Szenen mit unseren deutschen Schauspielerinnen und Schauspielern, verwarfen alle Beteiligten vernünftigerweise.

Mit einer unbekannten Welt, fremden Kultur und dem anstrengenden Klima hatten wir gerechnet. Wir waren auch motiviert, ungewohnte praktische, technische und logistische Probleme mit unseren Partnern zu bewältigen. Aber bald zeichnete sich ab, dass in der Bucharbeit wie auch für die Gestaltung vieler Szenen beide Seiten unterschiedliche Vorstellungen hatten. Meine frühen Zweifel an der besonderen Konstruktion unseres Vorhabens und an der doppelten Besetzung des Drehstabes habe ich nach einem nachdenklichen Gespräch mit Jörg Foth in Hanoi nicht mehr aufkommen lassen. Trotz all unserer Empathie begannen wir zu verstehen, dass es anstrengend werden könnte, im aktuellen Vietnam zurechtzukommen und mit den unterschiedlichen Erwartungen zu einem gemeinsamen Ergebnis zu gelangen. Die ersten vier Vorbereitungswochen wurden mit der Fülle neuer Eindrücke zu einem Kulturschock. Aber wir wollten mit unseren Kollegen einen für beide Länder interessanten Film über eine kleine Episode vietnamesisch-deutscher Geschichte herstellen. Das war schließlich unser Arbeitsauftrag.

Zwischenschnitt | Vietnam, zehn Jahre nach dem Krieg

Der Befreiungskrieg erst gegen Frankreich, dann gegen die USA und deren restliche südvietnamesische Marionetten endete 1975 mit über drei Millionen Toten, zerbombten Städten, Dörfern und durch Agent Orange[105] entlaubten Wäldern. In den 1980er-Jahren litt das vietnamesische Volk unter einer zerstörten Infrastruktur in den völlig unterschiedlich betroffenen und entwickelten Landesteilen.[106] Eine enorme Inflation lähmte den Alltag der Menschen und die Entwicklung des Landes. Die Bevölkerung bestand zu 85 Prozent aus ethnischen Vietnamesinnen und Vietnamesen und aus mehr als siebzig ethnischen Minderheiten, die eigene Sprachen, Sitten und Gebräuche, Kulturen und Religionen hatten. Einige, unter anderem die Muong[107], lebten in den schwer zugänglichen Dschungelbergen des Nordens. Ho Chi Minh und sein engerer Stab hatten

105 Agent Orange: chemisches Entlaubungsmittel, das von der US-Luftwaffe zwischen 1962 und 1971 im Vietnamkrieg großflächig eingesetzt wurde, um Verstecke und Versorgungswege des Feindes (Vietcong) aufzudecken und ihm die Nahrungsgrundlage zu entziehen.

106 1975 kapitulierte Südvietnam bedingungslos, damit war der Weg frei, die Teilung des Landes, die 1954 beschlossen worden war, wieder aufzuheben. Am 2. Juli 1976 wurde Vietnam wiedervereinigt. In: https://www.bpb.de/kurz-knapp/hintergrund-aktuell/230254/seit-40-jahren-vietnam-ist-wieder-vereint/.

107 Muong (Mường): ethnische Minderheit in Vietnam (etwa 1,3 Millionen); die Mehrheit lebt im Bergland Nordvietnams.

von hier den Befreiungskrieg gegen Frankreich operativ geleitet. Über das ganze Land verteilt gab es viele kleine und größere buddhistische Pagoden – wie bei uns die Dorfkirchen und Dome. In Hanoi stand auch eine große Kathedrale (ein Motiv in unserem Film).[108]

Der lange grausame Krieg hatte das Leben oft auf ein Überleben reduziert. Auch mehrere Generationen von Lehrenden, Wissenschaftlerinnen und Wissenschaftlern, Kunst- und Kulturschaffenden waren dezimiert worden. Um einer kulturellen und intellektuellen Verödung entgegenzuwirken, wurden sie in den letzten Kriegsjahren nicht mehr zum Militär eingezogen. In eigenen Universitäten und Hochschulen begann sich eine neue Generation zu entwickeln. Parallel wurden begabte junge Leute ins befreundete Ausland zum Studium geschickt. Die konnten aber auch erst nach Jahren mit neuen Anpassungsproblemen in Wirtschaft und Gesellschaft wirksam werden.

Einige ältere Vietnamesinnen und Vietnamesen sprachen noch Französisch, im Norden einige Russisch, im Süden viele ein amerikanisches Englisch, und manchmal traf man junge Leute, die in der DDR Deutsch gelernt hatten. Die Infrastruktur war vor allem im Norden zerstört oder auf militärische Notwendigkeiten konzentriert. Das alltägliche Leben hatte sich in den vielen Jahren in den Landesteilen unterschiedlich entwickelt. Die kulturellen, wirtschaftlichen und strukturellen Unterschiede zwischen dem ehemals kapitalistischen Süden und dem sozialistischen Norden waren deutlich spürbar. Hinzu kamen die divergierenden Kulturen der vielen nationalen Minderheiten.

Neben einem staatlichen Handel gab es den freien Handel für jedermann und alles (nach unseren Begriffen einen »Schwarzmarkt«). Jeder konnte, wenn er konnte, kaufen und verkaufen, Dienstleistungen anbieten und in Anspruch nehmen. Vorwiegend alte Frauen saßen vielfach am Straßenrand und boten für ein paar Dong (vietnamesische Währung) grünen Tee in kleinen Tassen oder eine Pho (Gemüsesuppe) an. Auf dem freien Markt konnte man in Hanoi und Saigon erstaunliche Dinge sehen und eigentlich alles bekommen. Kein Straßenhändler zahlte Steuern. Mit großen und kleinen Handelsgeschäften den Lebensunterhalt irgendwie zu bestreiten, schien den Alltag vieler Menschen auszufüllen. Ich begegnete einigen besonders cleveren geschäftstüchtigen

---

108 Das Christentum gehört in Vietnam zu den Minderheitenreligionen. In Hanoi gibt es aus französischer Kolonialzeit einen großen neogotischen Kirchenbau: die St. Joseph Kathedrale, die unter den Viet Minh geschlossen wurde. Erst Weihnachten 1990 fand wieder eine Messe statt.

Männern und Frauen, die einflussreich und wohlhabend waren. Aber auch völlig verarmte Menschen sind uns immer wieder begegnet. Von Korruption in erstaunlichen Dimensionen war zu hören. Polizisten und Militärs sollten heimlich Handfeuerwaffen verkaufen. Ein Botschaftsmitarbeiter erzählte uns später ernsthaft von ganzen Güterzügen, die irgendwo im Dschungel verschwunden wären und dass sich niemand darüber wundere.

Zum Straßenbild in Hanoi gehörten unzählige Mopeds. Besonders viele kamen durch vietnamesische Studenten oder Vertragsarbeiter aus der DDR. Jeder Vietnamese durfte nach einem Studien- oder Arbeitsaufenthalt ein Moped zollfrei in einer Kiste nach Hause schicken. Manchen gelang es, zwei oder drei erfolgreich zu versenden. Damit konnte man das Leben seiner Familie einige Zeit wirtschaftlich sichern. Von den offiziellen staatlich festgelegten Gehältern konnte niemand leben. Man musste versuchen, auf allen Wegen zu Geld zu kommen und es eben wegen der hohen Inflation schnell wieder ausgeben. Öffentliche Tankstellen gab es nicht. Benzin wurde offiziell nur an staatlichen Vergabestellen für Dienstfahrzeuge abgegeben. Alle privaten Mopeds fuhren somit mit illegalem Benzin, das aus großen Flaschen, kleinen Plastikkanistern oder direkt aus dem Tank eines Dienstautos abgefüllt wurde. Auch unsere Fahrer mussten mit diesem Benzinhandel ihr Einkommen aufbessern. Langfristige Verabredungen und Planungen waren nicht möglich. Widersprüche zwischen offiziell verkündetem Fortschritt und der Lebenswirklichkeit kannten wir auch von zu Hause und aus verschiedenen anderen Ländern. In Vietnam waren sie damals extrem. Sie kollidierten auch mit unseren naiven Vorstellungen vom heldenhaft kämpfenden und siegreichen vietnamesischen Volk.

Mehrere Tage wurde ich von einem im Studio angestellten freundlichen Chauffeur in einem »Wolga« zu verschiedenen Besichtigungen, Verhandlungen und Informationstreffen gefahren. Er rauchte mit Vorliebe meine Zigaretten, Marke »Club«, von denen ich, damals noch Raucher, immer einige Packungen im Auto herumliegen ließ. Sie gehörten nun auch ihm. Für mich war wichtig, dass er pünktlich, zuverlässig und stets einsatzbereit war. Eines Tages versuchte er mit Unterstützung meines Freundes und Übersetzers Son, mir zu erklären, dass er mich gern fahre, dass aber nicht mehr täglich von morgens bis abends tun könne. Sein offizielles Gehalt reichte nur zu 10 bis 20 Prozent, um seine Familie (Frau und zwei Kinder) zu ernähren. Er erhielt zwar für einige Grundnahrungsmittel Marken, die in staatlichen Geschäften einzulösen waren. Nur waren in diesen Läden die Regale meistens leer. Er musste nun tagsüber mit verschiedenen Tauschgeschäften, privaten Transporten, auch dem illegalen Verkauf von Benzin, die fehlenden 80 Prozent in bar oder mit Folgegeschäften beschaffen. So ging es nahezu allen staatlich Angestellten in der Verwaltung, der Polizei und dem Militär.

Medizinische Leistungen und vor allem Medikamente waren nach Angebot und Nachfrage privat zu besorgen und ohne hohe Extrazahlungen kaum zu organisieren. Diese Art von steuerfreiem Handel war für viele Vietnamesen damals lebensnotwendig, führte aber zwangsläufig zu Korruption. Vietnam hatte den Krieg gegen die USA gewonnen, aber noch lange nicht den Frieden. Dieses Dilemma zu verstehen und damit umzugehen, erwies sich auch für uns als nicht einfach. Meinem »Wolga«-Fahrer konnte ich helfen. In Vietnam war wichtig, auch in der kleinsten Wohnung einen Tisch mit Familienfotos zu haben. Um diese Schwarz-Weiß-Fotos herzustellen, mangelte es an Fotopapier. Negativfilme und Fotokameras gab es. Mit einer Packung Fotopapier (20 Blatt) eines bestimmten Formates (DIN A4), einer besonderen Struktur und Körnigkeit, die es in der DDR für knapp 20 Mark zu kaufen gab, waren in Hanoi auf dem freien Markt die fehlenden 80 Prozent für meinen Fahrer bequem zu erzielen. Mit zwei Packungen Fotopapier und meinen Zigaretten hatte ich in Hanoi einen fürsorglichen Begleiter und Fahrer, der stolz und zufrieden seine Familie versorgen konnte.

Nach dem ersten vierwöchigen Aufenthalt flogen wir wieder nach Hause, berichteten über das unfertige Buch, die dadurch noch offenen Produktionsentscheidungen und über problematische Bedingungen an möglichen Drehorten. Auch die vietnamesische Seite schien wichtige Entscheidungen noch nicht treffen zu wollen. Wir hatten verstanden, dass viele unserer vietnamesischen Partner bemüht waren, unser Drängen zu verstehen und uns zu helfen, ihre schwierigen Lebensverhältnisse zu verstehen. Vereinzelt wurde unsere Naivität dabei aber auch ausgenutzt. Die Verständigungsprobleme bei der Entwicklung des Filmbuches nahmen kein Ende. Wenn Peter Wuss einen Abschnitt des Buches entworfen hatte, wurde es – wie verabredet – nach Hanoi mit der Bitte um Meinungsäußerung geschickt. Die kam aber nicht, dafür wurden weitere Abschnitte und irgendwann ein völlig neuer Einstieg in die Erzählung erbeten. Begründungen und eigene Vorschläge gab es kaum oder nur zaghaft. Die Andeutung einer zarten Liebesgeschichte zwischen einem Überläufer und einer jungen Vietnamesin wurde strikt abgelehnt. Eine Vietnamesin, die sich mit einem Europäer einlasse, sei eine Verräterin! Und eine

Vietnamesin habe immer lange Hosen zu tragen. Röcke wären moralisch verwerflich. Alle wussten, dass dies schon lange nicht mehr der Lebenswirklichkeit in Vietnam und schon gar nicht dem Leben der Millionen Auslandsvietnamesen in aller Welt entsprach.

Die unterschiedlichen Kulturen, Lebensweisen, Sehgewohnheiten beider Länder, auch die politisch-ideologischen Vorstellungen, die Gepflogenheiten im Umgang miteinander, mit dem Klima und der Natur sollten in einer Filmhandlung für beide Seiten verständlich und positiv erlebbar inszeniert werden. Das war die Krux. Während Peter Wuss einige Tage in Hanoi versuchte, mit seinem Ko-Autoren Banh Bao weiter an der Buchfassung zu arbeiten, ließen wir uns von unseren Partnern unter Leitung des Regisseurs Tran Vu Vorschläge für interessante Drehorte zeigen. Wir durchstreiften die Altstadt von Hanoi, besuchten in den nördlichen Dschungelbergen Dörfer mit Pfahlhäusern (mit Schilf gedeckte Wohnbauten). Auf Möglichkeiten für unser Filmdorf konnten wir uns schnell einigen.

In den fantastischen Bergregionen drehten wir später auch mehrere Tage. Wir mussten darauf achten, unsere Motive in der Nähe eines klimatisierten Hotels zu finden und einzurichten. Um unseren 32 Personen umfassenden Drehstab arbeitsfähig zu halten, mussten wir für hygienische, insektenfreie Übernachtungen sorgen. Auch unser Negativ-Filmmaterial und die Aufnahmetechnik mussten kühl und trocken gelagert, gepflegt und transportiert werden. Die Arbeitsräume der Maske und Garderobe sollten einigermaßen klimatisiert und vor allem insektenfrei sein. Die meisten der 45 vietnamesischen Kolleginnen und Kollegen (einschließlich der Schauspieler) konnten bei diesen Außenaufnahmen nur landestypisch einfach und nichtklimatisiert untergebracht werden. Das gefiel uns nicht. Wir versuchten vergeblich, einen gleichen Standard für alle Beteiligten zu erreichen. Außer im Luxushotel in Saigon schliefen alle immer unter Moskitonetzen.

Unsere vietnamesischen Kollegen luden uns während des ersten Aufenthaltes zu einer Reise in den Süden des Landes ein. Sie erklärten, man wolle uns für alle Fälle mögliche Motive im Süden des Landes zeigen. Das Buch sei ja noch nicht fertig. Das verstanden wir nicht, denn die Filmhandlung sollte im Norden spielen. Wir vermuteten, man wolle uns mit einer besonderen Filmidee überraschen. Für eine Woche flogen wir nach Ho-Chi-Minh-Stadt Saigon[109], sammelten Eindrücke im legendären chinesischen Stadtviertel Cholon (etwa

109 Ho-Chi-Minh-Stadt: Saigon (Sài Gòn) wurde 1976 nach dem nordvietnamesischen Staatschef Ho Chi Minh benannt; größte Stadt und das wirtschaftliche Zentrum Vietnams, bis April 1975 Hauptstadt der Republik Vietnam (Südvietnam).

2 Millionen Einwohner). Beeindruckend waren der Mangrovenwald Can Gio, ein Biosphärenreservat südöstlich von Ho-Chi-Minh-Stadt, und der Badeort Vung Tau am südchinesischen Meer. Peter Wilde hat verschiedene Eindrücke später in Gemälden verarbeitet. Wenn ich jetzt von meinem Schreibtisch aufblicke, kann ich zwei seiner Bilder sehen, die mich an diese Zeit erinnern. Das alles war touristisch interessant, auch für unsere nordvietnamesischen Begleiter, viele von ihnen waren auch noch nie hier gewesen.

In Ho-Chi-Minh-Stadt wohnten wir in einem Hotel, das zehn Jahre früher noch von hohen US-Generälen genutzt worden war. Konkrete Motiv-Vorschläge sahen wir nicht. Von den unterschiedlichen Lebenswirklichkeiten im Norden und Süden Vietnams waren wir beeindruckt – und nachdenklich geworden. Wir wollten aber arbeiten und nahmen uns vor, nur noch auf Unternehmungen einzugehen, die mit unserem Film zu tun hätten. Dazu aber fehlte uns als Arbeitsgrundlage die Filmgeschichte. Der vietnamesische Autor Banh Bao und auch Peter Wuss kamen letztlich zu keinem gemeinsamen Ergebnis. Peter Wuss lieferte irgendwann eine vertragsgemäße Textfassung, die nie von beiden Auftraggebern als Produktionsgrundlage bestätigt wurde, und zog sich aus dem Projekt zurück. Ich hatte trotzdem den festen Eindruck, dass niemand diese Koproduktion aufgeben wollte.

Zwischenschnitt | Ein Bettlerjunge und eine Münzsammlung

Nach einem abendlichen Spaziergang versuchte ein etwa zehnjähriger freundlicher Junge vor dem Hotel mit mir in ein Gespräch zu kommen. Er sprach ganz gut Englisch, wollte wissen, woher ich komme, wie das Leben dort sei, und schließlich, ob ich ihm etwas Geld geben könne. Ich konnte. Und nun stand er täglich abends – bemüht unauffällig – vor dem Hotel und sah mich fragend an. Er bekam immer seinen kleinen Betrag in Dong, freute sich und verschwand.

An einem Abend wollten wir nach der Arbeit in einem nahe liegenden kleinen Restaurant etwas essen und ein Bier trinken. Ich beschloss, dazu meinen kleinen Freund mitzunehmen. Ich nahm ihn bei der Hand. Vor dem Restaurant aber wollte er nicht mit hineingehen. Von draußen wollte er uns beim Essen zusehen und warten. Als ich ihn mit hineinzog, bemerkte ich seine Angst vor den Kellnern. Und die kamen auch sofort angelaufen, beschimpften ihn und wollten ihn rauswerfen. Nur weil ich ihnen energisch bedeutete, der Junge sei mein Gast, durfte er bleiben. Unbedacht hatte ich fremde Regeln ignoriert und ihm damit nicht wirklich geholfen. Das für ihn bestellte Essen rührte er nicht an und bat mich, ihn doch rausgehen zu lassen. Als ich nickte, verschwand er freudestrahlend mit einem Stück Brot und verzehrte es mit Vergnügen vor dem Fenster im Kreis seiner gleichaltrigen Freunde.

Eines Abends wollte er mit mir über Bilder sprechen und nahm mich bei der Hand, lenkte unseren Weg zu einer kleinen Galerie in einer Nebenstraße. Hier stellte er mir eine schlicht gekleidete, aparte, etwa 40-jährige Frau vor und verschwand. Er wartete wieder vor der Tür, wie ich später bemerkte. Ich war überrascht. Was wollte die Frau von mir? War sie eine Malerin oder Galeristin? Mein nächster Gedanke war: Schade, dass Kinder hier schon als Schlepper genutzt werden. Die Frau hatte offenbar bemerkt, welchen Eindruck ich bekommen konnte und fragte mich unsicher, ob ich Münzen sammele. Meinen linkischen Scherz über »ausreichend Münzen und Scheine« überging sie und zeigte mir ein kleines Album mit Münzen aus der früheren Republik Vietnam (Südvietnam), die seit 1976 nicht mehr galten. Ich erklärte ihr, dass ich kein Numismatiker und nicht an einem Kauf interessiert sei. Sie bat mich, trotzdem den Wert der Münzen zu schätzen. Ahnungslos nahm ich an, eine wertvolle Sammlung in den Händen zu halten. Nun wollte sie wissen, wie viel ich ihr dafür geben könne. Sie erklärte mir, ihren kranken Vater pflegen und versorgen zu müssen. Sie sah mich bittend an und bat, ihr zu helfen und zu geben, was ich könne.

Ich hatte nur ein paar Hundert Dong (ein Viertel des täglichen Spesensatzes) bei mir. Dafür drückte sie mir die Münzsammlung in die Hand und verschwand. Von da an hatte ich ein schlechtes Gewissen, die Notlage einer armen Frau ausgenutzt zu haben. Wochen später in Potsdam habe ich das kleine Album in einem Laden für Numismatiker mit ungutem Gefühl bewerten lassen. Mit einem flüchtigen Blick erkannte der Händler: »Solche kleinen Sammlungen werden von Vietnamesen jetzt oft angeboten.« Dafür bekommt man weniger als 20 Mark. Als ich fröhlich und erleichtert aus dem Laden ging, war der Münzenfachmann überrascht. Mein schlechtes Gewissen war weg, aber die kleine Münzsammlung besitze ich noch heute. Mein kleiner Freund konnte sich noch einige Abende in Saigon über ein paar Dong freuen. Über die Begegnung mit der Münzen-Verkäuferin redeten wir nicht mehr.

Unter uns versuchten wir ohnehin, einander Mut zu machen und das Vorhaben trotz aller Hindernisse voranzutreiben. Zwischen weiteren Recherche-Reisen kam es zu monatelangen Pausen, in denen neue Vorschläge entwickelt oder Vorhandenes durch die örtlichen Gegebenheiten modifiziert wurden. Die beiden Regisseure Jörg Foth und Tran Vu wurden – ohne sich miteinander darüber abstimmen zu können – von ihren Studioleitungen überzeugt, die Bucharbeit weiterzuführen. Dabei unterstützte in Babelsberg die Dramaturgin Brigitte Bernert einfühlsam. Schließlich einigte man sich bei einem Gegenbesuch des vietnamesischen Generaldirektors Hai Ninh in Babelsberg auf protokollierte Hinweise zu einer provisorischen Buchfassung und gab damit die Dreharbeiten frei. Strittige Szenen sollten von den Regisseuren mit den Schauspielenden am jeweiligen Drehort entwickelt werden. Die Gewichtung der vietnamesischen und deutschen Rollen sollte gleichrangig sein.

Die Praxis des Inszenierens verlief, wie fast erwartet, ähnlich schwierig wie die Bucharbeit. Wie die beiden sehr unterschiedlichen Regisseure, der junge Jörg Foth (sein zweiter Film) und der erfahrene Tran Vu, ein freundlicher älterer Mann, die Erwartungen der beiden Studioleitungen gemeinsam bewältigen könnten, wusste niemand. Bei der Zusammenarbeit für Die Verlobte hatte ich mit den Freunden Günter Reisch und Günther Rücker erlebt, dass zwei Regisseure gleichberechtigt und erfolgreich an einem Film arbeiten können. Als Dritter im Bunde kam damals Jürgen Brauer dazu. Jeder kannte und schätzte den anderen, man betrachtete sich gegenseitig als sinnvolle Ergänzung des eigenen Könnens. Hier bei der Dschungelzeit trafen Vertreter sehr verschiedener Kulturen und Filmkunstauffassungen, unterschiedlichen Alters, Temperamentes und Selbstverständnisses, unterschiedlicher physischer Verfassung, Professionalität und Bildung aufeinander, wussten noch wenig voneinander und sollten die eigenen und die fremden Erwartungen erfüllen.

Die Sprachbarriere behinderte diesmal mehr als ich es von anderen Auslandsdreharbeiten kannte. Hier waren wir aber nicht die Auftraggeber. Alle Aktivitäten sollten gemeinsam beraten und gleichberechtigt beschlossen werden. Da es beim Inszenieren neben der sachlichen Vermittlung von Fakten besonders um das Erzeugen von Eindrücken und Empfindungen geht, waren beim Dolmetschen Interpretationen kaum zu vermeiden. Ich habe mehrfach erlebt, dass der kulturelle Hintergrund sowie Charakter und Temperament eines Übersetzers das gegenseitige Verständnis unterstützen oder behindern können. Ausführliche Erklärungen, Diskussionen und deren Übersetzung stören die Arbeit am Drehort erheblich. So sah Jörg Foth sich gezwungen, seine Anweisungen und Erklärungen für die vietnamesischen Darstellerinnen und Darsteller und Mitarbeitenden möglichst knapp zu halten, mit Gesten sich verständlich zu machen, um am Drehort noch Zeit und Konzentration für das Inszenieren zu haben.

Wann immer es ging, habe ich auf einen Dolmetscher verzichtet oder, was selten gelang, auf einer gemeinsamen Arbeitssprache bestanden. Mit Englisch, Russisch, etwas Rumänisch und einigen schnell angeeigneten Filmfachvokabeln in der jeweiligen Landessprache, mit vorbereiteten, auf Vietnamesisch übersetzten Texten, Mimik und Gestik kam ich häufig gut und schnell zurecht. An jedem Aufenthaltstag in Vietnam eine neue vietnamesische Vokabel zu lernen, hatte ich mir vorgenommen, es leider aber nur an einigen Tagen geschafft. Genauso wollte ich, wie gewohnt, umfassend für erträgliche Arbeits- und Lebensbedingungen und einen optimalen Ablauf der Dreharbeiten sorgen. Das konnte nur in enger und vertrauensvoller Zusammenarbeit mit unseren vietnamesischen Kolleginnen und Kollegen gelingen.

Im Studio Babelsberg hatte ich mit allen Spartenleitern einen Drehstab aus Fachleuten zusammengestellt, die Strapazen und schwierige Bedingungen im Dschungel ertragen und verlässlich arbeiten konnten. Alle Mitarbeiterinnen und Mitarbeiter wurden tropenärztlich untersucht und erhielten vor Reiseantritt abgezählte Anti-Malaria-Tabletten. Da wir von Berlin-Schönefeld mit einer Zwischenlandung in Karatschi nach Hanoi flogen, mussten alle diese Kolleginnen und Kollegen Reisekader sein oder es noch schnell werden. Eine entsprechende namentliche Aufstellung war in der Auslandsabteilung des Studios einzureichen. Das tat ich ein wenig verzögert, damit nur wenig Zeit blieb, mich mit Alternativvorschlägen zu konfrontieren. Bis auf zwei Namen wurde meine Liste bestätigt. Ohne Begründung wurden der 1. Aufnahmeleiter Rüdiger Lieberenz, mit dem ich mehrere Jahre zusammengearbeitet hatte, und der Kameraassistent und Fotograf Michael Jüttersonke abgelehnt. Beide waren nicht verheiratet, hatten keine Kinder, galten als abenteuerlustig und wohl deshalb nicht als sichere Heimkehrkandidaten. Ich sollte mir dafür aus dem Reisekaderbestand des Studios andere Mitstreiter aussuchen. Darunter waren Mitarbeiter, mit denen ich problemlos in Mitteleuropa Filmreisen unternommen hätte, nicht aber in die Dschungelberge Nordvietnams. Das lehnte ich ab.

Nach ein paar Tagen meldeten sich zwei Herren mit einer Klappkarte am Lederband im Produktionsbüro, um noch mal die Namensliste mit mir durchzugehen. Auf diese Situation hatte ich mich vorbereitet. Für die zu erwartenden schwierigen Arbeitsbedingungen in Vietnam hatte ich ja auch gerade *diese* beiden ausgewählt. Sollten mein langjähriger Aufnahmeleiter und der Kameraassistent, den ich seit dem Studium kannte, an diesem Film nicht mitarbeiten dürfen, würde man damit auch meine Kompetenz anzweifeln, einen versierten Drehstab für schwierige Auslandsarbeiten zusammenstellen zu können. Dann könne man auch gleich überlegen, ob ich geeignet sei, einen größeren Drehstab im Ausland zu leiten. Nach zwei Tagen musste ich noch mal bestätigen, beide als verlässliche und verantwortungsbewusste Mitstreiter zu kennen. Das tat ich mit gutem Gewissen. Sie blieben auf der Liste und waren in Vietnam wichtige Mitarbeiter.

Während unserer Motivsuchen in verschiedenen Dörfern begleiteten uns gewöhnlich viele Einwohner – und besonders Kinder. Alle lächelten freundlich in die Kamera. Während wir »hellhäutigen Langnasen« im Norden übersetzt als »Sowjetniks« bezeichnet wurden, rief man uns im Süden »Ami« nach. Vor einer großen Markhalle in Hanois Altstadt saßen oft ältere Frauen, die eine Tasse grünen Tee für wenige Münzen anboten oder selbstgefertigte Reisschalen und handgeschmiedete Messer und Scheren verkauften. Noch heute benutze ich einige dieser Reisschalen, einige Messer und eine große Schere. Als ich mich dafür zu interessieren begann, zeigte die kleine freundliche ältere Händlerin mit einem verschmitzten Lächeln und ständiger Wiederholung »… tot lam, tot lam …« (… sehr gut, sehr gut …) auf die Schere. Als ich nickte und nach dem Preis fragte, sah sie mich forschend an, lächelte und nannte das Mehrfache des üblichen Preises, wie ich schnell mitbekam. Ich hatte aber genügend Dong, und es machte mir Spaß, mich auf das Spiel einzulassen. Ich gab ihr die geforderte viel zu hohe Summe. Nun jubelte das Mütterchen und

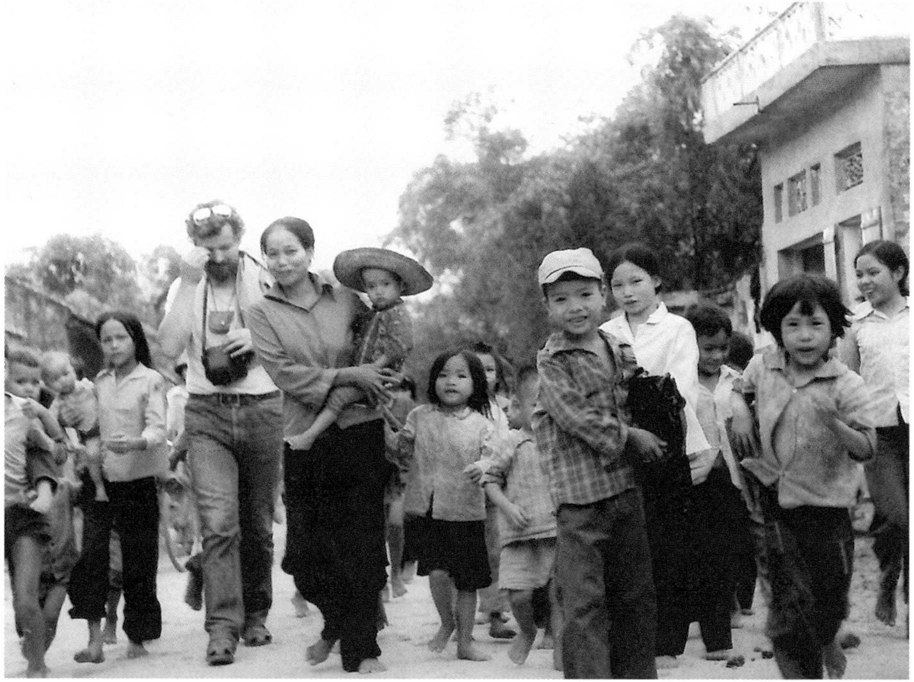

Hans-Erich Busch mitten unter neugierigen Zuschauern bei einer Motivsuche nördlich von Hanoi für DSCHUNGELZEIT (1987, Jörg Foth / Tran Vu)

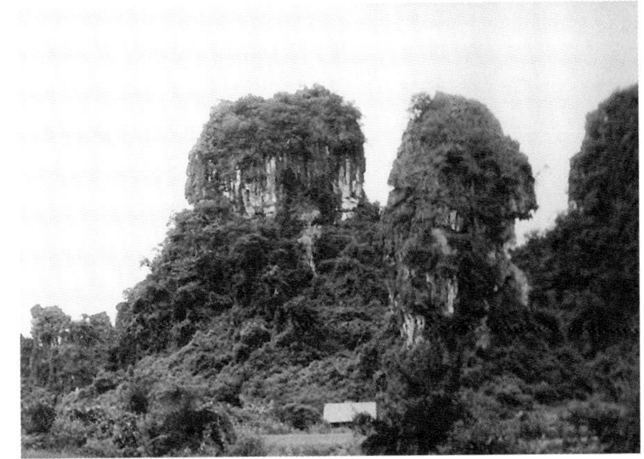

In den Dschungelbergen im Norden Vietnams, aufgenommen während der Dreharbeiten für DSCHUNGELZEIT um 1987

erzählte ihren Nachbarinnen, wie einfach es war, diesen großen hellhäutigen Menschen zu übertölpeln und einen enormen Gewinn zu machen.

Inzwischen hatten wir, während einer der weiteren Vorbereitungsreisen in Hanoi ein Tet-Fest (Neujahrsfeier) erleben können, verschiedene Motive besichtigt und alle Jahreszeiten kennengelernt, die Arbeits- und Lebensbedingungen an den möglichen Drehorten in Hanoi und in den Dschungelbergen kennengelernt und Vorkehrungen verabredet. Die jeweils neu hinzugewonnenen Erkenntnisse flossen weiter in die Bucharbeit und in den 1986 geschlossenen Koproduktionsvertrag. Unsere praktischen Vorbereitungen mussten angepasst und erweitert werden. Vertraglich vereinbart war, dass jede Seite die eigenen Personalkosten übernimmt. Alle Flüge beider Seiten nach und von Vietnam wurden von uns organisiert und bezahlt, ebenso wurde mit allen Materialtransporten per Luftfracht und Schiffscontainer verfahren. Die Flüge und Transporte des Drehstabes innerhalb Vietnams wurden gemeinsam disponiert und von vietnamesischer Seite realisiert und die Kosten übernommen.

Mit der Beschreibung meiner zwischenzeitlich gewonnenen TREFFPUNKT FLUGHAFEN-Erfahrungen konnte ich erreichen, dass unser Drehstab um einen Arzt und einen Koch erweitert wurde. Während der Dreharbeiten führte der Arzt dann an jedem Drehtag (besonders im Dschungel) in *einem* Koffer medizinische Instrumente und in einem *zweiten* eine Hausapotheke mit sich. Seine Anwesenheit am Drehort wirkte auf alle, auch auf die vietnamesischen Mitarbeiterinnen und Mitarbeiter, vor allem psychologisch beruhigend. Praktisch wurde er nicht oft benötigt. Aus dem Studio Hanoi kam nun auch ein Arzt in den Drehstab, der die Verbindung zum vietnamesischen Gesundheitswesen halten sollte. Wir haben ihn kaum bemerkt. Als Ergänzung zur vietnamesischen Kost ließen wir regelmäßig europäische Lebensmittel wie Schwarzbrot, Käse, Salami, Spaghetti, Marmelade, verschiedene Konserven und ein paar Flaschen »Radeberger Pilsener« einfliegen. Für die DDR-Botschaft in Hanoi bestand ein solcher Versorgungsservice der staatlichen Handelsorganisation Versina[110]. Ich konnte eine adäquate Regelung für uns vereinbaren.

Außerdem gelang es, den ehemaligen Schiffskoch Manfred Bittorf aus Rostock zu engagieren, der gewohnt war, mit begrenzten Möglichkeiten und unter schwierigen Bedingungen zu arbeiten. Wie erhofft, sorgte er mit vietnamesischer Hilfe für akzeptable Mahlzeiten und gute Stimmung. Zu regelmäßigen Mineralwasserlieferungen (drei Liter pro Tag pro Person) hatte ich unsere vietnamesischen Partner verpflichten können. Das war im feuchtwarmen Klima wichtig. Obwohl wir unsere vietnamesischen Kollegen zu unserem, von Bittorf angereicherten, Essen einluden, nutzten sie häufig lieber das Angebot ihrer Küchenhilfen, das uns manchmal sehr fremd vorkam. Aber durch das gemeinsame Essen rückten wir auch im Arbeitsalltag enger zusammen. Einige unserer Kollegen und auch ich nutzten zunehmend die Möglichkeit, die einheimische Küche zu probieren. Allerdings konnten Spaghetti mit Tomatensauce mitten im Dschungel doch zum Renner werden.

Die Zahlung von Spesen (Tagegeld) erfolgte in vietnamesischer Dong. Wegen der ständig steigenden Inflationsrate verteilte der 1. Aufnahmeleiter Rüdiger Lieberenz zeitweise die vietnamesische Dong in Schuhkartons. Alle Barzahlungen erfolgten über ihn. Dass es im Geldverkehr, dem Verrechnungswesen für Versina-Leistungen, mit den Hotels, der Botschaft, der Interflug-Vertretung auch unter den inflationären Bedingungen nicht zu nennenswerten Fehlern kam, ist der Arbeits- und Leistungsbereitschaft von Rüdiger Lieberenz zu danken. Er hatte diesen Arbeitsbereich zusätzlich zu seinen umfangreichen Dispositionspflichten übernommen. Insgesamt gingen im Verlauf der drei Monate etwa 600.000 Dong an Bargeld durch seine Hände, zum Teil in besagten Schuhkartons. Er musste sie sicher verwahren und buchhalterisch überprüfbar verwalten. Es wäre dringend notwendig gewesen, einen Filmgeschäftsführer im Stab zu haben, wie es bei der Inanspruchnahme von filmischen Dienstleistungen im Ausland stets praktiziert wurde, aber für diese Koproduktion konnte ich diese Regelung aus unverständlichen administrativen Gründen nicht durchsetzen.

---

110 Versina (Versorgungsbetrieb Inland/Ausland »Versina«): versorgte seit 1967 die in der DDR akkreditierten Auslandsvertretungen sowie Botschaften, Auslandsvertretungen und andere Einrichtungen der DDR im Ausland.

In der DEFA war es üblich, dass während der Dreharbeiten notwendig werdende Änderungen oder Anpassungen im Rahmen von Drehplan und Kalkulation selbstständig getroffen und verantwortet wurden. Unsere vietnamesischen Partner hatten aber für alle sich ergebenden Anpassungen der Motive und Ausstattungen bis ins Detail immer wieder die ausdrückliche Zustimmung der Studioleitung in Hanoi einzuholen, bevor sie sich an die Modifikationen machten. Durch den Krieg war man in Vietnam vielfach noch gewöhnt, auf Befehle zu warten. Wir mussten lernen, geduldig zu sein. Einige Male bin ich aber nach Hanoi gefahren, um mit Nachdruck von der vietnamesischen Studioleitung Entscheidungen einzufordern. Manchmal hat Jörg Foth auch resigniert auf Änderungen verzichtet. Tran Vu setzte sich zum Ende der Dreharbeiten ab und zu über diese Anweisung hinweg und ordnete die Anpassungen an.

Die Bild-, Tonaufnahme- und Lichttechnik und das Filmmaterial stellten wir. Per Schiffsfracht sandten wir von Rostock Container mit Materialien für Kostümanfertigungen, für das Bauen und Einrichten von Dekorationen, mit Kameraschienen und verschiedenem technischen Zubehör, mit Werkzeugmaschinen und Ersatzteilen über Haiphong nach Hanoi.

Auf Wunsch des vietnamesischen Szenenbildners brachten wir auch einige Ballen von Dekorationsstoffen und feinen Futterstoffen für die Anfertigung historischer vietnamesischer Kostüme mit. Zwei Wochen später bemerkten wir, dass es in der Altstadt von Hanoi vor den Schneider-Werkstätten für Touristen ein besonders reichhaltiges neues Angebot an leichten Kimonos gab. Unsere Stoffe wurden schnell verarbeitet, aber nicht für unseren Film. Der verantwortliche, geschäftstüchtige und gut Deutsch sprechende Szenenbildner ließ sich an den nächsten Tagen in meiner Gegenwart nicht sehen. Meine Vorhaltungen zu diesem Problem wurden schweigend zur Kenntnis genommen. Es wurde mit der schwierigen wirtschaftlichen Lage erklärt, für die ich Verständnis haben sollte.

Für die Besetzungen der deutschen und vietnamesischen Rollen war ein einfaches Prinzip verabredet worden. Unsere Partner in Hanoi überließen uns die deutsche Besetzung der übergelaufenen Legionäre. Nur sollten unsere Schauspieler nicht deutlich größer als die Vietnamesen sein. Sie sollten zu den Europäern nicht hochsehen müssen. Praktisch wurde das aber kein Problem. Bei späteren deutsch-japanischen Koproduktionen habe ich ähnliche Wünsche für die Körpergröße und die Haarfarbe der Besetzung der deutschen Rollen berücksichtigen müssen. Unsere »Fremdenlegionäre« wurden auf Vorschlag von Jörg Foth und nach Freistellung von ihren Erstverpflichtungen in Berlin, Schwerin, Erfurt, Senftenberg die Schauspieler Hans-Uwe Bauer, Sewan

Latchinian, Carl Heinz Choynski, Joachim Lätsch, André Hennicke, Thomas Wolff und Hans-Otto Reintsch. In einer zweitägigen Klausur bereiteten wir in Babelsberg alle unsere Vietnam-Reisenden mit Informationen vor: über Land, Leute, Kultur, Klima, Drehorte, Lebens- und Arbeitsbedingungen, die Reisewege, den Drehplan.

Die Besetzung der vietnamesischen Rollen wollten unsere Partner zunächst allein treffen. Unserem Wunsch nach gemeinsamen Probeaufnahmen für einzelne Darstellerinnen und deren Zusammenspiel mit den deutschen Schauspielern wurde dann doch zunehmend entsprochen. Von den 15 vietnamesischen Rollen wurden die wichtigsten mit Bui Bai Binh, Doan Dung, Khanh Huyen, Phuong Thanh und Tat Binh besetzt. Dennoch mussten wir für viele Details in langen Gesprächen mit langen Übersetzungen nach Kompromissen suchen, schafften es aber selten, beide Seiten zufriedenzustellen.

Nach der Anreise des kompletten Drehstabes per Interflug am 16. März 1987 und der in Haiphong bereits eingetroffenen Schiffsfracht richteten wir den ersten und personell aufwendigsten Drehtag für den 23. März vor der festlich

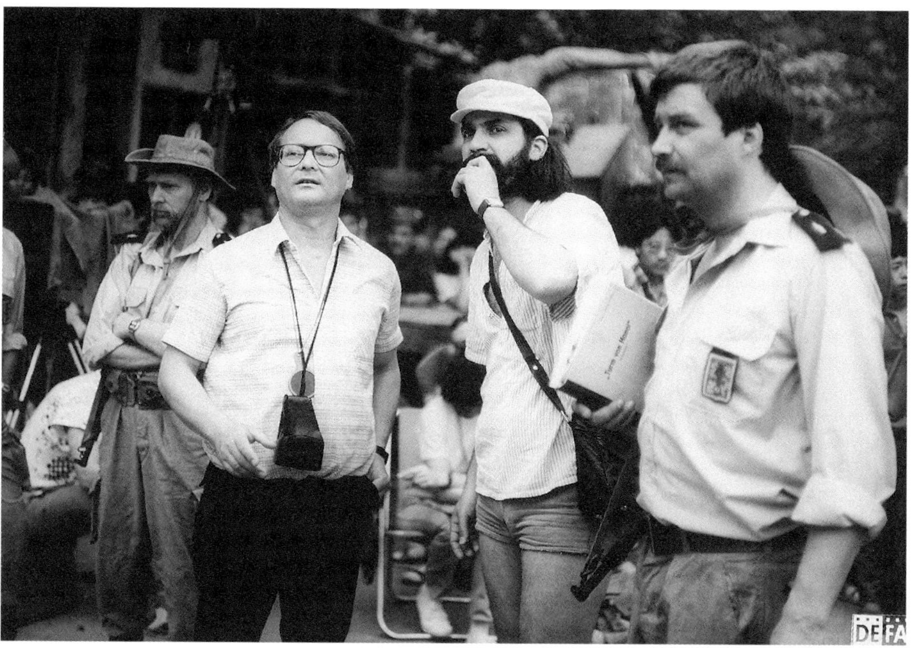

Vor der Kathedrale in Hanoi bei Absprachen für DSCHUNGELZEIT (1987): Links unser Koch Manfred Bittorf und rechts außen der Regieassistent Thomas Blume in französischen Uniformen; in der Mitte Kameramann Günter Jaeuthe (links) und Regisseur Jörg Foth

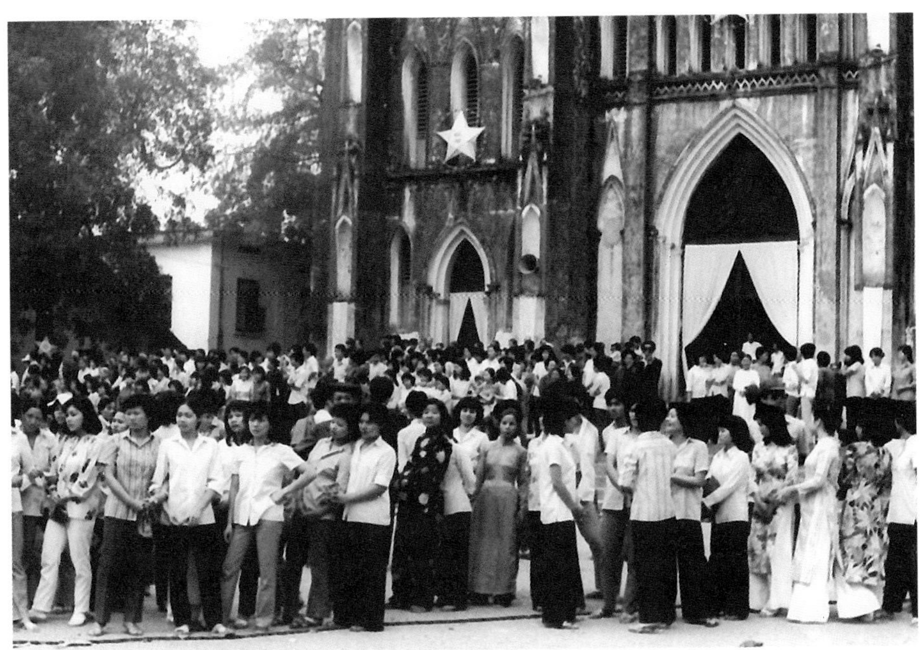

Junge Vietnamesen vor der Kathedrale in Hanoi, 1987

geschmückten Kirche in Hanoi ein. Neben unseren Darstellerinnen und Darstellern nahmen mehrere Hundert vietnamesische Kleindarstellende in historischen Kostümen daran teil, ebenso einige DDR-Botschaftsangestellte als französische Kolonialbeamte. Einzelne Stab-Mitarbeiter vervollkommneten in Legionärsuniformen die Szene. Das Arbeitsprinzip, alle Entscheidungen gleichberechtigt und einvernehmlich zu treffen, war einfach nicht durchzuhalten. Wir besprachen und probten gemeinsam den Ablauf der Szene, aber nur *ein* Regisseur konnte die Kommandos zum Drehen geben. Kompromisse können auch beim Film Erstaunliches bewirken. Jörg Foth und wir alle versuchten immer, deutlich mehr als den kleinsten gemeinsamen Nenner zu erreichen. Unseren vietnamesischen Partnern nachträglich und pauschal anderes zu unterstellen, wäre unredlich. Auch sie sahen das Dilemma, aber scheinbar keine Möglichkeit, etwas daran zu ändern. Sie waren gewohnt, Schwierigkeiten zu ertragen oder einfach auszusitzen.

Der vietnamesische Regisseur Tran Vu fehlte zudem an mehreren Drehtagen. Er war krank, an anderen Tagen saß er geschwächt an der Seite im Schatten und gab nur gelegentlich einen Rat. Jörg Foth musste zunehmend

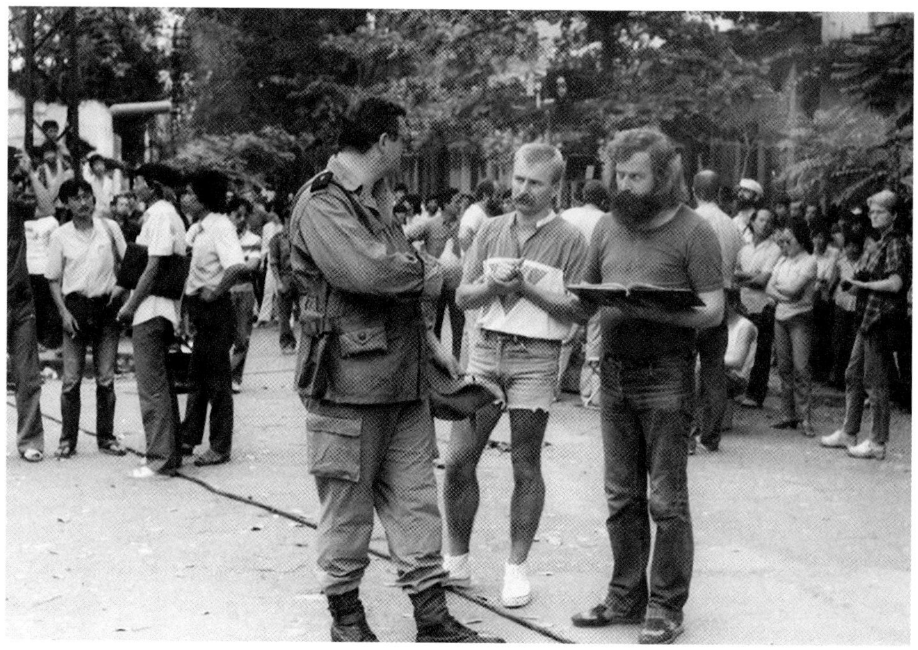

Die Aufnahmeleiter Rüdiger Lieberenz und Bernd Hunold stimmen mit dem Kulturattaché der DDR-Botschaft seine nächsten Einsätze als Legionär-Kleindarsteller ab (v. r. n. l.); links im Hintergrund Regisseur Tran Vu mit seinem Stab bei DSCHUNGELZEIT (1987)

allein inszenieren, mit Günter Jaeuthe hinter der Kamera. Das hob seine Stimmung nicht, hatte aber keinen Einfluss auf seine Arbeitsdisziplin. Durch seine Art, die Gegebenheiten hinzunehmen und fast dokumentarisch Regie zu führen, kamen wir beim Drehen voran. Ich wusste von der Einsamkeit mancher Regisseure beim Drehen und kannte auch das eigene einsame Ringen bei schwierigen Produktionsentscheidungen. Früher hatten wir Zeit, Probleme miteinander zu besprechen. Diesmal mussten wir aus Kapazitätsgründen während der Drehzeit in Hanoi in zwei verschiedenen Hotels wohnen, die 12 Kilometer voneinander entfernt waren. Jörg mit den Schauspielern, einer Dolmetscherin und seinem Assistenten im Stadtzentrum, ich in der allgemeinen Stabsunterkunft und Produktionsbasis am Stadtrand. Damit fielen die Gespräche nebenbei weg. Ich hatte auch genug Probleme zu bewältigen und war nicht immer am Drehort. Mit unserem Planungs- und Dispositionssystem der Dreharbeiten konnten wir unsere Partner allerdings überzeugen. Sie beschlossen gleich zu Beginn, uns diese Arbeit zu überlassen. Es bewährte sich wieder, alle relevanten Arbeitspläne und Dispositionen mit den Partnern

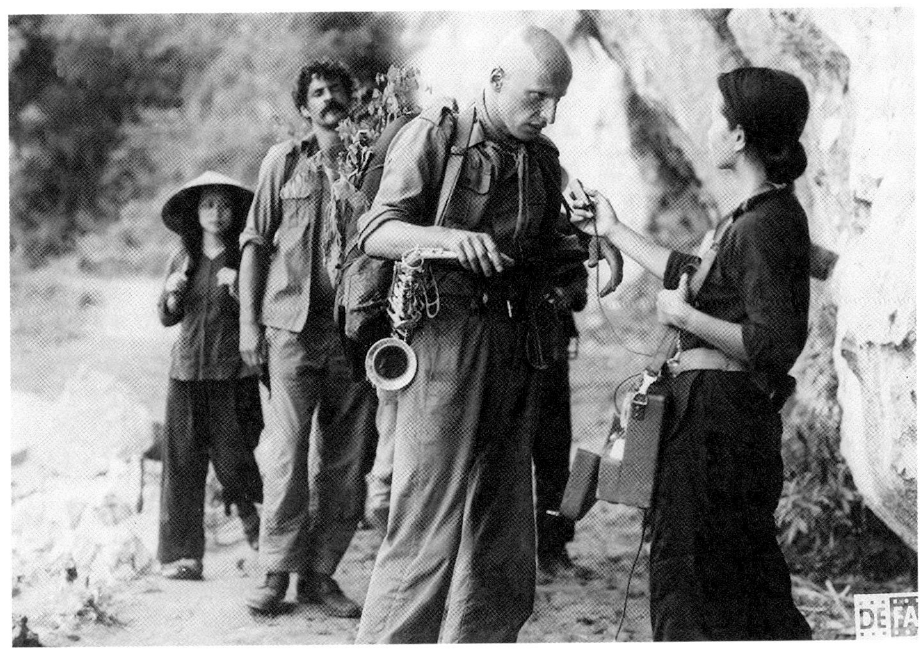

Szenenfoto aus Dschungelzeit (1987, Jörg Foth / Tran Vu) mit Thomas Wolff (Charly; links) und Sewan Latchinian (Eddy)

abzustimmen und in beiden Sprachen zu fixieren, zu vervielfältigen und zu verteilen, so konnten sich alle Beteiligten aktiv einbringen.

In Hanoi hatte ich weitgehend für die Abstimmung und Zusammenarbeit mit der vietnamesischen Studioleitung zu sorgen. Wie befürchtet kam es auch zu Auseinandersetzungen. Mündliche Verabredungen wurden schon mal vergessen oder anders verstanden. Bei wichtigen Sachverhalten ließ ich dann Protokollnotizen von Verabredungen anfertigen und unterschreiben. Aber das half auch nicht immer. Vereinzelt musste ich mit Hinweis auf den Koproduktionsvertrag Verabredungen durchsetzen.

Das belichtete Filmmaterial (35mm, ORWO-Farbnegativ) wurde von einem Kurier mit dem wöchentlichen Flug von Hanoi nach Berlin und dann nach Babelsberg ins studioeigene Kopierwerk gebracht. Dort wurde es entwickelt und eine Musterkopie gezogen. Die kam mit dem nächsten Linienflug eine Woche später zurück zu uns, und wir konnten die Muster ohne Ton im Filmstudio Hanoi ansehen. Neben unserem Kameramann Günter Jaeuthe gab es auch einen vietnamesischen Kameramann, Pham Thien Thuyet. Da Jaeuthe

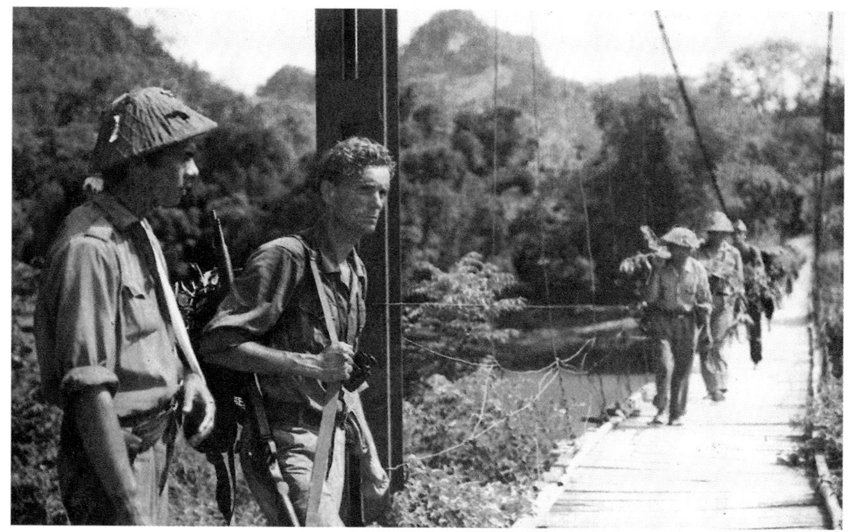

Bui Bai Binh als »Hai« (links) und Hans-Uwe Bauer (Achim) in DSCHUNGELZEIT (1987, Jörg Foth / Tran Vu)

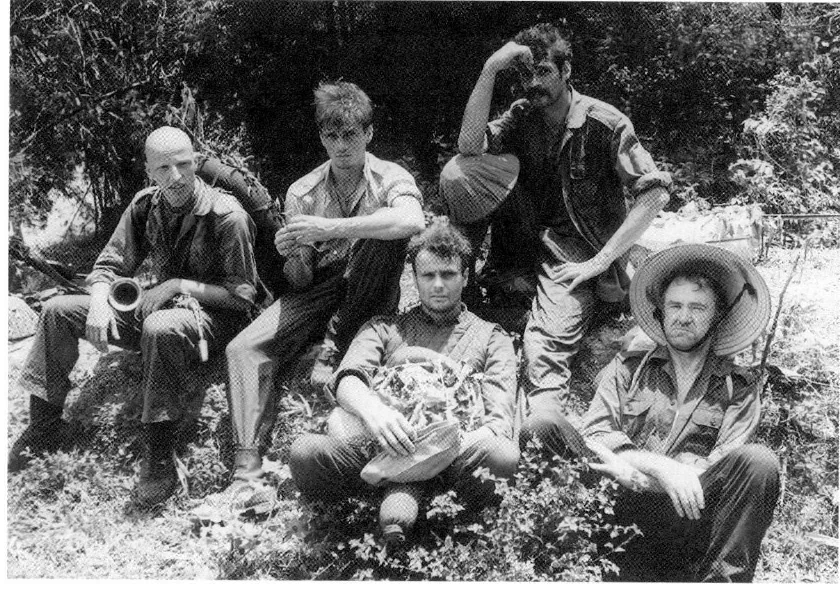

Szenenfoto: Unsere übergelaufenen Legionäre (v. l. n. r.): Sewan Latchinian, André Hennicke, Joachim Lätsch, Thomas Wolff, Carl Heinz Choynski

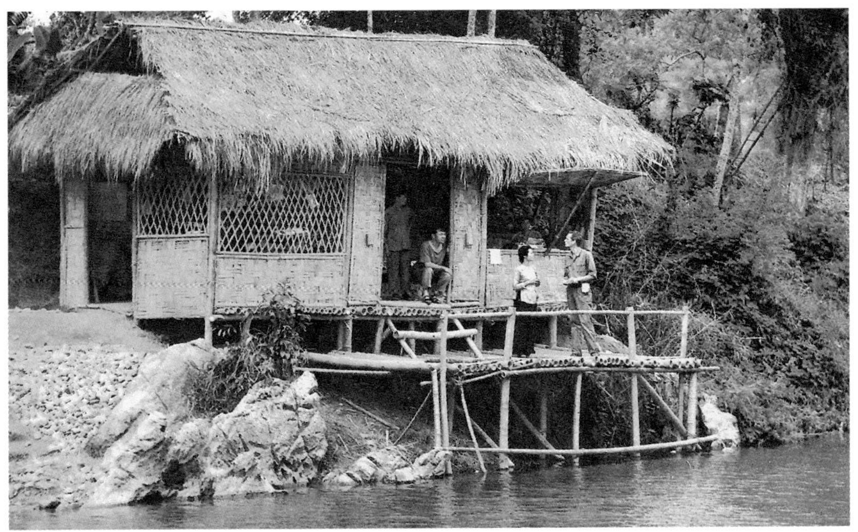

Hans-Uwe Bauer (rechts) am Motiv »Pfahlbau am Flussufer« in DSCHUNGELZEIT (1987, Jörg Foth / Tran Vu)

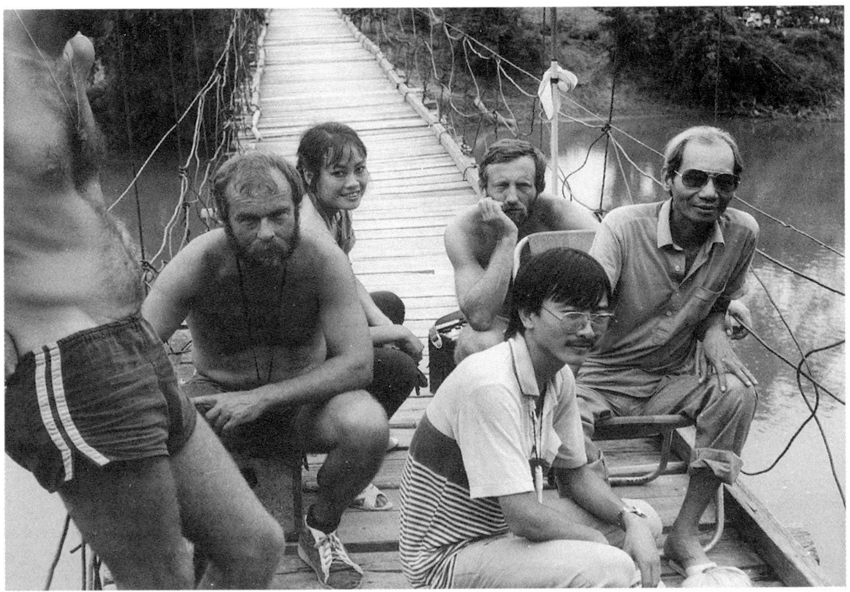

Während einer Drehpause an der Hängebrücke: DSCHUNGELZEIT-Regisseur Tran Vu, Tonmeister Günter Springer, eine Dolmetscherin und der Standfotograf Michael Jüttersonke (v. r. n. l.); vorn ein vietnamesischer Assistent

einen Schärfen-Assistenten (Andreas Walle) und einen Material-Assistenten (Michael Jüttersonke) hatte, der gleichzeitig Standfotograf war, standen auch immer zwei vietnamesische Kamera-Assistenten neben ihrem Chef am Drehort, die aber nicht mit unserer Kameratechnik und dem Filmmaterial umzugehen verstanden. Zu Übungszwecken wollten wir ihnen unser wichtiges Arbeitsgerät nicht überlassen. Das erwarteten die drei Männer auch nicht. Sie halfen gern beim Transport der Geräte im unwegsamen Gelände und beim Verlegen von Kameraschienen. Ebenso gestaltete sich die Zusammenarbeit des Tonmeisters Günter Springer mit seinem vietnamesischen Kollegen. Die vietnamesischen Beleuchter unterstützten auf diese Weise auch unseren Beleuchtungsmeister Peter Meister und seine Kollegen Peter Göhr, Peter Selbach und Eberhard Deutzer. Um die Garderobe der deutschen Darsteller kümmerte sich am Drehort Marcel Manoury, das Frisieren und Schminken der Darsteller übernahmen Klaus Friedrich und Ursula Funk. Unter ihrer Anleitung übernahmen einheimische Garderobieren und Maskenbildner die Betreuung der vietnamesischen Darstellerinnen und Darsteller mit unseren Materialien.

Die vietnamesischen Mitarbeiter waren gewohnt, sich in der größten Mittagshitze an einem schattigen Plätzchen zu einer ausführlichen Erholungspause zurückzuziehen. Das ist in vielen wärmeren Ländern vernünftigerweise üblich. Wir Mitteleuropäer aber nutzten die besten Lichtverhältnisse gern für Dreharbeiten. Dieser Unterschied erregte auf beiden Seiten zunächst Verwunderung. Wir arbeiteten nach kurzer Pause schnell weiter und nach einiger Zeit waren unsere vietnamesischen Kollegen, zwar leicht irritiert, auch wieder dabei. So verliefen die Dreharbeiten immer einverständlicher. Jörg Foth bewältigte mit allen Beteiligten hohe Drehpensen und verstand es, oft zähneknirschend, mit unerwarteten Schwierigkeiten umzugehen. So konnte die Drehzeit sogar neun Kalendertage vorfristig am 28. Mai 1987 beendet werden. Wir waren alle froh, erschöpft und wollten schnell nach Hause. Mit einem vorfristigen Flug am 3. Juni konnten schon die deutschen Schauspieler, Regisseur Foth und einige Stabmitglieder zurückreisen. Noch aber war das Unternehmen in Hanoi abzuwickeln, vom vietnamesischen Stab und den Darstellern Abschied zu nehmen, die Technik und das Material zu verladen, zu verzollen und die Abfertigung der Luft- und Schiffsfracht zu erledigen, waren die restlichen, nur wöchentlich möglichen Rückflüge und Transporte zu organisieren.

An meinem 42. Geburtstag überraschten mich vietnamesische Freunde und Kollegen mit einer kleinen Überraschungsparty und einem selbstgemalten Bild.

In Hanoi wurde in dieser Zeit ein vietnamesischer Film über einen Vorfall während der französischen Besatzungszeit im Jahr 1906 gedreht. Vietnamesische Freiheitskämpfer hatten versucht, als Signal für einen Aufstand eine Festveranstaltung des französischen Generalgouverneurs anlässlich des französischen Nationalfeiertages im Stadttheater von Hanoi (heute Nationaltheater) zu sabotieren und die Festgäste zu vergiften. Wir, die noch verbliebenen Mitglieder des DEFA-Stabes, wurden gebeten, an einem freien Wochenende – verkleidet als Angehörige der französischen Oberschicht – an dem Fest und besonders an der Vergiftungsszene mitzuwirken. In historischen französischen Kostümen, geschminkt und frisiert, sollten wir uns zum Ende des üppigen Festmahls in Vergiftungskrämpfen über Tische und Stühle winden. Alles sollte sehr dramatisch aussehen – und hat es wohl auch, wie mir später ein Filmvertreter Vietnams bei einem Festival in Moskau erzählte. Er hatte auch erkannt, dass ich die Episodenrolle »französischer Generalgouverneur« mit einem längeren Text (wurde vietnamesisch synchronisiert) übernommen hatte und hielt mich deshalb für einen Schauspieler. Ich konnte ihn aufklären. Für uns waren diese vietnamesischen Drehtage zum Abschluss noch ein großer Spaß, von dem immer wieder Fotos die Runde machen.

Mit der letzten Gruppe kehrte auch ich am 17. Juni 1987 zurück. Mit diesem Flug kamen für die Postproduktion auch der Regisseur Tran Vu, Produktionsleiter Tran Quang Chinh, die Schnittmeisterin Nguyen Thi Yen mit ihrer Assistentin, ein Tonmeister und als Dolmetscher Phi Tien Son für drei Monate nach Babelsberg. Für die Nachsynchronisation der vietnamesischen Sprachfassung kamen noch ein paar Schauspieler aus Hanoi dazu. Mit unserer Unterstützung sollten alle an der Endfertigung der gemeinsamen Bildfassung, der vietnamesischen Tonfassung und Titelgestaltung mitarbeiten. Auf eigenen Wunsch wohnten die vietnamesischen Kollegen im DEFA-Gästehaus am Studiogelände. Dort konnten sie miteinander leben, für sich heimatlich kochen und sie hatten kurze Wege zum Schneideraum, zu den Tonstudios, Vorführungen und zum Produktionsbüro. Sie versuchten, wie in der Drehzeit gelernt, unsere langfristigen, detaillierten Planungen und die konzentrierte Arbeitsweise zu verstehen und mitzuvollziehen. Gern half ich ihnen dabei.

Unsere wunderbare Schnittmeisterin Lotti Mehnert hatte uns in Hanoi als Kurierin mit vorsortierten Mustern besucht. Sie gewann einen Eindruck von den Dreharbeiten und steuerte später geschickt Ablauf und Zusammenarbeit in der Postproduktion. In Abstimmung mit Jörg Foth montierte sie das vorhandene Material und in Abstimmung mit mir organisierte sie die weiteren Arbeitsschritte und half auch, die vietnamesische Sprachfassung herzustellen. Die Postproduktion verlief bis auf einige Unterbrechungen durch Zusatzwünsche des vietnamesischen Studiodirektors weitgehend planmäßig. Die Zusatzwünsche waren für uns, wie die anfänglichen Buchdiskussionen, oft nicht nachvollziehbar sowie teilweise technologisch und technisch nicht zu realisieren.

Am 24. Juli 1987 fand eine Rohschnitt-Vorführung in Babelsberg statt. Mit einigen Empfehlungen gaben dabei die Studiodirektoren Hai Ninh und Mäde die Weiterarbeit frei. Die endgültige gemeinsame Abnahme und Übergabe der verabredeten Materialien erfolgte gestaffelt im Dezember 1987 und Januar 1988.

Mit Sons Hilfe organisierten die vietnamesischen Gäste ihre Freizeit, unternahmen Ausflüge und pflegten Kontakte zu Freunden, die als Studenten oder Vertragsarbeiter in der DDR lebten. Sie erhielten den Ausländersatz an Spesen in DDR-Mark, konnten damit gut leben und vor allem noch sparen, um Geschenke mit nach Hause zu bringen. Das war ihnen wichtig, wie ich inzwischen wusste. Bei der Organisation der Verzollung und dem Transport dieser Mitbringsel nach Hanoi war ich dann auch behilflich.

Zur Berliner Premiere am 14. April 1988 hatte Mäde im Februar den vietnamesischen Studiodirektor Hai Ninh, den Regisseur Tran Vu und zwei Schauspieler mit Übernahme der Flug- und Aufenthaltskosten eingeladen. Es kam keine Reaktion. Auf telefonische und telegrafische Nachfragen wurde nur ausweichend auf später verwiesen. Als Antwort erreichte uns am 13. April per Telegramm von Hai Ninh die Nachricht: »Für die Filmpremiere am 14. April 1988 in Berlin wünsche ich viel Erfolg. Wir freuen uns, Ihnen mitteilen zu dürfen, dass der Film DSCHUNGELZEIT zur Eröffnung des nationalen vietnamesischen Filmfestivals in der Stadt Da Nang gezeigt wurde. Dieser Film ist ein guter Beitrag für die zukünftige Zusammenarbeit und feste Freundschaft zwischen den Filmschaffenden und Völkern unserer zwei Länder. Es tut uns wirklich sehr leid, dass wir nicht zur Filmpremiere kommen können …«

Jahre später erreichte mich der – natürlich inoffizielle, aber für mich vertrauenswürdige – Hinweis, dass man in Hanoi mit einer bezahlten Einladung zur Berliner Premiere für eine große vietnamesische Delegation mit vielen Funktionären gerechnet hatte. Offenbar war mit dieser Aussicht die Unterstützung wichtiger Leute in Hanoi erlangt worden. Nun konnte diese Erwartung nicht eingelöst werden. Man kam nun lieber gar nicht, um in Hanoi nicht Neid und Unwillen zu erzeugen. Auch ich habe nicht an der Berliner Premiere teilnehmen können. Inzwischen war ich für ein nächstes Filmvorhaben unterwegs. So endete dieses so ambitioniert begonnene Projekt.

Zwischenschnitt | Die Legende General Vo Nguyen Giap

In der Beschäftigung mit dem Vietnam-Projekt habe ich immer nach Möglichkeiten gesucht, einiges über die Geschichte und historische Persönlichkeiten des Landes zu erfahren. Ich wusste, dass es vom subtropischen Norden bis zum tropischen Süden knapp 1.900 Kilometer lang und in der Mitte an der schmalsten Stelle vom südchinesischen Meer bis zur laotischen Grenze im Gebirge nur circa 40 Kilometer breit ist. Wie auch auf Kuba war besonders im Sommer mit regelmäßigen Regenzeiten zu rechnen. Damals stand uns noch kein Internet für genaue Recherchen zur Verfügung.

Bei einem Rückflug von Hanoi nach Berlin sah ich einen jungen Mann in Peter Scholl-Latours Schrift »Tod im Reisfeld«[111] blättern. Ich hatte davon gehört und war neugierig. Wir unterhielten uns einige Zeit und dann wechselte das Buch den Besitzer. Es trägt den Stempel der Bibliothek des »Spiegels«. In einem anderen Buch bezeichnet Scholl-Latour Vo Nguyen Giap, Mitstreiter von Ho Chi Minh, wegen seiner militärischen Fähigkeiten als »asiatischen Napoleon«[112]. General Giap, eigentlich Lehrer für Geschichte und Geografie, hatte in China mit Unterstützung des OSS[113] die Viet Minh zum Kampf gegen die japanische Besatzung aufgebaut, sich aber nach 1945, als die USA die zurückkehrenden französischen Kolonialherren zu unterstützen begannen, deutlich und endgültig von ihnen distanziert. Er war von 1945 bis 1982 Verteidigungsminister, Politbüromitglied und Oberbefehlshaber der vietnamesischen Volksarmee. Er hatte die Befreiungskriege Vietnams gegen Frankreich und die USA geführt. Militärhistoriker bewundern noch heute seine Guerillataktik. 1911 geboren und 2013 gestorben, war er 1987 – während unseres Aufenthaltes in Vietnam – eigentlich schon im Ruhestand, aber bereits eine lebende Legende.

An einem freien Sonntag während der Drehzeit lud mich ein vietnamesischer Kollege ein, mit ihm einen berühmten Meister der Seidenmalerei in dessen Atelier zu besuchen. Bei einer Tasse Tee konnte ich schöne Seidenmalereien bewundern. Ein solches Bild mit den Felsen in der Bucht von Halong konnte ich kaufen, und ich sehe es, wenn ich zu Hause durch die Wohnung gehe. Stolz zeigte der Maler auch Fotografien von seinen internationalen Ausstellungen und Fotos von einem Besuch einiger Politbüro-Mitglieder kürzlich in seinem Atelier. Dabei erklärte er genau, wer darauf zu sehen sei. Eine Großaufnahme von Vo Nguyen Giap interessierte mich besonders, auch wegen meiner neu angelesenen Erkenntnisse.

---

111 Peter Scholl-Latour: Der Tod im Reisfeld. Dreißig Jahre Krieg in Indochina. Stuttgart: Deutsche Verlags-Anstalt 1980.

112 Peter Scholl-Latour: Mein Leben. München: Penguin Verlag 2017, S. 213.

113 OSS (Office of Strategic Services; dt.: Amt für strategische Dienste): bis 1945 militärischer Geheimdienst der USA, Vorläufer der CIA.

Einige Tage später war ein Teil unseres Hotelrestaurants mit großen Vorhängen abgetrennt. Dahinter bemerkte ich um einen langen Tisch herum eine Gruppe von etwa 25 vietnamesischen Männern. Einige trugen leichte unauffällige Militär-Blousons. Es schien sich um ein Arbeitsessen von lokalen Größen zu handeln. Bei einem Gesicht stutzte ich. Ein unscheinbarer älterer Mann hatte vier kleine goldene Sternchen auf den roten Kragenspiegeln seines Blousons. Alle schienen ihn ehrfürchtig zu behandeln und gingen, wie sich herausstellte, davon aus, dass wir ihren Nationalhelden nicht erkennen würden. Als ich vorsichtshalber einen Englisch sprechenden Kellner fragte, ob an dem Tisch General Giap sitze, erhielt ich ein knappes »Yes, that's Vo Nguyen Giap«. Schnell holte ich meine Fotokamera, drückte sie unserem Fotografen Michael Jüttersonke in die Hand und beauftragte unsere Dolmetscherin, an den Tisch zu gehen und zu fragen, ob ich Vo Nguyen Giap begrüßen könne.

Als sie hinter den Vorhang trat und dort meine Frage vortrug, wimmelte es innerhalb weniger Sekunden im Speisesaal von zivil und militärisch gekleidetem Sicherheitspersonal. Alle Ein- und Ausgänge und die Gruppe am Tisch wurden gesichert. Wir verhielten uns ruhig und warteten ab. Die Dolmetscherin hatte inzwischen begriffen, zu wem ich sie geschickt hatte. Aufgeregt kam sie zurück und berichtete, wir sollten warten und bekämen Bescheid. Nach dem Essen erhob sich die Gruppe und ging zu einem abschließenden Tee in einen separaten Raum. Jetzt wurde ich mit Dolmetscherin und Fotografen ebenfalls dort hineingebeten. Wir wurden höflich und freundlich empfangen. Die Gruppe war offenbar darüber informiert worden, mit wem sie den Speisesaal teilte und was wir machten. Nur dass ich Vo Nguyen Giap erkennen würde, sorgte für Überraschung. Er gab mir die Hand, umarmte mich mit Bruderkuss und wollte wissen, ob wir mit unserer Arbeit vorankämen und ob Hilfe nötig sei. Ich dachte nicht daran, ihm unsere Probleme zu schildern und lobte die Gastfreundschaft. Darauf erzählte er, dass er oft in der DDR gewesen sei, mich da aber nie gesehen hätte. Nicht sicher, ob dies ein Scherz sein sollte, bedauerte auch ich lächelnd, dass wir uns erst heute sehen würden. Nach ein paar Fotos verabschiedeten wir uns mit freundlichen Wünschen.

Etwa zehn Jahre nach dem Ende des Vietnamkrieges hatten wir begonnen, unser Spielfilmprojekt in Hanoi vorzubereiten. Die filmpolitischen Erwartungen und Lebensverhältnisse beider Seiten waren sehr unterschiedlich. Wir wussten zu wenig voneinander. Seitdem sind über dreißig Jahre vergangen.

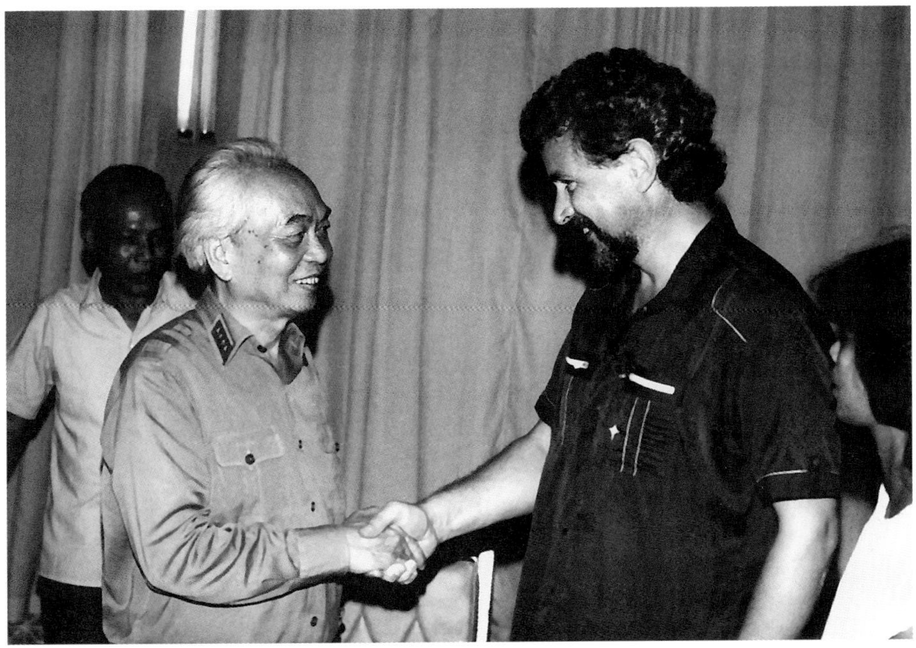

Vo Nguyen Giap begrüßt Hans-Erich Busch im Rahmen der Dreharbeiten bei DSCHUNGELZEIT (1987, Jörg Foth / Tran Vu)

Vietnam hat sich verändert, wir und unsere Sicht auf diese Zeit auch. Trotz großer Bemühungen wurde der erste gemeinsame Spielfilm weder für Vietnam noch für uns zu einem Kinoerfolg. Die Zeit, das Land und viele Freunde haben wir aber nicht vergessen. Für alle daran beteiligten Kolleginnen und Kollegen bleibt dieses Eintauchen in die Realitäten Vietnams Mitte der 1980er-Jahre ein besonderes Erlebnis. Bis heute wird in vielen Varianten davon erzählt. Ich war sieben Mal und insgesamt zehn Monate in Vietnam und hatte Gelegenheit, einiges mehr von der Welt zu erleben und zu verstehen. Die praktische Weltanschauung hat gegenüber einer nur theoretischen viele Vorteile.

»Das Gemeindekind« (1987)

Der gleichnamige Roman von Marie von Ebner-Eschenbach erschien 1887 in Wien. Psychologisch einfühlsam und gesellschaftskritisch genau werden das Schicksal und der Weg eines Waisenjungen erzählt, der in einem mährischen Dorf in wechselnden Zeiten um Leben und Anerkennung kämpft. Für dieses historische Filmvorhaben wollten wir in einem schneesicheren Teil des Thüringer Waldes ein kleines Filmdorf entstehen lassen, um in natürlichem Schnee das Leben in den wechselnden Jahreszeiten des 19. Jahrhunderts nachempfinden zu können. Einige filmische Entscheidungen waren für das Drehbuch, die Drehorte und die Besetzung langfristig und sorgfältig vorzubereiten. 1987 arbeiteten wir, der Regisseur Egon Schlegel, die Dramaturgin Tamara Trampe, der Kameramann Claus (Paule) Neumann, Szenenbildner Lothar Kuhn und ich, einige Wochen daran. Wir unternahmen Rechercheresisen in den Thüringer Wald und nach Sofia. Leider erkrankte Egon und konnte nicht weiterarbeiten. Das hoffnungsvoll begonnene Projekt wurde zunächst verschoben und später leider endgültig abgesagt. Schade!

Grüne Hochzeit (1988)

Regie: Herrmann Zschoche | Premiere: 29. Januar 1989

1988 konnte ich wieder mit der Produktion eines Gegenwartsfilms beginnen. Regisseur war Herrmann Zschoche, Gabriele Herzog die Dramaturgin. Das Szenarium hatte wieder Christa Kożik geschrieben. Ein schöner, kluger Film konnte entstehen. Erzählt wird die Geschichte eines jungen Paares in der Lebenswirklichkeit der 1980er-Jahre der DDR: Robert (18) und Susanne (17) lieben sich und heiraten, weil Susanne schwanger ist. Sie bekommen eine kleine heruntergekommene Ausbauwohnung, die sie mit Freunden herrichten. Ihr Zwillingspärchen nennen sie Romeo und Julia. Das Hochgefühl der jungen Liebenden hält den Schwierigkeiten des Alltags aber nicht lange stand. Robert arbeitet am Tag, nachts fährt er mit dem Trabbi, dem Hochzeitgeschenk der Eltern, schwarz Taxi, um mehr Geld zu verdienen. Susanne hat den Haushalt und die Zwillinge. Wenn Robert müde nach Hause kommt, läuft Susanne noch in Kittelschürze und Lockenwicklern herum oder sitzt vor dem Fernseher. Sie ist wütend, dass er sich zu Hause um nichts kümmert und selbst für die Liebe meist zu müde ist. Das Geld reicht nie, die Stimmung sinkt auf den Nullpunkt. Robert zieht zu dem attraktiven Mannequin Jeanine. Susanne lässt den hilfreichen Kumpel Paul bei sich wohnen. Mit den neuen Partnern

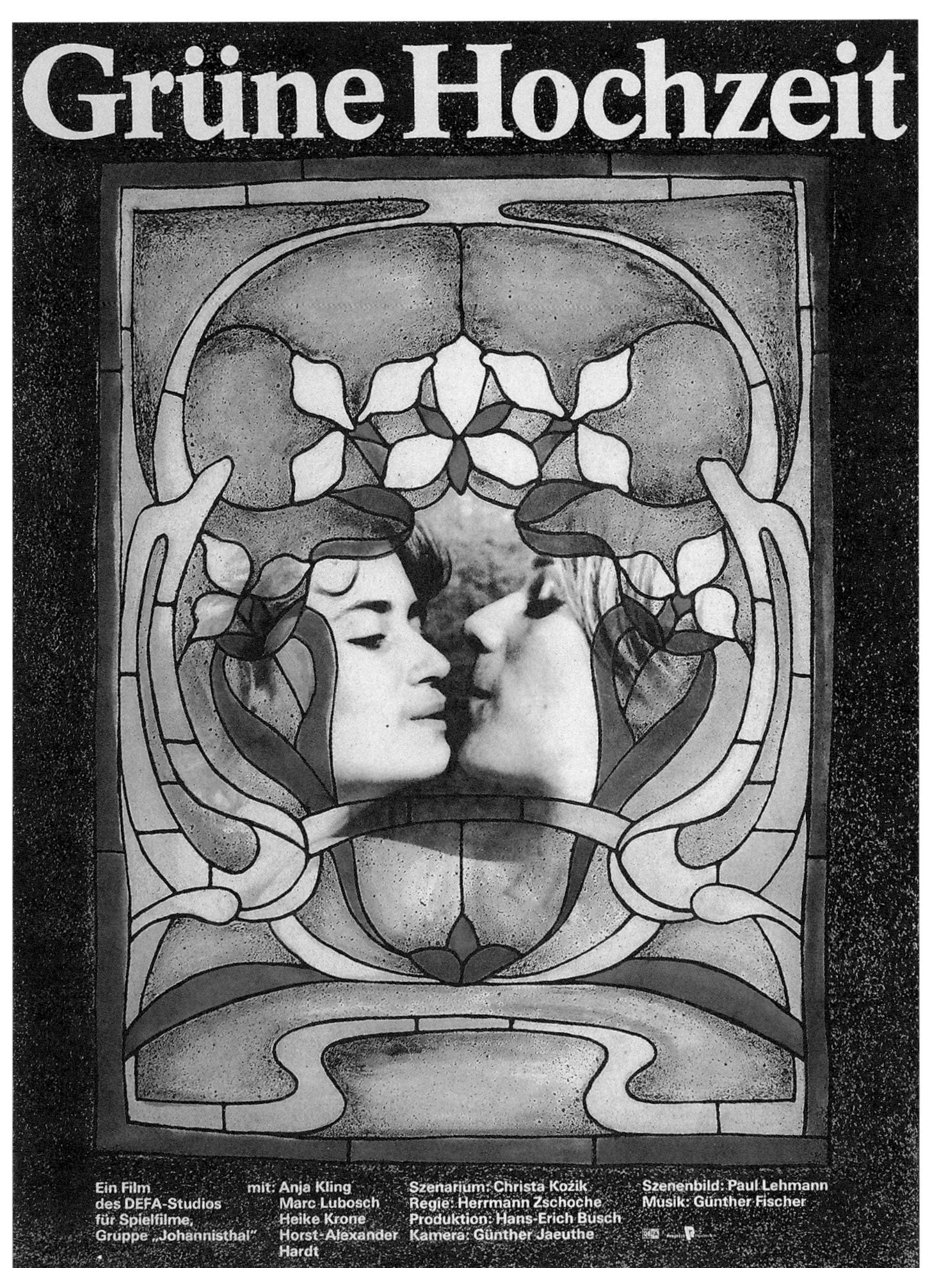
Grüne Hochzeit
Ein Film
des DEFA-Studios
für Spielfilme,
Gruppe „Johannisthal"
mit: Anja Kling
Marc Lubosch
Heike Krone
Horst-Alexander Hardt
Szenarium: Christa Kozik
Regie: Herrmann Zschoche
Produktion: Hans-Erich Busch
Kamera: Günther Jaeuthe
Szenenbild: Paul Lehmann
Musik: Günther Fischer

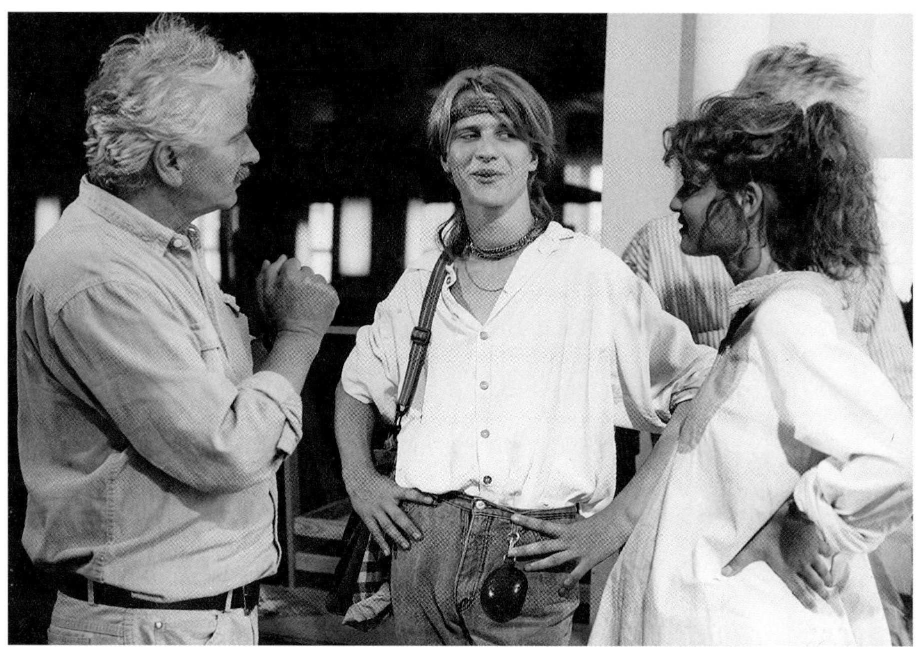

Regisseur Herrmann Zschoche (links), Marc Lubosch und Anja Kling bei der Arbeit am Gegenwartsfilm GRÜNE HOCHZEIT (1988)

geht es auch nicht gut. Zwischen Susanne und Robert ist immer noch Liebe und Hoffnung auf einen neuen Anfang.

Für die beiden Hauptrollen fanden wir zwei jugendliche Laiendarsteller, beide waren noch Schüler bzw. in Ausbildung. So machte es einige Mühe, sie für eine längere Zeit für die Dreharbeiten freistellen zu lassen. Für Anja Kling war die Rolle der »Susanne« ihre erste große Filmaufgabe. Ihr Vater, Ulrich Kling, war damals Produktionsleiter im DEFA-Studio für Dokumentarfilme und ihre Schwester, Gerit Kling, schon Schauspielerin, die auch hier eine kleine Rolle übernahm. Anja erzählte gern, dass sie eigentlich nicht Schauspielerin werden wolle. Heute ist sie in diesem Beruf sehr erfolgreich und mehrfach ausgezeichnet. Unter Herrmann Zschoches Regie bewältigte sie überzeugend emotional schwierige Szenen, wie die Entbindung, den Umgang mit den zwei Babys und vieles mehr. Marc Lubosch hatte schon in mehreren Filmen, darunter DAS EISMEER RUFT (1983, Jörg Foth) und GRITTA VON RATTENZUHAUSBEIUNS (1984, Jürgen Brauer), größere Rollen übernommen. Seine Mutter, die bekannte Schauspielerin Ute Lubosch, spielte hier Roberts Mutter. Ursula Werner, Achim Wolff, Heike Krone, Horst-Alexander Hardt, Christel Bodenstein, Heide Kipp, Martin Seifert und andere übernahmen weitere Rollen. Günter Jaeuthe als Kameramann sowie die Schnittmeisterin Monika Schindler waren wieder dabei. Die Filmmusik komponierte Günther Fischer.

Um in der Dekoration »Ausbauwohnung von Susanne und Robert« Innen-Außen-Bezüge authentisch gestalten zu können, wollte unser Szenenbildner Paul Lehmann einen Atelierbau vermeiden und suchte nach einer Altbauwohnung. Schließlich setzten wir die Filmwohnung aus einem Treppenhaus, einem Balkon mit Friedhofsblick und einer Babelsberger Altbauwohnung zusammen. Mit Geld und guten Worten überredeten wir die Mieterin, uns ihre Wohnung für einige Zeit zu überlassen. Wir brachten sie so lange in einem teuren Hotel unter und lagerten ihre Möbel ein. Mit seinen Mitarbeitern gelang es Szenenbildner Paul Lehmann, die Wohnung für den Film einzurichten, und wir konnten mit einigen Umbaupausen, die wir für andere Szenen nutzten, kontinuierlich drehen. Danach wurde der Ursprungszustand wiederhergestellt und die Wohnung renoviert der erfreuten Mieterin zurückgegeben. Spätere Filmstäbe hätten dort bedenkenlos wieder anklopfen können.

Natürlich störten unser »Auf und Ab« im Treppenhaus und auch unsere Bitten um Ruhe während der Drehzeiten die Hausbewohnerinnen und -bewohner. Wenn hier und in einigen gegenüberliegenden Wohnungen Filmlampen aufgestellt wurden, konnten wir mit einer kleinen finanziellen Entschädigung freundliches Verständnis bewirken. Gleichzeitig benötigten wir an allen Außendrehorten Parkplätze, Arbeitsräume für Garderobe und Maskenbild, Unterstellmöglichkeiten für Technik und Requisiten, Aufenthaltsräume für Darstellerinnen, Darsteller und den Drehstab.

Was in einem Studiogelände immer dazugehörte, musste für einen Originaldrehort extra organisiert werden. Für die Babys, die betreuenden Mütter und Begleiterinnen stand ein gesonderter Raum zur Verfügung. Für die Szenen mit den Babys und den jungen Eltern war es wichtig, einerseits eine besonders entspannte Arbeitsatmosphäre zu schaffen und andererseits durch zügiges Arbeiten die zeitlich knapp und streng limitierten Aufenthaltszeiten der Babys am Drehort einzuhalten. Um für ein effektives Funktionieren dieses kleinen, manchmal komplizierten Betriebes sorgen zu können, mussten wir gelegentlich bürokratische Regelungen kreativ interpretieren. Ich ging davon aus, dass ein solches Verhalten von uns Produktionsleitern – maßvoll und unauffällig – erwartet wurde. Auch die Aufnahmeleiter Rüdiger Lieberenz und Bernd Hunold waren gut darin.

Bei der Abnahme des Films gab es einige Probleme, unter anderem wegen der Gestaltung des Polizisten und wegen der Hochzeitsrede von Roberts Vater. Nach längeren Diskussionen, einem kurzen Nachdreh und einigen Schnitten wurde der Film dann abgenommen. Ich bin froh, an dieser aufrichtigen und gelungenen Arbeit beteiligt gewesen zu sein.

Die Tänzerin (1988/89)

Japan / BRD | Regie: Masahiro Shinoda | Premiere: 1989 (Japan, Tokio)

Der Westberliner Filmproduzent Manfred Durniok hatte einige Zeit an der Harvard University in Boston studiert und galt als Kenner der Filmproduktionsszene im Fernen Osten. Er verbrachte viele Jahre regelmäßig in China, Japan, Hong Kong und Singapur. Besonders pflegte er seit langer Zeit Kontakte nach Japan und über die Hauptverwaltung Film des DDR-Kulturministeriums auch zum DEFA-Studio für Spielfilme in Babelsberg.

Nach früheren Motivbesichtigungen in Ostberlin mit dem in Japan verehrten Regisseur Masahiro Shinoda beschlossen die Tokioter Filmproduktionsfirma Herald Ace Inc. und Manfred Durniok, gemeinsam einen historischen Spielfilm herzustellen, nach der in Japan bekannten Erzählung »Die Tänzerin« von Mori Ōgai. Ich bekam den Auftrag, unsere Dienstleistungen und die Dreharbeiten in Berlin und Babelsberg zu organisieren. Zum ersten Mal hatte ich mit einem Projekt für Devisen zu tun.

Auf den Dienstleistungsvertrag mit Durniok hatte ich keinen Einfluss. Das erledigte der DEFA-Außenhandel unabhängig vom Studio. Neue Erkenntnisse über »marktwirtschaftliche« Praktiken bekam ich im Laufe der Arbeit durch die Einsicht in Durnioks Vertrags- und Finanzierungsunterlagen, seine Verträge mit dem DEFA-Außenhandel und seinen Umgang mit westdeutschen Förderregularien. Erstaunt war ich, wie hoch wir, die DEFA-Mitarbeiter, in Durnioks »Westkalkulation« angesetzt waren und wie niedrig unser DEFA-Gehalt, durch den Wechselkurs von 1 : 4 und Sonderrabatte weiter reduziert, in der Rechnung des DEFA-Außenhandels auftauchte. Inzwischen kannte ich die Tarife im Filmgeschäft in der BRD und wusste: Kein westdeutscher Produktionsleiter hätte dafür gearbeitet. Wir DEFA-Leute erhielten weiterhin unser normales Gehalt. Mein Monatsgehalt entsprach 1 : 1 gerechnet der Wochengage eines Westberliner Kollegen. Unser Vorteil bei solchen Projekten bestand darin, ein bisschen mehr von der Welt sehen und erleben zu können. Neugierig auf fremde Arbeits- und Lebenswelten war ich immer. Manchmal konnte man dabei noch etwas lernen.

Um die praktische Organisation der Dreharbeiten in Westberlin und die Zusammenarbeit mit uns kümmerten sich der Dramaturg Dr. Michael Kerwer und der Produktionsleiter Rainer Schulte. Beide erleichterten das Zusammenwirken aller Beteiligten engagiert und kenntnisreich. Einige Sequenzen wurden in Westberlin und in Tokio gedreht, etwa 80 Prozent des Films entstanden mit Dienstleistungen des Spielfilmstudios in Babelsberger Atelierbauten, in Ostberlin und im Saarmunder Umland. Myriam Ulbrich, auch eine Absolventin der Fachrichtung Filmproduktion der Babelsberger Filmhochschule, war als disponierende 1. Aufnahmeleiterin für die organisatorischen Arbeitsabläufe eine wichtige Mitarbeiterin. Kameramann war der bekannte Westberliner Jürgen Jürges. Der Drehstab war aus japanischen und Filmleuten aus Westberlin, Ostberlin und Babelsberg zusammengesetzt. Die Postproduktion fand ohne uns in Westberlin und Tokio statt.

Außer einer kurzen Rahmenhandlung in der Gegenwart spielt der Film um 1885 in Berlin: Ein junger japanischer Militärarzt studiert drei Jahre medizinische Hygiene bei Robert Koch. Er lernt eine Tänzerin eines kleinen Tingeltangel-Theaters kennen. Beide verlieben sich. Er, ein Samurai-Nachkomme, muss nach dem Studium zurück nach Japan und sich von der Geliebten trennen. »Romeo und Julia« auf Deutsch-Japanisch.

Hauptdarsteller war der in Japan vor allem als Hip-Hop-Star sehr bekannte Hiromi Go. Bei der Besetzung der weiblichen Hauptrolle bestand die japanische Seite darauf, nicht mit einer »europäischen blonden Schönheit« den Glanz von Hiromi Go zu beeinträchtigen. Die Darstellerin sollte eine gute Schauspielerin, aber kleiner, optisch unauffälliger und wie ihr Partner dunkelhaarig sein. Schließlich konnten wir die Rolle der jungen Berliner Tänzerin mit Lisa Wolf besetzen. Weitere deutsche Mitwirkende aus Ost und West waren Brigitte Grothum, Mareike Carrière, Christoph Eichhorn, Irma Münch, Hans-Uwe Bauer und Rolf Hoppe als Robert Koch.

Die japanischen Kollegen wohnten in Westberlin. Mit den DDR-Grenzorganen am Kontrollpunkt Drewitz konnten wir verabreden, dass die japanischen und die Westberliner Mitarbeiter beim Passieren der Grenze in Babelsberg und Ostberlin das Codewort »Busch-Produktion« nennen konnten, um ungehindert durchfahren zu können. So wurden für Devisen 1988 schon einfache Lösungen möglich. Der Szenenbildner Harry Leupold, die Assistenzregisseurin Evelyn Schmidt und ich erhielten für die Dauer der Zusammenarbeit ein begrenztes Visum, um in Westberlin an Arbeitsgesprächen, Motivbesichtigungen, Dreharbeiten oder Mustervorführungen teilnehmen zu können. Zu diesen Treffen fuhr ich vom Babelsberger Autobahn-Rastplatz mit einem BVB-Bus[114] über den Grenzkontrollpunkt Drewitz zum Bahnhof Wannsee und weiter mit der

S-Bahn. Evelyn und Harry kamen vom »Tränenpalast«, dem Grenzübergang an der Ostberliner Friedrichstraße mit der S-Bahn dazu. Allerdings durften *wir* das Codewort für den erleichterten Grenzübergang nicht nutzen. Mit den üblichen Pass- und Zollkontrollen kamen wir aber rein und raus. Harry Leupolds Sohn war von einer früheren Westreise nicht zurückgekehrt und lebte in Westberlin. Beide hatten sich längere Zeit nicht sehen und sprechen können. Harry litt darunter. Nebenbei gab ich ihm zu verstehen, dass ich an seiner Stelle die Gelegenheit zu einem Treffen nutzen würde und versicherte ihm, bei Nachfragen seine Abwesenheit mit einem Arbeitsauftrag zu erklären. Erleichtert traf er so einige Male seinen Sohn.

In der Vorbereitungszeit nutzte ich freie Abende in Westberlin, um mir dort besondere Filme anzusehen, stöberte in Buchläden, ließ mich auf ein Bier oder ein thailändisches Abendessen einladen. Ich musste nur immer bis Mitternacht wieder im Osten sein – obwohl Babelsberg bekanntlich geografisch südwestlich an Westberlin anschließt. Mit einem Besuch der Potsdamer Sehenswürdigkeiten und einer Gegeneinladung ins sowjetische »Haus der Offiziere« konnte ich mich gelegentlich revanchieren. Das damals öffentliche Restaurant in der Hegelallee in der Innenstadt Potsdams war etwas Besonderes. Man musste allerdings russische Speisen mögen und es war von Vorteil, mit den russischen Speisekarten umgehen zu können und mit den Kellnerinnen Russisch zu reden. Da konnte ich helfen.

Die Zusammenarbeit beim Drehen war von gegenseitigem Respekt und zunehmendem Vertrauen geprägt. Mit Shinoda-san oder seinem Assistenten Koibuchi-san habe ich mehrfach ohne den interpretierenden Einfluss von Dolmetschern auf Englisch und unter vier Augen wichtige Verabredungen treffen können. Realisierungswünsche und -möglichkeiten wurden diskutiert und erwogen. Die Entscheidungen konnten dann auch gemeinsam vertreten werden.

Einige Male musste ich arbeitsrechtlich problematische Beschäftigungszeiten durchsetzen, da in der DDR strenge Begrenzungen für die täglich zu leistende Arbeitszeit galten. Im Westen kam es nicht selten pro Drehtag zu sehr langen Arbeitszeiten. Das war auch dort ungesetzlich und nicht durch Tarifverträge gedeckt, aber das hat kaum jemanden interessiert, wenn die vielen Überstunden nur gut genug bezahlt wurden. Alle unsere fest angestellten Mitarbeiterinnen und Mitarbeiter kannten unsere Arbeitszeitregelungen. Ich musste für Ausnahmen die Zustimmung der Vertrauensleute des

---

114 BVB (Berliner Verkehrsbetriebe): Verkehrsunternehmen im öffentlichen Personennahverkehr in Ostberlin.

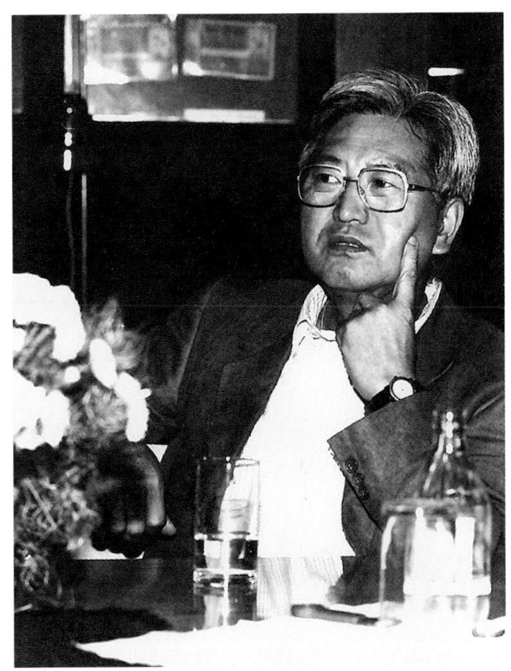

Der Regisseur Masahiro Shinoda 1988 beim Abschlussfest für seinen Film DIE TÄNZERIN in der Babelsberger »Blankschramme«

Drehstabes erwirken, das begeisterte die japanischen Regieassistenten. Andere wunderten sich, denn diese Form der Mitbestimmung an der Basis gab es im Westen nicht. Später in der Zusammenarbeit mit französischen und amerikanischen Produzenten lernte ich noch strengere Arbeitszeitbegrenzungen und den Einfluss der Filmgewerkschaften auf die Zusammensetzung der Drehstäbe kennen.

Jürgen Jürges wollte besonders für die Lichtgestaltung in den Atelierdekorationen Dinolights einsetzen. Diese kleinen hochwertigen Effektleuchten waren neu und auch Jahre später nicht überall und jederzeit zu haben. Die Beleuchtungsabteilung des Spielfilmstudios verfügte damals noch nicht über diesen Lampentyp, somit auch ich nicht. Manfred Durniok wollte sie im Westen nicht beschaffen, wohl aus Kostengründen. Jürgen Jürges konnte fünf davon irgendwie entleihen und brachte sie mit. Sein Engagement für die Zusammenarbeit fand ich bewundernswert.

Der Verlauf der Dreharbeiten und die Filmmuster ließen das Entstehen eines interessanten Films erwarten. Diese Arbeit war für uns alle eine gute Erfahrung, auch wenn einzelne ihre Vorurteile bestätigt fanden und viele über unsere Vielseitigkeit staunten. Zum Ende der Dreharbeiten fanden wir uns zu einem kleinen Abschlussfest im damaligen Babelsberger Filmlokal »Blankschramme« zusammen. Nach freundlichen Dankesreden und Umarmungen nahm mich der japanische Produzent Masato Hara beiseite und lud mich als Dank für meine Arbeit zu einem Besuch nach Tokio ein. Schmunzelnd habe ich gedankt und ihm vorsichtig erklärt, dass mir eine solche Reise wohl kaum gestattet würde.

Jürgen Jürges überraschte mich, als er lächelnd erklärte, zu Beginn der Arbeit sei nicht der berühmte Regisseur aus dem fernen Japan, sondern ich, der Nachbar von der anderen Seite der Mauer, der größere Exot gewesen. Wir haben uns freundschaftlich umarmt, nicht wissend, dass uns ein Jahr später das »große Andersrum« (genannt »Wende«) überraschen würde und es für uns Filmleute immer weniger Exoten geben würde.

Über die Grenzen (1989)

Regie: Rainer Ackermann | Premiere: 7. Mai 1990

Die Internationale Friedensfahrt war bis zum politischen Umbruch Ende 1989 das größte mitteleuropäische Amateurradrennen. Der Amateurstatus vieler Fahrer darf heute zu Recht bezweifelt werden. In drei Wochen und gewöhnlich 15 Tagesetappen ging es, in der Reihenfolge jährlich wechselnd, 1.500 bis knapp 2.000 Kilometer durch die DDR, Polen und die Tschechoslowakei. An einer Friedensfahrt nahmen gewöhnlich um 120 bis 130 Rennfahrer in Mannschaften zu je fünf bis sechs Fahrer teil. Die Anzahl der Begleiter, Betreuer, Techniker und Journalisten hatten die Veranstalter zwar begrenzt, aber die Gesamtzahl des mobilen Trosses betrug mehrere Hundert. Mit der Versorgung und verkehrstechnischen Sicherung aller Etappen beschäftigten sich noch mal deutlich mehr lokale Kräfte und Helfer. Berlin, Prag und Warschau waren abwechselnd Start- oder Zielpunkt. Radrennfahrer aus bis zu 26 Ländern von Asien bis Amerika nahmen an den Radrennen teil.

Alles wurde stets ausführlich im Fernsehen übertragen. Viele Fahrer wurden zu Helden. Bekannt waren in der DDR lange Gustav-Adolf (Täve) Schur, Klaus und Uwe Ampler, Olaf Ludwig und andere. Mehrere Dokumentarfilme berichteten detailliert aus dem Umfeld der Fahrer. Nun sollte der erste DEFA-Spielfilm um dieses internationale Radrennen entstehen. Rainer Ackermann hatte als Dokumentarist an mehreren »Friedensfahrten« teilgenommen und wollte seine Erfahrungen in einer Filmgeschichte verarbeiten: Ein Dokumentarfilmteam versucht, während einer Friedensfahrt einen Film über zwei DDR-Teilnehmer, internationale Rennfahrer und einen französischen Journalisten zu drehen.

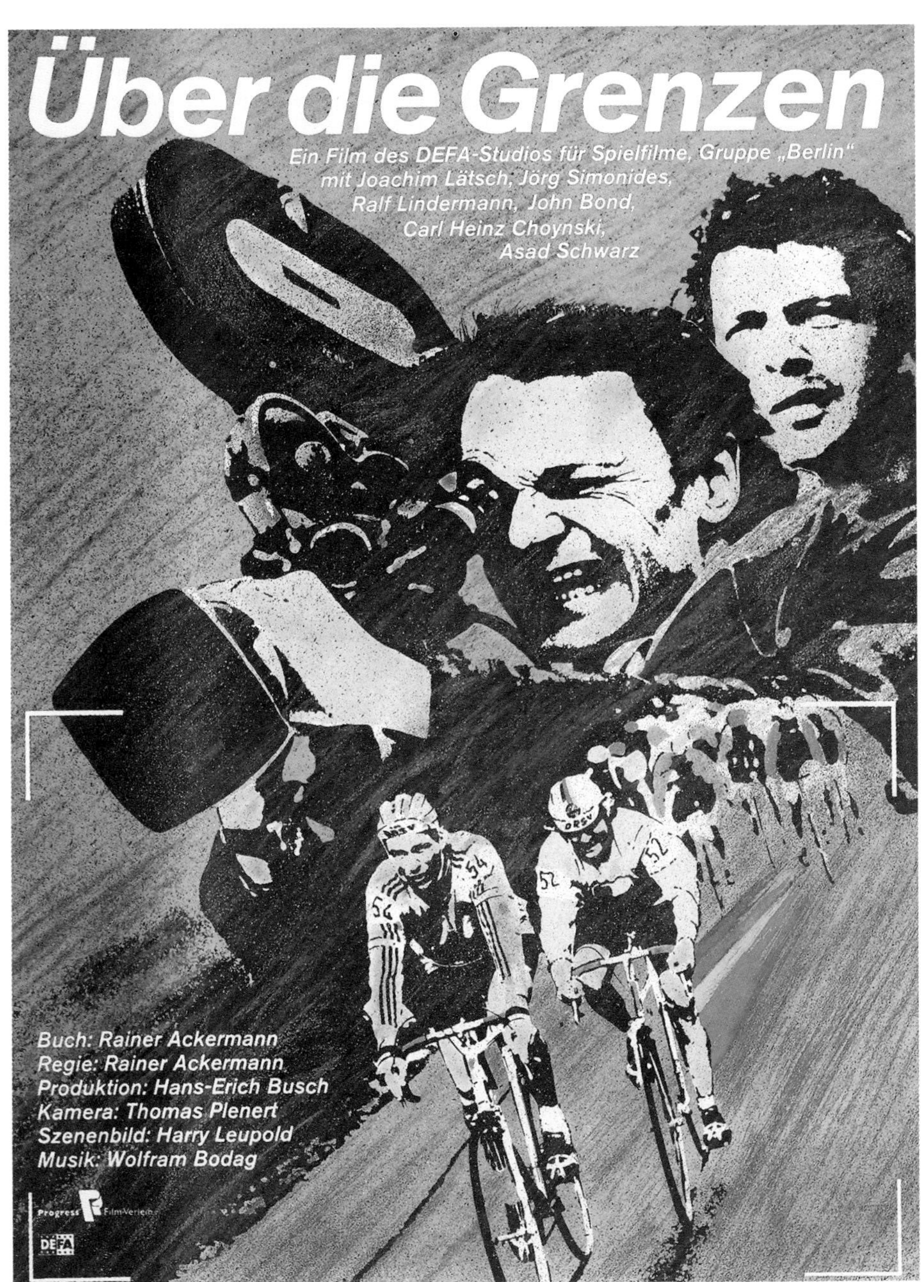
Über die Grenzen
Ein Film des DEFA-Studios für Spielfilme, Gruppe „Berlin“
mit Joachim Lätsch, Jörg Simonides,
Ralf Lindermann, John Bond,
Carl Heinz Choynski,
Asad Schwarz
Buch: Rainer Ackermann
Regie: Rainer Ackermann
Produktion: Hans-Erich Busch
Kamera: Thomas Plenert
Szenenbild: Harry Leupold
Musik: Wolfram Bodag
Progress Film-Verleih
DEFA

Ende 1988 wurde ich mit der Produktion dieses Vorhabens beauftragt. Zunächst wollte Rainer Ackermann nur das Drehbuch schreiben. Günter Reisch interessierte sich für die Filmidee. Aber sein Gesundheitszustand ließ die Teilnahme an dem absehbar anstrengenden Roadmovie nicht zu. Außerdem arbeitete er parallel an einer zweiten Filmgeschichte, die in Kuba spielte. Während meiner Kuba-Aufenthalte für Die Kolonie (1981, Horst E. Brandt) hatte ich auf Reischs Bitte dafür ein paar Recherchen angestellt. Er bat mich, in jedem Fall an seinem nächsten Film mitzuarbeiten. Leider kam es dazu nicht mehr. Bei verschiedenen Gelegenheiten trafen und umarmten wir uns. Sehr gefreut habe ich mich, als er überraschend zu meinem 50. Geburtstag in Babelsberg auftauchte und kräftig mitfeierte.

Den Spielfilm während eines Originalrennens nebenher zu drehen, verwarfen nun der Buchautor und Regisseur Rainer Ackermann und ich schnell. Wir hätten das Rennen behindert – und das Rennen uns. Auch wäre das organisatorisch und zeitlich nicht realisierbar gewesen. So mussten wir für größere Szenen selbst ein Rennfahrer-Peloton[115] zusammenstellen. Ackermann kannte eine Reihe ehemaliger Friedensfahrtteilnehmer persönlich und so gelang es, einige für die Mitarbeit zu gewinnen. Sie brachten auch ihre eigenen Rennräder mit und konnten bei Dreharbeiten in Polen, der ČSSR und in der Umgebung von Halle optisch den Kern eines Fahrerfeldes bilden. Dass diese Ehemaligen ihre eigenen Rennräder und einige ein zweites mitbrachten, verbesserte die Chance, das Fahrerfeld glaubwürdig darzustellen.

In der DDR wurden damals keine guten Rennräder produziert. Nur unsere Profi-Amateure besaßen aus Sonderkontingenten importierte Rennmaschinen. Es gab in der DDR aber einen Sportradhersteller. Wir überlegten, an diese Sporträder Rennlenker anzubauen, damit sportliche junge Männer auszustatten und so eine größere Rennfahrergruppe in weiten Landschaftstotalen oder für Schnittbilder von schnellen Vorbeifahrten erzeugen zu können. Aber diese Sporträder wurden ausschließlich für den Export produziert und waren damit auch für uns nicht zu erhalten. Am Tag nach dem Währungswechsel[116] zur D-Mark am 1. Juli 1990 stand eine Reihe dieser Räder in dem Fahrradladen, an dem ich täglich vorbeiging. Sofort kaufte ich mir ein solches Rad, und ich fahre damit gelegentlich heute noch gern durch Potsdam.

Ähnlich schwierig war es, internationale Trikots für das Fahrerfeld zu beschaffen. Solche Ausstattungsprobleme gefährdeten im letzten DDR-Jahr die-

115 Peloton (aus d. Französischen.: pelote = Knäuel): geschlossenes Feld, Hauptfeld im Straßenrennen.

116 Die Währungs-, Wirtschafts- und Sozialunion zwischen der BRD und der DDR trat am 1.7.1990 aufgrund eines Staatsvertrages in Kraft, der am 18.5.1990 unterzeichnet worden war.

ses Vorhaben und beschäftigten den um Authentizität bemühten Regisseur, den Szenenbildner Harry Leupold, die Requisiteure sowie den Kostümbildner Joachim Dittrich – und schließlich uns alle. Eigentlich hatte ich genug zu tun neben der Organisation der Arbeitsaufenthalte des kompletten Drehstabes und der Dreharbeiten in Polen und der Tschechoslowakei sowie mit den aufwendigen Verhandlungen und Abstimmungen für das Sperren eines offiziellen Grenzüberganges und das Drehen dort mit dem gesamten Film- und Rennfahrertross. Aber einmal mit beiden Seiten detailliert verhandelt und genehmigt, konnten wir uns auf die Organisation des Ablaufes verlassen. Für große Rennfahrerrollen bemühten wir uns, junge Schauspieler zu gewinnen, die sportlich noch etwas trainiert glaubwürdig Radrennfahrer darstellen konnten. Peter Wohlfeil und Ralf Lindermann übernahmen die Rollen der Fahrer Falck und Ritter.

Ein Zwischenfall sorgte während der Dreharbeiten kurz und heftig für Unruhe. An einem Drehtag in Polen erschienen Peter und Ralf morgens nicht zur disponierten Zeit in der Garderobe. Die Aufnahmeleiter nahmen an, sie hätten die Zeit verschlafen. Sie waren aber nicht im Hotel und nirgendwo zu finden. Am Abend zuvor hatten sie in der Nähe ein Bier trinken wollen und waren seitdem nicht mehr aufgetaucht. Wir alarmierten die betreuende polnische Produktionsleiterin, die eine Suche in umliegenden Krankenhäusern und bei der Polizei veranlasste. Parallel drehten wir kleinere Szenen ohne die beiden und hofften, sie schnell wieder bei uns zu haben. Der polnische 1. Aufnahmeleiter teilte mir nach einiger Zeit über eine Dolmetscherin mit, beide seien nachts – betrunken randalierend – von der Polizei aufgegriffen worden und säßen nun im Polizeigefängnis der nächsten Kreisstadt. Das schien mir nicht glaubwürdig. Ich kannte beide Schauspieler und konnte nicht hinnehmen, dass uns die Darsteller zweier großer Rollen abhandenkommen. So bestand ich energisch darauf, sofort mit dem Aufnahmeleiter und der Dolmetscherin zu der Polizeibehörde gebracht zu werden. Ich wollte beide sehen, mit ihnen sprechen, um dann entscheiden zu können, ob und wie wir weiterdrehen könnten.

Dort angekommen, wollte der Aufnahmeleiter mich beruhigen und zunächst allein mit den Polizisten sprechen. Mit meinem lauten Auftritt auf einem großen Korridor entstand in dem Amt Unruhe, und beide Schauspieler wurden mir vorgeführt. Ich bestand darauf, mit ihnen allein zu sprechen. Selten habe ich beruflich erlebt, dass Schauspieler sich so sehr freuten, mich wiederzusehen. Sie sahen bedauernswert aus. Sie waren spätabends, nach einem Kneipenbesuch an einer Bushaltestelle wartend, von einer Polizeistreife festgenommen worden. Da sprachlich eine Verständigung nicht möglich war, waren sie mit Gummiknüppeln in einen Polizeitransporter verladen worden und saßen nun schon mehrere Stunden alleingelassen und verängstigt in einer Gefängniszelle. Einige Spuren am Körper und im Gesicht mussten später weggeschminkt werden.

Weiterhin laut schimpfend bestand ich darauf, das Polizeigebäude nur mit den beiden verlassen zu wollen, und drohte, über das Konsulat in Wrocław eine Untersuchung anzustrengen. Mein Auftritt zeigte Wirkung, obwohl die Dolmetscherin nicht alles wortgetreu übersetzt hatte. Beide Schauspieler kamen frei und mit mir zurück zum Drehort und wir konnten wie geplant weiterdrehen. Den Versuch des polnischen Aufnahmeleiters, mich zu einer – vielleicht auch finanziellen – Entschuldigungsgeste gegenüber den Polizisten zu bewegen, habe ich empört abgelehnt. Unsere Darsteller waren verprügelt und eingesperrt worden. Eine Entschuldigung hätte ein Schuldeingeständnis bedeutet. Dafür bestand kein Grund. Die von mir geforderte Entschuldigung der Polizisten erhielten wir aber auch nicht.

Insgesamt hatten wir 36 große, mittlere und kleine Rollen mit Schauspielerinnen und Schauspielern und Laien zu besetzen. Joachim Lätsch, Jörg Simonides, Carl Heinz Choynski, Asad Schwarz waren die Darsteller der Dokumentarfilmer. Horst Hiemer, Wolfgang Winkler und Anja Kling übernahmen kleinere Rollen. Frühere Friedensfahrtteilnehmer wie zum Beispiel Detlef Macha (Double Lindermann), Gerald Mortag, Jan Schur, Uwe Adler, Holger Müller, Lutz Haueisen (Brasilianer), Michael Milde (als Kradfahrer) begleiteten, unterstützten und wirkten an den jeweils vorbereiteten Drehorten in Polen, der ČSSR, in der DDR und am Grenzübergang Görlitz mit. So nahm auch unser Tross mit dem Drehstab, den Unterstützern, Dolmetschern, dem Catering und der Technik erheblichen Umfang an. An mehreren Orten in den drei Ländern brauchten wir dadurch auch größere Hotelkapazitäten, Lagerräume und bewachte Parkplätze für Fahrzeuge und Technik. Mit Dienstleistungen der Filmstudios Zespół Filmowe in Łódź und Barrandov in Prag konnten wir in den Nachbarländern, bis auf kleinere Aufregungen, weitgehend problemlos drehen. Für den Drehort »Grenzübergang Görlitz« waren die Verhandlungen mit den Zoll- und Grenzschutzorganen zeitraubend und bürokratisch kompliziert. Aber damit konnten wir umgehen. Die Aufnahmeleiter Myriam Ulbrich, Bernd Hunold und zusätzlich Rolf Hanke und der Regieassistent Roland Helia organisierten versiert die vertraglich vorbereiteten Abläufe.

In der Vorbereitung war uns immer klarer geworden, die Atmosphäre dieses internationalen Rennens musste sich auch durch etwas Internationalität in der Besetzung unseres Films widerspiegeln. Rainer Ackermann kannte einige englische Rennfahrer und einen französischen Journalisten der Zeitung »L'Humanité«. René Bischoff, im Elsass aufgewachsen, sprach fließend Deutsch und war interessiert, mit uns zu arbeiten. Mit den Engländern war es nicht so einfach. Wir mussten mit ihnen reden können. Aber eine Recherchereise nach Großbritannien dafür genehmigt und finanziert zu bekommen, schien nach früheren Erfahrungen wenig aussichtsreich. Ich wollte es nach dem Motto »Unmögliches machen wir sofort« aber doch mal versuchen. Meinem Chef, dem damaligen Direktor für Produktion des Spielfilmstudios, Gert Golde, schilderte ich unser Bemühen um internationale Besetzung. Seine Reaktion war unerwartet aufmunternd. Ich solle einfach für Rainer Ackermann und mich eine solche Reise nach London bei ihm schriftlich beantragen und begründen. Das tat ich.

Vielleicht rannte ich Ende 1988 schon offene Türen ein. Später hörte ich, dass der politische Sportchef der DDR, Manfred Ewald, und der DEFA-Generaldirektor, Hans-Dieter Mäde, beide waren langjährige Mitglieder des ZK der SED, einen ersten Friedensfahrt-Spielfilm anschieben wollten. Ich glaubte, die Gepflogenheiten zu kennen und ahnte, dass Gert Golde die Entscheidung über unsere Reisepläne nicht allein treffen konnte, vermutete aber, dass er sie unterstützen würde. Nach einigen Tagen erhielten wir, für uns noch immer überraschend, die Genehmigung für eine zehntägige Reise nach London. Rainer Ackermann und ich wollten einen englischen Rennradfahrer mit schauspielerischen Fähigkeiten für die internationale Besetzung unseres Films gewinnen und natürlich nebenbei möglichst viel von London und England erleben.

Ende Januar 1989 flogen wir, ausgestattet mit dem dafür üblichen Spesensatz an Valuta-Schecks, von Schönefeld über Amsterdam nach London. Noch in Schönefeld trafen wir den Babelsberger Filmarchivar Gunther Voigt, der ebenfalls nach London zu einem Historikertreffen unterwegs war. Er wurde dort erwartet. Wir aber fuhren mit Bus und »Tube«, der Londoner U-Bahn, in die Stadt und suchten uns anhand eines Stadtplans in der Nähe der »Victoria Station« ein preiswertes freundliches »Bed and Breakfast«-Hotel. Zu meiner Überraschung wurde mein damals noch untrainiertes Englisch meistens gut verstanden, in der Weltstadt London war man offenbar gewohnt, mit Ausländern umzugehen.

Unser Vorhaben, ehemalige englische Friedensfahrtteilnehmer für unser Projekt zu gewinnen, waren wir optimistisch angegangen. Leider kamen wir bei Gesprächen bei der einen oder anderen Tasse Tee zu keinen nennenswerten Ergebnissen. Aber in einem Interview für die weithin bekannte Zeitschrift »Cycling Weekly« konnten wir unser Vorhaben bekannt machen. In einem ausführlichen Artikel wurden unsere Absichten beschrieben und unsere Na-

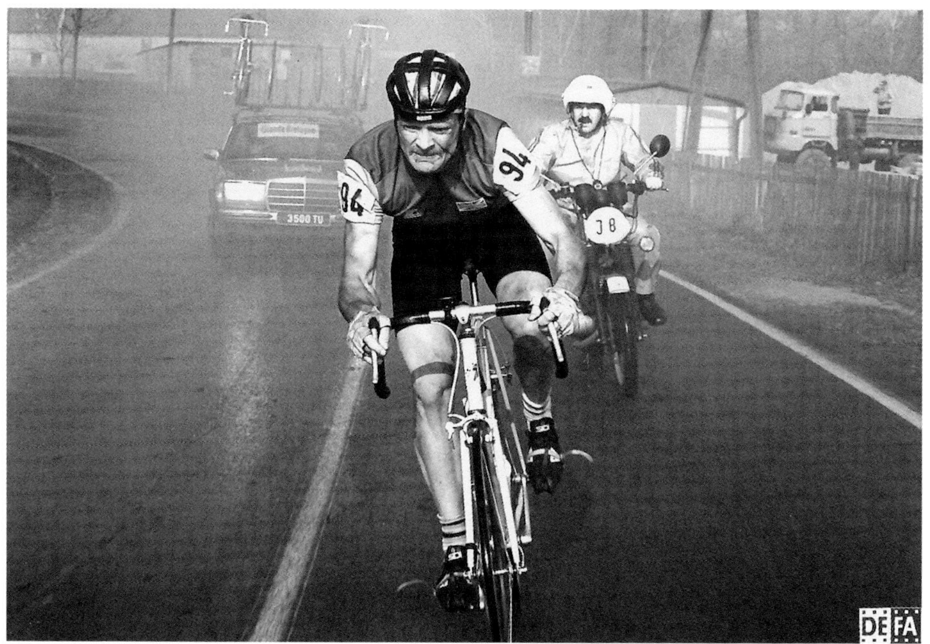

John Bond (Steve Baxter) auf der Radrenn-Strecke in Über die Grenzen (1989, Rainer Ackermann)

men und unsere DEFA-Adresse benannt. Nach den zehn Tagen kehrten wir aus London zurück, mit vielen Eindrücken, aber ohne eine konkrete Besetzung, und bedauerten, wohl nicht so schnell wieder dorthin reisen zu können. Zu Hause suchten wir nun nach anderen Lösungen.

Eine Woche später erreichte uns ein Brief aus England von einem John Bond, der sich auf den Artikel in der Zeitschrift bezog und sich für die Mitarbeit an unserem Film interessierte. Darin war eine französische Telefonnummer angegeben. Die rief ich an und kam mit John ins Gespräch, der dort gerade ein altes Landhaus restaurierte. Er war im südlichen England, in Dorset, zu Hause und hatte an verschiedenen Straßenradrennen in England und Frankreich teilgenommen, auch an einer Rundfahrt in Polen. Ebenso hatte er in kleinen regionalen Theatern als Dekorationsbauer und Darsteller mitgewirkt. Er kannte die Friedensfahrt, wäre dort auch gern mal mitgefahren und besaß ein perfektes Rennrad, das er auch gern mitbringen wollte. Mit einer bescheidenen Darstellergage in DDR-Mark war er einverstanden. Wie sich dann herausstellte, war er einfach neugierig und begierig darauf, als

Radrennfahrer und Darsteller an den Dreharbeiten für einen Film über die Friedensfahrt im östlichen Europa teilzunehmen.

Da wir in wenigen Wochen mit den Dreharbeiten beginnen wollten, musste schnell entschieden werden. Nach drei ausführlichen Telefonaten sagten wir verbindlich zu. Rainer Ackermann nahm sich vor, die Rolle im Drehbuch gegebenenfalls den Möglichkeiten unseres englischen Schauspielers anzupassen. Ich wollte ihn nötigenfalls hausintern dabei unterstützen. Aber bald war klar: John erfüllte alle unsere Erwartungen. Auch die Visa für Polen und die ČSSR konnte ich ihm rechtzeitig beschaffen, so hatten wir von März bis Mitte Mai einen stets gut gelaunten und einsatzbereiten Darsteller für die Rolle »Steve Baxter« und ein beliebtes Teammitglied in unserer Mitte. Seine drehfreie Zeit nutzte John zu Radtouren rund um Potsdam. Bald kannte er sich in einigen Gegenden besser aus als ich. Dabei lernte er, sich auch zunehmend besser auf Deutsch zu verständigen. Was er im DDR-Alltag nicht verstand, versuchte er in längeren Gesprächen mit mir für sich zu klären. Am 8. Mai 1989 feierten wir beide in der Babelsberger »Blankschramme« seinen Geburtstag und seinen vorläufigen Abschied. Wir waren Freunde geworden.

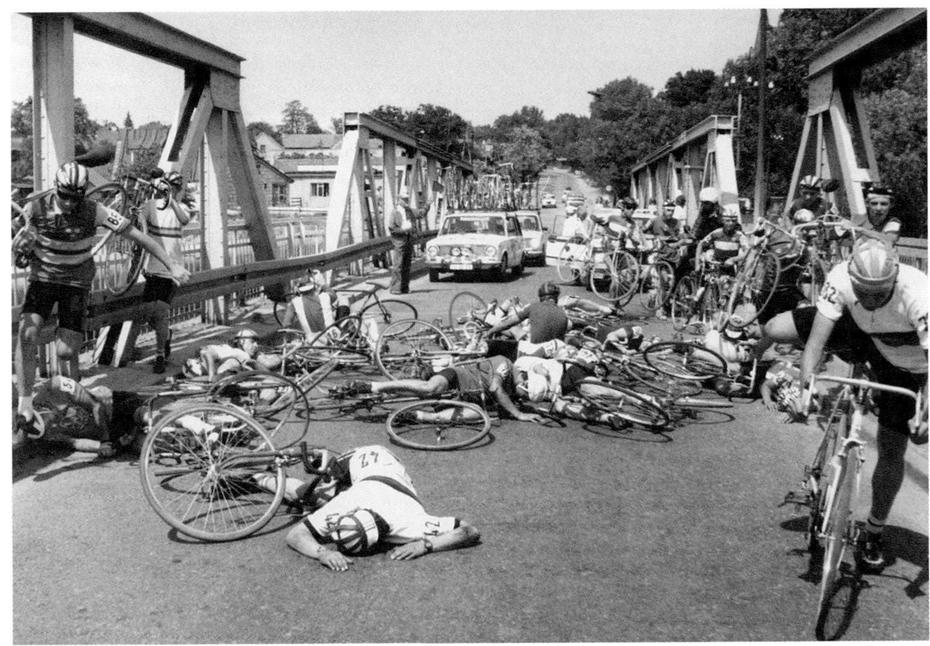

Inszenierter Massensturz im Radrenn-Film Über die Grenzen (1989, Rainer Ackermann)

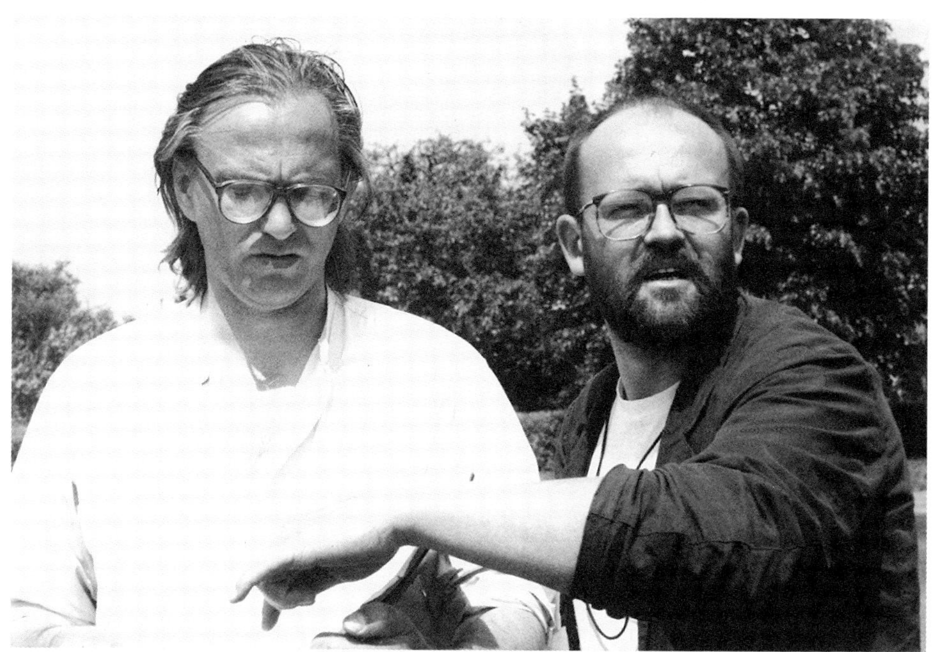

Rainer Ackermann (Regie), hier links, und Thomas Plenert (Kamera) bei der Arbeit zu Über die Grenzen (1989)

In den folgenden Monaten und Jahren veränderte sich um uns die Welt. John und ich sahen uns erst ein ereignisreiches Jahr später wieder. Bei der klein geratenen, fast unauffälligen Premiere von Über die Grenzen am 7. Mai 1990, damals im Kino »Rio« in Berlin-Weißensee, war John wieder dabei und den 8. Mai konnten wir wieder gemeinsam feiern. Seit 1990 besuchen wir einander mit unseren Familien in England oder Schottland und in Potsdam, Hamburg oder Mecklenburg – und mindestens an jedem 8. Mai telefonieren wir ausführlich.

Auf Wunsch von Rainer Ackermann wurde Thomas (Tommy) Plenert der Kameramann des Films. Beide kannten sich seit der Filmhochschule und hatten bereits gemeinsam an einigen Dokumentarfilmen gearbeitet. Bei den Filmen mit Jörg Foth vor drei und fünf Jahren war seine Mitarbeit wegen studiointerner Regelungen nicht zustande gekommen. Inzwischen hatte Lothar Warneke drei erfolgreiche Filme mit Thomas gedreht. Er hatte sich als Spielfilmkameramann bewiesen und es gab keinen einleuchtenden Grund mehr, diese Zusammenarbeit zu unterbinden. Sein langjähriger As-

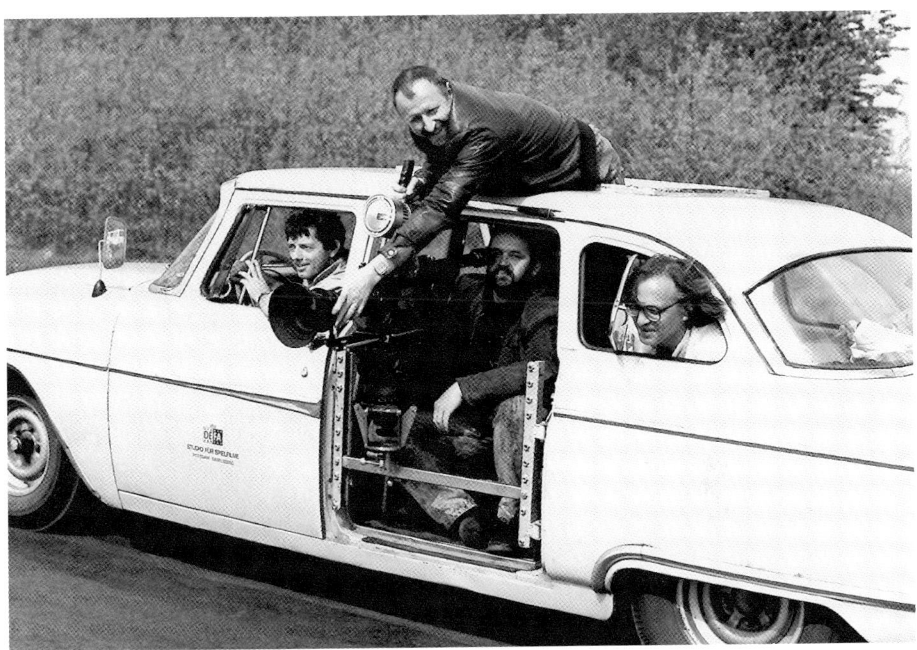

Regisseur Rainer Ackermann, daneben Thomas Plenert (Kamera), auf dem Dach Kamera-assistent Frank Bredow (v. r. n. l.) beim Dreh für ÜBER DIE GRENZEN (1989)

sistent Frank Bredow und die Fotografin Christa Köfer waren auch wieder dabei. Begleitende Aufnahmen von einem Motorrad machte Michael Lösche und die Hubschrauberkamera führte Peter Grätz. Für die Fahraufnahmen nutzten wir eine für solche Zwecke umgebaute frühere Staatslimousine der Marke »Tschaika«.

Die Dreharbeiten für unser filmisches Friedensfahrtrennen in drei Ländern zu organisieren, war manchmal anstrengend und verlangte von allen Beteiligten, besonders sorgfältig und achtsam zusammenzuarbeiten. Diese Kollektivität trugen auch unsere polnischen und tschechischen Unterstützer mit.

Filmfestival in Tokio (Herbst 1989)

Der Film DIE TÄNZERIN (1988, Masahiro Shinoda) war inzwischen in Japan fertiggestellt worden. Nach Abschluss der Dreharbeiten hatte ich nichts mehr damit zu tun gehabt. Den fertigen Film konnte ich erst im Februar 1990 in einer kleinen Vorführung in Westberlin in deutscher Sprachfassung sehen. Im August 1989 wurde mir in der Auslandsabteilung des Babelsberger Studios unerwartet eröffnet, ich könne meinen Reisepass mit den nötigen Visa und Flugtickets für eine Reise nach Tokio abholen. Die Einladung nach Tokio vom Abschlussfest in Babelsberg 1988 hatte ich als freundliches Dankeschön empfunden, nicht sonderlich ernst genommen und schon fast vergessen. Die japanische Produktionsfirma Herald Ace Inc. hatte nun aber ausdrücklich mich über diplomatische Kanäle zum Internationalen Filmfestival[117] in Tokio eingeladen. Hin- und Rückflug über Moskau, der Aufenthalt, einschließlich Hotel, waren organisiert und bezahlt. Als Manfred Durniok davon erfuhr, steuerte er noch etwas konvertierbares Spesengeld über ein Konto in Tokio bei.

Im September 1989 war ich der einzige Filmschaffende der DDR auf dem Internationalen Filmfestival in Tokio. Als solchen begrüßte mich überraschend der letzte DDR-Botschafter während des Eröffnungsempfangs. Ich stand gerade in einer Gruppe westdeutscher Filmhändler, zu der mich eine japanische Dolmetscherin geführt hatte. Die wollten von mir Aktuelles über die Flüchtlingswelle aus der DDR über Ungarn und die Situation im Land wissen. Ich versuchte mit einem Witz über eine ganzseitige Anzeige im »Neuen Deutschland« mit dem Text »Suche ... – Arbeiter-und-Bauern-Staat vorhanden – Erich Honecker« mein begrenztes Wissen zu überspielen. Der Botschafter und seine Frau schienen das Lachen gehört zu haben. Sie luden mich freundlich zu einem Empfang in die Botschaft ein, man wolle so auch mal unabhängig vom Dienstweg erfahren, was in der Heimat los sei. Da mein Rückflug schon gebucht war, konnte ich dieser Einladung nicht folgen. Sie verabschiedeten sich diplomatisch höflich und wünschten mir einen schönen Aufenthalt im interessanten Japan. Von dieser Begegnung auch überrascht, versicherten mir meine Gesprächspartner schmunzelnd, beide hätten meinen Witz nicht gehört, und wenn doch, würden sie beschwören, dass ich diesen Witz nie erzählt habe. Während des Festivals sah ich mir ein paar Wettbewerbsfilme an, ging viel spazieren und versuchte, einen Eindruck von der

117 Tokyo International Film Festival (TIFF): eines der größten internationalen Filmfestivals in Asien.

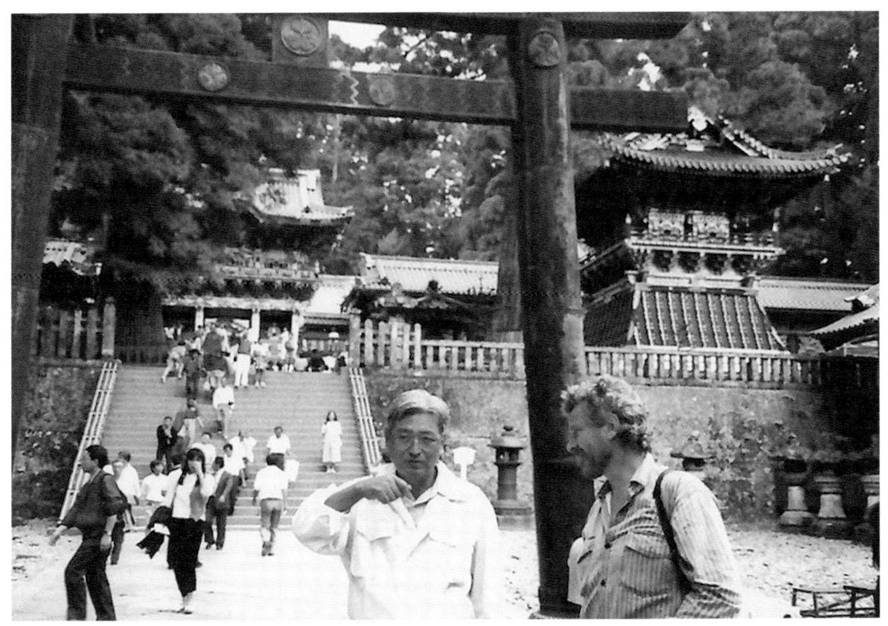

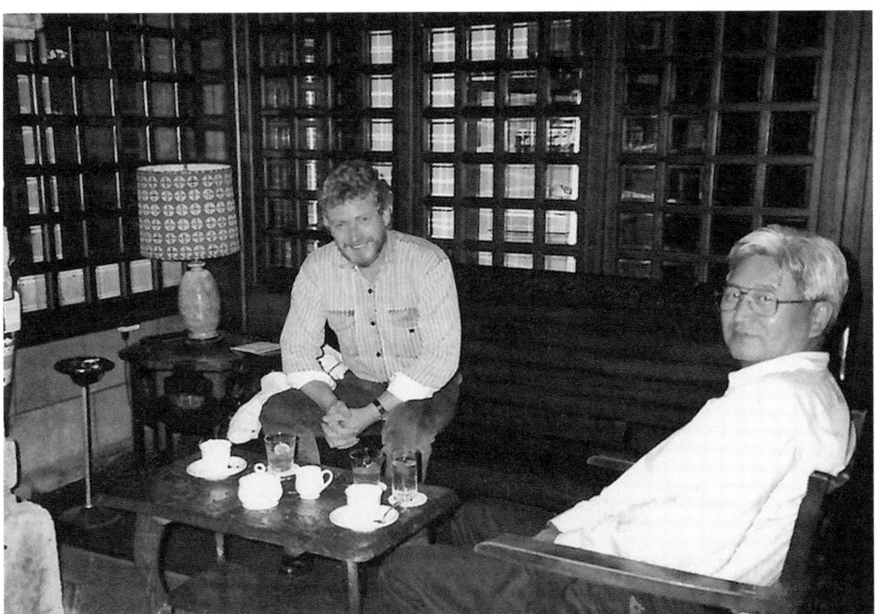

Privat: Mit Masahiro Shinoda während des Ausfluges nach Nikkō am 1. Oktober 1989

riesigen Stadt zu bekommen. Was inzwischen in der Prager westdeutschen Botschaft und der DDR geschah, las ich in einer englischsprachigen Zeitung.

Während der Dreharbeiten in Babelsberg hatte ich Masahiro Shinoda und seinen Assistenten Masaru Koibuchi zu einem Wochenendausflug nach Dresden eingeladen. Ich wollte ihnen einen Eindruck von den Gemäldegalerien und dem Elbsandsteingebirge vermitteln. Um der Reise einen privaten Charakter zu geben, nahm ich meine 13-jähre Tochter mit, die munter die japanische Dolmetscherin Fumiko beschäftigte, während wir anderen uns Englisch verständigten. Allerdings mussten die japanischen Gäste in Dresden in einem neuen Devisen-Hotel an der Elbe wohnen. Meine Tochter und ich nutzten für DDR-Mark ein Hotelzimmer in der Prager Straße. Trotz dieser schwer erklärbaren Umstände wurde es ein interessanter Ausflug. Nun lud mich Masahiro Shinoda zu einem Wochenendausflug nach Nikkō ein, einem Weltkulturerbe-Areal, 150 Kilometer von Tokio entfernt. Wieder chauffierte und begleitete uns sein damaliger Assistent, der spätere Producer Masaru Koibuchi. Die prächtigen Shintō-Schreine, Shintō-Tempel- und Gartenanlagen[118] waren beeindruckend. Wir übernachteten und aßen in einem traditionellen Hotel. Ich schlief sehr entspannt auf den harten Matten. Für die Eindrücke und Gespräche an diesem Wochenende bin ich Shinoda-san und Koibuchi-san noch heute dankbar.

Am 5. Oktober landete ich mit einem Anschlussflug über Moskau wieder in einer Aeroflot-Maschine[119] in Berlin. Die da mitreisenden Passagiere wurden nicht kontrolliert. So konnte ich das Geschenk Shinodas, eine semiprofessionelle Videokamera, noch in Tokio ausprobieren und – mit der Aeroflot mit Zwischenlandung in Moskau zurückkehrend – unbehelligt durch die Zollkontrolle in Schönefeld bringen. Erste Aufnahmen damit habe ich mit meiner Tochter in Potsdam sowie von der »Lichterkette«[120] durch die DDR im Spätherbst 1989 machen können.

118 Shintoismus (Shintō; dt.: Weg der Götter): neben dem Buddhismus wichtigste Religion in Japan; Volksglaube, der sich aus vielen regionalen Kulten und Glaubensvorstellungen zusammensetzt und tief in der japanischen Kultur verwurzelt ist.

119 Aeroflot (Russische Luftfahrtlinien): größte russische Fluggesellschaft mit Sitz in Moskau und Drehkreuz auf dem Flughafen Moskau-Scheremetjewo.

120 Am Sonntag, den 3.12.1989 bildeten Hunderttausende Menschen entlang der Landstraßen durch die gesamte DDR Menschenketten, z. T. als Lichterketten, unter dem Motto »Ein Licht für unser Land«.

Hin- und Herwende (1989 bis 1995)

Nach den zwei Wochen in Japan kam ich Anfang Oktober 1989 in ein sich überraschend schnell veränderndes Land zurück. Aus der Stagnation der letzten DDR-Jahre sollte es innerhalb der nächsten zwölf Monate zu vielen radikalen Wendungen und Änderungen kommen. Der Staat DDR hörte auf zu existieren. Der politische Umschwung war für mich zunächst mit vielen Hoffnungen verbunden. Gern wollte ich mich für demokratische Veränderungen engagieren, besorgte mir die Programme des »Neuen Forums«[121] sowie der sich neu gründenden Parteien und wurde noch im Oktober in Potsdam in der Erlöserkirche Mitglied der SDP[122]. Beeindruckt hatten mich in den letzten Jahren die beiden großen Sozialdemokraten Willy Brandt und Olof Palme.

In meiner Parteigruppe, die sich danach in Babelsberg konstituierte, wurden aber kaum politische Ansichten und Entwicklungen besprochen. Die wichtigsten Themen waren die aktuellen Machtstrukturen, und vor allem wurden Chancen auf Posten in der Partei und Karriereaussichten in einer neuen Regierung nach einer schnellen Wiedervereinigung diskutiert. Das gehörte für mich zu den ersten neuen politischen Enttäuschungen. Eine Parteimitgliedschaft aus Karrieregründen hatte ich schon in der DDR abgelehnt. So beschloss ich, meine Mitgliedschaft schnell wieder zu beenden. Bis heute bin ich zufrieden, nicht eine Parteimeinung vertreten zu müssen, die ich nicht teile.

Die Fluchtbewegungen über Ungarn und die Besetzung der DDR-Botschaften in Prag und Warschau im September und Oktober 1989 verfolgte ich, wie viele wichtige politische Informationen, zunächst über das Westfernsehen. Nach der Absetzung Honeckers im Oktober wurde dann die Berichterstattung im DDR-Fernsehen immer interessanter und genauer. Die Fernsehleute in Adlershof verstanden offenbar auch ihr Handwerk. Von politischer Bevormundung und Kontrolle befreit, wurde dort bis zur Auflösung des DFF

121 Neues Forum: 1989 Gruppe der Friedens-, Menschenrechts- und Umweltbewegung mit der größten Breitenwirkung innerhalb der Oppositionsbewegung in der DDR; am 8.11.1989 lässt das Ministerium des Innern das »Neue Forum« als politische Vereinigung zu; Hauptziel: freie und demokratische Wahlen; schließt sich im Februar 1990 mit anderen Oppositionsgruppen im »Bündnis 90« zusammen; in der BRD 1993 Vereinigung zu einer neuen bundesdeutschen Partei, zum »Bündnis 90 / Die Grünen«.

122 Sozialdemokratische Partei (SDP): Gründung am 7.10.1989 in Schwante bei Berlin, ab dem 13.1.1990 Umbenennung in SPD der DDR; auf dem Vereinigungsparteitag am 26./27.9.1990 vereinigte sich die SPD-Ost mit der SPD-West zur gesamtdeutschen Sozialdemokratischen Partei Deutschlands (SPD).

am 31. Dezember 1991 ein interessantes, in Deutschland konkurrenzfähiges Fernsehprogramm gemacht.

Während der letzten DDR-Jahre hatten einige Kolleginnen und Kollegen mit einem offiziellen Ausreiseantrag die DDR verlassen. Häufig waren es kluge, nachdenkliche Leute, die sich große Hoffnungen auf ein freieres Leben im Westen machten. Einigen, besonders Prominenten, gelang die Ausreise schnell und komfortabel, andere wurden abgeschoben, politische Häftlinge in den Westen »verkauft«. Ausreisewillige mussten manchmal jahrelang mit bürokratischen Repressalien, beruflichen Behinderungen und Schikanen auf die Genehmigung zur Ausreise warten. Viele konnten in der Wartezeit nur schlecht bezahlte Arbeiten, etwa als Kartenabreißer in kleinen Kinos, ausüben. Vereinzelt konnte ich unauffällig mit kurzfristigen Engagements oder speziellen Aufträgen finanzielle Notlagen überbrücken helfen. In der Lebenswirklichkeit des Westens angekommen, vermissten wieder einige die vertraute soziale Umgebung und fassten den Entschluss, in die sich verändernde Heimat zurückzukehren. Später habe ich ehemalige DEFA-Mitarbeiter in Hamburg, Köln, München und in New York und Kapstadt getroffen, die dort eine neue Heimat gefunden hatten. Mit ihnen dann zusammenzuarbeiten, war einfach. Wir fanden fachlich schnell wieder eine gemeinsame Sprache.

Im Juli 1989 hatte ich noch eine Einladung des Verbandes der Film- und Fernsehschaffenden der DDR zum Internationalen Filmfestival in Moskau erhalten. Die Atmosphäre in der Stadt war damals durch Gorbatschows Glasnost und Perestroika sehr verändert. Gespräche wurden im Gegensatz zu früher sehr engagiert und politisch differenziert geführt. Während eines Moskauer Filmfestivals war es üblich gewesen, an einem Abend alle knapp 2.000 Festivalgäste zu einem Empfang in den prächtigen »Katharinensaal«[123] des Kremls einzuladen. Neben üppigem Essen hatte es früher Wodka in Kristallgläsern, reichlich nachgeschenkt, gegeben. Die Strecke vom Kreml zum Festivalhotel gingen wir zu Fuß über den Roten Platz. Es hatte komisch ausgesehen, wenn diese Menge Menschen, schon leicht schwankend, ins Hotel zurückkehrte. 1989 gab es diesen traditionellen Empfang auch, allerdings ohne Wodka, nur mit verschiedenen Säften und etwas georgischem Wein. Gorbatschow wollte auch den verbreiteten Alkoholismus eindämmen.

Die Montagsdemonstrationen im Herbst 1989 in Leipzig erfassten zunehmend auch andere größere und kleine Städte und nahezu das ganze Land.

---

123 Katharinensaal: im Großen Kremlpalast in Moskau größter repräsentativer Raum; namensgebend ist der Russische Orden der Heiligen Katharina, der 1711 von Peter dem Großen zu Ehren seiner Ehegattin Katharina I. gestiftet wurde.

Aus dem großartigen Ruf »Wir sind das Volk!« wurde mit bayerischer Unterstützung bald die veränderte Form »Wir sind *ein* Volk!«. Vereinzelt kam der Ruf »Wir bleiben hier!« hinzu. Die Dagebliebenen wollten das Land zunächst selbstbestimmt aufräumen und verändern. In Babelsberg, in und vor der Friedenskirche auf dem Weberplatz, wurden von Vertretern des »Neuen Forums« bei Montagsdemonstrationen erfrischend neue und aufrührerische Ideen entwickelt. Viele Angehörige des Studios nahmen nach Feierabend daran teil. Mit einigen Mitarbeitern oft auch ich. Einzelne gaben mir hinter vorgehaltener Hand zu verstehen, dass sie seit einigen Tagen Mitglieder des »Neuen Forums« waren.

Für die Arbeit an dem deutsch-japanischen Film DIE TÄNZERIN (1988, Masahiro Shinoda) hatte ich ein modernes mobiles Kopiergerät von dem Westberliner Produzenten Durniok bekommen. Wir benutzten es auch für unsere weiteren Filmarbeiten. So konnten wir im Studio die zentrale Kopierstelle umgehen. Damit wurden im Oktober und November 1989 aber auch viele der neuen politischen Programme und Erklärungen vervielfältigt, die wir auch im Verband der Film- und Fernsehschaffenden heftig diskutierten. Ende Oktober konnte ich es einrichten, für ein paar Tage zu Abwicklungsarbeiten für ÜBER DIE GRENZEN nach Prag zu reisen. Ich freute mich wie immer über die Atmosphäre der Stadt. Dazu kam nun, dass die beginnende Samtene Revolution in allen Gesprächen mit fröhlichem Humor und hoffnungsvoller Zuversicht zu spüren war. Hier war Schwejk[124] eben zu Hause, und ich genoss das Zusammensein mit den Prager Kollegen und Freunden.

An der größten Demonstration in der DDR am 4. November 1989 in Berlin nahmen wir natürlich teil[125] und nach einer schnellen Rückfahrt auch an der kleineren, sehr fröhlichen am Nachmittag in Potsdam mit meiner Tochter. Das bestärkte die Hoffnung auf eine selbstbestimmte Zukunft.

Die unerwartet plötzliche Öffnung der Berliner Mauer in der Nacht vom 9. zum 10. November 1989 habe ich nicht mitbekommen.[126] Ich war erst spät

---

124 Josef Schwejk, Protagonist im Roman »Die Abenteuer des braven Soldaten Schwejk«, geschrieben 1920 bis 1923 von Jaroslav Hašek, ist ein satirisch überzeichneter Prager Charakter, der sich mit List und Witz durchs Leben schlägt.

125 4.11.1989: auf dem Ostberliner Alexanderplatz versammeln sich 500.000 Menschen zur größten systemkritischen Demonstration in der DDR-Geschichte, um gegen die Polizeiübergriffe am Republik-Geburtstag und für Presse-, Meinungs- und Versammlungsfreiheit zu demonstrieren. Vgl. in: https://www.bundesregierung.de/breg-de/themen/deutsche-einheit/demo-alexanderplatz-337004.

126 Der 9.11.1989 und die folgende Nacht bedeuteten das Ende der Mauer. Tausende Berlinerinnen und Berliner strömten an diesem Abend zu den Grenzübergängen, nachdem die DDR-Regierung vorzeitig eine neue Reiseregelung verkündet hatte. Die Grenzpolizisten konnten dem Andrang der Menschen nicht mehr standhalten – kurz nach Mitternacht waren alle Grenz-

nach Hause gekommen und hatte mich gleich schlafen gelegt. Erst am nächsten Morgen erfuhr ich ausführlich davon. Eine Mitarbeiterin – sie war wie fast alle zur Arbeit im Studio erschienen – fragte mich, ob sie mit unserem langjährigen Produktionsfahrer schnell mal über die AVUS[127] zum Ku'damm-Gucken fahren dürfe. Sie würden auch gleich wiederkommen. Da nichts Dringendes vorlag, habe ich spontan genickt. Nach reichlich vier Stunden kamen beide strahlend von dem neuen Abenteuer zurück. Auch ich traf in der folgenden Zeit regelmäßig Kollegen in Westberlin und erhielt auch mehrfach neugierigen Besuch von dort.

Während vorher mit viel Kreativität Vorstellungen für die Zukunft entwickelt wurden, bestimmten ab jetzt die plötzliche Reisefreiheit und die neuen Konsummöglichkeiten viele Aktivitäten, die auch ich gerne nutzte. Ich wollte mir damals noch nicht eingestehen, dass die hoffnungsvoll gewonnene Selbstbestimmung bald durch neue politische und wirtschaftliche Einwirkungen massiv fremdbestimmt werden könnte. Am DDR-Wahltag, dem 18. März 1990, war ich zu einer Wahlparty bei einem Westberliner Kollegen eingeladen, der vor 1961 aus Magdeburg nach Westberlin gegangen war. Ich hatte, wie die Runde der dort versammelten Kollegen und Freunde, auf den Wahlsieg der Sozialdemokratie gesetzt. Mit den eingehenden Wahlergebnissen wurde aus der fröhlichen Feier – trotz gutem Wein – ein nachdenklicher Abend mit einigen zynischen Witzen. Natürlich nutzte ich in der Folgezeit die neuen Reisemöglichkeiten, um privat zum Beispiel nach Basel oder später auch mit meiner Tochter in einem fast neuen kleinen japanischen Auto nach Hamburg, Schweden und England zu reisen.

Im DEFA-Spielfilmstudio ging ich zunächst weiter meiner geregelten Arbeit mit der Produktion von zwei Folgen POLIZEIRUF 110[128] nach, die beide in einer Drehperiode zusammengefasst bei uns im Studio hergestellt wurden.

Aus dem VEB DEFA-Studio für Spielfilme wurde im Juli 1990 eine Kapitalgesellschaft, die DEFA-Studio Babelsberg GmbH (i. Gr.). Die Idee, mit Treuhandkrediten eine Aktiengesellschaft aufzubauen, setzte sich nicht durch. Die bisher fest angestellten Filmschaffenden hätten dann – zwar entlassen, aber möglichst mit Vorzugsaktien versehen – als Eigner mit dem Studio verbunden bleiben und über die Zukunft mitbestimmen können. Das Gerücht, dass dies in der Treuhandanstalt unter Leitung des später ermordeten Detlev

---

übergänge der Stadt geöffnet.

127 Automobil-Verkehrs- und Übungsstraße (AVUS): erste Straße in Europa, auf der ausschließlich Autos fahren durften.

128 TOD DURCH ELEKTRISCHEN STROM (1990) und ZERSTÖRTE HOFFNUNG (1991), beide in der Regie von Peter Hagen.

Rohwedder erwogen wurde, bleibt ein Gerücht. Unerfüllte Hoffnungen und Träume sowie verpasste Gelegenheiten gab es viele in dieser Zeit.

Die größtenteils gut ausgebildeten, hoch qualifizierten und erfahrenen künstlerischen, ökonomisch-organisatorischen und technischen Filmschaffenden – von der Filmbuchentwicklung über die Produktion bis zur Postproduktion – wurden »Freischaffende«. Sie wurden mit einer bescheidenen Abfindung schlicht entlassen. Viele waren familiär oder altersbedingt nicht mobil und hatten nie lernen müssen, sich nach fachlich wie finanziell angemessenen Jobs umzusehen. Rechtlich konnten sie nur auf Produktionsdauer befristet angestellt werden. Dazwischen mussten sie sich immer wieder arbeitslos melden, um neben dem Bezug eines Arbeitslosengeldes auch kranken- und rentenversichert zu bleiben. Einige kamen damit gut zurecht, andere suchten bald irgendeine Beschäftigung, die ihnen eine bescheidene Sicherheit bot. Wieder andere nutzten verunsichert auch das Angebot, sich mit dem 55. Lebensjahr als Vorruheständler aus dem Arbeitsleben zu verabschieden.

Beruflich hatte ich kaum Probleme. Durch die Auslandsarbeiten war ich geübt, mit unterschiedlichen Arbeitsbedingungen und Systemen zurechtzukommen. Fünf Produktionsleiter konnten noch einige Zeit im Studio bleiben. Manche gingen später in den angebotenen Vorruhestand und Jüngere wechselten zu westlichen Filmfirmen. Ich versuchte zwischenzeitlich noch als Herstellungsleiter des Studios daran mitzuwirken, Filmprojekte akquirieren und realisieren zu helfen. Die Basis für eine studioeigene Filmproduktion war aber verloren. Mithilfe von staatlichen Fördermitteln konnten zuletzt noch acht Filme fertiggestellt werden; mit Dienstleistungen oder Krediten konnte man sich nur noch durchschlagen und auf einen von der Treuhand vermittelten Investor warten.[129] Ab dem 1. Juli 1990 war die D-Mark auch im Osten das Zahlungsmittel, Steuern und Sozialabgaben wurden neu und anders berechnet. Man hatte sich nun aus den über 140 Krankenkassen die für sich passende auszusuchen. Das war nicht immer einfach.

Volker Schlöndorff hatte nach der Übernahme des Studios 1992 durch den französischen Mischkonzern Compagnie Générale des Eaux[130] als Geschäftsführer mehrfach öffentlich erklärt, auf dem Gelände ein modernes europäisches Filmzentrum mit mindestens 5.000 Beschäftigten entstehen zu lassen.

---

129 Siehe auch: Dorett Molitor / Gert Golde: Ein Arbeitsleben für die DEFA. Der letzte Generaldirektor des Spielfilmstudios im Gespräch. Berlin: DEFA Stiftung 2018, 373 S., bes. S. 209-242.

130 1992 verkaufte die Treuhand das Studio an eine Tochterfirma des französischen Mischkonzerns Compagnie Générale des Eaux (CGE). Der Vertrag wurde am 25.8.1992 unterzeichnet. Geschäftsführer der neuen »Studio Babelsberg GmbH« wurden der französische Manager Pierre Couveinhes und Volker Schlöndorff.

Bei der Ankündigung blieb es, das Filmzentrum entstand nie. Dafür ließ er die Buchstaben DEFA aus dem Firmennamen entfernen. Große Teile des Studiogeländes und der berühmten DEFA-Ausstattungsfundi und besondere technische Entwicklungen wurden in den folgenden Jahren reduziert und verkauft. Nur die historisch bekannten Ateliers sowie die Schneideräume, die Musik- und Tonmischateliers wurden zum Teil umgebaut, modernisiert und vermietet. In der Ausstattungsabteilung und den Dekorationsbau-Werkstätten wurden mit weniger Personal in bewährter Qualität Filmbauten für einige Atelier- und Freiflächennutzer gefertigt.

Ein weiterer Teil des Geländes ging in die neu entstandene, erfolgreich werdende »Studio Tour« über. Der öffentlich-rechtliche Fernsehsender ORB des Landes Brandenburg (heute RBB) startete 1991 hier.[131] Das Deutsche Rundfunkarchiv (DRA) bekam auf dem Gelände im Jahr 2000 einen Neubau. Im selben Jahr fand die Filmhochschule (heute: Filmuniversität Babelsberg KONRAD WOLF) ebenfalls in einem Neubau einen angemessenen Platz. Der Rest des Studios, nur noch 95.000 Quadratmeter, weniger als ein Viertel des ehemaligen DEFA-Grundstückes, war nun Dienstleister und Atelierhallen-Vermieter. Die nachfolgenden Besitzer beteiligten sich als Koproduzenten mit Dekorationsbauleistungen und Ateliervermietungen an verschiedenen, auch internationalen Projekten, die zusätzlich mit öffentlichen deutschen Film-Fördermitteln unterstützt wurden. Daran wirtschaftlich interessiert, kamen auch mehrere Hollywood-Produktionen nach Babelsberg. Deutsche Filmschaffende hatten davon allerdings wenig.

Zwischenschnitt | Volker Schlöndorff: »Bei der DEFA hatte alles vor sich hingesuppt.«

Bis zum Ende der 1980er-Jahre sind bei der DEFA jährlich um fünfzig abendfüllende Spielfilme für Kino und Fernsehen produziert worden. Fast alle Kinofilme wurden in der Bundesrepublik gezeigt, mindestens im Fernsehen. Mehrere gewannen deutsche und internationale Preise. Jakob der Lügner (1974, Frank Beyer) erhielt 1977 eine Oscar-Nominierung für den besten fremdsprachigen Film. In und nach der DEFA-Zeit habe ich mit verschiedenen Produzenten und Regisseuren aus der

131 Ostdeutscher Rundfunk Brandenburg (ORB): Gründung am 12.10.1991; bis zum 30.4.2003 als Landesrundfunkanstalt des Landes Brandenburg eine Anstalt des öffentlichen Rechts mit Sitz in Potsdam; mit Wirkung vom 1.5.2003 fusionierte der ORB mit dem Sender Freies Berlin (SFB) zum neuen Rundfunk Berlin-Brandenburg (RBB); wie jetzt der RBB waren auch ORB und SFB Mitglieder der ARD.

westlichen und östlichen Hemisphäre arbeiten können. Nahezu alle lobten die professionelle und kooperative Zusammenarbeit, die sie mit dem Spielfilmstudio und den Filmleuten dort erlebten. Dabei entstanden Freundschaften, die bis heute halten.

In der DEFA hatten wir mit vielen politischen, wirtschaftlichen und technischen Problemen zu kämpfen, zu arbeiten und zu leben. Das ist kein Geheimnis. In vielen Veröffentlichungen wurde darüber berichtet. Trotzdem entstanden viele großartige Filme und ich bin stolz darauf, an einigen mitgearbeitet zu haben. Bei Recherchen zu diesem Thema stieß ich mal wieder auf die dummen Bemerkungen von Volker Schlöndorff aus dem Jahre 2008 in einem Interview zur Arbeitsweise in der DEFA (gemeint ist das Spielfilmstudio) und zur Qualität der DEFA-Filme: »Den Namen ›DEFA‹ habe ich abgeschafft, die DEFA-Filme waren furchtbar. [...] Der Name musste weg. Bei der DEFA hatte alles vor sich hingesuppt.«[132]

Kürzlich kam mir wieder ein knapp 17-minütiges Video in die Hände, das im September 1990 entstand. Darin lässt Volker Schlöndorff sich in einem offenen Film-Pkw durch das Gelände des Spielfilmstudios fahren und erklärt begeistert, welche großartigen Möglichkeiten dieses Studio und die hier arbeitenden Filmschaffenden bieten. Begeistert schwärmt er auf Englisch und Deutsch von den vielen tollen Werkstätten, den großen Requisiten-, Kostüm-, Bauelemente-Fundi, den großen historischen Ateliers, den Ton-, Musik- und Mischateliers, der Filmtrickabteilung, dem studioeigenen Musterkopierwerk ... Man könne am Studioeingang ein Buch abgeben und nach einiger Zeit käme dann ein fertiger Spielfilm wieder heraus. Ausführlich lobt er dabei auch namentlich großartige Filme, die in der DEFA-Zeit hier entstanden, und Filmschaffende, die hier arbeiteten.

Dieses kurze Video mit dem begeisterten Schlöndorff stellten ohne eigene Namensnennung und Entgelt der Regisseur Lothar Warneke, Kameramann Claus (Paule) Neumann und Schnittmeisterin Erika Lehmphul her.

Es ist schwer begreiflich, wie derselbe Mann ein paar Jahre später mit gleicher Emphase das Gegenteil erzählt.

---

132 Schlöndorff hatte in einem Interview mit Lars Grote von der »Märkischen Allgemeinen Zeitung« vom 2.12.2008 gesagt: »Den Namen ›DEFA‹ habe ich abgeschafft, die DEFA-Filme waren furchtbar. Die liefen damals in Paris, wo ich studierte, nur im Kino der kommunistischen Partei. Wir sind da reingegangen und haben gelacht. Der Name musste weg. Bei der DEFA hatte alles vor sich hingesuppt.« In: https://www.mandelbaum.at/docs/406184271.pdf, S. 9; zit. aus: Märkische Allgemeine Zeitung, 2.12.2008.

Als 1992 klar wurde, dass Schlöndorff im Auftrag des französischen Mischkonzerns CGE zum »Übernehmer« des Spielfilmstudios werden würde, habe ich mir noch mal alle seine für mich erreichbaren Filme angesehen. Zu einer Zusammenarbeit kam es aber nicht. Der neue Chef des Studios realisierte in dieser Zeit als Regisseur seine Filme nicht in Babelsberg. Produziert wurden die weiterhin unter anderem von seiner alten Münchener Firma, aber mit preiswerten Dienstleistungen und Förderungen des Babelsberger Studios und zum großen Teil in europäischen Billiglohngegenden. Schlöndorff war sicher mal ein wichtiger deutscher Regisseur; ein erfolgreicher Manager und Chef eines »großen traditionsreichen Filmstudios« war er nicht!

Winterreise (1990)

Japan / BRD | Regie: Yuji Murakami | TV-Erstausstrahlung: 5. Februar 1992 (ARD)

Im Herbst 1990 war ich wieder mit Dienstleistungen an die Manfred Durniok Produktion für Film und Fernsehen in Westberlin ausgeliehen. Ich hatte die deutsche Seite bei den Dreharbeiten eines Fernsehfilms, einer Koproduktion mit der japanischen öffentlich-rechtlichen Fernsehanstalt NHK[133], zu vertreten und die Dreharbeiten in Berlin produktionsorganisatorisch zu verantworten. In dem Fernsehspielfilm Winterreise (1990) wurde die erfundene Geschichte eines DDR-Deutschen erzählt, der nach Öffnung der Mauer nach Japan reist, um seinen Vater zu suchen, den er nur aus Erzählungen seiner Mutter kannte. Er selbst, geboren in den Nachkriegswirren, war das Ergebnis einer Liebesbeziehung zwischen einem jungen japanischen Diplomaten und einer Berlinerin am Ende des Zweiten Weltkrieges. Sein Vater hatte noch vor Kriegsende Deutschland überstürzt verlassen müssen und so nichts von der Existenz seines Sohnes erfahren, der in der DDR aufgewachsen und nun ein gestandener Ingenieur war. Regie führte der Tokioter Fernsehregisseur Yuji Murakami.

Zu den Dreharbeiten flogen Mitte September 1990 die Regieassistentin Hanna Seidel, der junge Kameramann Michael Göthe, sein Assistent Thomas Spiekermann sowie der Schauspieler Martin Seifert vom »Berliner Ensemble« als Darsteller der Rolle des deutschen Sohnes und ich nach Tokio. Dort

---

133 NHK (Nippon Hōsō Kyōkai; dt.: Japanische Rundfunkgesellschaft, engl.: Japan Broadcasting Corporation, auch im Japanischen mit den lateinischen Buchstaben NHK abgekürzt): einzige öffentlich-rechtlich organisierte Rundfunkgesellschaft in Japan; betreibt mehrere landesweite Fernseh- und Hörfunkprogramme und einen umfangreichen Auslandsdienst.

wohnten wir in einem Hotel im Stadtteil Shibuya, dem damals hippen und von vielen Modernismen geprägten Teil Tokios in der Nähe der berühmten Shibuya Crossing, einer ständig von Tausenden Passanten kreuz und quer genutzten Straßenkreuzung. Oft gilt ein Foto dieser Kreuzung als Kennzeichen für Tokio – wie der Time Square für New York, Big Ben für London, der Rote Platz mit dem Lenin-Mausoleum für Moskau und das Brandenburger Tor für Berlin.

Mit dem berühmten Hochgeschwindigkeitszug »Shinkansen«[134] fuhren wir, vorbei am Fuji Jama, für einige Drehtage nach Hiroshima. Zu Anfang waren wir überrascht, von NHK amateurhafte Filmtechnik vorgesetzt zu bekommen, darunter für den professionellen Gebrauch kaum geeignete Kameraschienen und Dollys[135]. Michael Göthe vermied aber jede Auseinandersetzung und versuchte, immer stiller und unsicherer werdend, mit den japanischen Drehbühnenleuten, Beleuchtern und ebenjener Technik zu arbeiten. Die Kommunikation zwischen Regisseur und Kameramann verlief für beide Seiten unbefriedigend. Man verstand einander nicht. Wie Hanna Seidel konnte auch ich dabei kaum helfen. Dieses Problem löste sich mit Axel de Roche, einem erfahrenen und durchsetzungsfähigen Westberliner Kameramann, der den zweiten Teil der Dreharbeiten in Berlin übernahm. Er bestand darauf, mit der ihm vertrauten professionellen Technik zu arbeiten und konnte den japanischen Regisseur mit szenischen Vorschlägen und Bildangeboten überzeugen. Das brachte produktive Gelassenheit in die Arbeit. Ansonsten verliefen die Dreharbeiten sowohl in Tokio, Hiroshima, verschiedenen kleinen japanischen Küstenorten sowie im grenzenlos gewordenen Berlin im Großen und Ganzen unspektakulär. Natürlich haben wir Ostdeutsche auch in dieser Zusammenarbeit und an den unterschiedlichen Drehorten neue Eindrücke sammeln können. Wie meistens bei Filmreisen in fremde Länder und Kulturen konnten wir mit allen Sinnen mehr von der Welt erleben.

Für den 3. Oktober 1990 morgens hatten Manfred Durniok, der uns kurzzeitig in Tokio besuchte, aber in einem anderen Hotel residierte, und ich uns verabredet. Durch die Zeitverschiebung war es 0:00 Uhr in Berlin und 8 Uhr

---

134 Shinkansen (dt.: neue Stammstrecke, neue Hauptlinie): sowohl der Name des Streckennetzes japanischer Hochgeschwindigkeitszüge, der verschiedenen Personenbeförderungsunternehmen als auch der Züge selbst; zählt zu den schnellsten nach regulärem Fahrplan verkehrenden Zügen der Welt.

135 Dolly (Transportwagen): Wagen mit drei oder vier Rädern und der Möglichkeit, eine Kamera zu befestigen, mit dem sich ruckfreie weiche Kamerafahrten selbst auf unebenen Untergründen realisieren lassen.

in Tokio. In Berlin wurde das Vereinigungsfeuerwerk gezündet. In der Lobby des Hotels wartend, konnte ich auf Bildschirmen die Fernseh-Life-Übertragung aus Berlin nebenbei miterleben. Zum Abend lud mich Durniok zum Besuch einer kleinen japanischen Insider-Kneipe ein. Die war offenbar eine Art Stammtisch einiger in Tokio ansässiger Koryphäen großer westdeutscher Unternehmen. Bei geistigen Getränken versuchte man, sich gegenseitig zu beeindrucken. Schnell wurde in der Runde eine Hierarchie deutlich. Ich war erstaunt, wie der Vertreter der Deutschen Bank den andächtig Zuhörenden bedeutungsvoll mit Vorurteilen aus dem Kalten Krieg den Untergang der DDR und die Vereinigung erklärte. Meine spöttischen Kommentare nahm man kaum zur Kenntnis. Man war sich einig. Manfred Durniok beteiligte sich nicht aktiv an den Gesprächen, er war in diesem Kreis ohnehin nur an guten Geschäftsbeziehungen interessiert. Mit gleichem Erstaunen habe ich auch später in Hamburg, München und Potsdam ähnliche Runden erleben können. Lange fest geprägte Ansichten sind mit Argumenten selten zu erschüttern.

Nach Japan war ich wieder mit dem DDR-Reisepass gereist. Zum 4. Oktober 1990 wurde ich ins bundesdeutsche Konsulat eingeladen. Dort bot man mir einen neuen bundesdeutschen Reisepass an und so bin ich wohl der einzige Deutsche mit einem Reisepass, der am 4. Oktober 1990 in Tokio ausgestellt wurde. Meinen DDR-Reisepass konnte ich, mit einem »Ungültig«-Stempel versehen, behalten. Die Visa darin aus osteuropäischen Ländern, aus Vietnam und Kuba bestaunte der Konsulatsbeamte. Er hätte in diese Länder noch nie reisen dürfen. So seltsam ist das manchmal mit der Reisefreiheit. In den nächsten Jahrzehnten gingen viele meiner Filmreisen in die andere Himmelsrichtung.

Elefant im Krankenhaus (1991/92)

Regie: Karola Hattop | Premiere: 18. März 1993, TV-Erstausstrahlung: 18. Juli 1993

Dies wurde der erste Film der DEFA-Studio Babelsberg GmbH, dessen Produktion mit üblichen Fördermitteln der Bundesrepublik unterstützt wurde.

Die Filmhandlung ist einfach erzählt: Die achtjährige Berlinerin Tilly gewinnt ein Preisausschreiben. Gesucht wird ein Name für ein Elefantenbaby, das im Tierpark geboren wurde. Tilly wählt einfach ihren eigenen und soll nun den kleinen Elefanten dort auch selbst taufen. Doch nach einem Sportunfall muss sie ins Krankenhaus. Deshalb bei der Taufe nicht dabei sein zu können, betrübt sie sehr. Ihr Gesundheitszustand wird davon auch nicht besser. Ihr elfjähriger Bruder Robert hat die rettende Idee: Wenn Tilly nicht in den Tierpark kommen kann, muss der Elefant zu Tilly ins Krankenhaus kommen. Robert schwänzt die Schule, beschwindelt seine überlastete Mutter und überzeugt einige Erwachsene, deren Hilfe unbedingt nötig ist, um den Plan zu verwirklichen: den Tierparkdirektor, den Chefarzt Bode und den Straßenbahnfahrer Kuchenkarl. Als der Elefant tatsächlich im Krankenzimmer ankommt, bricht Oberschwester Isolde zusammen, aber Tilly jubelt.

Nach ihrem gleichnamigen Hörspiel hatte Gabriele Herzog das Szenarium für diesen fröhlichen und abenteuerlustigen Kinderfilm entwickelt. Dramaturg war Gerd Gericke, ihr Ehemann, der spätere Professor für Filmdramaturgie an der Babelsberger Filmhochschule »Konrad Wolf«. Beide waren zuvor fest angestellte Dramaturgen im Spielfilmstudio gewesen.

Mit der Regisseurin Karola Hattop arbeiteten Kameramann Günter Jaeuthe, Szenenbildner Georg Kranz, Kostümbildnerin Regina Viertel, Maskenbildner Grit und Heinz Kosse, Schnittmeisterin Barbara Simon und viele bewährte Filmschaffende im Drehstab und der Postproduktion jetzt »freischaffend«, aber wie gewohnt hoch motiviert an der Herstellung des Films. Mit Anna Marr und Andrej Jautze gelang es, einfühlsam die Filmfiguren der Geschwister Tilly und Robert zu gestalten. In kleinen Rollen überzeugten kameraerfahrene Profis, darunter Gudrun Ritter als Oberschwester Isolde, Hermann Beyer als Zoodirektor, Günter Schubert als Kuchenkarl oder Carl Heinz Choynski als Oberelefantenpfleger Stiesel.

Spaß machte es, Roberts Plan für den Weg des Elefanten zu Tilly in Film-Wirklichkeit entstehen zu lassen: Mit den Kinderdarstellerinnen und -darstellern, den erwachsenen Schauspielerinnen und Schauspielern und dem kleinen Elefanten in verschiedenen Teilen Ost- und Westberlins zu drehen, war spannend. So ließen wir den Elefanten, mitsamt Pflegern aus dem Tierpark geliehen, auf dem Lastenanhänger einer Straßenbahn auf einer vorbereiteten Strecke durch Lichtenberg fahren, von einem Kamera-Trailer – dem Kamera- und Regiestandpunkt – begleitet. Um die Szene nötigenfalls einige Male in gleicher Weise zu drehen, konnten wir mehrfach kurzzeitig die mehrspurige Straße sperren. Auch den Verkehr rund um den Elefanten-Straßenbahnzug organisierten die Aufnahmeleiter Holger Bohm und Hartmut Damberg für die Filmszenen mit studioeigenen und geliehenen Fahrzeugen. Ein geeignetes Krankenhaus für Innenaufnahmen und Unterstützung fanden wir in Spandau. Wie Robert im Film hatten auch wir für die Dreharbeiten viele wichtige Amtspersonen in öffentlichen Einrichtungen und Verantwortliche vor Ort zu ungewöhnlichen Genehmigungen und Hilfeleistungen überreden müssen. Das gehört auch zum Filmhandwerk. Von der deutschen Film- und Medienbewertung bekam der Film das Prädikat »wertvoll«.

Letzte Projekte im Studio Babelsberg (1992 bis 1995)

Nach der Übernahme der DEFA-Studio Babelsberg GmbH durch das französische Unternehmen CGE 1992 blieb ich noch bis 1995 als Produktionsleiter mit Herstellungsleiterpflichten im Studio angestellt. Meine Hoffnung auf die Entwicklung von neuen, interessanten Vorhaben in Babelsberg und darauf, dabei noch mehr vom gepriesenen westlichen Know-how mitzubekommen, endete einerseits in Enttäuschung, andererseits bewies sich aber bald, dass das Studium an der Filmhochschule und die jahrelange kontinuierliche und auch internationale Filmarbeit viele Kolleginnen und Kollegen, wie auch mich, in die Lage versetzte, nahezu überall an interessanten Projekten mitarbeiten zu können. Durch die Liquidierung der Filmstoffentwicklung, die Entlassung der künstlerisch-organisatorisch-dramaturgischen Filmschaffenden und den Wegfall der regelmäßigen Fernsehaufträge wurde das Studio vorrangig – wie beschrieben – zu einem Ateliervermieter und Dienstleister. Daran konnte oder wollte Schlöndorff wohl ebenfalls nichts ändern.

Trotzdem suchte ich auch in dieser Zeit Gelegenheiten, mich an besonderen Projekten zu beteiligen. 1992 kam es zu einem vielbeachteten Gastspiel des Pariser Théâtre du Soleil mit einigen Vorstellungen und vielen Zuschauern in der Mittelhalle auf dem Studiogelände, später Marlene-Dietrich-Halle. Wir stellten eigentlich nur die Halle und viele Nebenräume zur Verfügung. Die Dekorationsbauten und Requisiten wurden aus Paris mitgebracht und in der Halle von den Mitwirkenden nahezu allein aufgebaut und eingerichtet. Mit einigen Hilfeleistungen konnten wir unterstützen. Beeindruckt haben mich die schauspielerischen und artistischen Leistungen des Ensembles sowie das freundliche Miteinander der Ensemblemitglieder. Mit der bekannten Chefin und Regisseurin Ariane Mnouchkine habe ich wegen der Sprachbarriere (ich spreche kein Französisch, sie kein Deutsch) nur ein paar übersetzte Freundlichkeiten austauschen können.

1993 kam, gleichfalls über die neuen Besitzer vermittelt, ein französisches Filmteam mit dem Regisseur Jacques Doillon und dessen Hauptdarstellerin Anne Brochet nach Babelsberg und drehte in französisch-deutscher Koproduktion für eine zwölfteilige Fernsehserie mit dem Titel Du fond du cœr – Germaine et Benjamin / Germaine und Benjamin (1993) drei Teile circa à 26 Minuten. Es war die erste HDTV-Produktion[136] in Babelsberg. Die digita-

136 High Definition Fernsehen (HDTV): Sammelbegriff für TV-Normen mit höherer vertikaler und horizontaler Bildqualität als herkömmliches Fernsehen; mit mindestens 1280 x 720 Bildpunkten statt der herkömmlichen 720 x 576 ermöglicht HDTV eine deutlich bessere Bilddarstellung.

le Technik war damals noch etwas klobig, sehr pflegebedürftig und aufwendig. Bei diesem Projekt hat mich der Aufnahmeleiter Heinz-Jürgen Schmidt sehr unterstützt.

Die Maschine / La Machine (1994)

Frankreich / BRD | Regie: François Dupeyron | Premiere: 30. November 1994 (in Frankreich); in Deutschland Kinostart: 18. Mai 1995, TV-Erstausstrahlung: 9. November 1996

1994 vermittelte die CGE ein spannendes Filmprojekt der Produktionsfirma Hachette Première in die Babelsberger Ateliers. In französisch-deutscher Koproduktion entstand der Kinofilm La Machine / Die Maschine. Im Magazin »Blickpunkt: Film« wurde der Film später als »ein intelligenter Horrorthriller« apostrophiert.

Ein Psychiater (Gérard Depardieu) hatte über Jahre eine Maschine entwickelt, mit der Menschen ihre Identitäten tauschen können. In einem ersten Selbstversuch will er die Identität mit einem seiner Patienten, einem psychopathischen Frauenmörder (Didier Bourdon) tauschen. Der Versuch gelingt, nur weigert sich der Patient, in seinen Körper zurückzukehren. In der Gestalt des Psychiaters gelingt ihm der Zugang zu dessen Frau (Nathalie Baye) und der Geliebten (Natalia Wörner). Ein erbarmungsloser Kampf zwischen Gut und Böse beginnt.

Die Zusammenarbeit mit der französischen Produktion verlief unkompliziert. Der Aufbau eines Drehplans und die Struktur der Arbeitsorganisation glichen denen der DEFA. Nach anfänglichem Beschnuppern verlief die Teamarbeit in guter Atmosphäre. Das Engagement der organisatorisch talentierten Assistentin und Dolmetscherin Régine Provvedi bewährte sich erneut. Sie wurde zu einer Vertrauensperson für beide Seiten und half, sich andeutende Schwierigkeiten zu beheben. Der bekannte Regisseur François Dupeyron war ein kluger und freundlicher Mann, den sich Depardieu gewünscht hatte. Über die Arbeit hinaus verband François und mich bald eine private Freundschaft. Irgendwie hatte er mitbekommen, dass im Studio das Betriebsklima besonders noch zwischen Ost und West belastet war. Unter anderem mussten frühere Beschäftigte des Studios weiterhin mit Entlassungen rechnen, obwohl neue, zum Teil noch unerfahrene Mitarbeiter angestellt wurden.

Ich versuchte, mich auf die Lösung fachlicher Probleme zu konzentrieren. François wollte aber gelegentlich mit mir die Situation im Studio und die politischen Verhältnisse nach der Übernahme des Studios durch CGE diskutieren. Verständigt haben wir uns Englisch, er sprach nicht Deutsch und ich nicht Französisch. Es fiel mir manchmal schwer, ihm die Interessen und Verhältnisse im Studio differenziert zu erklären. Ich wollte einerseits nicht vorschnell urteilen, konnte aber andererseits mein Erstaunen über die wenig kenntnisreichen Entscheidungen der neuen Studioleitung nicht verbergen. Oft war ich verblüfft, wenn von dem verkündeten »großen europäischen Filmzentrum« geschwärmt wurde und gleichzeitig Filmfachpersonal entlassen wurde.

An einem Wochenende erhielt Dupeyron Besuch von seiner Frau (eine Filmeditorin)[137] und seiner Tochter. Wir verbrachten einen fröhlichen Sonntag im Potsdamer Park Sanssouci. Meine Frau (auch eine Editorin) war dazugekommen. Seiner Einladung, uns seine Pariser Wohnung im Sommer zu überlassen, konnten wir nicht nachkommen. Ich hatte zu viel zu tun, und leider ist François Dupeyron vor einigen Jahren verstorben.

Gérard Depardieu war Hauptdarsteller und Koproduzent des Films. Seine manchmal speziellen Ansprüche betreffs seiner Ess- und Trinkgewohnheiten klärten die französischen Kollegen. In Drehpausen kam er gern ins Produktionsbüro und half dann auch mal unaufgefordert, aber mit Vergnügen bei der Übersetzung von kurzen Abstimmungen. Auf seinen Wunsch erklärte ich meine Frage auf Englisch. Er übersetzte ins Französische. Die Antwort kam umgekehrt zurück. An diesem Spiel hatten alle Vergnügen. Für unser Abschlussfest in einem kleinen Babelsberger Restaurant wollte er zu meiner Überraschung vorher die Speiseliste prüfen und den Koch kennenlernen. Offenbar dann zufrieden nahm er am Fest teil und übernahm auch die Kosten.

Als ich später den fertigen Film sah, war ich erfreut, im Nachspann alle Namen der beteiligten Mitarbeiter lesen zu können, die wir früher in unseren Filmen *so* komplett nicht aufführten, also auch die Filmgeschäftsführer und Assistenten, Beleuchter, Fahrer und Helfer wurden benannt. Die anfänglichen Überlegungen in diese Richtung hatte ich gern unterstützt. In der DEFA war das Recht auf Namensnennung enger gefasst und wenig zu beeinflussen. Nachspänne gab es lange Zeit nicht. Heute ist dieses Recht in einem Tarifvertrag für Kinofilme geregelt, begrenzt sind Ausnahmen möglich. Die Fernsehanstalten haben für ihre Auftragsfilme eigene Regeln festgeschrieben. Vor- und Nachspann von LA MACHINE ähnelten internationalen Großproduktionen. Dieses Prinzip geht zurück auf US-amerikanische Kinofilme, für die die dortigen Filmgewerkschaften eine Namens- und Funktionsbenennung aller Beteiligten erkämpft hatten. Dafür entstand dann zusätzlich zum Vorspann ein langer

137 Editor/Editorin (Film): setzt das Filmmaterial zusammen und bearbeitet es, um ein zusammenhängendes und fesselndes Endprodukt zu erstellen. Wir benutzten damals noch die deutsche Berufsbezeichnung Schnittmeister bzw. Schnittmeisterin.

Nachspann am Ende des Films, der allerdings sehr schnell und kaum lesbar abläuft. Diese Namensnennungen – die »Credits« – waren und sind besonders für Freischaffende wichtig, da sie vielfach als Beleg ihres Könnens und ihrer Erfahrungen gelten. Alle unsere Mitarbeitenden freuten sich darüber auch.

Star Command – Gefecht im Weltall (1995/96)

USA / BRD | Regie: Jim Johnston | TV-Erstausstrahlung: 11. März 1996 (USA / UPN)[138]; in Deutschland mehrfach auf RTL2 und Tele5

Noch angestellt in der Studio Babelsberg GmbH beschäftigte ich mich 1994 und 1995 mit der Koproduktion des Pilotfilms für eine geplante Science-Fiction-Fernsehserie (Star Command [Star Command – Gefecht im Weltall, 1995/96, Jim Johnston, E. W. Swackhamer]). Von der in Hollywood ansässigen Paramount Television Group bekam ich 1994 über einen neuen Studiomitarbeiter aus München – Martin Ganz (frisch von der Filmhochschule) – eine Art Exposé mit der Frage zugespielt, ob wir bei uns in Babelsberg dieses Vorhaben für zwei Millionen US-Dollar »below the line« realisieren könnten. Producer und Regisseur, die Darstellerinnen und Darsteller der Hauptrollen, ein Editor (Schnitt) und ein Accountant (Filmgeschäftsführer) und deren Aufenthalts- und Reisekosten sowie ein Teil der Postproduktion kämen »above the line« von Paramount dazu. Das Buch war in Englisch, und man erwartete ein Budget nach dem in den USA üblichen Budget-System. Warum man ein solches Projekt nicht zu Hause in den Paramount Studios produzierte, wunderte mich. Wie später zu erfahren war, suchte man über die auf Koproduktionen eingerichtete Tochterfirma Wilshire Court Productions in Europa und Australien nach Möglichkeiten, solche Fernsehserien preiswert herstellen zu lassen.

Es sollte meine erste Zusammenarbeit mit Hollywood werden. Auf DEFA-Erfahrungen konnte ich nicht zurückgreifen, und Schlöndorff glaubte mit Hinweis auf seine Erfahrungen, dass wir den Anforderungen einer Hollywood-Produktion nicht gerecht werden könnten. Sein »Das können wir nicht« wollte ich ungern akzeptieren. Ich war neugierig auf diese Herausforderung und wollte keinesfalls aufgeben, ohne es versucht zu haben (»Geht nicht, gibt's nicht« ist eine Variante von »Unmögliches machen wir sofort«).

138 UPN (United Paramount Network): war ein US-amerikanisches Fernseh-Network, das hauptsächlich Produktionen der ehemaligen Paramount-Pictures-Tochtergesellschaft Paramount Television zeigte.

Mit der Sprache kam ich zurecht und die amerikanische Planungs- und Kalkulationssoftware »Movie Magic« kannte und besaß ich inzwischen auch. Also machte ich mich daran, das Buch produktionstechnisch zu analysieren. Zusätzlich bat ich den noch im Studio angestellten Szenenbildner Heinz Röske, einen Entwurf für die Dekorationsbauten eines Raumschiffes nach dem Drehbuch und unseren gemeinsamen Vorstellungen zu entwickeln und grob zu kalkulieren. Regie und Producer waren noch nicht benannt, Abstimmungen mit den wichtigsten Partnern gab es somit auch noch nicht. Mir wurde bald klar, dass zwei Millionen US-Dollar nicht reichen würden. Ich schätzte die Kosten auf drei bis vier Millionen. Das signalisierte ich nach Hollywood. Daraufhin wurde ich gebeten, zu ermitteln, welche Leistungen wir für zwei Millionen US-Dollar erbringen könnten. Neugierig über den weiteren Verlauf, tat ich auch das. Zunächst aber wurden wir – Heinz Röske, der junge Producer Martin Ganz, eine UFA-Mitarbeiterin[139] und ich – für einige Tage nach Hollywood zu einer ausführlichen Beratung gebeten. Dort sollten wir unsere Überlegungen einem größeren Gremium vorstellen.

Heinz Röske hatte sich ein System von 25 bis vierzig unterschiedlich gestalteten Modulen ausgedacht, mit denen nach Bedarf verschiedene Räume eines Raumschiffs hergestellt werden konnten. Die Module waren jeweils zwei bis drei Meter hoch und ein bis zwei Meter breit und tief. Sie konnten wie aus einem Baukasten im Atelier zusammengeschoben und miteinander verkoppelt werden. So waren aus der Kommandobrücke in kurzen Umbauten Arbeits-, Wohn-, Aufenthaltsräume oder Flure herzustellen. Diese Lösung hatte mich auch begeistert. Heinz Röske, ein einfühlsamer und fantasievoller Kollege und Fachmann, sprach leider kein Englisch. Für einen Vortrag hatte er mehrere dieser Module verkleinert als Vorführmodelle in der Größe von etwa 15 Zentimetern anfertigen lassen. Die nahmen wir mit, um das Baukastensystem auf einem großen Tisch anschaulich zu demonstrieren. Das erleichterte mir, auch seinen Part als Teil unseres Realisierungsvorschlags Englisch vorzutragen.

Unsere Gastgeber hörten mit aufmerksamen Zwischenfragen gut gelaunt zu. Dieses System sowie weitere szenische Vorschläge und einige Kalkulationsvarianten wurden mit Erstaunen und steigendem Interesse zur Kenntnis genommen. Privat überraschte uns das damals schon in Hollywood geltende Rauchverbot für offizielle Räume und Restaurants. Als ich – damals noch Raucher – den Vizepräsidenten von Wilshire Court Productions Inc.,

139 UFA GmbH (UFA, bis 2013 UFA Film & TV Produktion): entstanden aus der Universum-Film AG (ufa); ab Herbst 1991 entwickelt sich die UFA zum größten deutschen Produktionsunternehmen.

Ed Milkovich, fragte, wo ich denn eine Zigarette rauchen könne, erklärte er bedauernd lächelnd, dass ich dies im ganzen Haus nicht mal auf einer Toilette tun dürfe. Ich müsse dazu das Bürohochhaus verlassen und unten vor der Tür rauchen. Diese »Raucherpausen« nutzten wir dann gleich noch für ein paar Abstimmungen unter uns. Trotz enger Termine gelang es uns, auch die Paramount Pictures und die Universal Studios zu besuchen und neue Erkenntnisse und Anregungen zu erhalten.

Einige Wochen später kamen der Präsident und der Vizepräsident der Wilshire Court Productions mit einer kleinen Delegation nach Babelsberg. Sie wollten unser fachliches Können für langfristige Vorhaben genauer kennenlernen und zu einem günstigen Abschluss kommen. Ein paralleles Angebot des Bavaria Studios in Geiselgasteig (bei München) wollte man noch prüfen. Den Zuschlag erhielten dann *wir*. Bei dieser und späteren Gelegenheiten saß Vizepräsident Ed Milkovich gern mal in meinem Büro, denn hier konnte er mit Genuss zu deutschem Filterkaffee meine Zigaretten rauchen, da noch kein Rauchverbot galt.

Die finanzielle Lastenverteilung wollte man mit der Geschäftsleitung weiter verhandeln. Meine Meinung dazu war bekannt und wurde erneut zur Kenntnis genommen, aber die UFA Film- und Fernsehproduktion GmbH entschied anders. Allerdings wurde eine finanzielle Unterstützung des Projektes beim Medienboard Berlin-Brandenburg erwirkt. Ich war nur noch für den praktischen Teil der Zusammenarbeit, die Realisierung der Dreharbeiten verantwortlich.

Nun wurde von der UFA Filmproduktion und dem Studio Babelsberg als gemeinsame Tochter für dieses Vorhaben die UFA Babelsberg GmbH mit einem Briefkasten in Babelsberg gegründet. Dazu war meine Teilnahme nicht gefordert. Folgende Regelung wurde mir mündlich mitgeteilt: Alle über das Limit hinausgehenden Produktionsleistungen sollten vom amerikanischen Producer und mir laufend auf Realisierbarkeit geprüft, fortlaufend kalkuliert und von der Wilshire Court Productions bestätigt werden. Auf diese Methode einer fließenden Produktionsfreigabe und damit eines fließend angepassten Budgets einigten sich alle Seiten. Die Aufteilung der auflaufenden Gesamtkosten wollte Wilshire Court mit dem Partner UFA Babelsberg GmbH zum Abschluss der Arbeiten und der Aufteilung der Nutzungsrechte beschließen. Es gab also bei Produktionsbeginn kein festgelegtes Budget, nur meine mögliche Leistungsaufstellung für das Limit von zwei Millionen US-Dollar. Dieser Betrag würde nicht reichen, das war allen klar.

Ich sollte nun neben den üblichen formalen Tagesberichten laufend über die aktuellen Budgetwerte, weitere Kosten und den zu erwartenden Endkostenstand berichten. Dazu kam für die Vorbereitungs- und Drehzeit ein Accountant (Buchhalter) als Mitarbeiter und Controller aus Hollywood zu uns. Bill Wells erwies sich als ein erfahrener Fachmann und angenehmer Kollege. Er half, den aufwendigen bürokratischen Regelungen Hollywoods gerecht zu werden. Diese Reports bestätigten später Artie Mandelberg (der Producer), Bill Wells (der Accountant) und ich (der German Line Producer)[140] und verteilten den Kenntnisstand an die Chefetagen beider Unternehmen. Martin Ganz und unser Accountant Wolfgang Schwedler unterstützten uns dabei. Diese Methode einer fließenden Produktion und Finanzierung eines Spielfilms kannte ich nur theoretisch, hatte sie aber noch nie praktiziert. In unserem kleinen Managerteam einigten wir uns aber später schnell, freundschaftlich und problemlos.

Zur Filmstory: Eine Gruppe junger amerikanischer Astronauten fliegt irgendwann in der Zukunft unter Leitung eines erfahrenen Kommandanten durchs Weltall und erlebt allerlei spannende Abenteuer und kriegerische Auseinandersetzungen. Für die realen Aufnahmen im Raumschiff waren also futuristische Örtlichkeiten in ein bis zwei Ateliers zu bauen und einzurichten. Für etwa vier bis fünf wichtige Drehtage musste ein ungewöhnlicher Originaldrehort gefunden werden, der mit Zusatzausstattungen und spezieller Beleuchtung auch für einige Action-Szenen dienen konnte. Dafür nutzten wir auch einige große Räume im Internationalen Congress Centrum (ICC) in Berlin, die mit wenigen Anpassungen glaubhaft als Innenräume eines Raumschiffes gelten konnten. Eine funktechnisch animierte Roboterfigur in Menschengröße sollte Mitglied der Raumschiffbesatzung werden. Nach abgestimmten Entwürfen ließen wir sie konstruieren. Ihre Sprache erhielt sie in der Postproduktion.

Die Kampfszenen im Weltall und die Sicht auf das Raumschiff von außen sollten etwa 20 Prozent des Films ausmachen und komplett per CGI, das heißt computergestützt, erzeugt werden. Dafür machten wir eine neue kleine Firma in Leipzig ausfindig, die junge Ingenieure gegründet hatten. Sie stellten sich dieser Herausforderung und die Arbeitsergebnisse fanden auch bei einem später aus Hollywood eingeflogenen speziellen Supervisor[141] Anerkennung.

Die Anzahl der Kleindarstellerinnen, Kleindarsteller und Komparsen, Kostümanfertigungen und die Requisiten schätzte ich ähnlich grob. Mit einem ungefähren Drehplanentwurf ermittelte ich die Drehtage. Die Atelierbau- und

140 Line Producer: Herstellungsleiter in einer Film- und Fernsehproduktion.
141 Visual Effects Supervisor oder VFX Supervisor: kreativer Projektmanager bei Spiel- oder Werbefilmproduktionen, der für die Erstellung der Visuellen Effekte verantwortlich ist.

Drehzeiten und kostenrelevanten Faktoren schätzte ich anhand des Drehbuches und eines groben Drehplanentwurfes. Ich ging von 20 bis 22 realen Drehtagen aus. Meine amerikanischen Kollegen erzählten mir später, dass sie meine Annahmen nachvollziehen konnten. Das Drehbuch wurde anhand der fertiggestellten Dekorationen mehrfach angepasst und erweitert. Während der Drehzeit hatte die Autorin Melinda Snodgrass als Story Producer[142] neben dem Produktionsbüro ein kleines Arbeitszimmer und lieferte kontinuierlich auf verschiedenfarbigen Zusatzseiten Ergänzungen, Änderungen und Streichungen, die mit dem Regisseur und dem Producer abgestimmt waren. Meine Meinung wurde dazu auch erfragt, aber vor allem die produktionstechnischen und finanziellen Konsequenzen hatten der Producer und ich abzuschätzen. Der Endkostenstand wies später 22 Drehtage und vier Millionen US-Dollar aus. Änderungswünsche erreichten uns darüber hinaus. Während mich diese beunruhigten, störte das sonst niemanden; man war gewohnt, bis zum allerletzten Moment Verbesserungen vorzunehmen.

Zunächst aber trafen wir im Herbst 1994 mit dem in Hollywood neu ernannten Regisseur und Producer E. W. Swackhamer in Babelsberg zusammen. Er sollte und wollte beide Funktionen wahrnehmen. Das gefiel mir, weil so Entscheidungen unkompliziert schnell und sachkundig hätten getroffen werden können. »Swack«, wie er sich gern nennen ließ, hatte als Autor, Producer und Regisseur lange in Hollywood gearbeitet, stellte sich als Mittfünfziger vor, war aber, wie sich herausstellte, zehn Jahre älter. Er unterbreitete uns angenehm offen, nachvollziehbar und charismatisch sein Konzept. Die Filmhandlung sollte irgendwann in der Zukunft spielen, und er hatte sich ausgedacht, dass die Besatzung, das Raumschiff und die sie umgebende Welt wie im antiken Rom erscheinen sollten. Schöne Menschen würden – in Togen gekleidet, freundlich, gelassen und bescheiden, von modernen Computern und beflissenen Robotern unauffällig unterstützt – ein friedliches fantasievolles Leben in antik nachempfundenen Einrichtungen führen. Nur wenn böse Nachbarn von anderen Planeten sie störten, mussten sie leider manchmal mit modernster Technik dagegen kämpfen.

Das konnten wir uns vorstellen und produktionstechnisch einrichten. Die Module und einige Entwürfe von Heinz Röske gefielen Swack sofort. Beide verstanden sich mit wenigen Strichen in den Skizzen. Von mir erwartete Swack bis zum nächsten Treffen Vorschläge für einen guten deutschen Englisch sprechenden Kameramann und für die Besetzung kleinerer Rollen (mit

142 Story Producer: entwickelt Pläne für die einzelnen Szenen und Sequenzen eines Films/einer Filmserie und schafft dabei einen Spannungsbogen, der das Publikum am Ball halten soll.

Englischkenntnissen) sowie ein erstes Drehplan-Konzept. Wir verständigten uns auf eine Drehzeit im Februar, März 1995. Alles Weitere wollten wir bei seinem nächsten Besuch im Dezember beraten. Er reiste nach Hause, um bei Wiltshire Court am Buch einige Änderungen zu erwirken und den amerikanischen Cast (die Besetzung der Filmrollen) zusammenzustellen.

Anfang Dezember 1994 kam er wieder nach Berlin. Wir hatten uns für Montag, den 5. Dezember 1994, 9 Uhr, in meinem Büro in Babelsberg verabredet. Er erschien aber nicht. Bei einem Anruf in seinem Hotel erhielten wir die Auskunft, dass Swack am frühen Morgen mit starken Schmerzen in die Charité gebracht worden war. Dort hatte man ein Aneurysma der Bauchaorta diagnostiziert. Trotz sofort einsetzender Behandlung verstarb er nach kurzer Zeit. Bill Wells und ich schilderten Wilshire Court telefonisch wegen der Zeitverschiebung erst am Nachmittag die Situation und baten, die Familie zu informieren. Nachdem in den nächsten Tagen die Überführung des Verstorbenen nach Los Angeles angemessen geregelt war, wurde in Hollywood schnell entschieden, einen anderen Regisseur zu benennen, um das Projekt im geplanten Zeitrahmen weiterzuführen. Heinz Röske, Martin Ganz und ich sollten aber dabeibleiben.

Bill Wells hatte schon seit einem Monat in Babelsberg ein Büro mir gegenüber bezogen. Täglich tauschte er per Telefon und Fax neueste Informationen mit der Wilshire-Court-Zentrale in Hollywood aus. Manchmal beklagte er scherzhaft, nicht Deutsch lernen zu können, weil alle versuchten, mit ihm Englisch zu sprechen. Noch im Dezember wurden der Producer Artie Mandelberg und der Regisseur Jim Johnston beauftragt, E. W. Swackhamers Arbeit fortzuführen. Beide reisten im Januar 1995 an. Allerdings brachten sie ein neues Ausstattungskonzept mit. Heinz Röskes Modulsystem, der sprechende Roboter und einige pyrotechnische Effekte blieben erhalten, sie waren schon teilweise im Bau. Auch die Aufteilung »Innen im Raumschiff« real drehen und »Außen im All« per CGI entwerfen und animieren wurde nicht verändert, erhielt aber eine andere Gewichtung, und die Handlung spielte nun nicht mehr in einer zukünftigen zivilen Antike, sondern in einer straff militärisch organisierten Lebensform.

Nun begannen intensive Vorbereitungen. Entsprechend wurde die Besetzung zusammengestellt und alle wurden in schicke Uniformen gekleidet, die Guten in weiße und die Bösen in schwarze. Zum großen Teil wurden die Kostüme in Hollywood gefertigt. Die von uns engagierte Kostümbildnerin Cordula Stummeyer hatte nur noch Anpassungen, kleine Änderungen vorzunehmen und Uniformen für einzelne kleine Rollen adäquat zu gestalten. Der Regisseur Jim Johnston war ein freundlicher, handwerklich erfahrener

Mann, er wollte aber keine klaren antiken Formen, dafür viel »Blinki-Winki« in dem Raumschiff, wie er es nannte. Die Modul-Dekoration war nun mit vielen kleinen Lichtern und optisch wirksamen technischen Effekten auszustatten, auch wurde das Buch durch einige Kampfszenen im Weltall (CGI), Stunts und pyrotechnische Effekte in der Raumschiffdekoration erweitert. Besonders für Heinz Röske und den Dekorationsbau ergab sich dadurch zeitlich ein Problem.

Hinzu kam, dass Jim Johnston sich nur ungern über Skizzen und Entwürfe verständigen wollte. Er bevorzugte humorige Erklärungen. Sprachlich versierte, aber filmunerfahrene Dolmetscher verstanden häufig nicht, worüber der Regisseur und Szenenbildner miteinander reden wollten. Mehrfach mussten zunächst filmtypische Begriffe und Fertigungsprobleme für die Dolmetscher erklärt werden. Bei ernsthafter werdenden Gesprächen wollten beide mich als Vermittler dabeihaben. Ich kannte beider Vorstellungen und Probleme und sie vertrauten mir. Das half auch atmosphärisch. Die Dekorationsbauten wurden in den Studiowerkstätten trotz inzwischen reduziertem Personal und zunehmendem Zeitdruck zuverlässig gefertigt. Jim Johnston kannte nur die amerikanische Arbeitsweise und bat dringend, so auch bei diesem Film arbeiten zu können. Einen Regieassistenten wie im deutschen System kannte und brauchte er nicht. Er bat um einen »1st AD« (First Assistent Director)[143].

Deutsche Assistenten mit 1st-AD-Erfahrungen gab es kaum oder sie waren kurzfristig nicht verfügbar. So engagierten wir schließlich David Tringham aus London. Er war ein legendärer britischer 1st AD, hatte seit Mitte der 1950er-Jahre an vielen internationalen Filmen mitgearbeitet, darunter LAWRENCE VON ARABIEN, RYANS TOCHTER, HIGHLANDER und ROBIN HOOD – KÖNIG DER DIEBE.[144] Er hatte mit vielen international bekannten Filmregisseuren und Schauspielerinnen und Schauspielern gearbeitet. Im Auftreten und in der Arbeit war er ein Gentleman, er prägte die Atmosphäre an den Drehorten und wusste mit jedermann und jeder Situation gelassen und höflich umzugehen. Als 1st AD gehörte es auch zu seinen Aufgaben, den Drehplan und die Grundsätze der Tagesdispositionen nach seinen Angaben erstellen zu lassen. Ein 2nd und ein 3rd AD unterstützten ihn gewöhnlich dabei. Den

143 First Assistent Director (1st AD): organisatorisches Rückgrat einer Filmproduktion; strukturiert federführend alle Abläufe in der Vorbereitung und während des Drehs; ist Bindeglied zwischen Regie, Produktion und den verschiedenen Abteilungen innerhalb eines klar definierten Rahmens.

144 LAWRENCE OF ARABIA (LAWRENCE VON ARABIEN, 1962, David Lean); RYAN'S DAUGHTER (RYANS TOCHTER, 1970, David Lean); HIGHLANDER (HIGHLANDER – ES KANN NUR EINEN GEBEN, 1986, Russell Mulcahy); Robin Hood: Prince of Thieves (ROBIN HOOD – KÖNIG DER DIEBE, 1991, Kevin Reynolds).

praktischen Teil übernahmen teilweise unsere Aufnahmeleiter. Um einander besser verstehen zu können, haben er und ich häufig abends nach Drehschluss gemeinsam eine aktuelle Drehplanfassung zusammengestellt. Er wusste, wie die aussehen sollte, und ich konnte sie im Computer herstellen. So lernten wir beide voneinander und uns gegenseitig zu schätzen.

Kameramann wurde auf meinen Vorschlag Achim Poulheim aus Hamburg. Sein guter Ruf als Bildgestalter und seine Fähigkeit, nach amerikanischen Gepflogenheiten zu arbeiten, bestätigten sich schnell. Sein langjähriger Assistent Peter Uhlig stand hinter der Kamera. Dazu engagierte ich den empfohlenen Oberbeleuchter Heinz-Walter Rose und den Drehbühnenmann Trevor Watkins (Key Grip)[145]. Den Drehstab komplettierten wir mit noch angestellten Beleuchtern und Requisiteuren aus dem Studio. Für Spezialeffekte, Maske, Garderobe, musste ich nun »Freischaffende« engagieren, die möglichst Englisch sprachen.

Einige Tage vor Drehbeginn reisten aus Los Angeles die Hauptdarstellerinnen und Hauptdarsteller Morgan Fairchild, Chad Everett, Jay Underwood, Jennifer Bransford, Chris Conrad, Ivan Sergei und Kelly Hu an. Sie bekamen Gelegenheit, sich zu akklimatisieren, die Ateliers kennenzulernen, ihre Garderobenräume einzurichten sowie an Masken- und Garderobenproben teilzunehmen. Von deutscher Seite kamen Eva Habermann, Jonathan Kinsler, Hans-Martin Stier, Dennenesch Zoudé und andere dazu.

Um die Zusammenarbeit zu erleichtern und Missverständnissen vorzubeugen, hatte ich für die Dreharbeiten, für Maske und Garderobe und auch für das gemeinsame Produktionsbüro als Arbeitssprache Englisch festgelegt. Mich überraschte, wie freudig diese Idee angenommen wurde. Alle hatten Spaß und halfen einander, sich zu verstehen. Für meine Sekretärin, nun Produktionskoordinatorin, und andere wurde diese Zeit zu einem intensiven Englischkurs. Wenn unser zuverlässiger und freundlicher Produktionsfahrer Mike während einer Fahrt radebrechend, aber begeistert den amerikanischen Kollegen Sehenswürdigkeiten Berlins zu erklären versuchte, erzählten diese mir anschließend laut lachend von diesem Vergnügen. Einige baten, zukünftig nur noch von Mike chauffiert zu werden. Er hatte Fans gefunden!

Die Dreharbeiten verliefen wie immer anstrengend, aber präzise nach dem verabredeten Drehplan und in freundlicher Atmosphäre. Um zu beweisen, dass wir amerikanischen Ansprüchen durchaus gerecht werden konnten, musste

145 Grip: Bezeichnung eines filmtechnischen Berufs; arbeitet als Teil des Filmstabs beim Kameradepartment. Der »Key Grip« ist der Chef der Gripcrew; der Bediener des Kamerawagens wird »Dolly Grip« genannt.

ich mich nicht besonders anstrengen, nur das tun, was ich für jedes Vorhaben getan hätte, um einen funktionierenden Drehstab zusammenzustellen, eine gründliche Organisation der Dreharbeiten durchzusetzen und manchmal für den Film »Unmögliches möglich zu machen«. Allerdings hatte ich unerwartet Schwierigkeiten. Das Projekt war *auch* durch meine Bemühungen zustande gekommen und nicht von der Studioleitung akquiriert worden. Zudem war es kein Kinofilm, nur der Pilotfilm einer Fernsehserie. Das wurde nicht sehr geschätzt. Ich bemühte mich, diesem Eindruck entgegenzuwirken, trotzdem bemerkten es die amerikanischen Kollegen.

Mit dem Producer Artie Mandelberg teilte ich das Bemühen, das Vorhaben für beide Seiten zu einem Erfolg zu führen. Erst nach Wochen erzählte er mir, dass er seinem Vater nicht erzählen durfte, dass er jetzt in Berlin und Babelsberg arbeitete. Seine in New York lebenden Eltern waren beide KZ-Überlebende, sie hatten für sich und ihre Familie entschieden, nie wieder irgendetwas mit Deutschland zu tun haben zu wollen. Von einer geplanten Reise nach Auschwitz riet ich ab und empfahl ihm, sich an einem Wochenende mit mir das alte jüdische Viertel in Prag anzusehen. Das wollte er aber allein mit seiner Frau tun, was ich gut verstand.

Die Professionalität Jim Johnstons und seinen Humor, auch an schwierigen Momenten etwas Komisches zu entdecken, begann ich zunehmend zu schätzen. Wir hatten gemeinsam wieder etwas mehr von der Welt erlebt. Beim Abschlussfest würdigten wir alle die schöne Zusammenarbeit. Der Vizepräsident von Wilshire Court Productions, Ed Milkovich, nahm bei dieser Gelegenheit Achim Poulheim und mich zur Seite und erklärte, er würde uns beide gern für zukünftige Arbeiten nach Hollywood holen. Wie schon die Einladung nach Tokio 1988 beim Abschlussfest verstand ich auch diese Erklärung als Ausdruck von Wertschätzung und nahm sie nicht weiter ernst. Diesmal hatte ich Recht. Die gesamte Postproduktion wurde, wie vereinbart, in Hollywood realisiert. Nur die deutsche Synchronfassung entstand wieder in Babelsberg. Daran war ich nicht mehr beteiligt. Mit dem deutschen Titel STAR COMMAND – GEFECHT IM WELTALL wurde der Pilotfilm 1996 zu einem Fernsehfilm. Eine Serie folgte nicht. In späteren amerikanischen Veröffentlichungen wurden Artie Mandelberg und ich gemeinsam unter der Rubrik Producer geführt.

Freischaffend ab 1996 in Hamburg, Wien, New York, Babelsberg, München, in Frankreich, Italien, Spanien und St. Petersburg

Ich verließ das Babelsberger Spielfilmstudio zum Ende 1995 nach 23 Jahren. Ich hatte gerade meinen 50. Geburtstag gefeiert. Die Idee, meine Erfahrungen für die Gründung einer kleinen eigenen Filmproduktion zu nutzen, verwarf ich. Ohne nennenswertes Eigenkapital und einige Mitstreiter hätte ich bei wechselnder Marktlage versuchen müssen, kontinuierlich alle möglichen Auftragsprojekte zu akquirieren und notfalls unterfinanzierte Projekte auf abenteuerliche Weise zu produzieren. Das wollte ich nicht. Ich bekam verschiedene Angebote und konnte weiterhin projektweise als Produktionsleiter, Herstellungsleiter oder Producer an der Realisierung von Spielfilmen mitarbeiten. Angebote zu einer erneuten Festanstellung schlug ich nach einem kurzen Misserfolg aus. Die Möglichkeit, nicht in einer festen Hierarchie eingeklemmt zu arbeiten, gefiel mir. Das wollte ich probieren.

Von der Relevant Film Produktion GmbH (Hamburg) wurde ich nacheinander für drei Filme als Herstellungsleiter mit Produktionsleiterpflichten engagiert. Den Hauptwohnsitz verlegte ich 1996 nach Hamburg, um zum Regionaleffekt mit Arbeit und Gage für die Filmförderung Hamburg gelten zu können. Von hier aus war ich in den folgenden Jahren mit der Herstellung mehrerer Kino- und Fernsehfilme beschäftigt. Eine kleine Nebenwohnung behielt ich immer in Potsdam.

Bisher hatte ich nur in oder mit größeren Filmfirmen und international gearbeitet. Die Zusammenarbeit in dieser kleinen soliden Firma gestaltete sich freundlich und erfolgreich. Überrascht war ich allerdings, immer noch auf westliche Kolleginnen und Kollegen zu treffen, die nicht erwarteten, dass der Typ aus dem Osten in der Marktwirtschaft problemlos zurechtkam. Besonders komisch wurde es, wenn jemand versuchte, das erwartete Unwissen des »Ossis« auszunutzen. Die überraschten Gesichter amüsierten mich immer wieder. Als in München nach zwei Wochen intensiver Zusammenarbeit meine frisch engagierte, tüchtige Sekretärin mitbekam, dass ich kein Hamburger war, sondern aus dem Osten kam, nahm sie an, man wolle sie veräppeln. Ich würde mich fachlich so gut auskennen und hätte gar nichts »Ostisches« an mir. Wobei nicht richtig klar wurde, was denn »ostisch« sei.

Bei Relevant Film habe ich an den Filmen Zwei Leben hat die Liebe (1996, Peter Timm; Fernsehfilm), Dumm gelaufen (1996, Peter Timm; Kinofilm) und Ferkel Fritz (1997, Peter Timm; Fernsehfilm) mitgearbeitet.

Chamäleon (1998; Buch, Regie, Schnitt: Thorsten Näter; Fernsehfilm für ProSieben): Als Pilotfilm für eine Serie mit dem Arbeitstitel »Die Außenseiter« produzierten wir, von Studio Hamburg dafür engagiert, diesen sehenswerten Kriminalfilm. Dabei probierten wir risikoreiche Stunts und aufwendige Spezialeffekte. Wegen einer Veränderung der Programmstruktur des Auftrag gebenden Senders ProSieben wurde der Film kaum ausgewertet. Bei diesem damals ungewöhnlichen Projekt erinnere ich mich gern an die Zusammenarbeit mit dem ideenreichen Drehbuchautor, Regisseur und Editor Thorsten Näter und sein professionelles Beharrungsvermögen, an den Kameramann Henning Zick und seine kluge Kollegialität, an meine Kollegen Moritz Hansen und Jeffrey Budd und ihre freundschaftliche Unterstützung sowie an das gesamte engagierte Team. Alle haben viel dabei gelernt. Die folgenden elf Teile der Fernsehserie entstanden mit dem veränderten Titel Delta Team – Auftrag geheim in den Jahren 1998 und 1999 mit den Regisseuren Thorsten Näter, Michael Steinke, Christian Stier, Dror Zahavi und Miguel Alexandre. Die Produktion übernahm die Allmedia Film und Fernseh GmbH (München), damals eine Tochtergesellschaft von Studio Hamburg.

Deutschlandspiel (2000; Produktion: Cinecentrum Hamburg; Buch und Regie: Hans-Christoph Blumenberg): Blumenberg realisierte für das ZDF ein gelungenes zweiteiliges Doku-Drama um wesentliche Hintergründe und Ereignisse 1989/90 im Wiedervereinigungsprozess des geteilten Deutschlands. Bei der Arbeit habe ich viele großartige Schauspielerinnen und Schauspieler an sehr besonderen Drehorten erlebt. In Filmbauten in Hamburg und an Originalschauplätzen in Ostberlin (darunter der Sitzungssaal des Politbüros der SED) und in Bonn (das Büro von Helmut Kohl im Bundeskanzleramt) haben wir mit Sir Peter Ustinov, Lambert Hamel, Udo Samel, Nicole Heesters, Michael Mendl, Peter Sodann und vielen Schauspielerinnen und Schausielern aus Ost und West gedreht. Wenn einige der Schauspieler und ich uns zur Begrüßung besonders herzlich umarmten, wurde sichtbar, dass uns gemeinsame Erinnerungen an die DEFA-Zeit verbanden. An diesem Film hat mich besonders beeindruckt, wie wirkungsvoll Spielszenen und Dokumentarfilmanteile von der Filmeditorin (Schnittmeisterin) Florentine Bruck und dem Regisseur Hans-Christoph Blumenberg kombiniert wurden.

Der Briefbomber (2000; Regie: Torsten C. Fischer; produziert von Multimedia Hamburg für das ZDF und Arte): Spannende Geschichte der Briefbombenserie in Österreich, die die Öffentlichkeit in den 1990er-Jahren erregte. Umfangreiche Dreharbeiten in und bei Wien und Hamburg.

Verlorenes Land (2001; Regie: Jo Baier; Bavaria Filmproduktion GmbH München-Geiselgasteig; für die ARD und Arte): Tragische Liebesgeschichte um den Niedergang der bäuerlichen Kultur in Niederbayern in den 1950er-Jahren mit Martina Gedeck, Monica Bleibtreu und Merab Ninidze; Drehorte in Niederbayern, München, den Bavaria Studios und der Bretagne.

Sektion – Die Sprache der Toten (2002; Regie: Markus Bräutigam; Fernsehfilm; Produktion Relevant Film Hamburg): Pilotfilm einer danach geplanten, aber nicht realisierten Krimi-Reihe um eine Gerichtsmedizinerin.

Der Vater meines Sohnes (2003/04; Regie: Dagmar Damek; Produktion: Ziegler Film Berlin für das ZDF): Liebesgeschichte nach Charlotte Link, gedreht unter anderem in Andalusien und Caputh; in einer der Hauptrollen Désirée Nosbusch.

Freundschaften und andere Neurosen (2006/07; Regie: Mark Schlichter; Fernsehfilm für das ZDF): Komödie über Freundschaft, die allerlei Turbulenzen übersteht. Gedreht in Berlin und auf Mallorca mit Ann-Kathrin Kramer, Harald Krassnitzer und Christoph M. Ohrt.

Leo und Marie – Eine Weihnachtsliebe (2007/08; Regie: Rolf Schübel; Bavaria Filmproduktion GmbH München-Geiselgasteig für das ZDF): Liebesgeschichte im weihnachtlichen Hamburg und Norwegen, gedreht in und um Hamburg.

Eine Liebe in St. Petersburg (2009; Regie: Dennis Satin; Bavaria Filmproduktion GmbH München-Geiselgasteig für die ARD): Deutsch-russische Liebesgeschichte, gedreht in Berlin, Potsdam und St. Peterburg.

Rosenstrasse (2002/03)

BRD / Niederlande | Regie: Margarethe von Trotta | Premiere: 30. August 2003 (Venedig); Kinostart in Deutschland: 18. September 2003

Eine besonders schöne und wichtige Arbeit wurde für mich der Kinofilm Rosenstrasse (2002/03), eine deutsch-niederländische Koproduktion. Studio Hamburg bot mir an, mich mit der Regisseurin Margarethe von Trotta zu treffen und mit ihrem Einverständnis die Produktionsleitung dieses Vorhabens zu übernehmen. Wir verstanden uns schnell und es entwickelte sich eine vertrauensvolle Zusammenarbeit, an die ich mich gern erinnere. Sie hatte klare Vorstellungen, die mir einleuchteten, und eine Arbeitsweise, die auch vom Team und den Schauspielerinnen und Schauspielern sehr geschätzt wurde.

Mit der Lektüre des Buches war klar, dieses Projekt würde ein außergewöhnlicher Film werden, aber auch ein überdurchschnittliches Budget erfordern. Es mussten von mehreren Filmförderungen Gelder eingeworben und weitere Beteiligungen gesucht werden. Die Letterbox Filmproduktion von

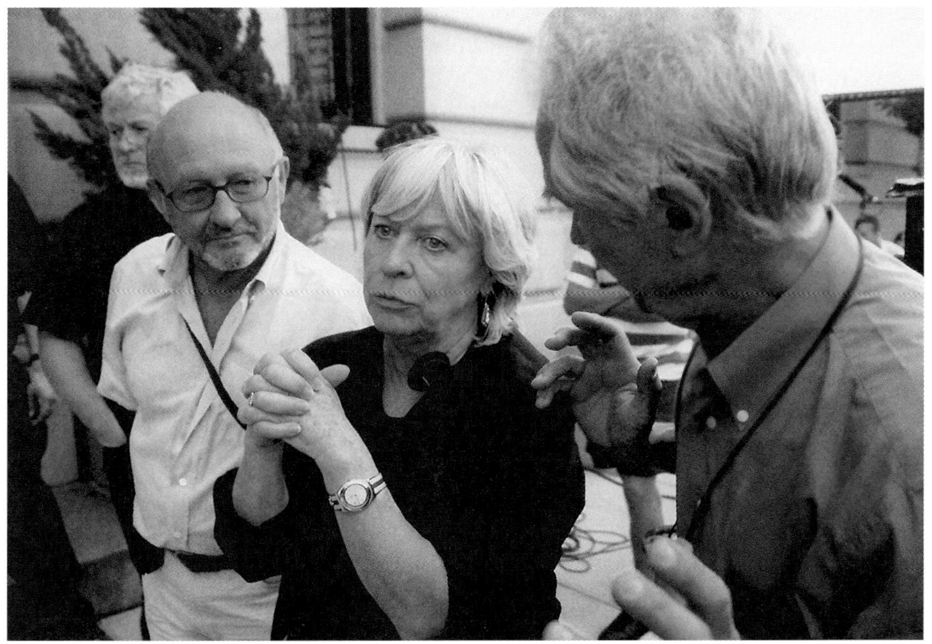

In New York für ROSENSTRASSE: Kameramann Franz Rath (im Vordergrund, rechts), links daneben die Drehbuchautorin und Regisseurin Margarethe von Trotta und Produzent Richard (Charly) Schöps; im Hintergrund Produktionsleiter Hans-Erich Busch

Studio Hamburg und die Tele München Gruppe schlossen mit der niederländischen Get Reel Production einen Koproduktionsvertrag und bewarben sich erfolgreich um regionale, nationale und europäische Filmfördermittel. Mit weiteren Eigenmitteln konnte die Finanzierung gesichert werden.

In einer dramatischen Filmgeschichte werden die Geschehnisse 1943 in der Berliner Rosenstraße und ihre Wirkungen bis in die Gegenwart erzählt. In einer Sammelstelle wurden jüdische Männer und einige Frauen zusammengetrieben und eingesperrt, obwohl sie durch ihre nichtjüdischen Ehepartner als geschützt galten. Hunderte Frauen demonstrierten nun lautstark in der Rosenstraße für die Freilassung ihrer Männer. Margarethe von Trotta hatte mit Unterstützung der New Yorkerin Pam Katz das Drehbuch geschrieben.

Um den Bedingungen der beteiligten regionalen Förderanstalten zu entsprechen, mussten einige kostenintensive Szenenkomplexe und Teile der Postproduktion in Bayern und Hamburg realisiert werden, obwohl die Filmhandlung nur in Berlin und kurz in New York spielt. Nach den geltenden Regularien waren 150 bis 200 Prozent des jeweiligen Förderbetrages in der Region auszugeben. Die Einhaltung dieser Vorschriften musste buchhalterisch genau belegt werden. Ein Teil des Budgets wurde somit für innerdeutsche Reisen und Umzüge, Hotel- und Reisekosten, zusätzliche Gagen, Einkäufe oder Gebühren ausgegeben. Die ursprünglich avisierte Zahl von sechzig Drehtagen haben wir auch deshalb im Drehplan gemeinsam auf 54 reduzieren müssen.

Der Babelsberger Heike Bauersfeld gehörte zu den erfolgreichen Szenenbildnern des DEFA-Studios für Spielfilme. Seit 1990 wie viele seiner Kollegen »freischaffend«, hatte er schon erfolgreich mit Margarethe von Trotta gearbeitet. Sie mochte seine szenischen Entwürfe, und gemeinsam mit dem Münchener Kameramann Franz Rath entwickelten sie das szenische Konzept.

Die Dreharbeiten in New York, Hamburg, Berlin und Oberbayern sowie im Studio Babelsberg, in Berlin und den Bavaria Studios konnten wir mit aufwendigen Filmbauten und Ausstattungen in einer kompakten Drehzeit realisieren. Um lange Pausen beim Umzug von Drehort zu Drehort zu vermeiden, hatte ich neben unserer Hamburger Basis und den Serviceleistungen von Sabine Schenk in New York kleine zusätzliche Arbeitsstäbe (Location Management) in Babelsberg und München engagiert. Damit konnten wir mit allem Equipment an den inzwischen vorbereiteten nächsten Drehorten schnell fortsetzen. Im Studio Babelsberg unterstützte Ulrich Kling uns mit verschiedenen Dienstleistungen. Neben der Dekoration »Rosenstraße«, wofür wir im Freigelände einen bestehenden Filmbau (Außenkulisse »Berliner Straße«) nutzten, benötigten wir eingerichtete Büroräume, Garderoben, Masken- und technische Geräteräume sowie Vorführungen.

Mit der umfangreichen Besetzung, angeführt von Katja Riemann, Maria Schrader, Jürgen Vogel, Jutta Lampe, Doris Schade, Fedja van Huêt, Martin Feifel und Jutta Wachowiak, und nicht zuletzt im Hinblick auf mehrere vorgesehene Massenszenen planten mein damaliger 1. Aufnahmeleiter Arno Neubauer und ich die gesamte Drehzeit vom Beginn in New York bis zum Ende in den Bavaria Studios bei München. Im Juli 2002 waren wir mit einer kleinen Vorbereitungsgruppe nach New York gereist, um mit Sabine Schenk – einer tüchtigen Produzentin, die eigentlich aus Thüringen stammte – die von ihr nach unseren Wünschen vorgeschlagenen Motive (Locations) und den Ablauf der Dreharbeiten festlegen zu können. Das Kamera- und Beleuchtungsequipment entlieh Sabine Schenk für uns bei der ARRI-Vertretung[146] in New York. Das ersparte uns aufwendige Transportkosten und zeitaufwendi-

146 ARRI entwickelt, produziert und vertreibt professionelle Filmkameras, Objektive, Beleuchtung und Systemlösungen für die Film-, Fernseh- und Medienindustrie; global tätiger Anbieter von Technik und Dienstleistungen für die Film- und Medienwirtschaft.

ge Zollformalitäten. Die verabredeten Motive sicherte und bereitete sie vertraglich vor. Dazu engagierte sie eine kleine Unterstützer-Crew von Ortskundigen für Drehbühne, Dollys (Kamerawagen), Beleuchtung oder andere technisch-organisatorische Produktionsbelange sowie die nötigen Fahrzeuge und Transportmittel.

Ich war schon vor dem Drehstab, am 11. September 2002, angereist, um letzte Vorbereitungen kontrollieren und Korrekturen abstimmen zu können. Das war genau ein Jahr nach 9/11.[147] Damals, am 11. September 2001, erreichten mich die Nachrichten von den Terroranschlägen in New York bei Dreharbeiten zu VERLORENES LAND auf einem einsamen Gehöft in Niederbayern. Wir unterbrachen kurz die Arbeit, hielten erschrocken inne, wussten aber mit den Nachrichten aus New York nicht so richtig umzugehen und drehten nach einem stillen Moment weiter. Zwischendurch im Büro und nach Drehschluss versuchten alle über Autoradios auf der Fahrt ins Hotel Genaueres zu erfahren. Nun, ein Jahr später, nutzten zwar noch viele Passagiere den Flug von Hamburg nach London, für den planmäßigen Weiterflug über den Atlantik war das Flugzeug aber fast leer. Nur wenige trauten sich, an diesem Tag nach New York zu fliegen. Unsere New Yorker Filmszenen spielten alle in der Zeit vor diesem Terrorakt und wir wollten hier nur einige Außenaufnahmen realisieren. Die Filmbauten für die dazu gehörenden Innenszenen ließen wir – um den Regionaleffekt der bayerischen Filmförderung zu erfüllen – als Atelierbau in den Bavaria Studios für das Ende der Drehzeit im Dezember bauen.

Der Ausstattungsaufwand in New York war gering. Wir mussten nur für die Anschlussbauten einige ortstypische Requisiten wie Türgriffe oder Klingelknöpfe mit nach München bringen. Als Maske und Garderobe konnten wir unsere Hotelzimmer in dem historischen, etwas altmodisch wirkenden Hotel »Mayflower« am Central Park improvisieren. Der für die Arbeiten in New York reduzierte Stab sowie Maria Schrader und Fedja van Huêt reisten einige Tage später an. Am 17. September 2002 fiel die erste Klappe auf dem Broadway in Manhattan. Die Dreharbeiten verliefen ohne Probleme. Einige New-York-Schnittbilder für die Expositionsmontage des Films drehte Jan Betke (Assistent von Franz Rath) separat in einer 2nd Unit. Alle Negative ließen wir noch in New York entwickeln und kopieren, um gleich die Aufnahmen anhand der Filmmuster kontrollieren zu können.

147 9/11: Terroranschläge durch das islamistische Terrornetzwerk Al-Qaida am 11. September 2001 mit Ziel auf das World Trade Center (WTC) in New York als Symbol des Kapitals und der Wirtschaft, das Pentagon und das Kapitol als Symbole der Macht, die insgesamt rund 3.000 Todesopfer aus 92 Ländern forderten.

Nach der Rückkehr setzten wir die Dreharbeiten mit personal- und ausstattungsintensiven Szenen in einem inzwischen aufwendig eingerichteten Filmbau eines »Sammellagers der SS« in einem alten Hamburger Industriebau fort. Im Oktober ging es dann nach Babelsberg und Berlin. Im Außengelände des Studios Babelsberg stand zu dieser Zeit der Filmbau »Altberliner Straße«, der schon von mehreren, auch internationalen Filmproduktionen genutzt worden war. Mit einigen Zusätzen und zeittypischen Ausstattungselementen hatten wir damit das Hauptmotiv »Rosenstraße« für Innen- und Außenaufnahmen. Mehrere Tage konnten wir dort ungestört mit vielen Schauspielerinnen, Schauspielern und Kleindarstellenden drehen und dafür die Infrastruktur des Studios nutzen.

Nach den ersten Drehtagen rief mich Margarethe von Trotta am Wochenende an. Sie nutzte die Zeit, um mit dem Kameramann Franz Rath die nächsten Drehtage vorzubereiten. Bis auf die Hauptrollen hatten wir die Masse der protestierenden Frauen zwar mit sorgfältig ausgewählten Kleindarstellerinnen besetzt. Anhand der Filmmuster der ersten Drehtage wurde aber deutlich, dass wir für die überzeugende Darstellung der erregten Frauenmenge und besonders für Großaufnahmen zusätzlich zu den Kleindarstellerinnen eine Reihe gut ausgebildeter Schauspielerinnen unterschiedlichen Alters benötigten. Ich hatte die Muster gesehen und verstand ihren Wunsch.

Margarethe kannte unsere frühere DEFA-Assistenzregisseurin Doris Borkmann, wusste um deren Fähigkeiten und bat sie um Hilfe. Doris kannte noch aus DEFA-Zeiten viele Schauspielerinnen, und es gelang ihr, mehrere für diese kurzfristige Aufgabe zu interessieren. Doris und Margarethe wussten, dass sie keine verbindlichen Verabredungen eingehen konnten. So kam ich ins Spiel. Abgesehen von der organisatorischen Blitzaktion wurde damit mindestens ein hoher fünfstelliger Betrag fällig, der in unserem Budget nicht vorgesehen war. Wegen der Reduktion der gewünschten Drehtage von sechzig auf 54 hatte ich relativ viele Überstunden in die Kalkulation aufgenommen.

Die Dreharbeiten verliefen, von Margarethe und Franz stets sorgfältig vorbereitet und realisiert, sehr konzentriert. Überstunden fielen dadurch deutlich weniger an, als ich vorgeplant hatte. Auf diese Weise verfügten wir inzwischen über ein kleines finanzielles Reservepolster, das bei ähnlichem Verlauf der Arbeiten noch anwachsen könnte. Diese Entwicklung registrierend, hatte ich aber bisher vermieden, darüber laut zu spekulieren. Man muss immer mal mit Ausfallzeiten durch schwieriges Wetter oder unerwartete Umstände rechnen. Für einen solchen Fall ist es nützlich, gerüstet zu sein.

Ich beschloss, ohne mich am Wochenende mit jemandem abstimmen zu können, dass dies so ein Fall war, wesentliche Teile der Einsparungen einzusetzen, und sagte zu. Kurzfristig erschien für einige Drehtage eine Reihe von Schauspielerinnen, die ich zum großen Teil kannte und schätzte. Alle und auch Doris Borkmann erhielten die ihnen zustehende Gage. Margarethe hatte die gute Idee – und ich war froh, unkompliziert dabei helfen zu können. Nachträglich waren auch die Produzenten froh, eine zufriedene Regisseurin zu haben und mit der Entscheidung nicht behelligt worden zu sein.

Thilo Wydra

Rosenstraße

Ein Film von Margarethe von Trotta
Die Geschichte. Die Hintergründe. Die Regisseurin

Für Hans,
der mir sehr geholfen hat,
manchmal sogar gegen seinen
oder gegen meinen Willen!
Danke.
Margarethe

nicolai

In den Ateliers der Bavaria Studios (München-Geiselgasteig) drehten wir zum Schluss die Innenaufnahmen der Shiva-Sitzungen zu den in New York gedrehten Außenszenen. Der 18. Dezember 2002 war hier, wie angestrebt, der 54. und letzte Drehtag. Wie üblich verabschiedeten wir uns mit einem kleinen Fest voneinander.

Für den Film erhielten Margarethe von Trotta und Katja Riemann 2003 Preise auf dem Festival in Venedig und Franz Rath 2004 den Bayerischen Filmpreis. Später schenkte Margarethe mir ein Exemplar des Buches »Rosenstraße«[148] von Thilo Wydra – mit einer Widmung, die unsere Zusammenarbeit sehr schön umschreibt.

148 Thilo Wydra: ROSENSTRASSE. Ein Film von Margarethe von Trotta. Die Geschichte. Die Hintergründe. Die Regisseurin. Berlin: Nicolai'sche Verlagsbuchhandlung 2003, 191 S.

Epilog

1945 in Rostock geboren, in Schweden und Mecklenburg aufgewachsen, Ausbildung und Abitur in Warnemünde, Studium in Babelsberg, professionelle Anfänge im Ostseestudio Rostock des Deutschen Fernsehfunks, reichlich zwei Jahrzehnte im DEFA-Studio für Spielfilme in Babelsberg mit mehreren Auslandsarbeiten und dem großen Andersrum 1989 bis 1995, danach »Arbeiten für Filme« in und aus Hamburg und München. So der knappe Abriss einer, meiner Herkunfts- und Berufsbiografie als Produktionsleiter – die erst mit der Erinnerung an Menschen und Orte vollständig wird.

Gern denke ich zurück an Drehorte und Arbeitsaufenthalte in den Karpaten, im Riesengebirge, in Prag und Böhmen, auf der Krim, in Moskau, Warschau, Havanna, Hanoi und den Dschungelbergen Nordvietnams, in Saigon, London, Tokio, Hiroshima, Hollywood, New York, Wien, der Bretagne, in Andalusien, Namibia, Kapstadt, am Gardasee, auf Mallorca und in Leningrad, das ich später wieder unter dem alten Namen »St. Petersburg« neu entdecken konnte.

Genauso erinnere ich die vielen deutschen Gegenden – zunächst im Osten, dann im Westen –, in denen wir Schauplätze für Filme fanden. In knapp vier Jahrzehnten konnte ich lernen, unter unterschiedlichen politischen, gesellschaftlichen und klimatischen Bedingungen in Ost- und Westeuropa, Teilen Asiens, Afrikas und Nordamerikas zurechtzukommen und zu arbeiten.

Ich lernte auch, mit sehr unterschiedlichen Menschen zusammenzuarbeiten – im Sinne Godards auch zusammenzuleben –, denen ich ohne die Filmarbeit wahrscheinlich nie begegnet wäre. Viele sind Freunde geworden und einige bis heute geblieben.

Dank

Zuerst möchte ich die DEFA-Stiftung nennen, die dieses Buch ermöglicht hat.

Dann danke ich vor allem Dorett Molitor für viele hilfreiche Ideen, vertrauensvolle Beratung und redaktionelle Begleitung,
Ralf Schenk für sein Interesse und die regelmäßigen Nachfragen,
Gert Golde für viele anregende Gespräche,
Rüdiger Lieberenz und Heinz-Jürgen Schmidt für ihre Erinnerungen,
der Lektorin Gabriele Funke für ihre fachlich sorgfältige Unterstützung bei den abschließenden Arbeiten,
Sabine Söhner für die Hilfe bei der Auswahl vieler Fotos und die Zusammenstellung des Bildnachweises,
Steffen Maeting für das Überlassen der historischen Fotos aus Gnoien,
Hans-Helmut Pentzin für Erinnerungen und Fotos aus Rostock und dem Ostseestudio Rostock des DFF.

Ganz besonders aber danke ich meiner Frau Ursula Höf für ihre Beständigkeit, mich beim Schreiben zu ermuntern, zu beraten und gelegentlich auch zu kritisieren.

Verwendete und weiterführende Literatur

Klaus-Dieter Felsmann: Inszenierte Realität. DEFA-Spielfilme als Quelle zeitgeschichtlicher Deutung. Berlin: DEFA-Stiftung 2020

Marc Frey: Geschichte des Vietnamkrieges. Die Tragödie in Asien und das Ende des amerikanischen Traums. München: C. H. Beck Verlag 2010

Graham Greene: Der stille Amerikaner. Roman. Berlin: Verlag Volk u. Welt 1978

Ernest Hemingway: 49 stories. Berlin: Aufbau-Verlag 1963

Detlef Kannapin (Hg.): Im Maschinenraum der Filmkunst. Erinnerungen des DEFA-Chefdramaturgen Rudolf Jürschik. Berlin: DEFA-Stiftung 2021

Andreas Kötzing / Ralf Schenk (Hg.): Verbotene Utopie. Die SED, die DEFA und das 11. Plenum. Berlin: DEFA-Stiftung 2015

Dorett Molitor / Gert Golde: Ein Arbeitsleben für die DEFA. Der letzte Generaldirektor des Spielfilmstudios im Gespräch. Berlin: DEFA-Stiftung 2018

Hans-Helmut Pentzien: Ostseestudio Rostock 1962–1991. Aus den Blickwinkeln eines Kameramannes. Rostock: Redieck & Schade 2012

Peter Rabenalt: Filmdramaturgie. Berlin: Alexander Verlag 2011

Günther Rücker: Die Verlobte. Texte zu sieben Spielfilmen. Berlin: Henschelverlag Kunst und Gesellschaft 1988

Ralf Schenk (Red.): Das zweite Leben der Filmstadt Babelsberg. DEFA-Spielfilme 1946–1992. Berlin: Henschel Verlag 1994

Klaus Jürgen Schmidt: Leben im Reisfeld. Reportagen aus Vietnam, Laos und Kampuchea. Wuppertal: Peter Hammer Verlag 1984

Peter Scholl-Latour: Mein Leben. München: Penguin Verlag 2017

Peter Scholl-Latour: Der Tod im Reisfeld. Dreißig Jahre Krieg in Indochina. Stuttgart: Deutsche Verlags-Anstalt 1980

Albert Wilkening: Betriebsgeschichte des VEB DEFA-Studio für Spielfilme. Teil 1 1949–1950, Teil 2 1950–1953

Dieter Wolf: Gruppe Babelsberg. Unsere nicht gedrehten Filme. Berlin: Das Neue Berlin 2000

Thilo Wydra: Rosenstrasse. Ein Film von Margarethe von Trotta. Die Geschichte. Die Hintergründe. Die Regisseurin. Berlin: Nicolai'sche Verlagsbuchhandlung 2003

Herrmann Zschoche: Sieben Sommersprossen und andere Erinnerungen. Berlin. Das Neue Berlin 2002

Bildnachweis

Der Angabe zur Quelle einer Abbildung folgt – soweit bekannt – der Name des Rechteinhabers und/oder des Fotografen. Wird nur der Rechteinhaber genannt, ist er zugleich die Quelle. Trotz umfangreicher Recherchen ist es uns nicht gelungen, die Rechte für alle Abbildungen zu eruieren. Sollten Rechteinhaber bzw. Urheber nicht genannt sein, bitten wir um eine entsprechende Information.

12: Privat / © Hans-Helmut Pentzin | 19, 22: Heimatmuseum Gnoien / Fotograf unbekannt | 24: Privat / Fotograf unbekannt | 27: Heimatmuseum Gnoien / Fotograf unbekannt | 35, 37: Privat / © Hans-Helmut Pentzin | 38, 41: Privat / Fotograf unbekannt | 42: © Hans-Erich Busch | 61, 62: Privat / Fotograf unbekannt | 63: © DRA | 65: Privat / Fotograf unbekannt | 66: © DRA / Fotograf unbekannt | 75, 76: © DEFA-Stiftung / Wolfgang Ebert | 87: © DEFA-Stiftung / Norbert Kuhröber | 93: © DEFA-Stiftung / Wolfgang Ebert, Richard Günther | 98: Privat / Fotograf unbekannt | 120, 125: © DEFA-Stiftung / Wolfgang Ebert | 130, 135, 138, 139: © DEFA-Stiftung / Dietram Kleist | 141, 142, 143: © DEFA-Stiftung / Waltraut Pathenheimer | 148, 150: © Hans-Erich Busch | 153, 159: Privat / Fotograf unbekannt | 161, 163: © DEFA-Stiftung / Waltraut Pathenheimer | 166: © DEFA-Stiftung / Helmut Wengler | 169: Privat / Fotograf unbekannt | 171: © DEFA-Stiftung / Dietram Kleist | 172: © DEFA-Stiftung / Jörg Erkens, Dietram Kleist | 175: Privat / Fotograf unbekannt | 176, 177, 178: © DEFA-Stiftung / Jörg Erkens | 180: Privat / Grafik: Alfred Hirschmeier | 181, 183: © DEFA-Stiftung / Waltraut Pathenheimer | 186: Privat / © Waltraut Pathenheimer (Ausschnitt) | 188, 189, 190: © DEFA-Stiftung / Waltraut Pathenheimer | 208: Privat © Peter Wilde, | 209: © Hans-Erich Busch | 212: © DEFA-Stiftung / Michael Jüttersonke | 213: © Hans-Erich Busch | 214, 215: © DEFA-Stiftung / Michael Jüttersonke | 216 oben und unten, 217 oben: Privat / Fotograf unbekannt | 217 unten: © Hans-Erich Busch | 223: © Michael Jüttersonke | 225: © DEFA-Stiftung / Grafiker unbekannt | 226: © DEFA-Stiftung / Herbert Kroiss | 231: © Hans-Erich Busch | 233: © DEFA-Stiftung / Grafiker unbekannt | 238, 239, 240, 241: © DEFA-Stiftung / Christa Köfer | 243 oben und unten: Privat / © Masaru Koibuchi | 271: © Jan Betke | 275: Privat

Filmtitelregister

Personenregister

C

D

E

L

M

Y

Z

Schriftenreihe der DEFA-Stiftung

René Pikarski / Nicky Rittmeyer / Ralf Schenk (Hg.)
... und wer wird die Welt verändern?
Slatan Dudow. Annäherungen an einen politischen Regisseur
688 Seiten | 108 teils farbige Abb. | Hardcover | inkl. 2 DVDs (mit dem rekonstruierten Film CHRISTINE) | € 43,-

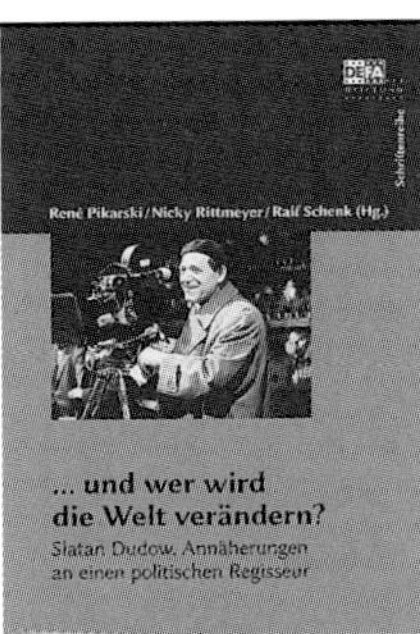

Grit Lemke / Andy Räder (Hg.)
Sorbische Filmlandschaften
Serbske filmowe krajiny
416 Seiten | 43 Fotos | Paperback | 2 DVDs | € 39,-

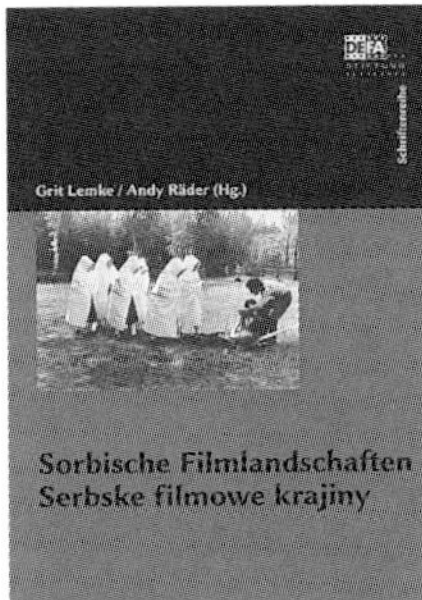

Lisa Schoß
Von verschiedenen Standpunkten
Die Darstellung jüdischer Erfahrung im Film der DDR
656 Seiten | 23 Fotos | Hardcover | € 43,-

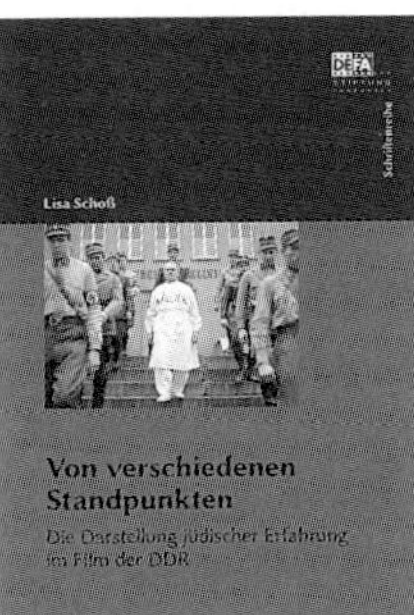

Stefanie Mathilde Frank / Ralf Schenk (Hg.)
Publikumspiraten
Das Genrekino der DEFA und seine Regisseure (1946–1990)
416 Seiten | 115 Farbfotos | Hardcover | € 29,-

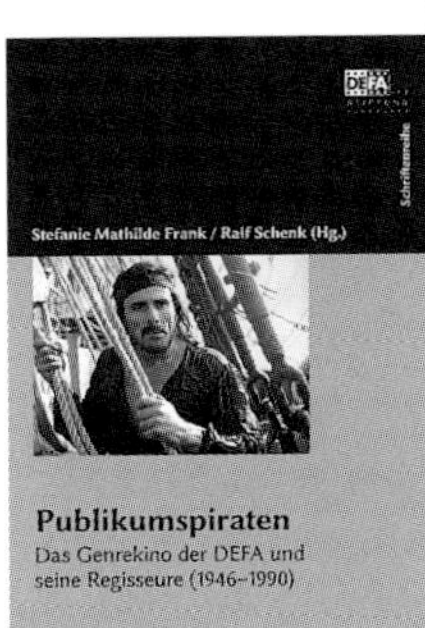

Volker Petzold
Von der Hand zur Puppe
Ein Leben für den Animationsfilm. Im Gespräch mit Günter Rätz
328 Seiten | 79 Fotos | 16 Farbseiten Paperback | € 22,-

Andreas Kötzing / Ralf Schenk (Hg.)
Verbotene Utopie
Die SED, die DEFA und das 11. Plenum inkl. CD mit Originaltönen vom 11. Plenum
544 Seiten | 42 Fotos | Hardcover | € 29,-